KB058500

한국의
경제생태계

생성-성장-소멸-재생성 순환 체계 단절로 침하되고 있는

한국의
경제생태계

● NEAR재단 편저 ●

21세기북스

왜 우리는 한국 경제생태 구조
탐험을 시작했는가

이 책은 자본주의 시장경제 발전 과정에서 나타나는 국민경제의 병리 현상과 경제생태계의 변화가 어떻게 연관되어 있는지에 대하여 집중적으로 탐구하고 있다. 특히 시장 체제가 스스로 시스템 내부의 문제를 정리하고 정화시키는 자율 조정 기능이 떨어지고 이 상태가 일정 단계에 이르면 경제가 급격히 정체 현상을 보이는 문제에 대하여 깊이 관찰하고 있다. 그리고 정치, 사회, 경제생태 구조의 변화가 한국 경제의 정체기 진입과 어떻게 연관되어 있는지 분석하고 있다.

이 책을 내면서 문득 2014년 10월 도쿄에서 열린 경제 정책 토론회에 참석했을 때의 일이 생각난다. 그때 많은 학자들이 일본형 장기 경제 침체의 근본 원인에 대하여 토론했다. 나는 토론하는 동안 내내 한국이 과연 일본의 장기 침체 모형을 따라갈 것인지, 그리고 이것이 한국 경제의 운명적 경로인지에 대하여 깊은 고뇌에 빠졌다. 토론회가 끝난 후 조촐한 만찬 모임이 있었다. 나는 일본 경제가 좀처럼 역동성을 회복하지 못하는 이유는 경제 내부와 외부의 생태 환경 변화를 경제 정책이 수용하지 못했기 때문이라고 주장했다. 그리고 큰 변화를 싫어하는 일본의 국민성과 함께 경제 내부의 과잉 정치화가 진행되어 정치 논리가 경제 논리를 압도하면서 맨살까지 도려내야 하는 외과 수술을 기피했고, 이러한 현상이 오래 진행되면서 생태계의 침하 현상으로까지 연결됐다는 논리를 전개했다. 그동안 일본 경제를 회생시키기 위하여 수없이 많은 정책 처방전을 써봤지만 백약이 무효가 되었지 않냐고 반문하면서, 이제는 주류 경제학의 기본 틀을 넘어 생태계 분석의 틀을 새롭게 찾아내야 한다는 의견을 제시했다. 그러나 경제학자 대부분은 점점 계량화·도식화하고 있는 주류 경제학의 분석 방법으로는 이 작업이 애당초 불가능한 과업이라고 생각하는 것 같았다. 나는 클레이사격clay-pigeon shooting과 같이 움직이는 과녁을 맞히는 사격 종목이 있고 실제 사냥이라는 것이 움직이는 새나 동물을 맞히는 것 아니겠냐고 비유해 설명했다. 그들은 자신들이 포수가 아니지 않느냐고 농담으로 받았다.

그날 밤을 지새우고 다음 날 귀국 비행기 안에서 나는 금세기 들어 여러 5년 단임 정부가 들어서기 무섭게 쏟아 놓은 정책 실험과 정책 모험심을 왜 시장이 토해냈는지 그 이유에 대하여 깊은 사념에 빠졌다. 정치와 경제학에서도 이념이 수용되지만 시장에서는 정치와 이념이 비용 요소가 된다. 따라서 과잉 정치화·과잉 이념화는 시장에 엄청난 비용 요소가 되어 시장을 압박한다. 이 논리로 한국 경제의 정체 현상을 모두 설명할 수 있을까?

한국 경제는 왜 정체에서 벗어나지 못할까

한국 경제는 왜, 어떤 경로로, 어떤 요인이 작용하며 정체기에 빠져드는가? 정부의 좋은 정책도 왜 자주 실패하는가? 이것이 우리 경제의 한계이고 이런 경로는 운명적인가? 최빈국에서 짧은 시간에 빈곤의 악순환에서 벗어나 고도성장 가도를 30여 년 동안 구가하며 경제 강국으로 거듭난 한국의 기적은 여기서 끝나는가? 이웃나라 일본처럼 폐쇄 회로 속에서 그들만의 방법으로 경제 발전을 이룩하다가 20년 이상 장기 침체 국면에 빠져 헤어 나오지 못하는 늙은 경제를 닮아가고 있는 것은 아닐까? 독일 경제처럼 경제 내부의 병리 현상을 퇴치하고 정체기에서 경제 재도약의 길을 찾는 방법은 우리에게 없는 것인가?

이런 문제의식을 가지고 지난 10여 년간 많은 고민을 했다. 경제는 자연생태계와 유사한 점이 많다. 생성과 성장, 소멸의 과정을 거치거나 소멸 대신 진화나 혁신의 순환 과정을 거치면서 성장하기도 하고 정체되기도 한다. 또한 경제는 정치, 사회, 교육 등 다른 부문의 생태계와 깊은 연관을 가지고 작동하며 경제생태계 내에서도 스스로의 순환 체계 속에서 투자, 소비, 생산, 재투자가 원활히 이루어져야 지속적으로 성장할 수 있다. 만약 생태계 내부에서나 생태계 간의 순환이 제대로 이루어지지 못하면 정상적인 경제 성장 궤도에서 벗어나 정체 현상을 보이게 된다. 이러한 현상이 오래 방치되면 경제 내부에서 병리 현상이 나타나고 통상적인 경제 정책을 통하여 치유될 수 없는 구조적인 문제로 확장된다. 정부는 거시 정책 수단인 금리, 환율, 조세, 재정 정책을 총동원하여 문제 해결에 나서지만 정책 효과는 미미하고 단기에 그친다. 결국 불가피하게 구조조정과 같은 외과 수술을 통해서 병든 세포, 죽은 세포를 잘라내고 경제의 순환 궤도를 정상화시키려 한다. 그러나 외과 수술로도 해결되지 않고 내과적 처방으로도 치유되지 않는 경제 체질적·생태적 문제에 직면하면 결국 경제는 깊은 함정에서 벗어나지 못하게 되는 것이다.

이와 같은 깨달음 속에서 NEAR재단은 한국 경제생태계에 대한 본격적인 검토를 시작했다. 논의 과정에서 학자들은 한국 경제의 병리 현상이 경제생태 구조의 변화로 인한 것일 수 있다는 데 동의했다. 아무리 좋은 정책을 선택한다 하더라도 마치 방앗간의 끊어진 피댓줄 돌듯 각 부문 간 연결 시스템이 단절되면 그 정책의 유효성이 떨어진다. 따라서 이 끊어진 피댓줄을 다시 잇지 않고서는 어떤 경제 정책도 효과를 발휘하기 어렵다는 근본적 문제를 제기했다.

그러나 초기에는 경제생태계에 대한 이런 문제 제기가 큰 반향을 일으키지 못했다. 우선 경제 문제를 생태적 관점에서 분석한 연구 인프라가 아직 구축되지 않았을 뿐 아니라 이러한 인식을 뒷받침할 수 있는 논리의 보강도 이루어지지 않았기 때문이었다. 그리고 많은 경제학자들은 경제가 정치, 사회, 법과 제도 등과 분리되어 있다고 가정하고 경제 현상을 수리와 도식으로 설명하는 데 익숙해져 있었다. 또 가계생태계, 저출산과 고령화로 진행되어가는 인구생태계 등 부문별 생태계 문제를 넘어서 경제 부문과 연관된 다른 부문의 생태 구조를 확인하고 그 상호 관계를 분석하기 위한 연구에 충분한 경험이 없었다.

이러한 불리한 여건하에서 본 재단은 한국 경제의 현 상황과 구조적 병폐, 그리고 이것을 둘러싸고 있는 정치생태계와 사회생태계, 경제생태계 등 각 부문 간의 연결고리라고 할 수 있는 생태 시스템 전반에 대한 연구를 계속해왔다. 그 과정에서 경제생태계 분석 방법에 대한 기초적인 개념 규정이나 연구 인프라 구축이 부족하여 연구를 진행하는 데 많은 어려움이 있었다.

경제 문제를 생태 구조의 시각에서 바라보는 새로운 인식의 태동

2015년 초, 본 재단은 한국 경제학계, 사회학계, 정책학계를 중심으로 한국 경제생태 연구팀을 구성했다. 경제생태계 연구를 더욱 체계적으로 추진하기 위하여 '한국 경제의 생태 현상'이라는 프로젝트를 발주하고 13명의 분야별 연구자로 하여금 가계생태계, 금융생태계, 노동생태계, 기업생태계, 중소기업생태계, 산업생태계, 과학기술생태계, 복지생태계, 인구생태계, 교육생태계, 정책생태계의 총 11개 부문의 경제생태적 분석에 착수하게 되었다.

경제학, 정책학, 사회학 분야의 학자들로 구성된 연구진은 기초 연구 인프라 구축을 위한 내부 세미나를 2년 동안 계속했다. 생태계적 사고, 정치·경제·사회를 유기적으로 연결된 하나의 체계로 보고 이것이 어떻게 상호 작용을 하고 어떤 결과를 가져오는지에 대한 기본 그림을 그리기 시작했다. 기존의 생태학에서 연구되어 있는 기본 틀을 경제생태계에 도입하기로 하면서 '생태계 관점에서 본 한국 경제의 해법'이라는 귀중한 분석 결과를 얻게 되었다.

연구팀은 한국 경제가 선진 시장경제에 대한 추격기에서 내부의 병리 현상이 심화되면서 그에 따라 정체기에 진입하는 원인을 찾으려 했다. 또한 새로운 것이 탄생되지 않거나 혹은 실패한 옛것이 죽지 않고 좀비화되면서 경제가 정체에서 침체로 빠지는 현상을 여러 각도에서 조명했다.

연구 결과, 생태계 구성 요소와 순환 체계를 분석해서 생태계가 건강하게 지속 가능하게 유지되는 요건들을 찾아냈다. 첫째, 생태계 구성 요소의 건강성 유지, 둘째, 생태계는 다양성을 지니고 있어야 한다는 기본 원칙, 셋째, 생태계가 상호 연계성을 가지고 순환되어야 한다는 점, 넷째, 생태계 순환에 역동성이 있어야 한다는 점이 그 요건들이다. 이렇게 건강하고 지속 가능한 생태계의 요건들을 경제생태계와 연결시키려는 노력을 계속해야 한다.

1차 탐험을 끝내며

이번 한국 경제생태계 분석 작업은 어렵고 험난한 과정이었다. 이 작업에 참여한 전문가들은 무에서 유를 창조하는 입장에서 미개척 분야를 탐험했다. 탐험 결과가 비록 충분치 못하다 하더라도 이번 탐험은 매우 값어치가 있다. 성숙된 시장 체제를 갖춘 선진국에서는 이런 생태계적 병리 현상에 대한 관심이 적을 것이라는 점을 감안할 때, 이번 한국에서 시작한 경제생태계 연구는 경제학계에서는 처음 시도된 것으로서 매우 귀중하다고 할 수 있다.

2년이라는 짧은 기간 동안 새로운 미개척지를 탐험하는 데 동참해주신 전문가 여러분들에게 진심 어린 감사를 드린다. 그리고 이 책은 경제를 생태계적 시각에서 탐험한 제1차 탐험기다. 아직 많은 부분에 수정과 보완이 필요한 만큼, 기본 사고와 생태계 분석 방법에 대한 반론을 환영한다. 이 탐험기는 미완성 교향곡일 수밖에 없다. 앞으로 수없는 증보판과 함께 정치생태계, 사회생태계 연구로 확장되어 탐험은 계속될 것이다.

한국에는 한국만의 문제가 있다. 한국 경제도 한국 나름의 특이한 생태계가 있다. 그 생태계는 끊임없이 진화할 것이다. 새로운 종種이 탄생되고 옛것은 물러나고 새로운 것으로 다시 태어나기도 하며 더 좋은 먹이사슬 구조하에서 생태계의 구성 요소인 정부, 기업, 가계, 금융기관, 사회안전망 제도 등 모든 것들이 건강하게 어우러져 지속가능한 발전을 이루도록 경제생태계를 유지하는 것이 우리의 꿈이다. 이 연구 결과가 다음 세대의 후학들에게 생각과 고뇌의 영역을 넓혀주는 데 기여하게 되기를 기대한다.

이 책을 출판하기까지 많은 분들의 노고가 컸다. 먼저 전인미답의 학문의 길을 탐험하는 과정에서 학문적 기초를 찾아내기 위해 분투한 13명의 연구 참여자 여러분의 헌신적인 연구심과 인내심에 경의를 표한다. 특히 연세대학교 김정식 교수, 기획재정부 김정관 박사, 고려대학교 김동원 교수 등 수많은 분들의 격려와 참여에 특별한 감사를 드린다. 또한 한국경제학회의 구정모 회장 등 많은 경제학자들은 NEAR재단과의 공동 세미나 등을 통해 이번 경제생태계 연구에 많은 조언과 새로운 견해를 제시하여 보완해주셨다. 그들의 성심과 전문가로서의 헌신에 감사드린다. 이 책은 북이십일 출판사에서 발간했다. 이 과정에서 전문 인력을 보강해가며 최상의 편집 역량을 보여주신 김영곤 사장님과 정지은 본부장 등 많은 분들께 감사드린다. 그리고 박종인 전《아시아경제》편집국장의 조언에 감사드린다. 또한

NEAR재단의 최혜민 연구원은 이 책이 나오기까지 전 과정에 참여하여 노심초사했다.

　마지막으로 정체기에서 헤어나지 못하는 한국 경제를 걱정하는 모든 국민들에게 이 책을 바친다.

2017년 11월
NEAR재단 이사장 정덕구

생태계적 관점에서 바라본 한국 경제

정덕구(NEAR재단 이사장)

한국 경제생태계의 진화

최근 들어 경제 정책 연구자들 사이에서는 장기 저성장 국면이 지속되고 있는 현재의 한국 경제 상황이 경제 구조의 문제, 그리고 이를 뛰어넘는 생태계 순환 구조에 이상이 생겨 발생한 문제라는 인식이 태동하기 시작했다. 그러나 이러한 생태 현상의 변화는 매우 오랜 세월을 거쳐 형성된 것이고 지난 근대화의 역사에서도 수차례 생태 현상의 변화가 있었다.

우리는 지난 세기 후반부에 걸쳐 박정희식 개발 모형에 의하여 형성된 경제·사회생태계에서 살아왔다. 박정희식 개발 모형은 2개의 축, 즉 한국적 민주주의 체제와 정부 주도의 산업화 정책으로 구성되었다. 또한 3개의 전략 체제가 이 두 축을 뒷받침했다. 첫째는 외자-내자-기업가정신이라는 3각의 자원 투입 배분 구조의 삼각형, 둘째는 정치-관료-재벌이 삼각형의 영합 구조를 형성하여 국가 사회를 이끌어가는 국가 사회 지배 구조였다. 셋째는 대륙 세력에 막혀온 수천 년 역사를 뒤로하고 해양 세력과 친화하며 수출 주도형 경제를 이룩하고 국민적 기질에 농축되어 있는 농경민의 근면성, 유목민의 진취성과 역동성, 반도민의 해양성을 일깨워 새로운 국민 정신 세계를 구축하는 전략이었다. 이것이 고도의 추진력과 위기 대응 능력을 키우는 밑거름이 되었다.

이 개발 모형은 기존의 경제·사회생태계를 크게 변모시키면서 높은 효율과 생산성을 바탕으로 한강의 기적을 이루고 한국 경제를 세계 10위권 경제로 끌어올리는 기반이 되었다. 이 과정에서 '경제는 정치의 상위 개념'이었고 이를 뒷받침하기 위하여 많은 정치·사회적 희생이 뒤따랐다. 그러나 이러한 경제 발전 모형은 그 후 민주화와 개방형 시장경제의 발전, 급속한 소득 증가에 따라 많은 도전을 받으며 더 이상 높은 수준의 노동의 한계 생산성과 자본의 한계 효율, 요소 생산성을 유지하기 힘들어졌다. 즉, 3개의 삼각형 전략 체제는 크게 흔들리며 와해되었고 3개의 생산성은 지속적으로 낮아지게 되었다.

특히 시간이 흐르면서 정치-관료-재벌의 3각 영합 구조는 심각한 도전을 받게 되는데, 이의 해체를 바라는 정치 체제와 이의 존속을 원하는 기득권 세력 사이에서 충돌과 반목이 이어져왔다. 이 과정에서 변형된 3각 지배 구조가 형성되어 민주화된 5년 단임 대통령제와 약화된 관료 제도가 독자 생존력을 모색하는 대기업들과 공존하며 협업하는 느슨한 국가 사회 지배 구조가 형성되었다.

그럼에도 불구하고 한국적 민주주의와 정부 주도의 산업화 전략, 이 두 축은 상당 기간 무너지지 않고 지속되었으며 이에 바탕을 둔

개발형 생태계도 오래 지속되어왔다. 이런 상태가 지속되면서 경제·사회 각 부문에 걸쳐 형성되어온 경제생태계와 사회생태계 내부에 점차 병리 현상, 단절 현상, 노화 현상이 움트게 되었으나, 5년 단임 정치생태계는 이를 방치했으며 정치 정책 프로세스는 잘 작동되지 않았다. 그 결과 경제 사회는 양극화와 정체 현상이 지속되고 정치는 이념화와 파당화가 심화되면서 정치, 사회, 경제 전반에 걸쳐 악순환적 교호 관계가 형성되기 시작했다. 그리고 '정치가 경제의 상위 개념'으로 자리 잡으며 약화된 국가 사회 지배 구조하에서 경제는 국가 우선순위에서 밀려나기 시작했다.

그동안 박정희식 개발 모형에서 형성된 효율과 생산성을 중시하는 수직 또는 입체적 경제·사회생태계는 다시 평면화되는 등 새로운 형태의 생태계로 변형되었고 경제·사회 전반의 효율과 생산성은 급격히 하락했다. 이에 새로운 것이 태어나기도, 소멸되기도 힘들어지면서 생태계의 공동화 현상과 노화 현상이 심화되었다. 이러한 한국의 경제·사회생태계의 변화에 대한 확고한 인식 없이 정부는 경제성장 기조 회복을 위해 모든 정책 수단을 총동원했다. 그러나 단절되고 침하되고 있는 생태계에서 정책의 유효성은 크게 낮아지고 좋은 정책도 자주 실패를 경험했다.

한국 경제는 일본 경제의 장기 침체 과정을 따라가고 있는가

최근 들어 해법을 찾지 못한 채 장기 침체의 늪에서 벗어나지 못하는 일본 경제를 보면서 한국의 정책 당국이나 경제계는 이런 현상이 한국 경제에도 발생하지 않을까 하는 심각한 우려와 두려움을 느끼고 있다.

일본 경제는 메이지유신 이후 지난 200여 년 동안 정부 주도로 산업화와 중화학 공업의 발전을 이루었다. 그 산업 기반이 2차 세계대전 이후에도 거의 온전히 유지된 덕분에 세계 경제의 강자로 재부상할 수 있었다. 그러나 1980년대 이후 고성장과 자본 축적, 여기에 일본형 폐쇄경제가 어우러져 엄청난 버블이 형성됐고 다시 그 버블이 꺼지는 과정에서 장기 침체의 길로 들어서게 된 것이다. 정확한 원인 규명과 처방전을 갖지 못한 채 일본 경제는 20년 이상 장기 침체의 늪에서 헤어나지 못했다. 그리고 최근 들어서야 이런 현상이 생태계의 이반 현상에 따른 것이라는 인식을 갖게 되었다.

한국 경제는 1997년 겪은 동아시아 위기를 통해 구조적이고 생태적인 문제 일부가 노출되었다. 뒤이어 세계 경제의 리더 국가인 미국 등 선진자본주의 시장경제국 경제 내부의 구조적 문제들이 터져 나오면서 그 나라들과의 교역을 통해 성장해온 한국은 수출 감소로 더욱 어려움을 겪게 되었다. 1998년 이후 한국 경제는 수년간 전방위적인 구조조정 시기를 거쳤다. 이는 기업, 금융, 노동, 공공 서비스 등 각 분야에 걸쳐 망라된 것이었다. 그 이후 한국 경제는 본격적으로 살아나기 시작했고 중국 경제 특수에 힘입으며 성장 경로에 재진입할 수 있었다.

그러나 이러한 종합검진과 대수술의 효과는 21세기에 들어서며 약화되기 시작했다. 이후 한국 경제는 본격적인 성장 잠재력 하락기에 접어들면서 양극화와 고령화, 가계 부문 침강 속에 본격적인 정체기로 진입하고 있다. 결과적으로 경제 발전 주기에서 한국은 추격기에서 정체기로 빠져들었으며, 일본은 정체기에서 침체기의 깊은 수렁에서 헤어나지 못하고 있다는 것이 전문가들의 공통된 견해다.

또 하나 주목할 점은 개방형 시장경제로 전환하는 전환기 경제에서 발생되는 부조화 현상이 기존 경제생태계를 크게 변화시켰으며 이 변화에 대한 경제 주체들의 부적응증이 생태계 병리 현상을 더욱 깊게 한다는 사실이다.

일본이나 한국처럼, 서구형 자본주의 시장경제를 스스로 일구어 나가기보다 짧은 산업화의 역사에서 외부 시장경제 체제를 도입·체득한 나라들은 체제와 문화 사이에서, 그리고 기존 생태계가 새로운 생태계로 대체·순화되는 과정에서 많은 형태의 부조화 현상이 발생한다. 특히 개방 경제하에서 자본 이동이 자유로워지고 자유 무역이 활발해지는 과정에서 기존의 먹이사슬, 생태 구조, 생존 방정식에 큰 변화를 가져오고 이것으로 인해 기존의 경제·사회생태계에는 전반적 또는 부분적인 부조화 현생이 발생하는 것이다. 정부는 제도 변화를 통하여 부조화 현상을 줄이려고 하지만 생태계에서 발생하는 부조화 현상을 정부가 추격의 방법으로 치유하기는 쉽지 않다. 아울러 기존 문화와 관습도 조금씩 변화되기 시작하고 국민들은 이 변화에 적응해나가는 과정에서 적응력 시험을 치르게 된다.

이렇게 경제·사회 전반에 걸쳐 나타나는 부조화와 불균형은 시간을 두고 생태 환경을 변화시키고 그 변화된 생태 환경에 적응하는 과정에서 액터인 사람의 행동 양식이 변화하게 된다. 이 변화가 선순환적으로 진행되면 경제 각 부문의 생산성과 잠재 성장력의 증가로 나타나고 확대 균형을 이룩할 수 있다. 그러나 악순환적 고리에 연결되면 경제·사회 전반의 생산성이 저하되고 잠재 성장력이 약화되며 축소 균형 또는 정체기에 빠지게 된다.

특히 정부 주도의 산업화를 이룩한 한국이나 일본은 정부 정책 방향이 기존 생태계에 충격을 줄 뿐만 아니라 장기적으로는 생태계 내부 구조를 변화시키게 된다. 이는 결과적으로 생태계 선순환을 유도할 수 있지만 부정적 충격을 줄 수도 있다. 특히 한국같이 짧은 기간에 정부 주도하의 개방형 시장 체제로 진입한 나라는 그 정책 변화의 속도가 빠르고 정책이 가진 라이프사이클이 짧아서 그만큼 기존 생태계에 주는 충격이 크다. 그러나 개발 경제하에서는 그래도 높은 노동 생산성과 자본의 한계 효율이 높은 잠재 생산력을 창출하면서 이런 충격을 어느 정도 흡수해 선순환적 생태계의 순환 체계를 유지해온 것이다.

그러나 이러한 노동 생산성, 자본의 한계 효율이 급격히 낮아지고 정부의 혁신 노력이 지지부진하면 잠재 성장력이 떨어진다. 이것이 오래 지속되면 생태 구조의 병리 현상이 두드러지게 되고 국가 경제 전반에 걸쳐 정체 현상이 오래 지속된다. 이렇게 생태계의 병리 현상으로까지 진전된 경제 문제는 정부의 거시·미시 정책, 기업 스스로의 혁신 노력, 노동시장의 혁신적 변화 등 개별 부문의 구조조정과 혁신만 가지고 완전히 해소되기 어렵다. 설사 해소되더라도 그 효과는 단기에 그치고 지속 가능할 수 없다.

지금 우리가 일본형 장기 침체를 타개하기 위한 아베노믹스에서 보듯이, 일본의 정치, 사회, 경제생태계를 건강하고 지속 가능하게 변화시키지 않으면 정부의 어떤 종합 대책도 그 효과가 제한적일 수밖에 없다. 돌이켜보면 1997년 동아시아 위기 때 한국 경제가 외환위기의 파고를 이기지 못한 것도 단편적인 외환 정책과 산업 정책, 기업 지원 정책의 실패 때문만은 아닌 것이다. 한국 경제가 이미 개방형 시장경제로 진입하는 세계화 단계에서, 소위 박정희식 개발 모형의 근간을 이루는 정부 주도 산업화 전략이 수정되지 않고 그대로 존속한 데서 기인한다. 개방된 시장 체제에 맞는 새로운 경제생태계 형성을 정부가 기존 방식으로 개입·방해함으로써 매우 취약한 전환기적 생태계를 갖게 된 것이다.

정부는 입법과 새로운 정책 도입으로 변화를 유도하지만 40년 가까이 형성되어온 기존의 기업생태계, 가계생태계, 금융생태계, 노동생태계, 산업기술생태계, 교육생태계, 재벌생태계 등 개별 생태계가 변화하는 데는 더 오랜 세월이 필요할 뿐만 아니라 그 변화의 정도도 저마다 상이한 것이다. 더욱이 경제생태계와 직간접적으로 연결되어 있는 정치생태계와 사회생태계는 한 세대로는 부족할 만큼 누대에 걸쳐서 변화된다.

1997년 외환위기를 수습하면서 정부는 위기 수습 과정에서 개방형 시장경제 체제를 공고히 하는 전방위적 구조조정과 함께 정책 기조의 대변화를 시도했다. 그러나 10년 후 발생한 세계 경제위기 때 한국은 1998년 이후의 구조조정을 통하여 다시 쌓아놓은 방파제가 큰 태풍 앞에서 얼마나 견고하게 버틸 수 있는지를 시험받게 되었다. 그리고 우리의 취약점이 어디에 남아 있는지 재점검하고 방비를 더욱 튼튼히 하는 계기가 되었다. 첫째, 1998년 이후 한국 정부의 개혁은 IMF와의 협정을 바탕으로 이루어진 미완의 개혁이었다는 것이 분명해졌다. 그 당시 이루어진 개혁이 우리의 생태 구조 변화를 감안하지 않는 외과 수술과 제도 변환에 불과했음을 발견한 것이다. 당시 김대중 대통령은 국내 정치에 몰두했으며 IMF 차관을 상환한 이후에는 다시 정치가 경제에 직접 개입하기 시작했다. 대기업들은 정부 의존에서 벗어나 독자 생존의 길로 들어섰고 방대한 규모의 중소기업 신용보증 제도는 그 이후에도 오래 지속되며 수많은 좀비기업을 양산했다. 둘째, 당시 정부는 글로벌 위기에 대응하면서 유동성 위기를 막는 데 급급하며 이것이 한국 경제생태계의 부조화 현상 또는 병리 현상에 의한 것이라는 것을 깨닫지 못했다. 당시 중국 특수, 삼성 특수는 이러한 생태계의 변화를 읽지 못하게 하는 가림막이 되었다. 중국 경제가 부상하며 한중 간의 보완적 산업 관계가 깨지고 산업별 부가가치 사슬 구조 내에서 한국 기업이 중국에 부딪히며 밀려나는 과정을 꿰뚫어보지 못했다. 그 이후 한국의 기업, 산업, 기술 생태계는 혁신과 변화의 길을 잃고 점점 축소 불균형적 생태계로 침하되며 정체의 길에 들어서고 있다.

정치, 사회, 경제생태계의 영합 구조

일국의 국민경제에 어떤 병리 현상이 생기고 그것을 정치적으로 타협하며 오래 방치하면 병리 현상의 구조화 현상이 발생한다. 이를 적기에 수술하고 원인적 처방을 제때 하지 못하면 경제 주체들은 이에 적응하며 살아가고 새로운 생태계가 형성된다.

한국의 정치, 사회, 경제생태계는 크게 1990년대 초반 이후부터 시작되어 오랜 세월에 걸쳐서 각각 그 내부에 심각한 병리 현상이 폭넓게 자리 잡게 되었으나 이를 치유할 자정 기능은 약화되거나 작동되지 않았다. 이 상태가 오래 방치되는 가운데 정치, 사회, 경제의 액터들은 스스로 담합 구조의 보호막 속에 숨어 기득의 성취를 보호하는 데 강한 집착을 보여왔다. 이러한 견고한 담합 체계 속에서 한국생태계 내부에서는 정치, 사회, 경제생태계가 서로 연결되어 뒤엉켜가며 긍정적, 부정적 영향을 주고받아왔다는 분석이다. 특히 경제생태계의 침하 현상이 더욱 심각한 이유는 오랫동안 '정치가 경제의 상위 개념'으로 군림하면서 경제가 과잉 정치화, 과잉 이념화의 덫에 빠져 있기 때문이다. 또한 경제 내부의 구조적인 문제와 더불어 정치, 사회생태계의 병리 현상이 경제생태계에 그대로 배어들어 이들이 융·복합 과정을 거치며 더욱 증폭되고 있다는 것이 현실적 시각이다. 정치생태계는 5년 단임 정치의 권력형 생태계로서 국가 비전의 시계horizon를 단기화하고 모든 것을 임기 내에 끝내려는 조급함으로 긴 안목에서 장기 계획을 가지고 여러 정권에 이어져야 할 국가 프로젝트가 점점 사라지게 되었다. 그저 임기 내에 얻을 표만 바라보고 가다가 수렁에 빠진 정권이 많다. 이 영향으로 국가 공공 부문에 단임 정신이 배어들었으며 모두가 내일을 기약하기 힘들어 국가 사회 전반에 걸쳐 예측 가능성이 크게 줄어들었다. 그리고 경제를 진영 간 싸움에 끌어들이고 과잉 이념화시켰다. 청와대는 국회와 정부를 대통령 지침으로 무력화시키고 수많은 정책 실험의 결과에 대한 책임 의식은 없었다. 정치생태계 내부에서는 정당 정치, 의회 정치에 대한 극도의 신뢰 상실 속에 국민들이 광장에 모이고 정치 스스로 이념적 담합 구조에 갇히며 소통과 협치를 통해 결정해야 할 많은 일들을 검찰에 넘겨왔다. 무엇보다도 한 배에 태워야 할 자본과 노동을 이념 정치가 분리·적대시키고 그중 하나에 집착하는 정치집단은 외발자전거를 타고 5년간만 달리려 한다. 정치는 경제 내부의 병리 현상을 정치 담합 속에 방치하고, 관료는 위험한 외과 수술을 회피한다. 정치·사회적 혼란이 반복되는 가운데 기업이 담대한 위험 투자를 기피하면서 국가 전체에 위험 회피 본능이 확산되고 있다. 노동조합은 스스로의 이익 담합 체계에 갇혀 기득권을 지키기 위해 정치화·권력화의 길을 가고 기업들은 해외 투자를 저울질한다.

관료 사회 또한 5년 단임 정치에 순치되어왔으며 정치와 관료의 관계는 무언의 갈등 관계로 변해왔다. 그들은 순종하되 추종하지는 않는다는 새로운 처신 방식을 가지고 5년 단임 정치의 파고를 이겨

[그림 1] 정치, 사회, 경제생태계 연관도

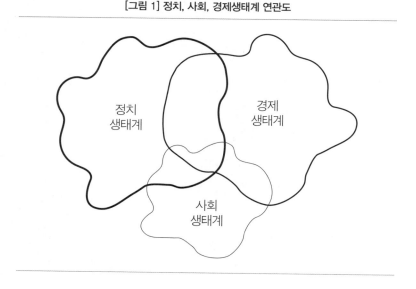

왔다. 정치인들은 예산 배분이라는 권력을 나누는 데 탐닉하며 병이 깊어가는 와중에도 외과 수술에 착수하고자 하면 자파 지지자들의 이탈을 두려워하며 극력 저지하기 바빴다. 그러는 사이 한국의 정치 정책 프로세스의 생산성은 최하 수준으로 떨어졌다.

이러한 정치생태계의 변화는 국가 전체 지배 구조에 근본적인 변화를 가져왔다. 국가 전반에 걸쳐 느슨하고 수평적인 지배 구조가 형성되어왔다. 덜 정리된 민주 정치-유지 관리자로 전락한 관료 사회-생존형·위험 회피형 기업-강성한 시민 사회가 어우러져 형성하는 느슨한 갈등 유발형 국가 지배 구조는 국가의 문제 해결 능력을 크게 약화시켰다. 정치가 민주화 체제에 맞게 변형되면서 5년 단임 대통령의 조정자, 속도 조절자, 최종 결정자 위치가 흔들리게 되었고 레임덕 현상은 5년마다 어김없이 나타났다. 개방형 시장경제하에서 대규모 규제 완화를 통해 관료가 경제·사회 발전의 견인차 역할을 하는 시대는 지나갔다. 5년 단임 대통령은 취임 초의 조급증과 집권 말의 좌절감 속에 5년을 보내고 전임 대통령과 신임 대통령 사이에 반목과 불화가 불가피해졌다. 그러면서 정치권, 관료 사회, 기업인, 노동조합 등 모든 액터가 국가 공동체에 대한 부채 의식과 오너십 ownership 의식을 상실하며 생존에만 몰두했다. 그리고 5년 단임 정치의 퇴행적 환경에 알맞게 길들여져 그들 나름의 독특한 생존 방정식을 터득해왔고 모두가 오랫동안 긴 호흡을 잃고 오늘에 집착하면서 헐떡거리며 살아왔다.

특히 대기업들은 약화된 정치 세력들이 보내는 강한 견제구를 이겨내며 이에 적응해왔고 5년마다 형성되는 파워 엘리트들과의 관계 모색에 총력을 기울여왔다. 그러면서 제발 우리의 길을 가도록 방해하지 말아달라고 애원했으나 5년마다 청문회장을 서성거려야 했다. 대기업에 대한 정치의 싸늘한 견제의 눈초리 속에 대기업 창업주들이 보여줬던 과감한 모험 투자와 담대한 인내는 약화되고 3, 4세대 경영 시대에 이르러 대기업과 정치의 우호적 관계는 더욱 단절될 것으로 보인다.

더불어 한국의 사회생태계는 경쟁적이면서도 거대 담합 구조에 갇혀 있다. 이는 완전한 자유 경쟁보다는 제한적인 칸막이 경쟁 구조로서, 이러한 어정쩡한 경쟁 사회가 빚어내는 사회 양극화의 덫이 매우 공고히 구축되었다. 그러는 동안 우리 사회는 단층 사회로 변하고 있다. 같은 계층끼리 혼인하고 클럽을 만들고 교육을 받으며 사회 전체가 각자 거대한 담합 구조를 형성하며 단층화되고 있다. 이러한 단층 사회 현상은 국민의 심리적 양극화를 심화시키고 사회 갈등과 저항 의식을 키운다. 정치는 이런 단층 사회와 사회적 담합 구조를 융·복합하여 용해시키는 역할을 하기보다는 이를 더욱 부추기거나 이에 순응하면서 자기 스스로도 담합 구조에 갇혀 단층화한다.

그 결과 사회 전반에 걸쳐 신뢰 자산 형성이 어려워지고 갈등 비용만 쌓여왔다. 용서, 배려, 기부보다는 배타적 담합 구조 속에 갇혀 살며 그래도 피는 물보다 진하다는 화학적 진실에 집착해 못난 자식에게도 모든 것을 물려주려는 세습주의가 사회 전반에 걸쳐 자리 잡고 있다. 스스로 일구지 못한 3세대, 4세대가 사회기업의 중요한 의사결정을 하고 용기와 담대함도 없어지면서 위험 회피적 경향도 심화되고 있다. 이기심과 배타성, 시기, 질투심이 체질화되어 모이면 남의 말을 하며 끌어내린다. 그러다 보니 이 사회에서 큰 인물이 나오기가 어려워져 우리의 인물생태계가 고갈되고 있다.

이런 단층화 현상은 우리의 관계형 사회 특성과 어우러져 더욱 심화되고 있다. 학연·지연 중시 문화와 배타적 소속감으로 한국의 사회생태계는 단절, 분화, 재분화되고 있다. 더욱이 정치 이념적 분화 현상은 한국 국민들의 가치 체계를 다양한 스펙트럼으로 분화시켜왔다. 이러한 분화, 분열, 단층화 현상은 정치가 통합의 리더십을 보여주지 못하고 맹목적인 정쟁과 이념화된 패거리 정치에 함몰되고 사회 내부적으로 통합의 문화를 이끌 사회 지도층, 즉 주류 사회의 리더십이 실종됨에 따라 더욱 확장되고 있다. 가치보다는 이익을 추구하며 돈으로 많은 것을 얻을 수 있는 이익 추구형 문화, 기초교육 실패로 인한 시민 정신 미정착이 그 중심이 되는 원인이었다. 특히 60년 미만의 짧은 기간 내에 부의 축적을 이룬 신흥 부자들이 사회 리더로서 '노블리스 오블리주'를 지키고 못하고 이익 지키기에만 탐닉해왔던 것이다. 이러한 분위기 속에서 현실을 보는 세대 간 인식의 격차는 점점 벌어진다. 현실적·관념적 요인으로 아이 낳는 것을 기피하고 국민 수명이 계속 늘면서 한국 사회는 초고령사회가 되고 있다. 또한 정보화의 순기능과 역기능이 함께 확산되는 가운데 가짜 뉴스는 기승을 부린다. 인권 신장과 자유분방한 문화 속에 법질서는 문란해지고 공권력은 취약해진다. 이런 것들이 한국 사회생태계의 민모습이다.

이렇게 단층화되고 분열·분화된 사회생태계는 다시 건강한 정치생태계와 경제생태계 형성을 방해한다. 결과적으로 대한민국은 정치·사회적 거대 담합 구조에 갇힌 채 기득권 보호 의식이 강하기 때문에 생성, 성장, 노화, 혁신, 소멸을 거쳐 재생성되는 건강하고 지속 가능한 생태계의 모습을 볼 수 없게 되었다. 정치·사회생태계가 서로 부정적 영향을 주고받는 가운데 이를 환경적 요소로 하여 형성되는 경제생태계는 점점 시들어가고 있다. 기찻길 옆 외양간 소는 새끼를 잉태하기 힘들다는 격언이 떠오르는 때다. 지금 한국의 경제생태계에는 정치·사회생태계의 문제들이 그대로 배어들고 있다. 그리고 한국의 경제 주체들은 오랫동안 정치에 약하게 길들여졌다.

이러한 시장의 내적·환경적 요인으로 우리 경제생태계는 건강하고 지속 가능하지 못하게 변화되고 있다. 건강성, 다양성, 연계성, 역동성은 크게 약화되고 환경에 대한 유연성도 크게 떨어지고 있다. 경제생태계 내부에도 거대 담합 구조가 폭넓게 형성되고 있어 불완전한 경쟁 구도가 자리하고 있다. 담합 등 불공정 거래 관행, 갑질 관행, 비경쟁적 하도급 관행 등의 요소들에 막혀 생성될 것이 생성되지 못하고 죽어야 할 시장의 패자도 버젓이 상존한다. 정치생태계는 경쟁에서 패배한 자를 보호하며 그들을 좀비화하는 데 기여한다.

특히 소멸되어야 할 것이 소멸되지 않는 이유는 정치가 이들의 소멸을 막아주면서 경제·사회적 실패자의 생존을 위한 저항 의식이 강해지고 사회 전체적으로 소멸 후 재생성 메커니즘이 발전되지 못했기 때문이다. 생태계 내부에서 실패한 기업이 소멸되고 재생성되기 위해서는 금융의 기능이 그 역할을 다해야 하며, 개인의 재생성을 위해서는 사회안전망이 그 역할을 담당해야 한다. 그러나 금융 기능 약화와 사회안전망 비체계화로 인해 재생성이나 재환류는 사실상 이루어지지 못하고 있다.

또한 경제생태계의 특징 가운데 하나는 순환 체계의 단절 현상이다. 무엇보다 정부-기업-가계 간 자원의 순환 체계가 끊어지거나 약화되고 있다. 특히 기업 부문과 가계 부문의 순환 체계가 막혀 있기 때문에 기업은 몸집을 키우고 가계 부문은 심각한 침체와 고갈 현상을 보이고 있다.

우리의 주력 산업이 제조업 중심으로 존속되는 가운데, 자동화·효율화와 함께 국제 투자시장이 활성화되자 기업의 국내 고용 능력이 급격히 약화되면서 기업과 가계 사이의 연결고리도 약해질 수밖에 없었다. 정부가 고용 증대를 위해 서비스 부문 육성 정책에 힘써왔으나 아직 전문, 기술형 서비스보다는 단순 서비스 부문만 커지면서 비정규직과 시간제 근로자만 양산하는 결과를 불러왔다. 그동안 보수 정부의 공급자 중심 정책이 실패한 것이나 진보 정부의 수요자, 소비자, 가계 중심 정책 또한 실패하는 것이나 모두 기업과 가계를 이어주는 피댓줄이 끊겨가고 있기 때문이다. 문재인 정부가 소득 중심 성장률을 내세웠다가 혁신 성장론도 중요하다며 갈팡질팡하는 것도 이렇듯 기업과 가계의 약화된 피댓줄에 대한 인식이 부족했기 때문이다. 이러한 피댓줄을 튼튼히 하는 것이 경제 회생, 특히 가계 부문 회생의 선결 요건일 것이며, 이 피댓줄이 튼튼해져야 기업 투자와 고용 민간 소비를 모두 강화하는 두발자전거 경제로 복귀할 수 있을 것이다.

변형된 경제생태계는 정치·사회생태계에 직간접 영향을 주게 된다. 특히 소득과 부의 양극화, 대기업과 중소기업의 관계, 고용 감소와 임금 상승 등의 경제 현상은 정치·사회적 갈등과 분열 현상의 원인을 제공하기도 한다. 이러한 정치, 사회, 경제생태계의 과영합 구조를 보고 전체 생태계를 건강하고 지속 가능하게 복원시켜야 하며 경제 내부의 생태계 복원 정책을 긴 안목에서 체계 있게 추진해야 할 뿐만 아니라 정치는 이를 오래 기다려주고 사회는 이를 감싸주어야 할 것이다.

병든 생태계를 어떻게 건강하고 지속 가능하게 복원시킬 수 있을까

한국의 경제생태계를 복원하기 위한 해법은 무엇인가. 이 책은 한국 경제가 지금의 침체기에서 벗어나 활력을 되찾으려면 다음 네 가지 해법에 관심을 집중할 필요가 있다고 본다.

첫 번째, 시장 체제 내부의 독과점적 담합 구조와 이 구조의 내부자와 외부자 사이에 형성되는 갈등 구조 및 갑을 관계, 정치권력과 경제권력의 담합 구조, 기득권 보호 장치 등을 깨지 않고는 한국 경제생태계의 순환 구조가 건강하게 작동될 수 없다. 이런 것들은 경제생태계 내부의 의사결정이나 순환 구조만으로는 복구되기 어렵다. 경제생태계와 정치생태계, 사회생태계를 함께 묶어 그들의 상호 관계를 건강하게 복원하는 하나의 커다란 정치·사회적 결단이 필요한 것이다. 그러나 만일 정치가 그들 스스로의 이익·이념적 담합 구조를 해체하지 못하면서 경제·사회생태계만 강제로 해체시키려 한다면 그 실효를 거둘 수 없고 갈등만 양산하게 될 것이다.

두 번째, 건강한 생태계를 지속 가능하도록 순환시키는 데 필요한 재생성 메커니즘이 복원되어야 한다. 우선 새로운 것이 태어나는 것을 방해할 만한 요소를 제거해야 한다. 즉, 앞서 이야기한 거대 담합 구조의 내부자와 외부자 관계에서 진입·퇴출 장벽이 형성되는데 이로 인해 기득권 세력이 생태 순환 경로를 차단하는 행위를 막아야 하는 것이다. 생성되고 성장하며 노화되거나 혁신되는 과정이 방해받지 않도록 해야 한다. 비록 노화되었다고 해도 혁신이 이루어진다면 생태계 순환은 더욱 활성화될 수 있다.

자연생태계가 건강하고 지속 가능하게 오래 유지되는 요체는 퇴출자의 재생성 메커니즘 때문이다. 이를 통해 생태계 질서는 원활히 작동할 수 있다. 죽어야 될 것이 죽고 살아야 될 것이 살며 죽은 세포가 아메바나 박테리아의 역할에 따른 광합성 작용으로 재생성되는 시스템이 경제생태계에서도 적용되어야 한다.

이러한 재생성 과정이 작동하기 위해서는 금융 시스템이나 사회안전망 구축이 중요하다. 특히 우리나라는 금융기관의 상업적 선택이나 금융 감독 제도의 낙후로 진입 장벽과 퇴출 장벽이 생겨서 태어날 것이 태어나지 않거나 죽어야 할 것이 죽지 않고 좀비가 되는 삭막한 생태계가 이어져오고 있다. 따라서 이제 자연생태계의 복원 기능처럼 금융생태계의 복원 기능을 근본적으로 보강해야 한다. 또한 사회안전망이 확충되어 인적 자본의 재생성 기능이 보강되고 이로써 사회적 약자나 실패자들이 인간으로서 존엄과 가치를 지키며 경쟁 구도에 재진입할 수 있도록 뒷받침해주어야 한다. 이러한 재생성 기능의 강화로 생태계의 단절, 침하 현상을 방지할 수 있다.

세 번째, 경제 내부 구조상의 칸막이를 철폐해야 하며 경제생태계의 건강성을 저해하는 각종 규제를 털어내야 한다. 각 부문 간 연결성과 확장성이 각종 규제와 경쟁 제한적 요소에 의하여 차단되고 있는 현상을 타파해 경제 전반의 유연하고 자유로운 순환 체계를 복원해야 하는 것이다. 4차 산업혁명의 기본 구상은 각 부문의 성취를 공유하고 실시간으로 연결하여 융·복합 과정을 확산하고 그로 인한 생산성을 증폭시키는 것이다. 마찬가지로 한국 경제의 생태적 결함은 이런 칸막이 요소가 부문 간 연결성을 저해해 생태계 단절을 가져오는 데 있다.

규제는 정부 관료에게 필요한 통제 수단을 제공하지만 털어보면 90%는 불필요한 구체제의 잔재에 불과하다. 집안 대청소를 하듯 규제를 털어내되 관료들 구미에만 맞춘 규제 개혁은 항상 실패해왔다는 것을 명심해야 한다. 때로는 1년만 필요한 규제가 관료들 손에 넘어가서 10년 넘게 존속하기도 한다. 규제생태계는 이렇게 허무할 수 있으며, 일단 정부가 규제하면 오랫동안 생존에 책임을 져야 하는 악순환의 고리를 타고 있다. 경제생태계가 지속 가능하려면 규제는 대부분 털어내고 시장 내부에서 경쟁의 룰을 새롭게 정립해주어야 한다.

네 번째, 건강하고 지속 가능한 생태계로 복원시키기 위해서는 시장과 정부의 역할 분담 체계를 정상화해야 한다. "시장은 천사이지만 자주 악마로 변한다. 정부가 악마인 시장을 다스리며 시장에 진입하지만 너무 오래 머무르면 폭군으로 변한다. 이때 시장은 박물관의 박제처럼 굳어진다." 시장에 대한 오래된 격언이다. 시장이 본연의 작동 원리에 따라 움직이는 과정에서 정부는 시장의 동향을 모니터링하고 병리 현상에 대하여 조기 경보 체제를 적기에 작동해야 한다. 그리고 그 병리 현상이 구조적 심화 현상을 보이면 정부는 구조 조정 노력을 해야 한다. 그러나 정부 개입이 정치적 목적이나 이념적 편향성으로 시장을 왜곡시키면 경제생태계는 이에 적응하기 위해 기형적 형태로 변질된다. 따라서 정부와 시장의 역학 구도와 역할 분담 체제가 재정립되어야 한다. 이제는 정부가 사회 분야에서 새로운 기능을 찾고 경제 분야에서 거의 손을 뗄 때가 되었다. 경제의 풍성한 생태 숲을 만들기 위해서 정치·사회가 인내심을 갖고 기다려주는 것이 절대적으로 필요하다.

마지막으로, 폐쇄경제에서 개방경제로 확장되는 과정에서 발생하는 문제다. 대외 의존도가 높은 한국 경제는 세계 경제생태계와 밀접한 관계에 있다. 세계 경제생태계로부터 충격을 받게 되면 한국의 경제생태계는 쉽게 훼손되거나 건강성을 잃을 가능성이 크며 성장이 정체될 수도 있다. 따라서 한국 경제생태계의 구성 요소인 기업, 가계, 정부의 경쟁력이 약화되지 않도록 노력해야 한다. 세계 경제생태계 내 강자들과의 경쟁에서 뒤지게 되면 한국 경제생태계에는 문제가 발생할 수 있다. 앞으로 기술력, 인적 자본의 확충, 포용적 제도 등 경쟁적 요소가 세계 경제생태계의 구성 요소들과 부딪칠 때 충분한 방어력을 가지도록 해야 한다. 그렇지 않으면 결국 한국의 경제생태계는 진화하지 못하고 노화되는 등 정체에 빠질 수밖에 없다.

먼저 국내 이익집단의 반발로 생태계의 결함과 단절 현상을 스스로 치유하지 못한다면 결국 세계 경제생태계와 결합하는 과정에서 생태 구조의 국제화가 이루어진다. 개방을 통해 외국 기업과 경쟁하면서 확장된 생태계를 형성할 수도 있기 때문이다. 이런 점에서 개방경제 체제는 생태계 복원과 확장에 큰 도움을 준다. 이러한 네 가지 전략을 조화롭게 잘 수행해서 한국 경제생태계를 복원시키는 계기를 마련하지 않으면 우리 경제는 생태계의 황폐화로 인한 침체의 늪에서 벗어날 수 없다.

경제 문제를 생태계 변화 현상의 시각에서 바라보는 것은 매우 생소하고 난해한 과업이다. 어떤 경제 현상이 발생하면 그 원인은 아주 오래 전에 이미 뿌리를 내리기 시작한 것으로, 병리 현상이 발생한 후에는 생태계 복원이 쉽지 않고 오래 걸리기 때문이다. 아울러 생태계가 변화하면 그 내부에 있는 액터들이 재빠르게 적응해야 하는데, 정부 역할에 대한 의존은 이러한 액터들의 생태계 적응력을 떨어뜨린다.

또 하나의 위기를 잉태하는 한국생태계

금년은 외환위기 20주년이자 글로벌 위기 10주년이 되는 해로서 학계와 언론계는 이를 회고하고 징비하려고 분주한 모습이다. 그러나 그동안 지난 두 번의 큰 위기를 수없이 회상하고 징비해보았지만 정부나 국민에게 새로운 깨달음을 크게 주지 못한 채 우리는 과거의 연장선상에서 위기 요인을 계속 축적해왔다. 외환위기 이후 20년이 되었지만 한국 경제가 다시 심한 정체 현상을 보이고 있는 것은 그동안 전방위로 추진했던 국가 구조조정 작업이 불충분한 미봉책이었으며 한국 경제 구조상의 근원적 결함을 찾는 것을 등한시했기 때문이다.

지난 20년간 우리는 진보 정치 10년, 보수 정치 10년을 경험했다. 5년마다 바뀌는 정부는 각각 새로운 진단과 처방전을 가지고 경제 해법을 모색하고자 했으나 어느 정부도 현재의 경제·사회 현상에 명확한 진단을 내리지 못했다. 처방전은 이념의 색깔로 코팅되었고 문제를 해결하기보다는 새로운 문제를 생성시킬 뿐이었다. 가장 큰 이유는 아주 구조적이고 생태적인 문제를 긴 안목에서 체계적으로 해결하려는 의지보다는 지지자들의 구미에 맞추어 인기에 영합하려는 당의정을 먹이려 했기 때문이었다. 그리고 5년 단임 정권들마다 큰 그림보다는 임기 내 단기 실적을 내는 데 주력하며 정책 주기를 단기화short-termism했기 때문이기도 하다. 또 구조조정과 같은 외과 의사를 투입해야 할 때 미완의 내과 의사를 투입하며 근근이 미봉했기 때문이다. 무엇보다 지난 몇몇 대통령들은 정치를 경제의 상위 개념으로 올려놓고 경제 하는 사람들을 불안하게 했으며, 시장과 친화하기보다는 시장을 쥐어짜며 압박을 가해왔다. 각자의 이념적 잣대에 따라 검증되지 않은 경제 정책 실험을 계속해오기도 했다.

많은 사람들이 다음 위기는 어디서 발생할 것인지를 묻는다. 나는 서슴없이 생태계의 반란에서 올 것이라고 대답한다. 그리고 왜 선진 사회에서는 생태계의 병리 현상이 우리보다 덜 심각하냐는 질문에는 시장의 경쟁성과 함께 시장과 정부 사이에 역할 분담이 적절히 확립되고 있기 때문이라고 대답한다.

우리에게 찾아올 다음 위기의 형태는 정치, 사회, 경제 각 부문의 생산성이 급격히 떨어지면서 국민 삶의 질이 떨어지고 이를 정치가 막으려다 재정 파탄을 일으키는 악순환적 위기가 될 것이다. 한국 경제는 경제생태계, 정치생태계, 사회생태계, 이 3개의 생태계가 긴밀한 교호 관계 속에서 상호 영향을 주고받으며 함께 움직이고 있다는 데 주목할 필요가 있다. 경제 위기가 복합 생태계의 연쇄 작용 속에서 진행될 수 있다는 것을 경계해야 한다. 그 위기는 현재도 진행되고 있다. 그 처방은 간단하다. 우리의 정치, 사회, 경제생태계를 긴 안목에서 건강하고 지속 가능하게 복원하는 것이다. 스스로가 쳐놓은 거대 담합 체계를 해체하고 기득권 보호 장치를 허물어야 한다. 현재와 같은 병든 생태계를 고치지 않고서는 우리는 선진 사회는 고사하고 현재의 위치와 수준도 유지하기 힘들다. 그러기 위해서는 국가 지도자가 안목을 갖춰야 하며 생태 현상에 대한 깊은 이해과 결단력을 가져야 한다.

사실 경제생태계는 시간을 두고 건강하고 지속 가능하게 복원시킬 수 있다. 그러나 이를 가능하게 하려면 정치적 결단으로 지속 가능한 정책을 세우고 그 결과를 정치 스스로 기다릴 줄 알아야 한다. 그러나 5년 단임 정치하에서 정치생태계의 건강성 회복은 쉽지 않아 보인다.

그동안 우리는 이렇게 생태계가 노화되고 단절되고 황폐화될 때까지 상황을 너무 오래 방치했다. 아무래도 정치가 스스로 기득권을 내려놓고 솔선수범하는 것이 생태계 복원의 첫 단추일 것이다. 우선 개헌과 함께 정당 제도, 선거 제도를 개혁하여 현재의 칡뿌리 민주 정치 풍토를 풀뿌리 민주 정치 문화로 되돌려놓아야 한다. 그리고 경제 사회에 광범위하게 포진하고 있는 과잉 정치화·과잉 이념화의 때를 벗겨내고 거대 담합 구조를 해체하며 경쟁과 소통의 사회를 일구어나가야 한다. 아울러 4차 산업혁명의 새로운 경제 조류에 맞게 산업과 기업의 내부 병리 현상을 치유하는 데 경제계 스스로 자성과 내려놓음이 필요하다.

이 책은 이렇게 난해한 우리 경제의 생태 구조가 지닌 현재 상황과 각 부문별 생태 구조, 상호 간 연결 구조와 순환 체계 내부의 병리 현상을 집중적으로 탐험하고 있다. 경제라는 유기체의 순환 구조가 끊어지고, 새로운 것이 태어나지 않고 죽을 것이 죽지 않으며 한 번 죽으면 재생성되지 않는 한국형 생태계의 단절 내지 황폐화 현상을 규명해내는 데 그 주안점을 두고 있다.

이런 논리를 그대로 세계 각국의 생태 현상에 대입하는 데는 일정한 한계가 있을 것이다. 생태계는 생태 환경과 더불어 제도와 인간이 만든 관행, 행동 규범, 정부 규제와 촉진 방향에 따라 다르게 형성되기 때문이다. 즉, 일본의 경제생태계는 한국의 경제생태계보다 더 색다른 환경과 인간의 생존 방정식, 그리고 오래된 관습과 정부와 시장 간 관계에 영향을 받고 형성되어온 것이다.

따라서 앞으로 설명할 총론과 각론의 논리 전개는 한국 경제생태계의 현황과 생태 구조를 전제로 이루어진 것임을 첨언해둔다. 아울러 정치생태계와 사회생태계의 병리 현상은 앞으로 추가적인 집중 검토가 필요할 것이며, 정치, 사회, 경제생태계의 교호 관계에 대한 연구도 계속되어야 한다. 그러나 이번 1차 탐험은 경제생태계에 주력하면서 이에 직접 영향을 주는 노동, 교육, 인구, 복지, 정부 정책 분야의 생태계에 치중했다. 이에 더욱 근본적인 체계적 연구는 2차 탐험으로 넘길 수밖에 없었음을 양해해주기 바란다.

CONTENTS

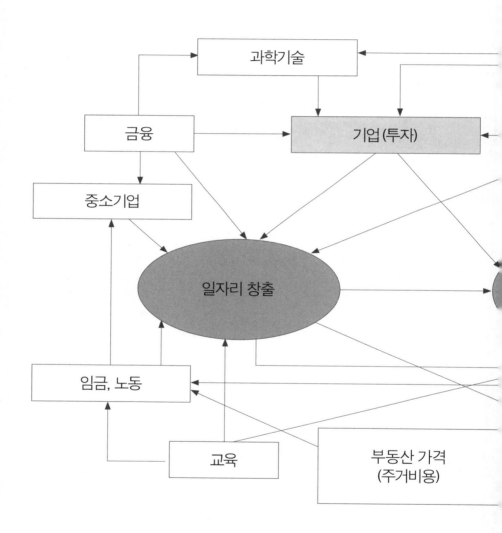

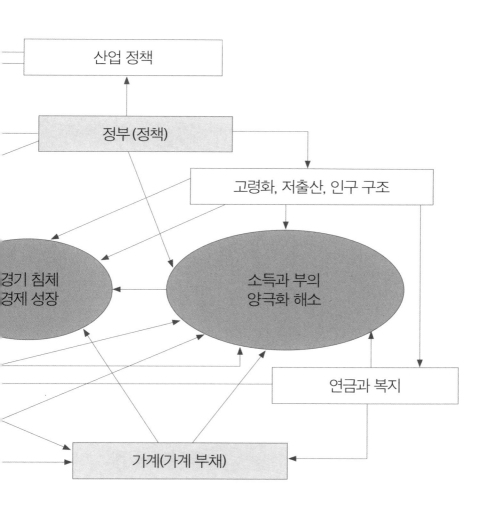

산업 정책

정부 (정책)

고령화, 저출산, 인구 구조

경기 침체
경제 성장

소득과 부의
양극화 해소

연금과 복지

가계(가계 부채)

1부

경제생태계: 총론

1장

한국 경제의 제 문제와 생태계 접근의 필요성

김정식

연세대학교 경제학부 교수

1. 성장률을 높여야 하는 이유

한국 경제는 저성장의 함정에 빠져 있다. 2014년 기록한 3.3% 성장을 제외하면 2012년부터 최근까지 2%대를 기록 중이다. 물론 과거에도 2%대 저성장을 경험한 바 있다. '2차 석유 파동' 직후인 1980년과 동남아시아 외환위기 직후인 1998년, 그리고 글로벌 금융위기 직후인 2008년과 2009년 등이다.

그러나 지금은 그때와 다르다는 데 문제의 심각성이 도사리고 있

[표 1] 저성장의 고착화

연도	경제 성장률(%)
1960 - 1969	8.46
1970 - 1979	10.16
1980 - 1989	8.64
1990 - 1999	6.68
2000 - 2009	4.43
2010 - 2012	4.16
2012	2.30
2013	2.90
2014	3.30
2015	2.60
2016	2.80
2017	2.10 - 2.60(추정치)

* 자료: 한국은행 경제통계 시스템

다. 과거에는 대외적인 충격이 소멸되면, 성장률은 다시 3% 이상으로 회복했다. 하지만 최근에는 이런 공식이 깨졌다. 2% 성장률이 지속되면서 저성장이 고착화되고 있는 것이다.

더 큰 문제는 잠재 성장률로, 예상보다 빨리 하락하고 있다. 한국개발연구원KDI은 한국의 잠재 성장률 추이를 2020년까지 3%대 유지, 2021년 이후 2%대, 2031년 이후 1%대로 예상하고 있다. 그러나 2012년 이후 2%대의 성장이 지속되고 있는 것을 보면 잠재 성장률이 예상보다 더 가파르게 하락하고 있다는 것을 알 수 있다. 이에 현대경제연구원은 예상보다 빠른 2016년부터 2%대로 떨어진 것으로 추정하고 있다. 한국은 예상보다 빨리 저성장의 함정 속으로 빠져들고 있는 것이다.[1]

[표 2] 한국의 잠재 성장률 추정

연도	잠재 성장률(%)
1981 - 1990	8.6
1991 - 2000	6.4
2001 - 2010	4.5
2011 - 2020	3.6
2021 - 2030	2.7
2031 - 2040	1.9
2041 - 2050	1.5
2051 - 2060	1.0

* 자료: 경제인문사회연구회, KDI 추정

걱정할 일은 아니라는 주장도 있다. 선진국도 저성장이 지속되므로 한국도 성장률이 낮아지는 것을 크게 염려할 필요가 없다는 주장이다. 물론 선진국 반열에 접어들면 인플레이션 안정을 위해 저성장 국면을 선호하는 경향이 뚜렷해진다. 성장률을 높였을 때 부작용이 더 크다고 생각하기 때문이다.

그러나 우리나라는 선진국과 달리 저성장이 지속되면 많은 부작용을 초래하게 된다. 먼저 일자리가 줄면서 실업이 늘어난다. 실업 문제는 선진국도 경험하고 있다. 그러나 우리는 다르다. 연금과 복지 체제가 충분하지 않으므로 실업 비용이 선진국보다 더 크다. 그 차이는 사회안전망에서 비롯된다. 선진국은 고성장 시기에 연금과 복지 체제를 구축해 저성장 국면에 진입했을 때의 충격이 덜하다. 그러나 한국은 고성장 시기에 충분한 연금과 복지 체제를 구축하지 못했다.

[표 3] 청년 실업률(15~29세) 추이 (2010~2016)

	전체 실업률(%)	청년 실업률(%)
2010	3.2	6.4
2011	3.2	7.3
2012	3.1	8.0
2013	3.0	7.4
2014	3.6	8.7
2015	3.8	9.3
2016	3.7	9.7

* 자료: 통계청 국가통계포털

이미 우리는 사회 전반적으로 사회안전망 미비로 인한 고통을 겪고 있다. 고령화 시대에 노후 일자리가 마련되지 않으면 노후 소득이 없어 생활에 어려움을 겪게 된다. 결국 노후 소득을 위해 정년 연장에 나서게 되고, 저성장으로 인해 제한된 일자리를 중·노년층이 차지하

[표 4] 국가 채무의 증가 추이 (2001~2015)

구분 연도	국가 채무	
	금액(조 원)	GDP 대비(%)
2001	121.8	17.7
2002	133.8	17.6
2003	165.8	20.4
2004	203.7	23.3
2005	247.9	27.0
2006	282.7	29.3
2007	299.2	28.7
2008	309.0	28.0
2009	359.6	31.2
2010	392.2	31.0
2011	420.5	31.6
2012	443.1	32.2
2013	489.8	34.3
2014	533.2	35.9
2015	591.5	37.9

* 자료: 기획재정부, 월간 「재정동향」, 2017. 2

면서 청년 실업이 높아지는 것이다.

또한 노후를 위해 저축을 늘리면서 소비가 줄고, 소비 감소는 내수 위축을 가져와 기업 투자 감수를 초래하게 된다. 결국 고용이 줄면서 실업이 증가하는 악순환이 반복되는 경제로 접어든다. 소득 분배의 불공평도 심화된다. 실업자가 늘고 기업 투자가 줄면 저소득층 소득은 더 감소하기 때문이다. 재정의 복지 지출 증가로 국가 부채는 늘어난다. 저성장으로 가계 소득이 줄고, 노후 준비가 덜 된 고령층이 많아지면 복지 수요는 늘어날 수밖에 없다. 복지 지출을 위해 정부의 재정 적자와 국가 부채가 증가하면, 국가 신뢰도는 하락하고 자본시장이 개방된 경제에서 국가 신뢰도 하락은 자본 유출을 초래해 외환위기의 위험에 노출될 수 있다.

이런 문제점을 고려하면, 한국은 연금과 복지 체제가 구축되기 전까지는 성장률을 높여야 한다는 결론에 도달하게 된다. 그렇지 않으면 재정 적자와 국가 부채 증가, 그리고 이를 보전하기 위한 통화량 증발로 인해 선진국의 문턱에서 주저앉을 가능성이 높기 때문이다. 한국 경제의 재도약을 위해 저성장과 양극화의 원인을 분석하여 새로운 전략을 수립해야 한다.

2. 저성장의 원인

기업, 가계, 정부 부문의 순환 문제

한국 경제가 예상보다 빨리 저성장 국면에 접어든 원인은 다양하지만, 가장 근본적인 원인은 경제의 순환 과정에 문제가 발생했기 때문이다. 경제는 각 부문 간의 순환이 중요하다. 기업과 가계, 정부라는 3개의 주체로 이루어진 경제는 상호 연관된 이들 주체들 간의 순환이 원활해야 성장할 수 있으며 분배도 공평해질 수 있다. 이들 주체들 중에서 한 주체에 문제가 발생하면 결국 다른 경제 주체 또한 문제가 발생하여 순환계에 이상이 생기게 된다. 마치 인간의 신체나 자연 상태에서 생태계 순환이 중요한 것과 같다.

한국 경제는 기업에서 먼저 문제가 발생하기 시작했다. 기업이 방만한 경영을 하면서 효율성이 떨어지고 수출 경쟁력이 약화되기 시작했으며 이는 기업 구조조정으로 이어지게 된다. 그러나 기업 구조조정은 대량 실업을 동반하게 되므로 구조조정이 지연될 경우 기업 부문의 부실은 커질 수밖에 없다. 결국 고용이 점진적으로 감소하게 되고 이는 가계 부문의 부실로 연결된다.

기업은 왜 부실하게 되었을까. 이는 경쟁력이 약화되면서 퇴출되어야 할 기업이 그대로 존재하거나 혹은 혁신을 추진하지 않았기 때문이다. 기업 또한 자연생태계와 같이 생성과 성장, 소멸의 과정을 거친다. 그러나 정부나 금융기관의 인위적인 개입에 의해서 소멸되어야 할 기업이 퇴출되지 않아 경제의 순환 과정에서 문제가 발생하게 되는 것이다. 기업의 수익성이 악화되고 결국 부실화의 길을 걷게 된다. 여기에는 물론 정부나 금융기관의 과도한 개입이 문제를 더욱 악화시키게 된다.

기업 내 대기업과 중소기업 간의 순환도 중요하다. 기업 내의 구조는 제품을 조립해서 수출하는 대기업과 부품을 공급하는 중소기업으로 나뉜다. 한국 경제의 경우, 대기업에 납품하는 중소기업은 고용의 80% 이상을 담당하고 있다. 그러나 중소기업의 임금은 대기업의 절반에 불과해서 일자리가 있음에도 청년들이 중소기업 구직을 포기해 실업이 늘어나고 있다. 중소기업과 대기업 간 임금 격차가 큰 원인은 여러 가지가 있다. 중소기업의 낮은 기술력도 문제지만 그보다는 대기업의 노동조합이 과도하게 임금을 올리면서 중소기업에 주는 하청 단가가 낮아지게 된 데 원인이 있다. 결국 고용의 10% 미만을 차지하는 대기업에는 취업하기 어렵고 고용의 80% 이상을 차지하는 중소기업의 고용은 늘어나지 못하면서 한국 경제는 점점 성장률이 낮아지는 구조로 들어가고 있는 것이다.

대기업과 중소기업의 임금 격차를 줄이기 위해서는 정부의 역할이 중요하다. 정부는 중소기업과 대기업의 관계를 결정하는 제도와 법을 만드는 데 영향을 미칠 수 있기 때문이다. 그러나 정부는 공정거래 연관 제도를 정비해서 중소기업의 불리한 경영 환경을 개선해줄 수는 있으나, 현실적으로 대기업 노동조합의 문제는 개선시키기 어렵다. 결국 대기업과 중소기업 간의 원활한 순환을 이루기는 현실적으로 어렵다고 할 수 있다. 현재 상황에서 가능한 방법은 중소기업의 기술력 향상을 통해서 순환을 개선시키는 것이다. 기술력이 높아질 경우 일본과 같이 중소기업 임금이 높아지면서 대기업과의 임금 격차를 줄일 수 있고 수출이 늘어나 대기업과의 불리한 계약 구조도 개선시킬 수 있다. 중소기업의 고용이 늘어날 수 있는 것이다. 그러나 영세한 중소기업의 기술력을 단기간에 높이기는 쉽지 않다. 뿐만 아니라 정부 지원이 효과를 나타내기 위해서는 장기간의 시간이 필요하다.

기업의 저고용과 부실은 결국 가계 부문의 부실을 초래한다. 저고용으로 가계 소득이 감소하면 결국 부부가 함께 일하게 되면서 경제적인 어려움과 육아 문제가 생겨 출산율이 낮아지게 된다. 현재 우리나라의 합계 출산율은 1.2명으로 OECD 국가 중 가장 낮다. 결국 한국 경제는 낮은 출산율 때문에 15세부터 64세까지의 생산 가능 인구가 2017년부터 감소하고 있으며 이로 인해 생산과 공급이 감소하고 있다. 생산 가능 인구가 감소하고 소득이 줄어들면서 내수가 감소하고 다시 기업 생산이 줄어드는 악순환 속으로 들어갈 수밖에 없는 구조적 변화에 직면하고 있다. 잠재 성장률이 하락하면서 성장할 수 없는 경제가 될 수밖에 없는 것이다. 실제로 잠재 성장률은 이미 예상과 달리 2%대로 주저앉았으며 앞으로 1%대로 빠르게 악화될 것으로 전망된다. 한국 경제의 미래가 암울한 것이다.

　기업 부실로 고용이 감소해 가계 부문의 소득이 감소하는 것과 더불어, 한국 경제는 고령화 또한 빠르게 진전되고 있다. 가계는 부채가 구조적으로 늘어날 수밖에 없다. 가계 부채가 늘어날 경우 가계는 소비 능력이 감소하고 이로 인해 기업 생산이 위축되고 고용이 다시 감소하는 악순환 속으로 들어가게 된다. 여기에 가계 소득이 감소하면 가정 내 갈등이 심화되면서 이혼율이 높아지고 결혼하지 못하는 남성들이 늘어나게 된다. 그 외에도 높은 주거비와 교육비 또한 가계 지출을 늘려 가계 부채를 증가시키는 원인이다. 지출은 늘어나는데 소득이 제자리걸음을 하면 부채가 늘어날 수밖에 없다. 이런 구조 속에서 한국의 가계 부문은 부실화되고 있다.

　가계와 기업의 순환 구조에서 문제를 해소시켜줄 수 있는 주체는 정부다. 정부는 교육 제도를 개편해서 변화된 산업 구조에 맞게 인력을 공급해 실업을 줄일 수 있으며 기술력 향상을 지원하는 정책을 사용해 중소기업의 경쟁력을 높여줄 수 있다. 그 외에도 대기업과 중소기업의 불공정한 관계를 개선해 대기업과 중소기업의 임금 격차를 줄여줄 수도 있다.

그러나 정부가 이러한 정책을 효과적으로 사용해서 문제를 해결하기에는 여러 가지 애로 요인이 있다. 이익집단의 반발이 존재하기 때문이다. 임금 하락을 염려하는 대기업 노동조합은 제도 개선에 강력하게 반발한다. 또한 대기업 소유주들도 독점 기업에 대한 정부 규제를 완화하는 로비를 통해 이익을 추구하게 된다. 이러한 로비 외에도 제도를 개선시키는 데는 장기적인 시간이 필요하다. 이러한 정책은 단기간의 효과를 선호하는 정치인이나 관료들의 성향과도 맞지 않는다. 이익집단의 반대를 극복하면서 기업 정책을 수립하기가 쉽지 않은 것이다. 또한 이러한 정책을 추진하기에는 정치적 환경도 불리하다. 5년의 대통령 임기로는 교육 개혁과 기술 개발 등 장기적인 정책을 사용하기 어렵기 때문이다. 결국 정치적 여건도 한국 경제가 현재 저성장의 함정에서 벗어나지 못하게 하는 요인 가운데 하나라고 할 수 있다. 이익집단의 로비와 압력에 포획되지 않고 이를 어떻게 극복하는가는 향후 정부의 역할 제고에 매우 중요하다.

결국 한국 경제를 거시적으로 보면, 현재의 저성장과 저고용, 소득 분배 불평등의 원인은 기업과 가계, 정부 부문의 생태계적 순환이 활발하게 이루어지지 않고 막혀 있는 데 있다고 할 수 있다. 지금과 같은 상태에서는 재정 정책이나 통화 정책과 같은 단기적인 경기 부양 정책만으로 한국 경제의 문제들을 해소시키기 어려우며, 앞으로 이런 문제들은 더욱 심화될 가능성이 높다고 할 수 있다.

혁신의 문제

중국의 추격도 문제다. 한국은 기술 선도국을 추격하면서 성장해왔다. 일본과 미국 등이 비교 우위를 가지고 있던 조선, 철강, 해운, 전자 등의 산업을 선도국으로부터 이어받으면서 기업과 국가의 성장을 꾀할 수 있었다. 그러나 후발 추격국인 중국의 등장으로 한국은 기술 경계선에 도달하게 되었다. 추격국에서 선도국으로 입장이 바뀌었고 이에 따라 기업과 국가 경제 성장이 정체되고 있는 것이다.

신성장 이론의 대가인 뉴욕대학교 폴 로머Paul Romer 교수는 후발 추격자로부터 추격을 받는 선도국은 새로운 기술 개발 등의 혁신이 필요한데, 이러한 혁신은 내생적이라 그 원인이 되는 문제를 먼저 해결해야 한다고 주장한다. 선도국이 다시 성장 국면에 진입하기 위해서는 특히 기술 진보나 혁신을 가능하게 하는 중요 원인 가운데 하나인 제도를 개선해야 한다고 강조한다. 이른바 내생적 성장 이론이다.

우리가 중국의 추격을 따돌리고 재도약에 성공하려면 기존 산업의 차별화와 신산업 육성이 필요하다. 기존 산업에서는 좀 더 고도화된 기술력이, 신산업 육성을 위해서는 신기술 개발이 시급하다. 문제는 기술 고도화나 개발이 쉽지 않다는 점이다. 이 지점에서 신산업 정책 수립이 필요한 것이다.

신산업 정책이라고 해서 과거와 같이 정부가 특정 산업의 투자에 영향을 미치는 것이 아니다. 정부가 신산업의 기초과학 기술 개발이나 전문 과학기술 인력 양성에 도움을 주는 정책을 의미한다. 이미 미국이나 중국 등도 공과대학 교육을 재정적으로 지원해서 필요한 과학기술 인력을 양성하고 있으며 정부 출연 과학기술연구소를 지원하여 기초기술 개발에 도움을 주고 있다. 신산업 정책을 시행하고 있는 것이다.

우리도 신산업 정책을 통해 기존의 주력 산업에서 좀 더 수준 높은 기술 개발을 추진하고 주력 산업의 중국 이전에 대처해서 대체 신산업 육성을 위한 신기술 개발과 전문 과학기술 인력 양성을 적극화할 필요가 있다. 일본 등 선진국이 새로운 산업을 찾지 못하고 있는 상황에서 과거의 추격 모형을 답습해서는 중국의 추격으로 경쟁력을 가질 수 없으므로, 추격을 통한 성장 전략을 포기하고 자체적으로 신기술을 개발해서 신산업을 육성해야 한다는 주장도 있다. 어느 경우나 모두 신기술 개발이 필요하므로 이를 위한 교육 제도 개편과 과학기술을 중시하는 성장 전략이 필요하다.

노동시장의 경직성

노동시장의 경직성과 비정상적인 고용 구조 또한 원인 중 하나다. 중국과의 기술 격차가 줄어들면서 기존의 주력 산업은 경쟁력이 약화되고 있다. 이를 극복하기 위해서는 과도한 임금 상승을 억제해야 할 필요가 있으나 임금 인상률을 낮추기는 쉽지 않다. 임금 상승률이 높은 데는 다양한 원인이 있기 때문이다. 한국은 식료품 등 신선식품의 물가가 높고 주거비와 교육비 등 필수 지출비가 높기 때문에 임금 상승률이 높다. 따라서 이러한 생활 물가와 주거비, 교육비 등 물가가 낮아져야 임금 상승률이 둔화될 수 있으며 산업과 수출 경쟁력이 높아져 일자리가 창출될 수 있고 고용 또한 늘어날 수 있다.

임금이 경쟁국보다 높은 또 다른 이유는 연금과 복지 등 노후 소득이 충분히 준비되어 있지 않기 때문이다. 연금과 복지 체제가 구축되어 있는 경우라면 노후 소득이 마련되어 있어 현재 소비를 줄이거나 과도하게 높은 임금을 요구할 필요가 없다. 그러나 노후 소득이 준비되지 않았다면 근로자들은 직장에 다니는 동안 임금을 높여 노후 소득을 마련하고자 하고 노동조합은 생산성보다 높은 임금을 요구하게 된다. 결국 노사 분쟁이 심해지면서 기업은 지금과 같이 고용을 줄이게 되는 것이다.

임금이 과도하게 높다 보니 고용 구조 또한 비정상적이 된다. 초임이 높고 생애 최고 임금 또한 외국보다 높아지면서 기업들은 조기퇴직을 선호하게 된다. 지나치게 높은 임금을 주고 고용을 유지할 수 없기 때문이다. 실제로 한국 민간 기업 사무직은 대부분 40대 후반에서 50대 초반 조기퇴직을 당한다. 이러한 조기퇴직과 고령화가 겹치면서 복지 수요 증가와 국가 부채 증가를 초래하게 된다.

15~64세의 생산 가능 인구 감소 역시 잠재 성장률이 낮아지는 주요 원인이다. 생산 가능인구 감소는 경기와 밀접한 관계가 있다. 생산 가능 인구가 감소하는 경우 소비와 생산이 감소하면서 경제 성장률이 하락한다. 이들은 생산의 주체이며 또한 소비의 주체이기 때문이다. 한국의 생산 가능 인구는 2017년을 기점으로 감소하기 시작했다. 생산 가능 인구가 감소하는 원인은 출산율 감소와 연관이 있다. 15세부터 49세까지 여성의 자녀수인 합계 출산율은 한국의 경우

1.2명 수준으로 OECD 국가 중 가장 낮다. 세계 224개국 중에서 싱가포르, 대만, 홍콩, 마카오에 이어 220번째로 출산율이 낮다.

저출산은 생활 물가 상승이나 경기 침체와 밀접한 연관이 있다. 주거비, 교육비 등 육아비용이 높아지고 이를 조달하기 위해 부부가 모두 일하는 경우가 늘어났기 때문이다. 또한 경기 침체와 실업 증가도 원인 중 하나다. 높은 양육비와 실업 등 경제적 어려움 때문에 출산을 회피하거나 여성들의 출산 연령이 높아지기 때문이다. 잠재 성장률을 높이려면 이러한 저출산 원인을 제거해야 한다. 또 다른 대안은 이민을 활성화하는 것인데 이 역시 여의치 않은 상황이다.

가계 부문의 부실

가계 부실도 성장률을 높이는 데 중요한 애로 요인이다. 경기 침체가 지속되면서 가계 부채가 급격히 늘고 있다. 가계 부채는 가처분 소득을 줄여서 소비를 줄일 뿐 아니라 내수를 침체시켜 일자리를 줄인다. 가계 부채 증가와 부실은 경제의 가장 중요한 주체인 가계를 부실화시켜 출산율을 낮추며 잠재 성장률 하락에도 큰 역할을 한다는 측면에서 우려하지 않을 수 없다. 가계 부실이 기업 부실을 유발하고 결국은 정부 부실을 초래하기 때문이다.

가계 부채를 줄이려면 그 원인을 해소해야 하는데, 가장 큰 원인은 기업 부실에 있다. 가계 부채는 기업 부채가 전이된 것이기 때문이다. 1997년 외환위기 전과 2008년 글로벌 금융위기 이후에는 기업 부채가 문제가 되었다. 기업의 방만한 경영으로 기업 부실과 금융권 부실이 문제가 되면서 자본 유출로 외환위기가 발생했던 것이다.

기업 구조조정이 진행되면서 기업이 고용을 줄이자 실업이 늘어나게 되었고 결국 소득이 없는 가계는 대출을 늘려 생계비를 조달하게 되었다. 연금과 복지 체제가 구축되지 않은 상황에서 일자리를 잃으면 결국 가계 부채가 늘어날 수밖에 없고 이러한 생계형 가계 부채는 부실화 가능성이 높다고 할 수 있다. 가계 부채가 부실화될 경우 결국 금융회사의 부실을 국가가 공적 자금으로 보전하게 되고 가계 부채는 국가 부채로 전이될 수 있다.

가계 부채의 또 다른 원인은 저금리에 있다. 금리가 낮아지면서 부동산 구입을 위한 부채는 물론이고 생계형 가계 부채 또한 늘어났기 때문이다. 저금리는 경기 침체와도 연관이 있다. 경기를 살리기 위해 금리를 낮추었기 때문이다. 이렇게 보면 가계 부채 문제는 성장률 둔화와 연관이 있다.

제도 개혁의 필요성

중소기업의 기술력이 낮은 것 또한 저성장의 원인으로 지목되고 있다. 한국의 고용 구조를 보면 중소기업이 고용의 80%를 부담하고 있다. 중소기업에서 고용이 늘지 않으면 일자리 창출은 힘든 구조다. 그러나 현재 중소기업에서 양질의 고용이 창출되지 않고 있다. 중소기업 임금은 대기업의 60%에 불과하다. 중소기업에 일자리는 많으나 양질의 일자리는 없다. 낮은 임금과 불안정한 직장생활 때문에 중소기업에 취업하려는 청년들이 줄고 있는 것이다.

중소기업에서 양질의 일자리가 만들어지지 않는 원인은 다양하다. 먼저 대기업과 중소기업 간의 불공정한 하청 관계를 들 수 있다.

대기업은 중소기업에 낮은 단가로 하청을 주어 중소기업이 임금을 높일 수 없으며 기술 개발을 적극적으로 하기 어렵다. 중소기업의 기술력이 뒤지면서 임금은 다시 낮아지는 악순환을 거듭하는 것이다. 일자리를 늘리기 위해서는 중소기업의 기술력을 높이기 위한 노력이 필요하며 대기업과의 불평등한 관계나 대기업의 불공정 거래 관행 또한 개선되어야 한다.

잘못된 제도 또한 저성장의 원인으로 꼽힌다. 매사추세츠공과대학MIT의 대런 애쓰모글루Daron Acemoglu 교수는 『국가는 왜 실패하는가Why Nations Fail』란 저서에서 성장을 못해 빈곤국으로 남아 있는 국가와 선진국의 차이는 제도라고 말한다. 그는 제도를 정치적 제도와 경제적 제도로 구분하고, 다시 포용적 제도와 착취적 제도로 나눈다. 포용적 제도란 제도 선택으로 인한 이익을 모든 국민이 공유하는 제도이며, 착취적 제도는 몇몇 이익집단이 독식하는 제도다. 그는 선진국은 포용적 제도를 선택하고 있으며, 빈곤국은 대부분 착취적 제도를 선택하고 있다고 주장한다. 포용적 제도가 혁신을 낳기 때문에 빈곤국이 포용적 제도를 선택할 경우 성장률을 높일 수 있다고 강조한다. 착취적 제도의 선택이 저성장의 원인이라는 것이다. 그러나 역사를 보면 빈곤국이 포용적 제도를 선택하는 것이 쉽지 않음을 알 수 있다. 착취적 제도로 이득을 보던 이익집단의 반발 때문이다. 내생적 성장 이론을 주장하는 폴 로머 교수와 같이 애쓰모글루 교수도 이익집단의 반발을 극복하는 것이 중요하다는 것을 암시한다. 한국 역시 과거에는 정치적으로 착취적 제도를 가지고 있었으나 포용적 제도로 변화하고 있다. 그러나 경제적 제도 또한 공산주의나 독재 체제에 비하면 시장 경제라는 포용적 제도를 선택하고 있기는 하지만, 아직도 많은 이익집단이 제도와 연결되어 있어 제도를 개선되어야 할 필요성이 있다.

애쓰모글루 교수의 구분과 주장 외에도 제도가 경제 성장에 미치는 역할은 크다. 제도는 정책의 효율성을 높이는 좀 더 거시적인 틀이기 때문이다. 법과 제도는 당시의 경제 여건에 맞게 내생적으로 결정된다. 현재 한국은 과거 경제 환경에 맞는 제도를 가지고 있어서 현재 여건에는 부적합하다. 자본 자유화와 변화된 산업 구조, 고령화와 저출산 등에 부합하는 새로운 제도가 필요하다. 연금 제도와 유통 제도의 개선이 필요하다. 새로운 경제 여건에 맞지 않는 각종 제도가 성장의 발목을 잡고 있는 것이다.

금융 산업의 낙후성

금융 산업의 낙후성도 문제다. 1990년대 이후 자본 자유화와 변동 환율 제도가 선택되면서 한국의 금융 환경은 크게 변화되었다. 그리고 최근 핀테크의 발달과 4차 산업혁명으로 벤처와 창업 금융의 역할이 커지고 있으며 금융의 IT화와 국제화도 가속되고 있다. 과거 무역이 자유화되었던 시기에 무역을 통해 국부를 창출할 수 있었듯 지금은 금융 상품 수출을 통해 국부 창출이 가능하다. 금융은 산업을 지원하는 역할은 물론이고 국부 창출을 위한 산업인 것이다.

금융 산업 발전을 위해서는 전문 인력 양성이 중요하다. 그리고 독과점화된 금융시장 구조와 금산 분리의 소유 구조 또한 개선되어야 한다. 지나친 정부 개입도 줄여야 한다. 금융 산업은 전문지식으로

부가가치를 창출하고 경쟁력을 높일 수 있다. 금융 인력 양성에는 교육 체제 또한 중요한 역할을 한다.

한국의 금융 산업은 아직도 이러한 금융 환경의 변화를 반영하지 못하고 있다. 금융 전문 인력 양성의 중요성을 간과하고 있으며 독과점화된 시장에서 안주하고 있다. 금융의 IT화와 국제화에 적응하지 못하면서 금융 산업이 경제 성장에 기여하지 못하고 있는 것이다.

새로운 행정 여건에 맞게 경제 정책을 시행하는 것 또한 중요하다. 과거에는 중앙정부가 모든 행정 조직을 관리했지만 지방자치제가 도입되면서 중앙정부와 지방정부가 상호 다른 틀에서 운영되고 있다. 이 경우 경제 정책의 효과는 효율적이지 않을 수 있다. 중앙정부와 지방정부가 다른 조직을 가지고 있으며 정책 목표 또한 차이가 있기 때문이다. 이러한 정부의 거버넌스 변화 문제를 정책 결정자는 정확히 인식해서 경제 정책을 수립해야 예상한 효과가 낼 수 있다.

내수 위주 정책의 한계

정책 결정자의 올바른 선택도 중요하다. 많은 경제 정책이 실시되었지만 시행착오를 거듭하는 경우가 많으며 이러한 정책 실패가 저성장의 또 다른 원인이다. 내수 부양 정책 또한 그런 사례 중의 하나다. 한국은 일본과 달리 내수시장이 작아 소득 대부분이 수출에서 창출된다. 성장률을 높이려면 수출 증대가 필요하다. 여기에 내수시장은 대부분 소비 부문이 많아 소득 없이 지출을 늘릴 수 없다. 만약 소득 없이 소비를 늘리자면 이는 지금과 같이 부채를 통한 내수 부양이 된다. 즉 수출은 감소하는데 내수를 부양하면 결국 부채 위주의 성장이 되는 것이다. 그럼에도 불구하고 정치권과 정부가 내수를 강조하는 이유는 내수 대부분을 차지하는 서비스업에서 일자리의 70%가 만들어지기 때문이다. 일자리를 위해 내수를 부양하는 것이다. 그러나 한국의 경제 구조를 보면 수출을 통해 소득이 늘어난 이후 내수를 부양해야 일자리가 늘어난다. 수출 없이 내수를 부양하는 것은 지출이 늘어나지 못해 일자리 창출로 이어지기 힘들다.

지금 일자리가 늘지 않고 가계 부채가 늘어나는 것은 내수 부양에만 치중한 결과다. 내수시장이 큰 일본도 과거 내수에 치중했던 적이 있다. 그러나 20년간 경기 침체가 지속되자 최근 양적 완화를 통해 엔화 가치를 평가 절하시켜 수출을 늘리는 것으로 침체에서 벗어나고자 하고 있다. 이렇듯 한국 경제가 저성장에서 벗어나려면 더 다양한 의견 수렴을 통한 올바른 정책 선택이 필요한 것이다.

[그림 1] 내수 부진의 원인

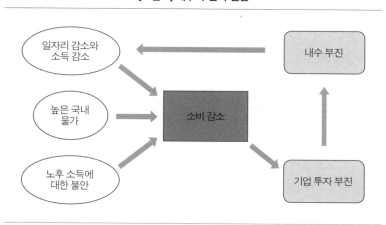

지금까지 살펴봤듯이 한국 경제가 저성장에서 벗어나지 못하는데는 다양한 원인이 상호 연관되어 있음을 알 수 있다. 어느 한 원인이 해소된다 해서 저성장에서 벗어날 수 있다고 하기 힘든 것이다. 다양하게 연결된 부문을 분석하여 근본적인 원인을 해결해야 문제해결이 가능하다. 독감에 걸려 열이 나면 단순히 해열제를 처방할 것인지, 아니면 더 근본적으로 바이러스를 처치할 것인지 고민하는 것과 유사하다. 올바른 원인을 찾으려면 새로운 접근 방법이 필요하다. 과거와 같이 경제의 한 부문에서만 원인을 찾으면 연결된 다른 부문을 보지 못해서 결국 문제를 해결할 수 없게 된다.

한국 경제의 저성장 원인인 교육, 산업, 노동, 과학기술, 복지, 인구, 금융, 행정, 중소기업, 가계 부실 등은 상호 연관되어 있다. 이들 연관 분야를 분석하여 저성장과 소득 양극화의 근본적 원인을 찾는 노력을 해야 한국 경제는 재도약할 수 있다.

3. 생태계 접근의 필요성

일본을 답습하지 않으려면

저성장과 소득과 부의 양극화가 지속된다면 한국 경제는 20년간 이어진 일본 경제의 경기 침체를 답습하거나 또는 반복적인 외환위기를 겪고 있는 남미 경제와 유사해질 우려가 있다. 한국 경제는 일본보다 더 심각한 상황을 맞을 수도 있다. 일본보다 소득 양극화가 더 심해 정치적·사회적 불안정이 높아질 수 있는 데다 자본 유출로 외환위기의 위험이 높기 때문이다.

한국과 일본은 경제 여건으로 유사점도 있지만 차이점도 적지 않다. 추격을 통해 경제가 성장한 것은 유사하다. 일본 역시 미국 등 선진국의 주력 산업을 물려받으면서 성장했으나 그 후 한국의 추격으로 주력 산업의 경쟁력을 상실했으며 신산업을 찾지 못하면서 성장이 장기간 정체되고 있다. 한국 또한 일본을 추격하면서 성장했고 중국의 추격을 받으면서 성장이 정체되고 있다. 신산업을 찾지 못하는 것도 유사하다. 고령화가 급속히 진전되면서 생산 가능 인구가 감소하는 것도 유사하다.

차이점도 많다. 일본은 국제 통화인 엔화를 가지고 있고 내수시장 규모가 커서 대외 의존도가 낮다. 반면 한국 경제는 원화가 국제 통화가 아닌데 자본 자유화를 했으며 내수시장이 작아 대외 의존도가 높다. 일본은 고성장기에 연금과 복지 체제를 어느 정도 구축해놓았기에 노후 소득에 큰 문제가 없다. 하지만 한국은 고성장기에 복지와 연금 체제를 충분히 구축하지 않아 저성장기에 접어들면서 노후 소득이 문제가 되고 있다.

이러한 차이점 때문에 한국은 일본보다 더 심한 경기 침체의 부작용을 겪을 수 있다. 먼저 일본을 보면 경기 침체가 지속되어도 외환위기 가능성은 낮다. 자본 자유화 상황은 한국과 같지만 국제 통화를 가지고 있기 때문에 외환 부족에 빠질 가능성이 낮다. 또 대외 의존도가 낮기 때문에 대외 충격에 덜 민감하며 내수 부양에 의한 일자리 창출과 경기 부양이 수월하다. 그러나 한국은 지금의 저성장 구조가 장기화되면 원화 가치가 꾸준히 평가 절하되면서 자본 유출로 반복적인 외환위기를 겪을 가능성이 있다. 원화가 국제 통화가 아니기 때문에 외환 부족을 겪을 수 있다. 대외 의존도가 높아 내수 부양으로 경기를 부양하고 일자리를 창출하기도 힘들다. 자본 유출과 경기 경착륙으로 외환위기가 발생하면 국부의 지속적 유출로 소득 분배가 불공평해지면서 남미 경제로 이행할 가능성도 배제할 수 없다.

한국 경제에 대한 생태계 접근 필요성

기존 사회과학 연구 방법은 적지 않은 문제점을 노정하고 있다. 원인 분석을 해당 부문에 국한하여 분석하는 방법론이 대표적이다. 사회 현상을 분석하면서 '다른 모든 여건이 일정하다면'Ceteris Paribus이라는 가정을 도입하여, 원인을 다른 분야에서 찾는 노력을 원천 봉쇄한다. 또한 대부분 신고전학파의 접근 방법을 사용하는데, 이는 문제의 원인을 자기 자신에게서만 찾는 방법으로, 그 외의 주변 여건이나 환경을 감안하지 않는다. 예를 들면 저임금이나 소득 분배 불공평의 원인을 노동자의 노동 생산성이 낮은 데서만 찾는 식이다.

반면 정치경제학적 접근 방법은 문제의 원인을 다른 경제 주체나 외부적 환경에서 찾는다. 마르크스 경제학에서 소득 분배의 불공평을 자본가 계급의 착취에서 찾는 것과 같다.

이제는 이 두 가지 접근 방법을 상호 보완적으로 함께 사용할 필요가 있다. 그렇지 않고 신고전학파나 정치경제학 방법론을 사용할 경우 문제의 근본 원인을 간과하는 우를 범할 수 있다. 문제를 일시적으로 해결할 수 있을지 몰라도 시간이 지나면 다시 문제가 되는 현상이 반복되고는 한다. 따라서 근본적으로 문제를 해결하려면 새로운 접근 방법이 필요한데, 생태학적 접근 방법이 현재 한국 경제

처방에 바람직해 보인다. 생태학적 접근 방법은 생태계의 먹이사슬처럼 다른 부문과의 연관성을 강조(생태계 안에서 연관되어 결정)한다.

자연생태계는 통상 생성과 성장, 소멸의 과정을 거친다. 이러한 순환 과정에 경제적 또는 사회적 현상이 결정된다고 보는 것이다. 또한 이러한 자연스러운 순환 과정에 이익집단이나 경제 정책이 관여하면 순환이 정체되면서 문제가 생길 수도 있다. 반대로 정체된 생태계가 올바른 정책으로 복원될 수도 있을 것이다.

자연생태계의 특성은 성장 과정을 거쳐 소멸하며 이 과정에서 일부는 변화되고 진화한다는 점이다. 그리고 자연생태계에 인위적인 간섭이 발생하면 순환 과정에 문제가 발생할 수 있다. 생태계가 파괴될 수 있으며 이는 다시 경제 주체에게 악영향을 미치게 된다. 인간에 의한 삼림 개발이나 공해 유발은 자연생태계를 파괴하고 홍수나 대기 오염 등을 통해 그 피해가 되돌아온다. 물론 인위적인 간섭으로 자연생태계가 복원되는 경우도 있다. 자연생태계가 불균형에 처했을 때 인위적 간섭을 통해 균형 상태를 회복한다면 자연생태계는 다시 복원되어 진화할 수 있다.

경제도 자연생태계와 같은 특성을 가진다. 벤처기업이 창업되고 대기업으로 성장했다가 혁신을 통해 새로운 기업으로 탄생하지 못하면 소멸한다. 생성, 성장, 소멸 혹은 진화의 과정을 거치는 것이다. 이 과정에서 생태계 개입은 중요한 역할을 한다. 개입이 올바르다면 진화의 과정으로 들어갈 수 있지만 개입이 잘못되면 소멸을 지연시켜 자연생태계를 파괴할 수 있기 때문이다.

뉴욕대학교의 폴 로머 교수의 추격경제학에서도 이러한 생태계의 순환 과정과 정부 개입의 중요성을 볼 수 있다. 그는 후발 기업이 기술 선도 기업을 추격할 때는 생성에서 성장의 단계를 거치지만 기술의 경계선technological frontier에 도달해서 선도 기업이 되는 경우 그 기업의 성장은 정체되며 이후에는 소멸의 길을 걷는다고 강조한다. 그러나 선도 기업이 혁신을 하면 지속 성장이 가능하며 재도약할 수 있다. 혁신은 정부가 올바른 제도를 구축해주는 정책으로 가능하다고 주장한다. 즉, 정부와 같은 경제 주체가 올바른 개입으로 제도를 구축하거나 정책을 시행하면 혁신이 가속화될 수 있지만, 잘못된 개입을 하여 소멸되어야 하는 기업을 되살리면 기업이 부실화되면서 국가 경제에 큰 부담이 되는 것이다.

이러한 생태계의 순환 과정은 국제 무역의 제품 사이클 이론에서도 찾아볼 수 있다. 레이먼드 버논Raymond Vernon의 제품 사이클 이론에 따르면, 제품의 수명은 생태계와 같이 사이클을 가진다. 이른바 연구 개발의 초기 성장기와 성장기, 성숙기와 쇠퇴기를 거친다는 것이다. 기술 개발 초기 단계에는 가격이 높아 선진국에서 생산이 이루어지지만, 성장기에는 수요가 늘어나면서 자본과 경영적 능력이 중요시된다. 이 시기에는 선진국에서 신흥시장국으로 제품을 수출하게 된다. 그러나 성숙기로 접어들면 기술이 보편화되면서 FDI에 의해 생산지가 선진국에서 신흥시장국으로 변경되고 신흥시장국에서 선진국으로 수출이 이루어진다. 쇠퇴기에는 공급이 수요보다 커져 생산이 감소하며 혁신이 이루어질 경우 새 제품이 등장하는 과정을 거치게 된다. 이 이론은 기업의 생성과 성장 과정에 대한 기업지리학의 근거를 제공해준다. 버논의 제품 사이클 이론 역시 자연생태계의 특성과 마찬가지로 생성, 성장, 소멸, 진화의 과정을 잘 보여주는 이론이라고 할 수 있다.

한국 기업의 성장 과정도 자연생태계의 변화 과정을 따르고 있다. 일본이라는 기술 선도국을 추격하면서 한국은 현재의 주력 산업인 조선, 철강, 자동차, 전자 산업에서 경쟁력을 가지게 되었다. 그러나 중국의 추격으로 이러한 주력 산업이 이전되면서 한국 경제는 실업과 경기 침체, 그리고 이로 인한 소득 양극화로 어려움을 겪고 있다. 한때 기술 선도국이던 일본 또한 한국에게 추격당하면서 주력 산업을 넘겨주고 20년 경기 침체를 겪고 있다는 현실을 고려하면, 한국 역시 일본의 장기간 경기 침체를 답습할 수 있다. 또한 생태계의 특성과 같이 쇠퇴기에 접어든 산업이나 기업을 되살리기 위해서는 혁신이 필요하고 이는 정부가 제도와 정책을 통해 조장해야 한다. 그러나 정부의 정책이 사라져야 할 기업이나 산업을 인위적으로 유지시킨다면 그 부작용은 심각할 수 있다. 실제로 조선이나 해운, 철강 산업에 공적 자금이 투입되면서 국민적 부담이 크게 늘어나고 있다. 따라서 한국 경제의 재도약을 위해서는 생성과 소멸이라는 경제생태계 순환의 특성을 분석하고 생태계 순환을 간섭하는 정부나 여타 경제 주체의 행태를 분석하는 것이 필요하다. 생태계 순환과 행태 분석이 한국 경제가 보이고 있는 저성장의 원인을 분석하는 데 매우 중요하기 때문이다.

생태계 관점에서 본
한국 경제 진단

김정관

기획재정부 정책기획관*

1. 생태계의 개념과 특성

지난 수십 년에 걸쳐 한국 경제는 안팎으로 크게 변했다. 그러한 변화를 간과하고 성장 중심의 개발 시대 패러다임을 답습하다가 1997년 외환위기, 2008년 글로벌 금융위기를 겪었다. 다시 10년 남짓 지난 지금, 여전히 한국 경제는 밖으로는 세계 경제의 침체, 안으로는 저성장의 늪에서 헤매고 있는 가운데 산업 구조 변화, 저출산·고령화 등 구조적 문제가 복합적으로 얽혀 있다. 수많은 진단과 처방이 새 정부 출범 때마다 또는 상황이 발생할 때마다 제시되고 있지만 그 어떠한 처방도 제대로 효력을 발휘하지 못한 채 세월만 보내는 안타까운 상황이 지속되고 있다.

주류 경제학자들 중심으로 제시되는 신자유주의적인 세계화와 시장 기능 강화가 한국 경제를 살릴 수 있는가. 그동안 한국 경제가 이만큼 발전하게 된 데는 세계화 전략과 시장을 기반으로 하는 시장주의가 크게 기여해온 것이 사실이다. 그러나 어느 순간부터 약효가 크게 약화됐다. 역설적으로 세계화와 시장주의가 오늘날 한국 경제 문제의 원인이라는 비판의 목소리가 높다.

그렇다면, 진보 경제학계를 중심으로 제시되는 소득 분배와 노동권 강화 등이 한국 경제의 특효약이 될 수 있는가. 소득 분배 정상화가 필요하고 노동권 보호도 필요하다. 그렇지만 실시간으로 선진국과 글로벌 기업들을 상대로 총성만 없을 뿐 전쟁 같은 경쟁을 치르고 있는 기업들은 어떻게 해야 하는가. 글로벌 경쟁에서 기업들이 살아남지 못하여 기업이 사라진다면 노동권은 무슨 의미가 있겠는가.

나눌 수 있는 소득이 없는 상황에서 분배 개선은 허공의 메아리에 불과할 것이다.

한편, 한국 경제에서 정부 역할은 무엇이어야 하는가. 대책 대부분이 정부와 직·간접적으로 연관되어 있다. 동일한 문제에도 정부의 적극적인 역할이 필요하다는 주장과 정부는 관여해서는 안 된다는 목소리가 상존하는 현실이다. 부실기업 정리에 대해 한편에서는 정부에게 과감한 구조조정을 위한 수술 집도의 역할을 촉구하지만, 다른 한편에서는 정부가 손을 떼고 시장에 철저히 맡기라고 주장하고 있다.

우리는 이미 지난 20년간 진보와 보수 정부들이 두 번에 걸쳐 집권하면서 각자의 진단과 처방전을 갖고 경제 해법을 모색해본 경험이 있다. 아울러 양 진영은 참여정부의 '2030 미래 비전 보고서', 박근혜 정부의 '경제 혁신 3개년 계획' 등 로드맵을 만들어 추진해본 적도 있다. 그러나 성과보다는 아쉬움이 크다는 평가가 많다.

그동안의 전통 경제학적인 시각과 지식, 진보와 보수라는 이데올로기의 틀, 장기 로드맵 등만으로는 한국 경제의 돌파구를 찾는 데 한계가 있는 것이 현실이다. 정부가 모든 것을 다하거나 주도할 수 없다는 사실 또한 분명해졌다. 그렇다면 한국 경제를 어떤 시각으로 보고 대책을 마련해야 하는가. 이 장에서는 생태계의 관점에서 한국 경제를 바라본다. 우리 경제를 생태계 관점에서 보는 이유는 생태계적 시각이 우리가 당면하고 있는 상황을 분석하고 대응해나가는 데 유용한 시사점을 제공해주기 때문이다. 먼저 생태계에 대한 개념과 함께 건강하고 지속 가능한 생태계가 갖는 특성에 비추어 경제생태계를 살펴본다. 이어 생태계의 관점에서 한국 경제의 현실을 진단해보고 시사점을 모색해보고자 한다.

생태계의 개념과 구성 요소

생태계란 어떤 지역의 모든 생물체들과 그들을 둘러싼 주변 환경이 지속적으로 상호 작용하는 시스템[1]으로 생물적 요소와 비생물적 요소로 구성된다. 생물적 요소는 생태계를 구성하는 식물, 동물, 미생물 등이고 비생물적 요소는 생물체를 둘러싸고 있는 햇빛, 물, 토양 등의 환경을 의미한다.

생태계를 구성하는 생물적 요소들을 살펴보면, 식물은 햇빛을 통한 광합성이나 물, 토양에서 작용하는 화학 합성을 통해 무기물에서 유기물을 생성하는 생산자 역할을 수행한다. 동물은 무기물을 유기물로 바꾸는 능력이 없고 식물이나 또 다른 동물을 먹이로 삼아 유

[그림 1] 생태계의 구성 요소와 순환

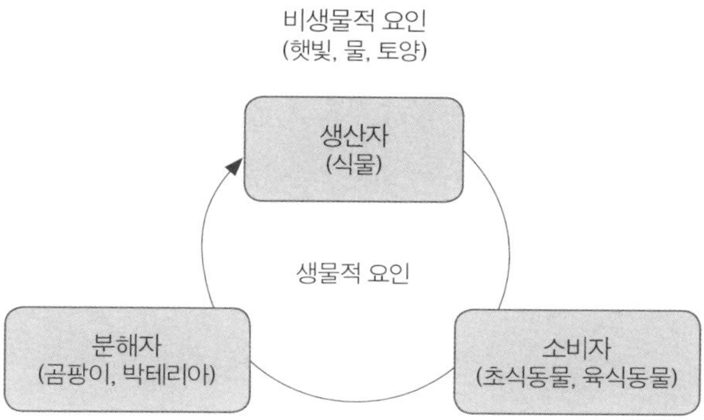

비생물적 요인
(햇빛, 물, 토양)

생산자
(식물)

생물적 요인

분해자
(곰팡이, 박테리아)

소비자
(초식동물, 육식동물)

기물을 섭취하므로 소비자에 해당한다. 초식동물을 1차 소비자, 육식동물을 2차 소비자라고 할 수 있다. 마지막으로 곰팡이, 박테리아 등 미생물은 유기물을 무기물로 분해하여 생태계로 다시 환원하는 분해자 역할을 수행한다. 곰팡이 또는 박테리아가 식물이나 동물의 사체, 배설물 등의 유기물을 무기물로 분해하면, 생산자인 식물이 이를 이용하여 유기물을 합성하고 생태계 전체에 영양을 공급하는 것이다. 따라서 분해자는 생태계가 소멸되지 않고 지속되면서 순환될 수 있도록 하는 중추적 역할을 담당한다. 생태계는 생물적 요소인 식물, 동물, 미생물들이 제 역할을 수행하면서 비생물적 요소인 햇빛, 물, 토양 등을 활용하는 끊임없는 화학적 작용을 통해 유지되고 있다.

한편, 인간은 생태계에서 독특한 위치를 점하고 있다. 생태계의 다양한 동·식물들을 섭취하는 소비자이면서 생태계를 유지·보존하는 관리자이고 생태계의 질서를 교란하거나 망가뜨리는 어리석은 파괴자가 되기도 한다. 인간의 행태에 따라 생태계의 흥망성쇠가 좌우되는 셈이다.

생태계는 다양한 방식으로 분류될 수 있다. 특정 지역에 따라 육상생태계, 수상생태계, 해양생태계를 지칭하기도 하며, 이들 생태계 사이의 공간을 의미하기도 한다. 또는 구성 요소를 하위 생태계 개념으로 이해하여 식물생태계, 동물생태계 등으로 분류하기도 한다. 경우에 따라서는 개별 생태계 범주를 넘어 여러 생태계가 연결된 복합 생태계를 지칭하기도 한다. 넓은 의미에서는 우리가 살고 있는 지구 전체를 하나의 생태계라고 할 수 있다.

건강하고 지속 가능한 생태계의 특성

생태계는 구성 요소들의 상호 작용 등을 통해 물질과 에너지의 생성-소비-분해의 과정이 막힘없이 순환되는, 건강하고 지속 가능한 상태를 지향한다. 생태계가 건강하고 지속 가능하려면 구성 요소, 환경, 그리고 이들 간의 상호 작용 측면에서 건강성과 다양성, 상호 연계성, 역동성, 유연성 등의 다섯 가지 특성을 갖추고 있어야 한다.

첫째, 생태계 구성 요소의 건강성healthiness이다. 생태계 각각의 구성 요소들이 외부 환경의 변화 등을 이겨내면서 생태계에서 맡은 고유의 역할을 충실히 수행할 수 있을 만큼 건강해야 한다. 식물이 건강을 잃어 광합성 작용을 할 수 없을 때 발생할 상황을 생각하면 쉽게 이해된다.

둘째, 생태계는 다양성diversity을 지니고 있어야 한다. 넓은 의미에서는 식물, 동물, 박테리아 등 다양한 종들이 있어야 하고, 먹이사슬 구조가 원활하게 작용할 수 있는 다양한 식물 군상, 동물 군상 등이 있어야 한다. 다양성이 낮은 생태계에서는 먹이사슬이 단순하여 특정 생물의 개체수가 질병, 재해 등으로 급감하면 다른 생물의 서식 환경, 나아가 생태계 전반의 물질 순환과 에너지 흐름에 심각한 영향을 초래한다. 식물은 바나나, 동물은 원숭이밖에 없는 극도로 다양성 낮은 생태계를 예로 들어보자. 이 생태계에 치명적인 바나나 해충이 발생해 바나나 개체수가 급감하면 곧바로 원숭이들까지 심각한 생존 위협에 처하게 된다. 다윈도 다양성과 관련하여 종의 숫자가 많은 지역이 적은 지역보다 생태학적으로 안정적이라고 했다.

셋째, 상호 간 연계성connectivity or complementarity이 있어야 한다. 동

식물 등 각각의 생물적 요소는 다른 생물적 요소와 환경과 연계가 없다면 생존할 수 없다. 연계성은 생물적 요소와 비생물적 요소들이 상호 작용을 통해 물질과 에너지를 주고받는 특성을 의미한다. 생태계의 연계성은 횡적, 종적으로 나눠 설명할 수 있다. 횡적 연계성은 동시대의 동식물, 환경 등 구성 요소들이 연결되는 연계성으로 식물, 초식동물, 육식동물로 연결되는 먹이사슬 관계로 설명할 수 있다. 먹이사슬의 상위 단계로 갈수록 영양 수준은 높아지면서 생물의 개체수는 하위 단계보다 적은 것이 일반적이다. 이를 통해 생태계의 균형을 유지하는 것이다. 한편, 종적 연계성은 시간 흐름으로 이어지는 연계성인데 오랜 시간에 걸쳐 생물적 요소들과 환경이 적응하거나 변화하는 관계로 설명할 수 있다. 포식자의 개체수가 어떤 연유로 크게 증가하여 피식자를 먹으면 시간의 흐름에 따라 피식자의 개체수가 감소할 수밖에 없고 결국 먹이가 부족해진 포식자의 개체수도 다시 적정 수준으로 감소하게 된다. 종적, 횡적 상호 연계성이 생태계가 과밀해지거나 과소해지는 것을 막고 지속 가능하게 만드는 균형과 조화의 힘을 제공하는 것이다.

넷째, 생태계 순환의 역동성dynamism이 있어야 한다. 생태계가 변화하는 환경에 적응하면서 건강성을 유지하기 위해서는 생태계의 물질과 에너지의 순환 작용이 원활하게 이루어지는 역동성이 중요하다. 다시 말해, 생산, 소비, 분해, 그리고 다시 생산으로 연결되는 물질과 에너지의 순환 과정에서 한 부분이 정체되어 있거나 막혀 있으면 순환 과정이 순조롭게 이루어질 수가 없다. 특히 분해 과정은 생태계가 동식물의 사체나 배설물들로 순환의 고리가 약해졌을 때

이를 생산 과정으로 연결해주는 순환 메커니즘의 핵심 고리로서 생태계의 역동성이 분해 과정에 달려 있다고 해도 과언이 아닐 것이다.

마지막으로 건강하고 지속 가능한 생태계는 안팎의 충격과 변화를 잘 이겨내고 균형 상태로 복원할 수 있는 유연성을 갖추고 있어야 한다. 변화와 충격에 적응하지 못하고 경직적인 생태계일수록 지속 가능성이 떨어진다. 공룡 등 수많은 동식물 종들이 사라진 중요한 이유 중의 하나가 변화에 유연하게 대응하지 못한 것을 보면 알 수 있다.

생태계의 주요한 특성은 상호 보완 관계에 있다. 생태계의 구성 요소들이 건강할 때 환경에 대응할 수 있는 유연성도 높아지고 물질과 에너지의 역동적인 순환도 가능할 것이다. 연계가 원활하게 이루어질 때 역동적이고 유연한 생태계가 될 수 있다. 다양성이 생태계의 유연성과 역동성을 높이고, 유연한 생태계가 다양성을 높여주는 것은 물론이다.

생태계의 관점에서 보는 경제

그렇다면 생태계의 시각에서 보는 경제, 즉 경제생태계는 무엇이라고 할 수 있을까. 자연생태계의 개념을 유추하여 적용한다면 경제생태계는 특정 경제권[2]의 경제 주체들과 그들을 둘러싸고 있는 주변 환경이 지속적으로 상호 작용하는 시스템이라고 할 수 있다. 자연생태계와 마찬가지로 경제생태계에도 구성 요소와 환경이 있다. 국민경제를 구성하는 기업, 가계, 정부와 금융기관이 구성 요소라고 할 수 있고, 대내외 여건 등이 환경이라고 할 수 있을 것이다.

경제생태계의 구성 요소를 살펴보면 먼저, 기업은 경제생태계가 필요로 하는 재화와 서비스를 공급하는 생산 주체로서 자연생태계의 생산자인 식물과 유사한 기능을 수행한다. 자연생태계의 식물이나 동물 등이 분해되면서 제공하는 유기물과 햇빛, 공기 등을 활용하여 생태계가 필요로 하는 광합성 작용이라는 생산 활동을 하듯이 기업도 가계가 제공하는 노동력과 대내외 환경 등을 활용하여 경제생태계가 필요로 하는 재화와 서비스를 생산하는 역할을 담당한다. 그리고 가계는 기업이 생산한 상품과 서비스를 소비하는 소비 주체로서 자연계의 소비자인 동물과 유사한 기능을 수행한다.[3] 동물들이 식물 등을 섭취하는 소비 활동을 하면서 순환 과정을 통해 식물이 생육하기 위해 필요한 무기물을 공급하듯이 가계는 기업이 제공하는 임금 소득 등을 통하여 재화와 서비스 등을 사용하는 소비

[표 1] 생태계와 경제생태계 비교

생태계		경제생태계	
구성	생산자: 식물	구성	생산자: 기업
	소비자: 동물(초식, 육식 등)		소비자: 가계
	분해자: 곰팡이와 박테리아 등		분해자: 금융기관, 정부 (구조조정과 사회안전망)
	인간		정부
비생물적 요소	햇빛, 물, 토양	환경	정치 · 교육 · 글로벌 경제 등
하위 생태계	식물생태계 동물생태계 등	하위 생태계	기업(산업)생태계, 가계(인구)생태계, 금융생태계, 복지생태계

활동을 하면서 생산을 위해 필요한 노동력을 공급한다.

셋째, 금융기관[4]과 정부는 가계와 기업 등이 경제생태계에서 더 이상 기능할 수 없게 되었을 때 파산, 도산, 워크아웃, 신용회복, 재창업, 고용보험·교육 등 구조조정과 사회안전망[5] 기능을 통해 퇴장·복귀시키는 역할을 담당한다. 식물, 동물 등이 물리적 죽음으로 생태계에서 기능할 수 없을 때 분해자인 곰팡이와 박테리아 등이 그 사체를 분해하여 생태계로 복원하는 것과 유사한 원리다. 경제생태계가 장기적으로 지속 가능하기 위해서는 이와 같은 금융기관·정부의 분해자 역할이 매우 중요하다. 분해자가 제 기능을 발휘하지 못하면 실업과 파산 등에서 가계와 기업들이 생태계로 복귀하지 못하고 경제적 죽음 상태로 남아 있을 수밖에 없다. 그러한 가계와 기업이 많아지는 경제생태계는 결국 모두가 경제적으로 사망에 이를 수밖에 없기 때문이다.

마지막으로 정부[6]는 생태계에 인간의 위치와 유사하다. 정부도 경

[그림 2] 경제생태계의 순환 메커니즘

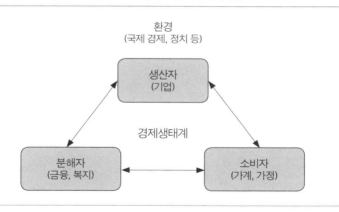

[그림 3] 경제생태계와 인접 생태계와의 관계

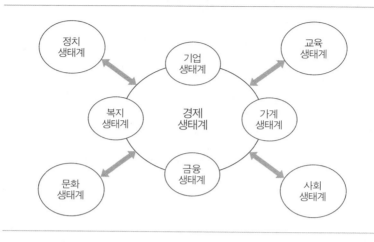

제생태계에서 비슷한 이중성을 갖고 있다. 경제에 활력을 불어넣거나 문제점들을 개혁하는 역할도 수행지만 정부가 만든 제도나 규제가 경제생태계를 퇴보시키는 경우도 비일비재하다.

한편 경제생태계의 하위 구성 요소나 기능 등을 생태계의 단위로보고, 각각 가계(인구)생태계, 기업(산업)생태계, 금융 및 복지생태계등으로도 분류할 수 있으며 정치, 사회, 문화, 교육 등도 생태계의 관점에서 정치생태계, 사회생태계, 문화생태계, 교육생태계 등으로 볼수 있을 것이다.

건강하고 지속 가능한 경제생태계의 조건

건강하고 지속 가능한 경제생태계는 어떤 생태계일까. 앞서 건강하고 지속 가능한 생태계는 구성 요소의 건강성, 다양성, 상호 연계성, 역동성, 유연성 등 다섯 가지 특성을 갖고 있어야 한다고 언급했다. 이를 통해 건강하고 지속 가능한 경제생태계가 구비해야 할 특성을 생각해보자.

먼저, 경제생태계 구성 요소들의 건강성이다. 기업, 가계, 금융기관 등 구성 요소들이 대내외 환경에 따라 적응하면서 제 역할을 할 수 있을 만큼 건강해야 생태계 전체가 건강하고 지속 가능할 수 있다. 구성 요소의 건강성은 건강하고 지속 가능한 생태계를 위한 최소한의 필요조건인 셈이다. 기업들이 대규모로 도산하거나 가계가 파산하고 정부와 금융기관들이 부실해지면 경제생태계에서 각자의 역할을 제대로 수행할 수가 없는데 구성 요소가 제 역할을 수행하지 못하는 생태계는 지속하기가 힘들다. 광합성 작용을 못하는 식물을 가지고 생태계가 유지될 수 없듯이 생산 활동을 제대로 못하는 기업들이 많으면 경제생태계를 유지할 수 없다.

둘째, 다양성이다. 요소 간 구성과 힘이 균형을 이루면서 다양하게 존재해야 한다. 구성 요소 중 어느 한 요소가 지나치게 과다하거나 영향력이 크면 자연생태계도 먹이사슬 과정이 파괴되어 어려움을 겪듯이 경제생태계도 마찬가지다. 물론 특정 구성 요소가 과소하거나 영향력이 미미할 경우에도 그렇다. 정부의 힘이 과도하면 가계와 기업의 자율성과 창의성은 발휘되기 어렵고 그런 경제생태계에서는 활력을 기대하기 어렵다. 아울러 기업의 영향력이 지나치게 크면 초기 자본주의가 겪었던 것처럼 노동자 파업 등 사회적 불안 등을 야기할 수 있다.

셋째, 기업, 가계, 금융기관 및 정부 등 경제생태계를 구성하는 요소들 간에 상호 연계성이 존재해야 한다. 기업이 가계와 연계가 끊어져 제대로 된 노동력을 공급받을 수 없다면 생산 활동을 지속하기 어렵고 결국 경제생태계도 지속할 수 없다. 가계도 기업이 제공하는 임금, 재화와 서비스 없이 생존하기 어렵다. 가계와 기업이 생존하지 않으면 금융기관과 정부가 독자적으로 생존하기 어렵기는 마찬가지다. 자연생태계가 식물과 동물, 곰팡이와 박테리아 등이 서로 연계되어 균형을 이루는 상호 작용을 통해 존재하듯이 기업과 가계, 금융기관과 정부 등의 상호 작용은 필수적이다. 생태계와 유사하게 경제생태계도 횡적 연계성과 종적 연계성으로 구분할 수 있다. 횡적 연계성은 동시대의 각 부문이 인과 관계, 상관 관계 등의 상호 작용을 통해 연계되어 있음을 의미한다. 종적 연계성은 자연생태계가 생성, 성장, 노화 소멸 또는 재생성 등 종단면 측면에서 순환 구조를 갖고 있듯이 경제생태계도 종단면으로 생성, 성장, 노화, 소멸 또는 재생성이라는 순환 구조를 가지고 있음을 의미한다. 가계는 출생-성장-교육-취업-결혼-자녀 양육-은퇴-사망으로 이어지는 인간의 생애 주기를 바탕으로 근로-소득-소비의 경제 활동 주기와 취업-근로-실업-훈련과 재취업의 근로 주기가 반복 또는 교차되면서 이루어진다. 기업은 창업-생산-구조조정-퇴출 또는 재창업의 주기를 중심으로 활동한다.

특히, 경제생태계가 갖는 연계성은 그동안의 대책들이 효과를 거두지 못하는 이유를 설명하는 데 유용한 시사점을 제공한다. 최근 경제를 횡적인 연계성 측면에서 보면 각 부문들이 얽혀 부문의 문제를 해결하기 위한 처방들이 효력을 발휘하지 못하고 있다. 오히려 부문의 해결책들이 다른 부문의 새로운 문제를 야기하기도 한다. 예를 들면, 기업 부문의 생산성 하락에 대응하여 자동화를 확대하면 노동 분야 고용 둔화의 원인이 된다. 고용이 줄어들면 가계 부문 소득도 감소하면서 소비 여력이 줄어들고 기업이 생산한 상품 구매를 감소시킨다. 자연생태계에서 모든 생물체와 환경이 그물처럼 연계되어 상호 영향을 주고받고 있듯이, 경제의 각 부문들도 서로 연결되어 있다. 결국 어떤 경제 문제를 해결하기 위해서는 생태계에 대한 접근과 유사하게 각 부문들을 연계한 종합적인 접근이 불가피하다. 단편적인 부문 대책들이 큰 효력이 없는 이유다. 아울러, 자연생태계가 횡적 순환 과정에서 어느 한 고리라도 끊어지거나 원활히 작동되지 않으면 역동성과 지속 가능성을 유지하기 어렵다. 경제생태계도 마찬가지다. 가계와 기업의 종단면상 순환 주기에 문제가 생기면 전체 주기가 영향을 받는다. 청년 실업 문제는 다음 세대 주기의 첫 출발이라고 할 수 있는 출산에 부정적 영향을 주고, 은퇴 후의 삶에도 영향을 주게 된다. 가계든 기업이든 생애 주기적 관점에서 보면 특정 주기에 중점을 둔 대책은 한계가 있을 수밖에 없다.

청년 실업 문제는 그 이전 시기 교육의 문제이며 그 이전에 양육 문제와 연관되어 있다. 또 청년 이후 장년기 소득과 은퇴 후 노후 대책과 연관되어 장기적이고 종합적으로 대응할 필요가 있다. 우리 경제는 이미 특정 분야만 해결하거나 특정 세대에 대한 처방만으로 해결할 수 있는 단계가 아니다. 우리 몸속 장기들이 혈관과 핏줄을 통해 구석구석까지 서로 엮여 있듯이 우리 경제도 서로 깊숙이 엮여 있는 것이다.

넷째, 생태계 전반의 역동성이 유지되어야 한다. 경제생태계의 재화와 서비스, 자본, 인력 등의 유출입을 비롯하여 생성, 성장, 소멸 및 재생성의 순환 과정이 막힘없이 원활하게 이루어지는 역동성이 유지될 때 생태계가 건강하고 지속 가능하다. 특히, 생태계의 역동성을 유지하는 데 분해 과정이 중요하듯이 경제생태계에서도 파산, 도산 등으로 제 기능을 할 수 없는 가계와 기업 등을 다시 경제생태계로 복원시켜주는 금융기관·정부의 구조조정과 사회안전망 역할이 경제생태계의 역동성을 유지하는 데 결정적인 역할을 한다고 할 수 있겠다.

마지막으로, 대내외 환경의 변화로 생태계 균형이 깨졌을 때 이를 구성 요소 간 상호 작용과 분해 기능을 통해 빠르게 복원하는 유연성을 갖추고 있어야 한다. 변화하는 환경에 유연하게 적응하지 못한 수많은 동식물들이 멸종한 것을 밝혀낸 수많은 생태계 관련 연구들과 과거 성공에 도취되어 변화하지 못하거나 변화에 적응하지 못한 수많은 기업과 국가들이 결국 쇠락하고 사라진 역사적 교훈은 결국 같은 이야기를 하고 있는 것이다.

아울러, 경제생태계도 각 특성 등은 상호 보완 관계에 있다. 경제 생태계의 구성 요소들이 건강할 때 상호 연계성도 높아지고 역동적인 순환과 환경에 대응할 수 있는 유연성도 높아질 것이다. 다양성은 생태계가 환경 변화에 대응하는 유연성을 높여줄 수 있으며, 당연히 유연한 생태계가 다양성을 높여줄 것이다.

자연생태계와 경제생태계의 차이점

경제생태계와 자연생태계는 많은 유사한 측면이 있지만 차이가 있는 것도 사실이다. 먼저, 자연생태계는 자연 발생적으로 오랜 세월에 걸쳐 생겨난 시스템이라면 경제생태계는 사람이 만들어내는 인위적 시스템으로서, 인간의 행태에 의해 조성, 성숙, 때로는 존망까지 자연생태계보다는 훨씬 짧은 시간에 나타날 수 있다.

자연생태계는 일정 수준까지는 스스로 정화 작용 등을 통해 복원할 수 있는 자생력을 갖고 있다. 경제생태계의 자생력 또는 복원 능력에 대해서는 견해가 나뉜다. 경제가 균형에서 벗어날 수는 있지만 자연생태계와 마찬가지로 자력으로 균형을 잡을 수 있다는 고전학파적 시각과 균형을 되찾기 위해서는 정부 정책의 개입이 필요하다는 케인즈적 시각[7]이 양립하고 있다.

다만, 자연은 만고의 시간까지 사용하며 생태계를 복원하는 인내력을 갖고 있다고 할 수 있으나, 경제생태계를 구성하는 인간은 그렇지 못하다. 1970년대 예일대학교 경제학자 허버트 스카프Herbert Scarf는 경제가 외부적 충격을 받은 후 균형에 도달하기까지는 4.5×10^{18}년이 걸린다고 계산했다.[8] 이런 점에서 경제생태계를 유지하고 관리하는 역할을 담당하는 정부가 중요하다고 할 수 있다.

생산, 소비, 분해의 순환 과정도 자연과 사회의 차이를 반영하는 다른 점들이 있다. 특히, 분해 과정은 그 내용상 차이가 있을 수밖에 없다. 자연생태계는 동식물들이 물리적인 죽음에 이르게 되면 사체 등의 유기물을 무기물로 전환하는 분해 과정을 거쳐 전혀 다른 형태로 생태계로 복귀한다. 반면에 경제생태계의 분해 작용은 가계와 기업 등이 실업이나 파산과 같이 더 이상 경제적 역할을 할 수 없는 일종의 경제적 죽음에 이르게 되었을 때 금융기관이나 정부의 구조조정, 사회안전망 과정을 거쳐 재출발과 재창업 등의 형태로 가계와 기업이 경제생태계로 복원하는 것이다.

또한 자연생태계가 지속 가능하고 건강한 상태를 지향하는 반면, 경제생태계는 구성원의 인식과 가치관, 이데올로기, 소득 수준, 시대적 흐름과 여건 등에 따라 지향하는 바가 달라질 수 있다. 1960년대 이후 우리나라는 배고픔에서 벗어나는 것이 지상 최고의 과제였다. 최근에는 OECD, 세계은행 등 대부분의 국제기구에서 권고하는 바람직한 경제 체제의 방향성이 사회 통합과 지속 가능한 경제다. 건강하고 지속 가능한 상태를 지향하는 자연생태계와 맥락을 같이하는 것이다.

아울러 건강하고 지속 가능한 자연생태계는 건강성 등의 특성을 외부의 충격이나 인위적인 개입이 없다면 말 그대로 자연스럽게 구비한다고 할 수 있다. 반면 경제생태계는 이를 갖추고 유지하기 위해 부단한 노력이 필요하다. 오늘날 가계가 부채 문제 등으로 소비 여력이 줄어든 것처럼 항상 건강성을 유지할 수 없다. 1980년대만 하더라도 일본 경제를 가리켜 "정부는 부자인데 가계는 가난하다"고 했다. 그러나 지금은 GDP의 두 배가 넘는 정부 부채를 갖고 있는 일본 정부를 아무도 부자정부라 하지 않는다. 생태계적 관점에서 보면 개혁은 건강성, 다양성, 상호 연계성, 역동성, 유연성 등 건강하고 지속 가능한 생태계를 위한 특성들을 유지하고 강화하기 위한 끊임없는 자기정화 노력이다. 그래서 개혁에 실패한 경제는 쇠퇴하는 것이다.

한편 자연생태계는 구성 요소들 스스로의 힘으로 상호 작용의 균형을 이루는 연계성의 특성을 갖는다. 대외적인 충격이나 외부 개입이 없으면 구성 요소들이 상호 작용의 균형을 파괴하는 경우는 극히 드물다. 그러나 경제생태계는 균형의 자각이 없는 구성원의 이기적인 행태가 생태계 전반의 존립을 위협하는 경우가 종종 발생한다. 기업의 끝없는 탐욕, 노동자의 과도한 이기적인 행동, 문제 해결을 못하는 정부의 무능력 등이 구성 요소 간 원활한 상호 작용을 가로막고 경제생태계를 쇠퇴시키는 경우를 수없이 목도하는 것이다.

2. 한국 경제생태계의 현실

건강하고 지속 가능한 생태계가 갖추어야 할 건강성과 다양성, 상호 연계성, 역동성, 유연성의 관점에서 과연 우리 경제생태계의 현실은 어떠한가. 생태계의 건강성은 구성 요소가 다른 구성 요소에 부담이 되지 않고 생태계가 활발하게 유지할 수 있을 정도로 역할을 원활히 수행하는 것을 의미한다. 기업은 경쟁력을 갖추고 있어 생산과 고용 창출 능력이 충분한 것을 의미하고, 가계는 소비 여력을 갖추고 적절한 수준의 소비 활동이 가능한 것을 말한다. 금융기관이 생태계 순환이 원활해질 수 있도록 구조조정 역할을 수행하고 정부의 사회안전망도 실업, 노령, 질병 등 사회적 위험으로부터 적정한 보호 기능을 수행할 수 있는 상태다. 한국 경제생태계를 구성하는 기업, 가계, 금융기관과 정부 등의 건강성을 짚어보자.

경쟁력과 고용 창출 능력이 떨어지는 기업

자연생태계에서 생산자인 식물이 광합성 작용의 역할을 멈추면 생태계는 지속 가능할 수 없다. 그런데 우리 경제생태계에서 생산자인 기업이 제 역할을 못하고 있다. [그림 4]는 우리나라 제조업 평균

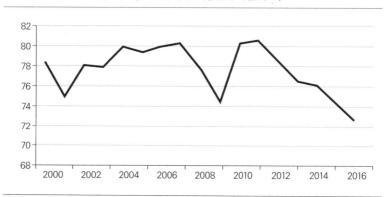

[그림 4] 제조업 평균 가동률 추이 (단위: %)

* 자료: 통계청

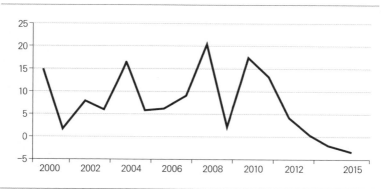

[그림 5] 제조업 매출액 증가율 (단위: %)

* 자료: 한국은행

[표 2] 기간별 총자본 투자 효율

구분	전산업	제조업	건설업	서비스업
2004~2006	23.9	24.6	31.9	23.8
2007~2009	20.3	21.4	23.6	20.6
2010~2012	17.3	20.4	21.0	15.1
2013~2015	17.2	19.0	22.2	16.0

* 자료: 한국은행, 『기업경영분석』[현대경제연구원(2016. 12) 재인용]
* 주: 기간별 연평균(%)

가동률이 매년 감소하고 있으며 2014년 이후 매출액 증가율이 마이너스(-) 상태임을 보여준다.

생산 효율성도 갈수록 떨어지고 있다. 산업 전반에 걸쳐 투자 대비 생산된 부가가치도 낮아지고 있다. [표 2]는 자본 생산성을 나타내는 총자본 투자 효율이 글로벌 금융위기 이후 지속적으로 악화하고 있

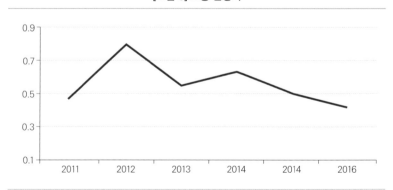

[그림 6] 고용 탄성치

* 주: 고용증가율/GDP성장률
* 자료: 통계청

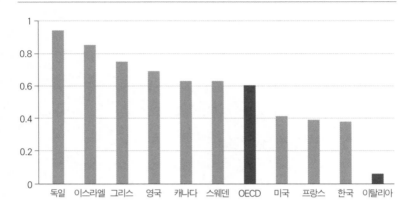

[그림 7] 주요국 고용 탄성치

* 주: 2007~2016년 평균 기준
* 자료: OECD

음을 보여주고 있다.⁹ 2004~2006년 평균 23.9% 수준이었던 총자본 투자 효율은 2013~2015년 평균 17.2%까지 하락했다. 글로벌 금융위기 당시인 2009년 16.4%로 하락한 후 위기 이전의 20%대 수준을 회복하지 못하고 있다.

특히, 국내 기업의 고용창출 능력이 감소하고 있다. 최근 5년 사이 우리 경제의 1%p 성장이 창출하는 일자리 수가 감소하고 있다. 2016년 OECD 고용보고서에 따르면 지난 10년간(2007~2016) 우리나라의 고용 창출력(고용증가율/GDP성장률)은 OECD 34개국 중 24위에 불과하다.

소비 여력이 줄어드는 가계

가계는 경제생태계에서 재화와 서비스를 구매하는 소비자 역할을 담당하고 있다. 가계가 소비를 충분히 하지 않으면 재화와 서비스가 과다하게 발생하면서 경제생태계 순환이 작동하지 않을 것이다. 자연생태계에서 갑자기 육식동물이 급감하면 초식동물이 과다하게 많아져서 결국 식물들이 피폐해지고 생태계가 지속되기 힘든 상황이 되는 것과 유사한 것이다.

한국 경제생태계의 소비 주체인 가계가 지금 중병이 걸려 신음하고 있다. 국내 총생산GDP의 약 절반이 민간 소비다. 투자나 정부 지출보다 큰 규모다. 소비가 부진하면 경제에 문제가 생길 수밖에 없다. 최근 민간 소비 증가율이 2% 초반대에 머물며 몇 년째 경제 성장률을 하회하고 있다.

소비 여력을 보여주는 가계 소득 증가는 정체되고 물가를 고려한

[그림 8] GDP 구성 요소 분해(단위: 조 원)

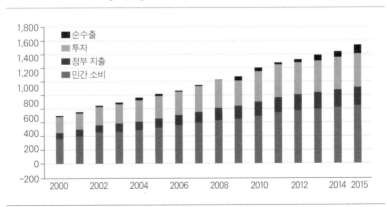

* 자료: 한국은행

[그림 9] GDP 성장률 및 민간 소비 증가율(단위: %)

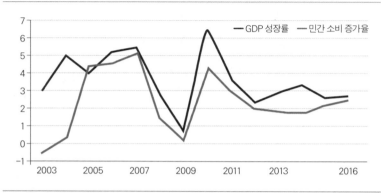

* 자료: 한국은행

실질 소득은 감소하고 있다. 실질 소득 감소는 저소득층 위주로 크게 나타나고 있다.

우리나라 GDP 대비 가계 소득 비율은 줄어들고 있다. 미국, 일본

[그림 10] 가구당 연평균 소득 증감률(단위: %)

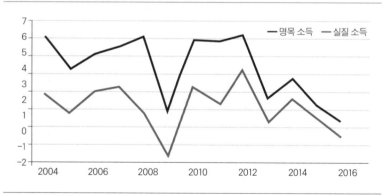

* 자료: 통계청

[그림 11] 소득별 연평균 소득 증가율(단위: %)

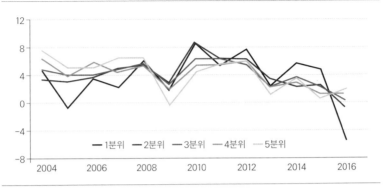

* 주: 명목 기준
* 자료: 통계청

등의 가계 소득 비율이 오히려 늘어난 것과 대조된다.

가계 부채도 가계의 소비 여력을 나타내는 중요한 지표다. 가계 부채는 소비 여력을 확대하여 일정 수준까지는 가계의 소비 여력을 뒷받침한다고 할 수 있으나 한계가 있다. 2011년 이후 가계 부채 증가율이 소득 증가율을 상회하고 있으며 2016년 가계 부채는 1,300조

[표 3] 주요 국가 GDP 대비 가계 소득 비율(단위: %, %p)

국가	1995(A)	2007	2013(B)	B-A
한국	69.6	64.2	64.3	-5.3
미국	79.5	80.4	82.6	3.1
일본	74.8	72.6	77.9	3.1
독일	78.3	75.7	77.5	-0.8

* 자료: OECD

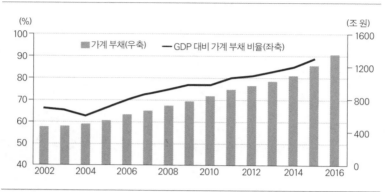

[그림 12] 가계 부채 추이

* 자료: 한국은행, BIS

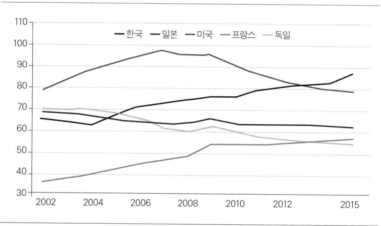

[그림 13] 주요국 GDP 대비 가계 부채 비율

* 자료: BIS

원을 돌파했다. 국제결제은행BIS에 따르면 우리나라 가계 부채는 2015년 말 기준으로 GDP 대비 약 90% 수준인데, 이는 서브프라임

[그림 14] 한계 가구 및 부실 위험 가구

* 주: 괄호 안은 전체 금융 부채 보유 가구 대비 비율
* 자료: 한국은행

[그림 15] 금리 충격 시 한계 가구 및 부실 위험 가구 변동

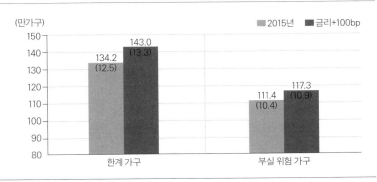

* 주: 괄호 안은 전체 금융 부채 보유 가구 대비 비율
* 자료: 한국은행

모기지 사태가 발생한 2007년 미국의 80%보다 높은 수치다.

가계 부채는 결국 언젠가 상환해야 한다. 상환하지 못하면 그 가계는 '경제적 죽음'이라 할 수 있는 파산에 이르러 소비 활동을 제대로 수행할 수 없다. 2016년 6월 「한국은행 금융 안정 보고서」에 따르면, 2015년 기준 금융 부채를 보유하고 있는 총 1,072만 가구 중에서 이자 부담이 큰 한계 가구는 134만 가구(12.5%)이며, 부동산과 금융 자산을 모두 합쳐도 빚이 더 많은 부실 위험 가구는 111만 가구(10.4%)로 추산된다.[10] 금리가 1%p만 올라도 추가 이자상환 부담 규모는 연간 6조 원이며, 한계 가구와 부실 위험 가구는 각각 143만 가구와 117만 가구로 증가한다.

소득은 정체되고 가계 부채는 늘어나니 소비는 감소할 수밖에 없다. 가계 소비 수준을 측정하는 평균 소비 성향[11]이 지속적으로 하락하고 있다. [그림 16]은 최근 우리나라 평균 소비 성향이 계속 감소하여 2016년 70% 초반 수준으로 역대 최저이며 빠른 속도로 평균 소비 성향이 줄어들고 있음을 보여주고 있다.

더 심각한 문제는 소비 감소 추세가 소득 양극화와 고령화에 따라 가속화될 가능성이 있다는 것이다. 저소득층일수록 소비 성향이 높아 소득 양극화가 심각해질수록 저소득층의 소비가 정체되면서 전체 소비가 위축될 것이다. 씀씀이가 적은 고령층이 많아질수록 역시 소비 둔화가 불가피하다.

분해 기능이 취약한 금융기관과 정부의 사회안전망

금융기관이 경제생태계의 분해자로서 담당하는 가장 중요한 역할은 자금의 효율적인 분배 기능이다. 취약한 가계와 기업을 분해하여 생태계에서 역할을 수행하기 어려운 경우 파산시키거나 되살려내는 기능이다. 금융기관들이 분해 작용을 소홀히 하여 경제적 죽음

[그림 16] 평균 소비 성향 추이(단위: %)

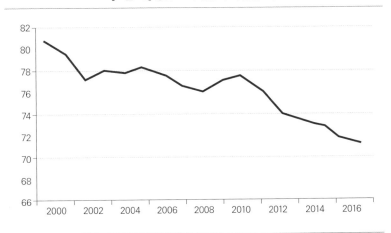

* 주: 가계의 소비 지출/가처분 소득 비중
* 자료: 통계청

[그림 17] 주요국 평균 소비 성향(단위: %)

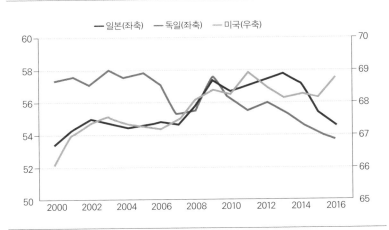

* 주: 소비 지출/GDP 기준
* 자료: CEIC

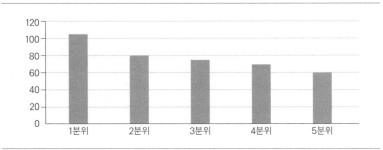

[그림 18] 소득 분위별 평균 소비 성향(단위: %, 2016)

* 자료: 통계청

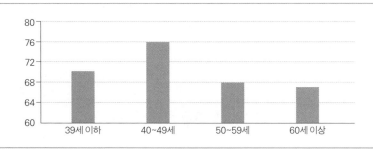

[그림 19] 연령별 평균 소비 성향(단위: %, 2016)

* 자료: 통계청

에 이른 기업들에게 자금을 계속 지원하면 퇴출되지 않고 쌓여 있어 정상 기업들조차 생존하기 어려워진다. 자연생태계의 박테리아 등이 분해 기능을 소홀히 하여 동식물의 사체를 쌓아두고 있는 상황과 유사한 것이다. 사체를 무기물로 전환하여 에너지를 충분히 공급해 주지 않으면 살아 있는 동식물들의 생존마저 위협받는 것이다.

우리 경제에 영업 활동으로 벌어들인 이익으로 대출 이자도 갚지 못하는 한계기업이 갈수록 증가하고 있다.[12] 금융기관들이 정상적으

[그림 20] 한계기업 현황

■ 한계기업 수(좌축)　— 한계기업 비중(우축)

* 주: 3년 연속 이자보상비율 100% 미만 기업
* 자료: 한국은행

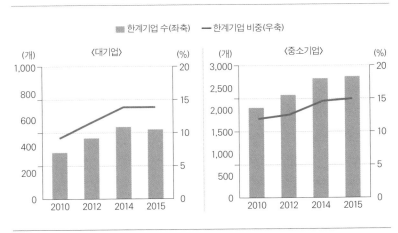

[그림 21] 기업 규모별 한계기업 현황

■ 한계기업 수(좌축)　— 한계기업 비중(우축)

* 자료: 한국은행

로 분해 기능을 수행했다면 보기 힘든 현상이다. 외부 감사 대상 기업 기준으로 2010년 말 11.4%에서 2015년 말 14.7%로 증가했다. 한

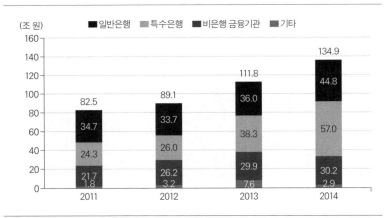

[그림 22] 한계기업에 대한 금융기관 익스포저

* 자료: 은행연합회, KIS-Value

[그림 23] 대출 채권 회수 유예 규모

* 주: 채권 조정 여신 대비
* 자료: 금융감독원

마디로 금융기관의 분해자 기능이 멈춰 있는 것이다.

한계기업에 대한 금융기관들의 익스포져가 증가하고 있고 대출 채권 회수를 유예하는 규모도 갈수록 늘어나고 있다. 금융기관의 자금 중개와 구조조정 기능이 원활하지 못해 많은 인적·물적 자원이 비효율적인 곳에 활용되고 있는 것이다.

금융기관의 분해자 기능 수행이 미약한 데는 정책 금융기관의 책임도 적지 않다. 우리나라의 정책 금융 규모는 세계에서 가장 높은 수준이다. 신용 보증액 규모만 보더라도 다른 선진국들과 비교되지 않을 정도로 높다. 그러나 이 자금들이 제대로 분해자 역할을 수행하고 있는가에 대해서는 의문을 제기하지 않을 수 없다. 신용보증기금에서 10년 이상 보증을 받고 있는 기업이 3,000개가 넘는다. 혁신 기업에 마중물을 제공하여 경제생태계에 새로운 기업을 창출해야 할 정책 금융이 기업의 연명 수단이 되고 있는, 이른바 도덕적 해이가 심각한 것이다.

결국 우리 경제생태계는 금융기관들의 분해 기능이 제대로 작동하지 않으면서 자연생태계에서는 생각할 수 없는, 살아도 살아 있지 않은 좀비기업[13]이라는 악성 돌연변이들이 양산되고 있다. 돌연변이가 증가하는 생태계가 지속될 수 없듯이 좀비기업이라는 돌연변이가 증가하는 경제생태계도 지속될 수 없다.

앞으로도 우리 금융기관들이 분해자 역할을 제대로 수행할 수 있을지 의문이 든다. 스스로의 생존 가능성부터 걱정해야 하는 상황이기 때문이다. 은행이 보유한 총자산 대비 수익을 뜻하는 총자산 이익률ROA은 0.3~0.4%대로 세계 최저 수준이다. 최근에는 금융과 IT가 결합된 핀테크 산업의 도전에 직면하고 있다. 보험사, 증권사도 마찬가지다. 장기 보험 상품을 판매하는 보험사는 최근 저금리로 인해

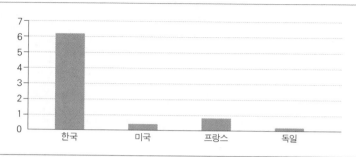

[그림 24] 주요국 신용 보증액 규모(단위: %, 2011)

* 주: GDP 대비 비율
* 자료: 국회정무위원회

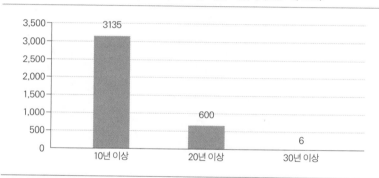

[그림 25] 신용보증기금 장기 보증 이용 기업 수(단위: 개, 2015)

* 자료: 국회정무위원회

역마진이 발생하고 있다. 증권사도 2012년 이후 일일 주식 거래량이 반 토막이 나면서 가장 많은 수익을 내던 주식 중개 수수료 수입이 줄고 있다.

다음으로 금융기관과 함께 분해자 역할을 수행하고 있는 정부의

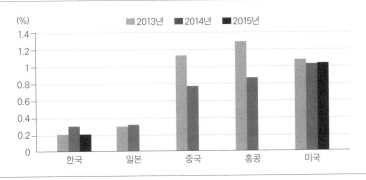

[그림 26] 주요국 은행 자산 수익률(ROA)

* 자료: FRED

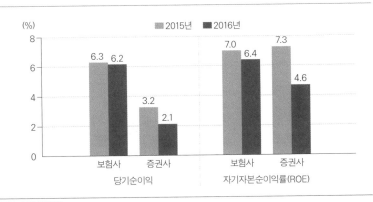

[그림 27] 보험사 및 증권사 수익 지표(단위: 조 원, %)

* 자료: 금융감독원

역할을 살펴보자. 자연생태계의 소멸 이후 과정을 경제생태계로 보면, 가계나 기업이 경쟁에서 탈락하여 도산하거나 파산했다가 다시 경제 활동을 시작하는 과정일 것이다. 자연계 분해자가 유기물을 무기물로 변화시키는 과정이 경제생태계에서는 사회안전망을 통한 재

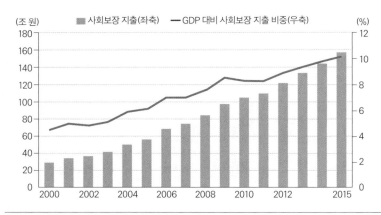

[그림 28] 사회보장 지출 추이

(조 원)　　■ 사회보장 지출(좌축)　─ GDP 대비 사회보장 지출 비중(우축)　　(%)

* 자료: OECD

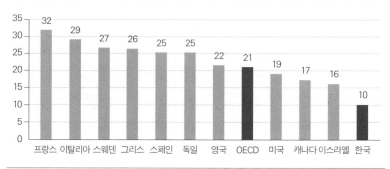

[그림 29] 주요국 GDP 대비 사회보장 지출(단위: %, 2015)

* 자료: OECD

충전 과정이라고 할 수 있다. 그럼 우리 사회의 사회안전망 기능은 충분한가. 그리고 지속 가능한 것인가.

　우리 정부의 GDP 대비 복지 지출 규모는 OECD 국가 중 가장 빠른 속도로 증가하고 있다. 그러나 아직은 OECD 평균 21%의 절반에 불과한 10% 수준으로, 사회안전망이 충분하지 않다는 것은 이미 알려진 사실이다.

아울러 급속한 인구 고령화로 인해 현재와 같은 낮은 수준의 사회안전망을 유지하기 위해서도 장기적으로 재정 부담이 증가할 것이라는 점이 정책 당국자들의 어깨를 무겁게 한다.

한국 경제가 다양성을 잃어가고 있다

경제생태계의 다양성은 단순히 구성원의 숫자가 많은 것을 의미하지 않는다. 다양한 생각들이 함께하는 가운데 다양한 기업들과 각계각층의 경제 주체들이 공존하는 것을 의미한다. 그러나 다른 사고방식이나 주장을 쉽게 용납하지 않는 획일화된 분위기를 비롯하여 지연, 혈연, 학연 등 몇 개의 파벌 이외에는 다양성이 없는 공동체 등을 고려할 때 우리 사회를 다양성이 보장된 경제생태계라고 말하기는 힘들다. 다양성의 부재는 결국 경제 문제에 대한 해법을 찾는 과정에서 합리적 대안보다는 정치적 입장이나 파벌에 따른 대립 등으로 나타나기 쉽다.

자연생태계의 균형 있는 질서는 식물과 동물, 초식동물과 육식동물 등이 다양하게 존재하면서 먹이사슬 관계가 깨지지 않고 지속되는 것이다. 특정 개체가 너무 강하거나 많으면 먹이사슬은 파괴되고 생태계는 지속될 수 없다. 그런 관점에서 경제생태계의 가계와 기업, 대기업과 중소기업, 제조업과 서비스업 등의 관계에서 다양성 수준은 어떠한가.

[그림 30] 삼성전자 및 현대자동차 매출액

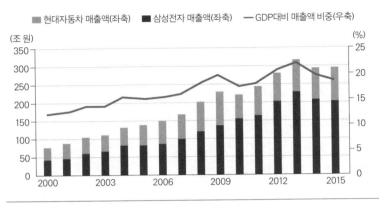

* 자료: Bloomberg, 한국은행

[그림 31] 삼성전자 시가 총액

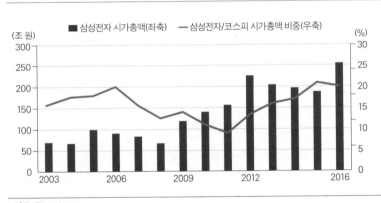

* 자료: Bloomberg

먼저 공룡과 같은 존재인 재벌이 경제생태계에 존재한다는 점을
지적하지 않을 수 없다. 경제 개발 과정에서 기업들이 성장과 퇴보를
반복하는 동안 삼성전자, 현대자동차 등 일부 대기업들이 우리 생태

계 규모로는 버거울 정도로 성장했다. 삼성전자와 현대자동차의 연간 매출액을 합치면 약 300조 원으로, 우리나라 GDP의 20%에 이른다. 삼성전자 시가 총액은 전체 주식시장의 20%를 넘나들고 있다. 이들의 영향력이 경제생태계를 넘어 정치 분야 등 인접 생태계까지 확산되고 있다. 자연생태계에도 생태계를 주도하는 중추종이 있다. 먹이사슬의 정점에서 생태계 전체의 군집을 유지하는 데 중요한 역할을 하지만, 역설적으로 거대한 몸집 때문에 환경 변화에 가장 적응력이 약한 생물이기도 하다. 문제는 이 종의 멸종이 생태계 전체의 파괴를 가져올 정도로 큰 영향을 미치듯이, 삼성전자와 현대자동차가 흔들리면 한국 경제생태계 자체가 위기에 빠질 우려가 있다는 점이다.

산업 구조도 선진국들에 비해 균형을 이루지 못하고 있다. 선진국의 경제생태계는 산업 구조가 고도화됨에 따라 부가가치 측면에서 제조업과 서비스업 등 다양한 업종들이 균형을 갖추고 있다. 그러나 우리나라는 여전히 제조업 비중이 높다. 서비스업 내에서도 부가가치와 생산성이 높은 지식 서비스 산업보다는 공공·교육·사회복지 서비스 부문 위주로 증가해왔다. 2013년 우리나라 전체 부가가치에

[표 4] 세계 주요 국가 서비스 산업 현황(2013)

구분	한국	미국	독일	일본	OECD 평균
서비스 산업 부가가치 비중(%)	59.3	77.9	68.9	72.4	71.3
서비스 산업 고용 비중(%)	69.5	80.1	73.8	71.5	72.3

* 자료: OECD

[그림 32] GDP 대비 대외 무역 비중

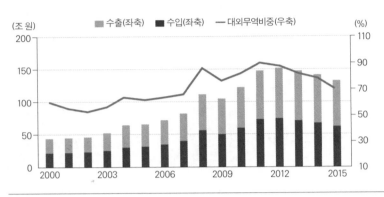

* 자료: Bloomberg, 한국은행

[그림 33] 산업별 수출 비중

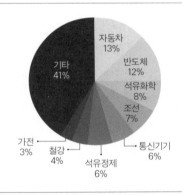

* 주: 2016년 1/4~3/4 분기 기준
* 자료: 관세청

서 서비스업이 차지하는 비중은 59.3%로, OECD 평균 71.3% 보다 낮으며, 전체 고용에서 차지하는 서비스업 비중도 69.5%로 OECD 평균 72.3%에 못 미친다.

[표 5] 삼성전자 주요 국가별 인력 및 매출액(2012)

국가	인력(명)	매출액(조 원)
한국	90,702	29.2(14%)
유럽	15,318	49.5(25%)
아시아 (중국 제외, 아프리카 포함)	57,330	36.1(18%)
중국	45,660	28.2(14%)
미주	24,694	58.2(29%)

* 주: 괄호 안은 전체 매출 대비 비중

[그림 34] 해외 진출 기업 수

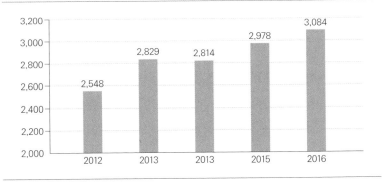

* 자료: 한국수출입은행

아울러, 우리 경제는 내수에 비해 대외 무역에 과다하게 의존하고 있다. 무역도 자동차, 반도체, 석유화학 등 특정 산업의 비중이 너무 높다. 대외 의존도가 높다 보니 글로벌 경제 여건 등 대외 충격에 취약할 수밖에 없고 특정 산업의 부침이 우리 경제에 직접적인 영향을 미치게 된다. 심지어 우리의 수출 대상 국가도 중국, 미국 등 특정 국가의 비중이 너무 높다. 사드 배치에 대한 중국의 경제 보복이 우리 경제에 부담이 되는 것은 중국에 대한 수출 의존도가 1/4 수준으로 너무 높기 때문이다.

자연생태계가 다양성 부족으로 먹이사슬이 약해지고 쇠퇴하는 것처럼 경제생태계도 특정 산업 또는 기업 등을 중심으로 구성되면 다양성이 메말라 결국 쇠퇴할 것이다. 더욱 심각한 것은 국내 경제생태계의 매력이 떨어지면서 기업들의 해외 이전이 계속 증가하고 있다는 점이다. 글로벌 마케팅, 공급 체인 등 기업들이 불가피하게 해외 진출을 확대할 수밖에 없는 사정도 있다. 그러나 우리 경제생태계의 입장에서 보면 기업들의 해외 진출은 경제생태계의 기업 개체수를 감소시키는 공동화 현상을 뜻한다.

상호 연계성이 약해지고 있다

자연생태계에서 먹이사슬이 교란되는 경우가 종종 발생한다. 외래종이 유입되거나 먹이사슬의 특정 과정에 연결고리가 약해졌을 때 먹이사슬이라는 상호 연계성이 약화된다. 외래종인 황소개구리가 문제가 되는 이유는 청개구리나 심지어 쥐, 뱀까지 잡아먹으면서 먹이사슬을 파괴하고 상호 연계성을 약화시키기 때문이다. 경제생태계의 상호 연계성은 낙수 효과, 지대 추구 행위, 노동시장 구조 등을 통해 확인할 수 있다.

먼저, 낙수 효과[14]는 경제 전반의 연계성을 보여주는 지표라고 할 수 있으나 갈수록 약화되고 있다. 과거 우리나라의 고도 성장기에는 기업과 수출 중심의 불균형 성장 모델을 통해 낙수 효과를 기대할 수 있었다. 하지만 [그림 35]에서 보듯이 경제는 성장하고 있는데 저소득층의 소득 비중은 좀처럼 증가하지 못하고 있으며 최근에는 오히려 하락하고 있다. 기업과 가계의 소득 비중도 마찬가지다. 가계 소득 비중이 갈수록 줄어들면서 글로벌 금융위기 이후부터는 기업 소득 비중이 더 높아져 있다.

특히, 우리 경제가 의존하고 있는 수출의 낙수 효과도 크게 줄었다. 수출을 통해 고용할 수 있는 일자리 규모도 예전만 못한 상황이다. 한편, 낙수 효과를 통한 연계성에 한계가 달했다는 지적도 나오고 있다. IMF에서도 상위 20% 계층의 소득이 1%p 증가하면 이후 5년의 성장이 연평균 0.08%p 줄어드는 반면, 하위 20% 계층의 소득이 1%p 증가하면 그 기간에 연평균 성장이 0.38%p 증가하는 등 고소득층의 소득 증가가 국민 경제 전체의 성장을 유도하지 못한다는 내용의 보고서를 낸 바 있다.[15]

[그림 35] 실질 GDP 및 하위 20% 소득 점유율

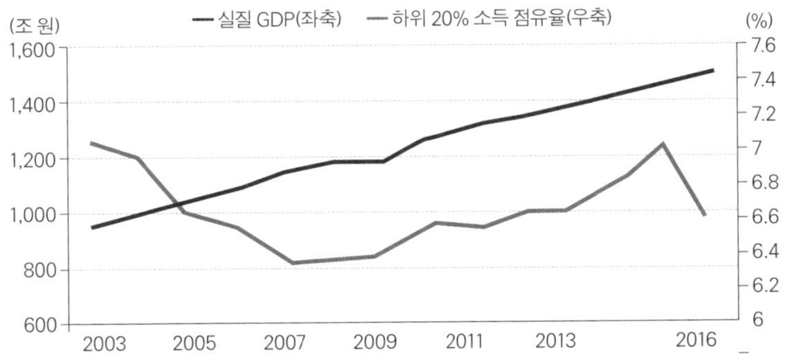

(조 원) ━ 실질 GDP(좌축) ━ 하위 20% 소득 점유율(우축) (%)

* 자료: 한국은행

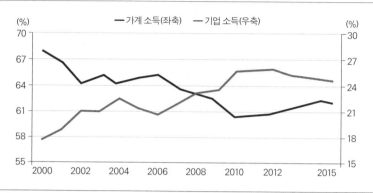

[그림 36] GNI 대비 기업 소득과 가계 소득 비중

*자료: 한국은행

상호 연계성의 모습은 경제에 존재하는 지대 추구 행위로도 파악할 수 있다. 지대 추구 행위는 특정 계층이나 집단이 자신의 이익을 보호하고 다른 계층 등의 참여를 막는 행위를 말하는데, 그런 행태들이 많을수록 상호 연계성은 약화된다. 생산자 역할을 담당하는 기업들을 보면 가격, 입찰 등에서 기업들의 담합이 계속 증가하고 있다. 가격 담합을 통해 가격을 인상하면 경제생태계에서 소비자 역할을 담당하는 가계는 부당하게 높은 가격을 지불하게 된다. 공공 사업 입찰에서 담합이 이루어지면 공사 품질이 저하되거나 낙찰가격 상승으로 재정 부담이 증가할 우려가 높아진다. 공정거래위원회는 2015년에 88건의 담합에 대해 총 5,049억 원의 과징금을 부과했으나, 담합 적발 실적은 2012년 41건, 2013년 45건, 2014년 76건, 2015년 88건 등 매년 증가하고 있는 실정이다. 또한 대기업과 중소기업 간 하청 관계에서 대기업이 독점적 우월 지위를 이용해 부당 이

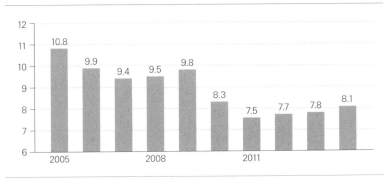

[그림 37] 수출의 취업 유발 계수(단위: 명/10억 원)

* 주: 수출의 최종 수요 10억 원당 취업자 유발 수
* 자료: 한국은행

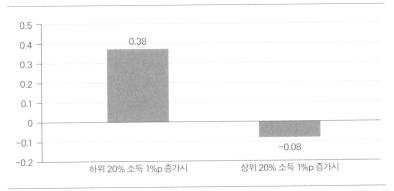

[그림 38] 소득 계층별 소득 증가 파급 영향(단위: %p)

* 자료: IMF

득을 취득하는 불공정 하도급 거래 행위도 증가하고 있다. 공정위는
2015년에 하도급 대금 미지급·부당 감액 및 지연 이자 미지급 등 불
공정 하도급 거래 행위에 대해 총 1,358건을 적발하고 시정조치를
취한 바 있다. 이처럼 경쟁 제한을 통해 적정 이윤을 초과하는 과다

한 이윤을 추구하는 지대 추구 행위는 경제생태계의 상호 연계성을 약화시킨다.

지대 추구 행위는 기업뿐만 아니라 이른바 우리 사회의 법조계,

[그림 39] 담합 적발 실적(단위: 건)

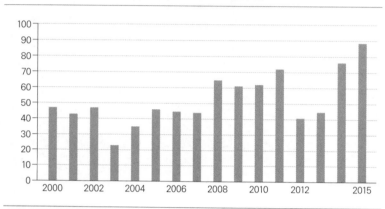

* 자료: 공정거래위원회

[그림 40] 불공정 하도급 거래 행위(단위: 건)

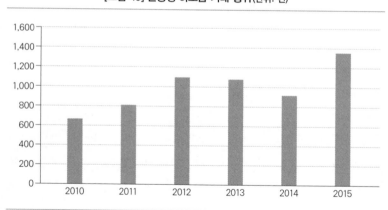

* 자료: 공정거래위원회

의료계 등 다양한 분야에서 나타나고 있다. 의료계는 의대 정원을 2009년 이후 8년째 연간 3,058명으로 유지하고 있다. 법조계의 전관 예우 관행도 마찬가지다. 얼마 전 부장판사 출신 변호사의 건당 수 임료가 100억 원으로 알려져 사회적으로 큰 파장을 일으켰다. 판검 사 또는 고위 관료 등을 그만둔 후 소득과 재산이 급격히 증가하는 사회에 대해 상호 연계성이 높다고는 할 수 없을 것이다.

노동시장의 '심각한 이중 구조'도 상호 연계성이 약화되는 단면을 보여준다. 우리 경제는 대기업·정규직과 중소기업·비정규직 간, 남 녀 간 근로 기회와 조건에서 차별이 심하다. 먼저 취업자 중 비정규 직 비중이 너무 많다. 비정규직이 많은 원인 중에는 노동시장의 경직 성, 정규직화하기 어려운 일자리 등 다양한 이유가 있으나, 높은 비

[그림 41] OECD 국가 취업자 중 비정규직 비중(단위: %, 2014)

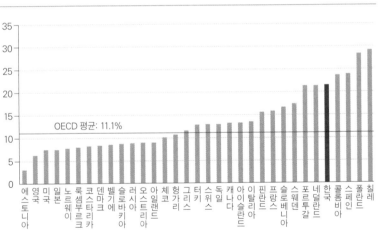

* 자료: OECD

정규직은 소득, 사회안전망 등 생태계 전반에 차별을 일으키고 연계성을 약화시킨다.

우리나라 비정규직 근로자 수는 874만 명으로, 전체 근로자의 44.5%가 이에 해당한다. 비정규직 근로자의 평균 임금은 정규직 임금의 49.2%에 불과하다. 정규직의 국민연금·건강보험 가입률과 퇴직금·상여금 적용률은 96~99%이지만, 비정규직은 32~40%로 정규직의 절반에도 못 미친다. 비정규직 대다수가 임시직 형태라 사업체 소속 상용직을 중심으로 설계된 현행 사회보험과 근로기준법 보

[표 6] 정규직 · 비정규직 근로 조건 비교(2016. 8. 기준)

	정규직	비정규직
평균 임금(월, 만 원)	306	151
노동 시간(주)	43.0	38.4
시간당 임금(원)	16,985	9,312
국민연금 적용률(직장, %)	96.4	31.7
건강보험 적용률(직장, %)	99.1	39.6
고용보험 적용률(%)	84.7	38.9
퇴직금 수혜율(%)	99.6	35.1
상여금 수혜율(%)	96.1	37.3
시간외 수당 적용률(%)	69.2	20.0
유급 휴가 적용률(%)	88.8	24.6
교육 훈련 경험(%)	71.4	39.0

* 자료: 한국노동사회연구소, 2016. 11

호 체계에서 소외되고 있다. 낮은 임금을 받으면서 계속된 고용 기회를 보장받지 못하고 실업 가능성이 커지는 가계 구성원이 많을수록 경제생태계의 소비 여력은 낮아진다. 소비 여력이 낮아지는 경제생태계의 지속 가능성이 낮다는 것은 이미 언급한 바 있다.

이뿐만 아니라 우리나라 노동시장은 대중소기업 격차, 성별 간 격차 등에서도 취약한 연계성을 보여주고 있다. 중소기업청이 조사한 2016년 중소기업 실태 조사 결과에 따르면, 중소기업 임금은 대기업의 60% 수준이다. 미국(75.7%), 일본(72.9%)보다 낮다. 여성의 경제 활동 참가율과 고용률도 선진국에 비해 낮은데, 한국노동사회연구소 자료에 따르면 남성 정규직 임금을 100이라고 할 때, 여성 정규직은 69.4%, 남성 비정규직은 53.1%, 여성 비정규직은 35.8%로 고용 형태별·성별 격차가 크게 나타나고 있다.

활기를 잃어버린 생태계

경제생태계의 활력은 기업가정신을 통해 살펴볼 수 있다. 기업가정신은 기존 경제 질서 속에 안주하지 않고 새로운 도전 기회를 능동적으로 찾아내고 새로운 재화, 서비스, 생산 방식을 창출하는 도전과 혁신의 정신이라고 할 수 있다. 특히 슘페터Joseph Schumpeter는 기업가정신이 '창조적 파괴' 과정을 통해 새로운 시장의 탄생과 확대를 꾀하는 원동력이며 경제 발전의 견인차 역할을 수행한다고 주장했다. 생태계가 지속 가능하기 위해서는 한정된 자원을 두고 제로섬 경쟁을 하며 안주하기보다는 생태계의 한계를 깨고 확장하는 기업가정신이 중요한 것이다. 그렇다면 우리 경제의 기업가정신은 어떤가.

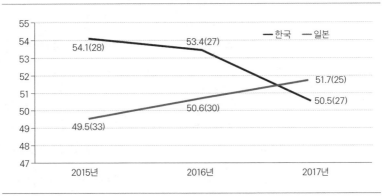

[그림 42] 한 · 일 기업가정신 지수 추이

54.1(28)   53.4(27)

51.7(25)

50.5(27)

49.5(33)   50.6(30)

2015년   2016년   2017년

한국   일본

* 자료: 한국은행

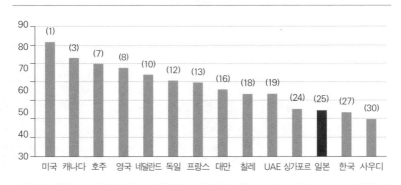

[그림 43] 주요국 기업가정신 지수 (2017)

(1) 미국 (3) 캐나다 (7) 호주 (8) 영국 (10) 네덜란드 (12) 독일 (13) 프랑스 (16) 대만 (18) 칠레 (19) UAE (24) 싱가포르 (25) 일본 (27) 한국 (30) 사우디

* 주: 괄호 안은 137개국 중 순위
* 자료: 세계기업가정신발전기구

2017년 세계기업가정신발전기구의 기업가정신 지수GEDI에 따르면 우리나라는 전체 137개국 중에서 27위를 기록했다. 대만, 칠레 등은 물론이고 장기 침체를 겪고 있다는 일본보다도 낮다. 세계 10위권

인 우리나라 경제력에 비해 매우 낮은 수준이며 더 심각한 것은 우리 사회에서 기업가정신이 갈수록 약화되고 있다는 것이다.

[표 7]에서 2016년 미국의 경제 전문지 《포브스Forbes》가 발표한 세계 상위 10순위 부자를 보면, 빌 게이츠, 제프 베저스, 워런 버핏, 마크 저크버그 등이 있다. 모두 도전과 혁신의 기업가정신을 통해 개인의 부와 더 나아가 경제 전체의 부가가치를 창출하여 경제생태계를 한 단계 업그레이드한, 이른바 자수성가형 창업자라는 공통점이 있다.

그러나 우리나라의 부자 상위 50위 순위를 보면, 창업자는 19명

[표 7] 2016년 《포브스》 세계 억만장자 상위 10

순위	이름 / 직책 (나이)	재산	업종	국적
1	빌 게이츠 / 마이크로 소프트 창업자 (60)	815억 불	IT	미국
2	아만시오 오르테가 / 인디텍스그룹 회장 (80)	785억 불	패션	스페인
3	제프 베저스 / 아마존 CEO (52)	681억 불	유통	미국
4	워런 버핏 / 버크셔해서웨이 CEO (86)	657억 불	투자	미국
5	마크 저커버그 / 페이스북 CEO (32)	558억 불	IT	미국
6	래리 엘리슨 / 오라클 CEO (72)	499억 불	IT	미국
7	마이클 블룸버그 / 블룸버그통신 창업자 (74)	493억 불	언론	미국
8	카를로스 슬림 헬루 / 텔맥스 텔레콤 회장 (76)	475억 불	통신	멕시코
9	찰스 코크 / 코크인더스트리즈 회장 (80)	423억 불	석유	미국
9	데이비드 코크 / 코크인더스트리즈 전무 (76)	423억 불	석유	미국

* 자료: 《포브스》, 2016. 9

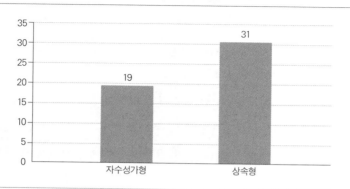

[그림 44] 한국 50대 부자 유형(단위: 명)

* 주: 2016년 기준
* 자료: 《포브스》

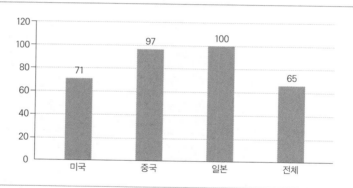

[그림 45] 세계 400대 부자 중 자수성가형 비중(단위: %)

* 주: 2015년 기준
* 자료: Bloomberg

에 불과하고 나머지는 모두 부모로부터 상속받은 부자다. 과거 한국
전쟁 이후 1세대 기업가들은 우리 고유의 '도전'과 '성실'이라는 기업
가정신으로 창업하여 우리 경제생태계를 발전시켰다. 반면 시간이

갈수록 새로운 도전을 통해 탄생하는 기업은 줄어들고 부를 물려받아 지키기에 급급한 기업가들이 늘어가고 있다. 기업가정신이 사라지면서 활기를 잃어버린 경제생태계는 외부의 환경 변화에 대응하기 어렵다. 새로운 변화는 가급적 애써 외면하면서 지금의 상황을 유지하는 방향으로 해석하고 행동하려고 한다. 그런 생태계의 미래는 어둡다.

늙어가고 있는 생태계

생태계에서 종의 번식이 중단되거나 감소하고 새롭게 등장하는 개체가 줄어들면 생태계 전반이 늙고 쇠락해가는 운명에 처하는 것이 거스를 수 없는 자연법칙이다. 동일한 법칙은 경제생태계에도 적용된다. 출생자 수가 감소하면 생태계 전반이 늙어갈 수밖에 없고 종국에는 사라지는 운명에 처하게 된다. 한국 경제생태계에서 저출산과 고령화의 경고등이 켜진 지 오래다.

우리나라는 2015년 합계 출산율이 1.24명로, 일본의 1.42명보다도 낮은 세계 최저 수준이다.[16] 2001년 출산율이 1.3명 밑으로 떨어진 뒤 15년째 '초저출산' 국가로 분류되고 있다. [표 8]에서 보듯이 고령화 속도는 세계에서 가장 빠르다. 2000년 고령화 사회에 진입한 후 20년도 지나지 않은 2018년 고령 사회로 진입할 전망이다.[17]

2016년 통계청의 「장래 인구 추계」에 따르면, 우리나라 총인구는 2015년 5,101만 명에서 2031년 5,296만 명까지 증가한 후 감소하기 시작해 2065년에는 1990년 수준인 4,302만 명에 이를 전망이다. 최근 아시아개발은행ADB은 한국의 저출산·고령화가 2021~2030년

[표 8] 인구 구조 고령화 추이의 국제 비교

	고령자 비율 도달 연도			소요 연수(년)	
	7% (고령화사회)	14% (고령사회)	20% (초고령사회)	7% → 14%	14% → 20%
한국	2000	2018	2026	18	8
일본	1970	1994	2006	24	12
프랑스	1864	1979	2018	115	39
독일	1932	1972	2009	40	37
영국	1929	1976	2021	47	45
미국	1942	2015	2036	73	21

* 자료: 삼성경제연구소, 2013

1인당 잠재 성장률을 1.5%p 떨어뜨릴 것으로 전망했다.[18] 한국 경제 생태계가 늙어가는 상황에 제대로 대응하지 못하면 도태를 면하기 어렵다.

고령화는 기업 투자에 부정적인 영향을 미치며 경제생태계의 역동성을 약화시킨다. 고령화가 진행되면 저축률과 자본 스톡 증가율이 추세적으로 낮아지는 것이 일반적이다. 통계청의 「장래 인구 추계」는 총부양비(생산 가능 인구 100명당 부양할 고령 인구 및 유소년 인구)가 2015년 36.2명에서 2065년 108.7명으로, OECD 국가 가운데 가장 높은 수준이 될 것으로 전망하고 있다.

그동안 우리 경제생태계는 베이비부머가 등장하면서 젊은 인구 구조를 활용하여 경제생태계의 역동성과 유연성을 제고할 수 있었다. 그러나 이제는 베이비부머의 은퇴, 기대 수명의 연장 등 고령화가

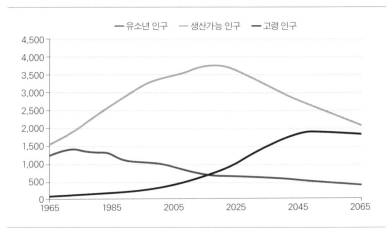

[그림 46] 연령 계층별 인구 구조 변화(단위: 만 명)

── 유소년 인구 ── 생산가능 인구 ── 고령 인구

* 주: 중위 추계 기준
* 자료: 통계청

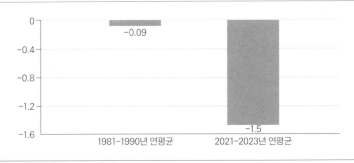

[그림 47] 고령화에 따른 잠재 성장률 감소 효과

* 자료: ADB

급속하게 진행되면서 역동성과 유연성이 약화되는 국면에 진입하고
있다. 신체가 노화되면 반응 속도가 느려지고 손상된 장기 복원도
어려워지는 것처럼 경제생태계도 마찬가지다.

[표 9] 고령화와 자본 축적(단위: %)

해당 연도	총저축률	총투자율	자본 스톡 증가율
2001~2005	33.1	30.9	5.7
2006~2010	33.2	30.9	4.7
2011~2015	34.5	29.3	3.3
2016~2020	33.4	29.4	2.7
2021~2025	30.8	28.9	2.7
2026~2030	27.5	27.1	2.0

* 자료: 한국개발연구원

[그림 48] 고령 부양비 및 총 부양비(단위: 명)

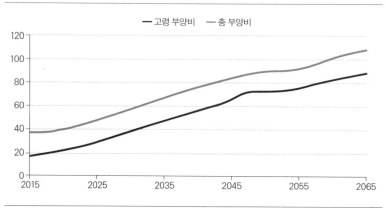

* 자료: 통계청

급변하는 대외 환경에 직면하고 있다

건강하고 지속 가능한 생태계를 유지하기 위해서는 내부 요소뿐만 아니라 햇빛, 공기, 바람 등 외적인 환경도 중요하다. 급변하는 기후,

외래종 등 외부 세력 침입과 같은 뜻하지 않은 생태계 외부 환경의 변화는 생태계의 지속 가능성을 위협하는 가장 큰 위험 요소 중 하나다. 경제생태계도 마찬가지다. 우리 경제생태계 밖의 변화를 주시해야 하는 이유다. 특히, 교역과 개방을 통해 성장·발전해온 우리 경제에게 대외 환경의 변화는 생태계 자체의 생존과도 직결되어 있다.

그럼 우리 경제생태계를 둘러싸고 있는 대외 환경을 살펴보자. 지금 세계는 뉴 노멀과 4차 산업혁명, 신보호무역주의 등 마치 오전에는 짙은 안개가 꼈다가 잠시 뒤 폭우 같은 소나기가 쏟아 붓더니 오후에는 살인적인 더위가 이어지다 저녁 무렵에 살을 에는 듯한 추위가 몰려오는 것처럼 적응하기 힘든 변화가 빠른 속도로 진행되고 있다.

'뉴 노멀'의 시대

2008년 글로벌 경제위기 이후 세계는 저성장, 저고용이 일상화되어 정상적으로 받아들여지는, 이른바 뉴 노멀 시대에 진입했다. 세계 경제는 선진국과 신흥국의 성장률이 모두 둔화되고 있는 가운데 수년간 연 3% 수준의 성장에 불과한 장기 침체기를 겪고 있다. 특히, 세계시장 수요를 주도하던 중국, 인도 등 신흥국의 성장률 하락이 선진국의 성장을 둔화시키고 세계 경제 전반에 걸쳐 활력이 약화되는 저성장을 심화시키고 있다. 뉴 노멀 시대의 도래는 과거 '올드 노멀' 사고 방식이 더 이상 유효하지 않다는 것을 의미한다.[19]

글로벌 차원에서도 소비와 투자 수요 부진이 지속되고 있다. 글로벌 경쟁 심화에 따른 새로운 투자처 부족, 세계 경제의 불확실성 증대로 기업은 투자와 고용을 기피하고 고용 감소에 따른 가구 소득 정체 등으로 소비도 부진한 상황이다. 이제는 글로벌 차원에서 저성장을 정상적인 경기 패턴으로 받아들여야 하는 상황인 것이다.

아울러, 후기 산업화로 대표되는 IT, 자동화 기술 등의 급속한 발달은 '고용 없는 성장'을 가져왔다. 과거에는 경제 성장과 일자리 창출이 동반되었다. 예를 들면 제조업이 성장하면서 일자리가 늘어나고 일자리가 늘어나면서 경제가 성장하는 구조였다. 지금은 제조업마저 기술 혁신에 따른 자동화, 공정 합리화를 통해 고용을 늘리지 않고 있으며, 최근에는 고용 없이 부가가치를 창출하는 산업들이 나타나고 있다. 한국 경제생태계 밖에서 진행되고 있는 장기 저성장과 저고용의 새로운 노멀이 이미 우리 경제생태계에도 변화를 불러오고 있다. 세계 경제 성장에 편승하여 경제 활력의 역동성을 유지해온 한국 경제에게 닥친 큰 도전이다.

[그림 49] 세계 경제 성장률(단위: 전년 대비, %)

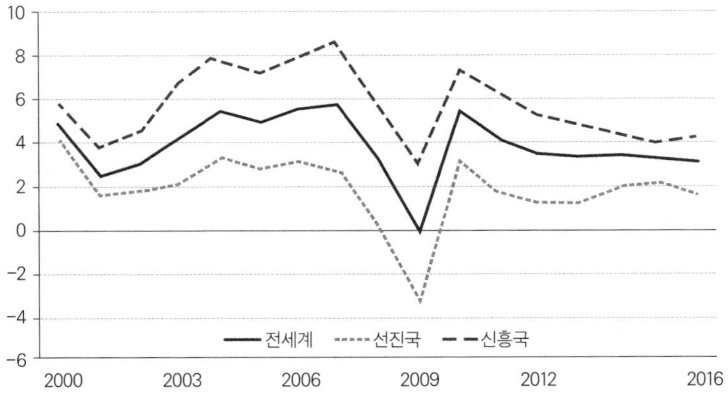

* 자료: IMF WEO, 2016. 10

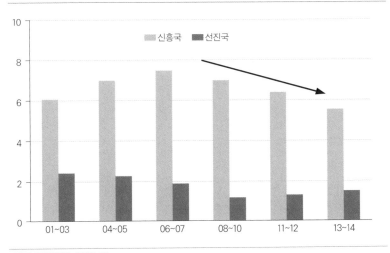

[그림 50] 잠재 성장률 추이(단위: %)

신흥국 선진국

* 자료: IMF WEO, 2016. 10

글로벌 경제 질서 패러다임의 변화

1930년대 대공황과 1, 2차 세계대전을 지나면서 세계는 개방과 자유무역 등을 근간으로 하는 세계화를 통해 비약적인 발전을 이루었다. 그러나 최근 영국 브렉시트, 미국 대통령 선거 등의 과정에서 보호무역주의와 자국우선주의 등 2차 세계대전 이후의 세계 질서와는 다른 흐름을 보이고 있다. 자유무역의 발원지라고 할 수 있는 영국에서 EU 탈퇴 여부를 묻는 투표 결과 보호주의 성향이 다수를 차지하며 브렉시트가 가결되었다. 자유무역을 주도해온 미국에서는 보호무역과 자국우선주의를 표방한 트럼프가 대통령에 당선되었다.

우리 경제는 그동안 세계화와 개방, 자유무역이라는 따스한 햇볕과 기분 좋은 바람 속에서 마음껏 자양분을 섭취하며 성장한 자연 생태계라고 할 수 있다. 한국전쟁의 폐허에서 이만큼 성장하는 데 크게 도움이 된 외부 환경이었던 셈이다. 그런데, 최근 이 같은 흐름을 역행하는 환경이 조성되고 있다. 따스한 햇볕은 먹구름에 서서히 가려지고 있다. 세계화는 거센 반세계화의 흐름으로 바뀌고 있고, 자유무역은 어느덧 자국의 이익과 보호무역이라는 역류로 변하고 있다. 특히, 2016년 말 트럼프 미국 대통령 당선 이후 보호무역주의가 강화되면서 우리나라는 한미자유무역협정FTA 재협상이라는 높은 파고를 만날 가능성이 높아지고 있다.

특히, 글로벌 경기 침체가 장기화되면서 일자리를 잃은 사람들이

[그림 51] 세계 보호무역 조치 추이

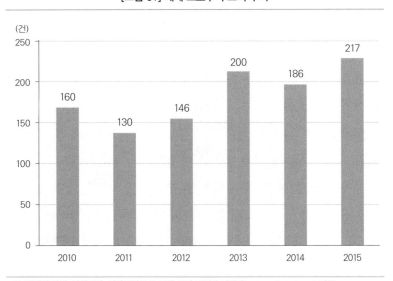

* 주: 반덤핑 관세, 상계관세, 세이프가드 등 무역 구제 조치의 시행일(entered into force) 기준
* 자료: WTO

각 나라에서 늘고, 소득 분배는 더 악화되고 있다. 각국에서 기존의 경제 시스템에 대한 신뢰도가 약화되고, 반세계화, 반시장주의적인 포퓰리즘도 확대되고 있다.

리더십도 중요 변수다. 주요 국가들을 중심으로, 이른바 강한 리더십을 표방하는 지도자들이 늘어나고 있다. 중국의 시진핑, 일본의 아베, 러시아의 푸틴 등에 이어 미국까지 트럼프 대통령이 등장했다. 이들은 공통적으로 국가적 자긍심과 이익을 강조하고 필요하면 국가 간 긴장도 적극 활용한다. 특히, 우리나라는 주변 강대국들에 둘러싸여 고래 싸움에 새우등 터지는 상황이 우려되고 있다. 미중일 간 환율과 관련한 긴장 관계가 높아지고 있다. 미국은 우리를 포함

[그림 52] 우리나라에 대한 보호무역 조치

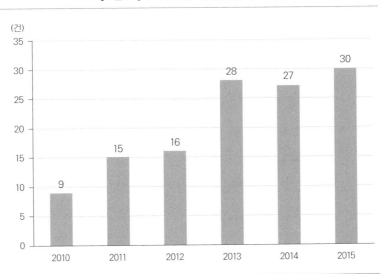

* 주: 반덤핑 관세, 상계관세, 세이프가드 등 무역 구제 조치의 시행일(entered into force) 기준
* 자료: WTO

[그림 53] 1년 이상 장기 실업자 비중(단위: %p)

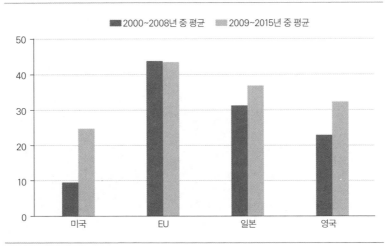

* 주: 전체 실업자 대비
* 자료: OECD, EU통계청

[그림 54] 전체 소득에서 상위 10% 소득 비중(단위: %)

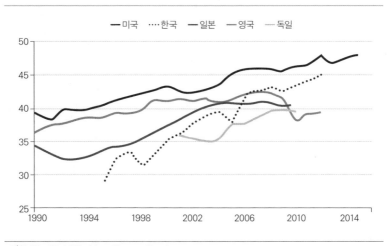

* 자료: The World Wealth and Income Database

[그림 55] 달러와 한중일 통화의 가치 변동

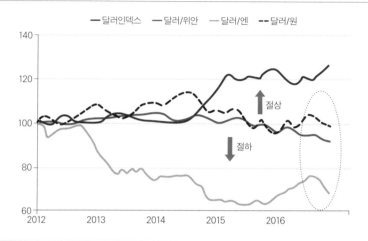

* 주: 달러 인덱스와 위안, 엔, 원의 미 달러화 대비 명목 환율 기준(2012. 1. 1)
* 자료: Bloomberg

[표 10] 미국 환율 보고서의 주요국 환율 정책 평가

국가	무역 흑자[1]	경상 흑자[2]	개입 규모[2],[3]	결정
기준[4]	〈20.0〉	〈3.0〉	〈2.0〉	
중국	356.1	2.4	-5.1	관찰
일본	67.6	3.7	-	관찰
멕시코	62.6	-2.9	-2.2	-
한국	30.2	7.9	-1.8	관찰
대만	13.6	14.8	2.5	관찰
스위스	12.9	10.0	9.1	관찰
독일	71.1	9.1	-	관찰
이탈리아	28.3	2.3	-	-

* 주: 1) 2015. 6~2016. 6 기준, 십억 달러   2) GDP대비 %
    3) 양수는 환율 약세 위한 매수 개입   4) 음영 부분은 기준 초과 의미
* 자료: 미국 재무부, 2016. 10

하여 중국과 일본을 환율 관찰 대상국으로 지정하고 예의주시하고 있다. 미·중, 또는 미·일 간에 환율 통상 전쟁이 발생하면 한국 경제에 어떤 여파가 미칠지 걱정스럽다.

4차 산업혁명

우리 경제생태계에 불어오는 또 하나의 변화는 4차 산업혁명이다. 새로운 기술 발전으로 경제 체제 및 사회 구조가 급격하고 전면적으로 변하는 시기를 산업혁명이라고 하며, 과거 3차례 산업혁명을 거쳐 4차 산업혁명이 도래하고 있는 것이다. 1차 산업혁명의 '증기기관', 2차 산업혁명의 '전기', 3차 산업혁명의 'IT와 인터넷' 등에 이어 인류사에 가장 새로운 혁명적 변화가 오고 있는 것이다.[20]

2016년 1월 스위스 다보스에서 열린 세계경제포럼 연차총회(다보스 포럼)는 "기술 혁명이 우리의 삶을 근본적으로 바꿔 놓고 있다"며 4차 산업혁명을 의제로 제시했다. 디지털, 바이오 등 다양한 분야의 기술 융합을 통해 '사이버–물리 시스템'이 구축되면서 이에 따른 경제 사회 구조의 변화가 과거 산업혁명에 버금가는 수준이 된다는 점에서 4차 산업혁명이라 명명한 것이다. 사물인터넷, 로봇공학, 3D 프린팅, 빅 데이터, 인공지능 등이 주요 기술로 논의되고 있다. 4차 산업혁명이 금융위기 이후 침체 국면을 지속하고 있는 세계 경제에 새로운 활력이 될 수 있다는 기대와 함께 우려도 공존한다. 새로운 기술의 발전·기술 간 융합을 통한 생산성 향상과 새로운 소비자 수요가 획기적으로 증가하면서 새로운 성장 엔진 역할을 해줄 것이라는 기대가 있는 반면, 스마트 공장, 인공지능 확대 등으로 향후 관련 분

야 일자리 감소, 인공지능과 인간관계 설정에 대한 사회적 이슈화 등
의 우려도 상당하다.

이미 미국, 독일 등이 수년 전부터 본격적인 준비를 거쳐 4차 산업
혁명을 선도하는 가운데, 일본, 중국 등도 추격을 위한 대응 전략을
마련하고 있다.

4차 산업혁명의 변화는 경제생태계를 구성해온 가계, 기업, 금융
기관 및 정부 등에 새로운 구성 요소로 로봇과 인공지능이 추가될
가능성이 있을 만큼 혁명적인 변화다. 생태계에 새로운 구성 요소가
추가될 경우 나타나는 생태계의 혼란과 변화를 이루 말할 수 없는
것처럼, 로봇과 인공지능이 경제생태계에 본격적으로 진입한다면 기
업의 생산과 고용 방식, 가계의 노동력 제공 등 경제생태계에는 혁명

[표 11] '산업혁명'의 발전 단계

구분	연도	특징	정의
1차 산업혁명	1784년	• 증기 및 수력 기관 • 기계식 생산 설비비	• 가축, 인력 등 생물 자원에서 화석 연료 사용 및 기계 사용이 가능한 기계적 혁명 • 영국이 최대 공업대국으로 부상
2차 산업혁명	1870년	• 전기사용 • 분업과 대량 생산	• 컨베이어 시스템, 전기 등을 통한 대량 생산 체계 구축 • 미국이 세계 최강대국 지위 구축
3차 산업혁명	1969년	• 전자기기, IT • 자동화 생산과 인터넷	• 정보의 생성·가공·공유를 가능 하게 하는 정보기술 시대의 개막
4차 산업혁명	?	• 사이버 물리 시스템(CPS)	• 디지털, 물리적, 생물학적 영역의 경계가 사라지면서 기술이 융합되 는 새로운 시대

* 자료: World Economic Forum, 2016. 1

적 변화가 불가피할 것이다.

　그럼 우리의 준비 또는 대응 상황은 어떠한가. 우리나라도 이세돌-알파고 간 바둑 대국 등을 계기로 인공지능과 사물인터넷에 대한 관심이 고조되었으나 4차 산업혁명 변화에 대응하는 수준은 우려할 수밖에 없는 상황이다. 지난 2016년 1월 스위스 최대 은행인

[표 12] 2020년까지 부문별 일자리 전망(단위: 만 명)

순고용 증가	사무행정	제조생산	건설채굴	디자인·미디어	법률	시설정비	소계
	-475.9	-160.9	-49.7	-15.1	-10.9	-4.0	-716.5
순고용 감소	비즈니스·금융	경영	컴퓨터·수학	건축·엔지니어링	영업·관리직	교육·훈련	소계
	49.2	41.6	40.5	33.9	30.3	6.6	202.1

* 자료: WEF, 「The Future of Jobs」, 2016. 1

[표 13] 주요국 4차 산업혁명 대응 비교

구분	미국	독일	일본	중국
민간과 정부 역할	• 민간 주도, 정부 지원	• 민간 주도 → 민·관 공동	• 민관 공동 주도, 공동 실행	• 정부 주도, 민간 실행
거버넌스	• 민간 컨소시엄 • 민·관 파트너십	• 플랫폼 인더스트리 4.0(정부·기업·학계)	• 제4차 산업혁명 관민회의 (정부·기업·학계)	• 정부(국무원, 공업신식화부)
특징	• 기술과 자금을 보유한 기업 주도 • 제조업 중심	• 제조업과 ICT 융합 • 국제표준화 선도 • 프라운호퍼 연구소	• 기술, 인재육성, 금융, 고용, 지역경제 등 종합 대응	• 제조업 발전을 통한 경쟁력 제고 • 규모의 경제가 가능한 내수시장

* 자료: 한국은행

UBS는 4차 산업혁명에서 성공하기 위한 관건이 변화에 빠르게 대응하는 '경제 사회 시스템의 유연성'이라고 평가하고, 노동, 교육, 인프라, 법률 시스템 등 4개 측면에서 각국의 준비 상황을 평가했다. [표 15]에 제시된 평가 결과에서 보듯이, 주요 45개국 중 우리나라는

[표 14] 주요 기술 분야의 주요국 격차 현황(단위: %, 년)

기술 분야	기술 수준				
	한국	미국	일본	유럽	중국
이동통신	88.7 (0.8)	100.0 (0.0)	90.4 (0.7)	92.4 (0.5)	77.3 (1.7)
네트워크	81.6 (1.4)	100.0 (0.0)	87.3 (1.0)	88.6 (0.9)	72.0 (2.4)
컴퓨팅	76.9 (1.7)	100.0 (0.0)	82.3 (1.3)	85.5 (1.1)	69.7 (2.5)
융합SW	78.6 (1.7)	100.0 (0.0)	83.4 (1.4)	87.1 (1.1)	70.5 (2.5)

* 주: 최고 기술 수준의 국가를 100%로 설정, 괄호 안은 최고 기술 수준 국가와의 격차 기간
* 자료: 한국과학기술평가원, 2015. 12

[표 15] 주요국의 4차 산업혁명 준비 순위

	한국	미국	일본	독일	중국
전체[1]	25	5	12	13	28
노동시장[2]	83	4	21	28	37
교육 시스템[2] (교육 수준)	23	6	21	17	68
법률 시스템[2]	62	23	18	19	64

* 주: 1) 주요 45개국 대상, Global Competitiveness Report(WEF), 2) 조사 대상 139국 기준
* 자료: UBS, 2016. 1

25위로 미국(5위), 일본(12위), 독일(13위) 등 주요국에 비해 매우 낮은 순위를 기록했다.

3. 생태계적 관점이 한국 경제에 주는 시사점

지금까지 생태계적 관점으로 한국 경제를 살펴보았다. 생태계적 접근이 한국 경제의 구석구석을 모두 살펴보거나 완벽한 대책을 제시할 수는 없다. 특히 기술 혁신 등 빠른 대응이 요구되는 경제 상황 등에 한계가 있는 것도 사실이다. 그러나 통념화된 경제학적 지식이나 이론 또는 관행화된 경제 정책 등이 제공하지 못하는 시각과 통찰을 제시하고 있다는 점에서 가치가 있는 것은 분명하다. 마지막으로 생태계는 한국 경제에 무엇을 시사하고 있는가를 살펴보면서 본 장을 마무리하고자 한다.

한국 경제생태계에 대한 엄중한 경고

앞에서 살펴보았듯 경제생태계가 건강하고 지속 가능하기 위해 필요한 건강성, 다양성, 상호 연계성, 역동성과 유연성 등 다섯 가지 특성 모두 한국 경제생태계에서 약화되거나 둔화되고 있다. 결국 한국 경제는 건강하지도, 지속 가능하지도 않은 상황인 셈이다. 저성장의 장기화, 구조조정 부진, 양극화 등 다양한 경고와 맥락을 같이하는 것이다. 생태계가 보내는 좀 더 구체적인 경고는 무엇으로 판단할수 있을까.

생태계의 생물적 요소들은 자기 보존 본능을 갖고 있다. 스스로 생명을 파괴하거나 중단하지 않는다. 그러나 우리나라의 자살률은 세계 1위다. 한국 경제생태계의 구성 요소들은 자기 보존의 본능대로도 살지 못하고 있는 것이다.

그리고 생태계의 생물적 요소들은 다음 세대를 이어가고자 하는 놀라운 종족 유지 본능을 갖고 있다. 시간의 흐름 속에서 종적 연대성을 유지하는 근간이다. 그러나 한국은 이미 초저출산율 국가다. 종족 유지 본능조차 스스로 포기하는 상황이 한국 경제생태계의 현실이다. 생태계 구성 요소들의 자기 보존과 종족 유지 본능은 생태계 지속에 가장 기초가 되는 것이다. 생태계 구성 요소가 스스로 역할을 중단하여 건강성을 상실하거나 세대와 세대 간 종적 연계성을 거부하면 전체 생태계가 건강하고 지속 가능할 수 없다. 그러나 한국 경제생태계는 구성 요소들이 스스로 제 역할을 포기하고 종적 연계성을 거부하고 있다. 해수면 온도 상승, 간척지 확대, 수질 오염 등으로 플랑크톤이 이상 증식하면서 바다색이 바뀌는 적조 현상이 종종 언론에 보도된다. 영양 물질 등이 과다하게 공급되도 바다 생태계는 자연 정화 작용을 통해 균형을 찾아가기 마련이다. 그러나 일정 수준을 초과하면 정화 작용에 한계가 발생하고 결국 수많은 어류가 떼죽음을 당하는 생태계 파괴 현상이 발생한다. 그런데 파괴에 이르기 전에 적조 현상을 겪는 바다는 플랑크톤의 개체수 증가, 산소 부족 현상, 바다색 변화 등 다양한 경고를 보낸다. 이 경고를 무시하거나 소홀히 여기면 바다 생태계는 결국 파괴되는 것이다. 초유의 자살률과 저출산 등 한국 경제에 나타나고 있는 최소한의 본능 또는 욕구조차 거부하는 움직임은 경제생태계가 파괴되고 있다는

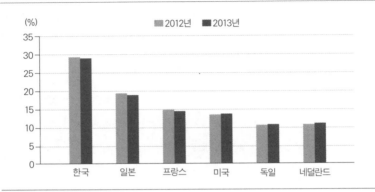

[그림 56] 주요국 자살률 비교(단위: 명, 인구 10만 명당)

* 자료: OECD

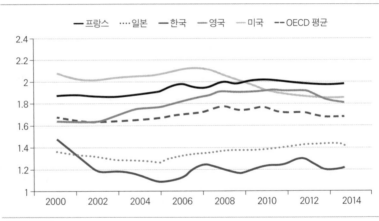

[그림 57] 주요국 합계 출산율 추이

* 자료: OECD

강력한 신호이자 한국 경제가 돌이킬 수 없는 상황까지 이를 수 있다는 엄중한 경고다.

연대와 협업

한국 경제를 바라보는 관점은 보수와 진보, 성장과 분배, 시장과 복지, 이론과 현실, 장기와 단기 등 다양하게 나누어져 있다. 먼저, 한국 경제에 대한 보수와 진보라는 관점은 한국 사회를 양분하고 있는 가장 영향력이 있는 기준이다. "나는 보수다" 또는 "나는 진보다" 라는 잣대는 객관적, 실증적인 사실마저도 탈진실화[21] 시키는 무서운 잣대가 되고 있다. 우리나라는 대북 관계라는 특수성까지 엮이면서 정치적·외교적 관점이 경제 분야에 대한 입장에까지 영향을 주기도 한다. 정치·외교적으로 보수적인 입장을 갖고 있거나 대북 관계에 매파적 입장을 갖고 있으면 본인의 소득 수준, 계층, 직업, 사회적 지위 등과 무관하게 경제적으로 보수적인 입장을 갖는 것을 당연시하고 있는 것이다.

경제가 추구하는 방향성을 성장과 분배로 나누어 보는 경향도 강하다. 성장을 위해서는 분배가 희생해야 한다는 생각이나 이제는 성장보다는 분배가 우선이라는 생각이 강하게 충돌하면서 좀처럼 접점을 찾지 못하고 있다. 성장과 분배의 양립된 시각의 연장선에 시장과 복지가 있다. 성장을 위해서는 시장 원리에 충실해야 되고 복지를 최소화해야 된다는 시각과 분배를 위해서는 복지를 넓혀야 하고 시장보다는 국가의 역할을 강조하는 시각이 있다. 여기에 학계를 중심으로 이론적 합리성을 중시하는 시각과 정책 당국을 중심으로 현실과 실행 가능성을 중요시하는 시각이 대립한다. 예를 들어 대우조선의 구조조정과 관련하여 생존 가능성이 결여된 기업은 파산시켜야한다는 학계와 대우조선의 높은 글로벌 경쟁력과 국민경제적 영향을 고려해야 한다는 정책 당국의 견해차가 있다. 아울러 경제 정책은 단기적 성과에 급급하지 말고 장기적 시각에서 추진해야 한다는 시각과 단기적 성과를 도외시하는 장기란 존재할 수 없다는 시각도 대립하고 있다. 구조 개혁에 대해서 단기에 실업 등 고통이 따르더라도 장기적으로는 이익이라는 시각을 가지고 감내해야 된다는 견해가 있는 반면, 단기라 하더라도 실업 등의 피해가 있어서는 안 된다는 견해로 구분되는 것이 현실이다. 앞서 언급한 것처럼 진보 성향의 정부와 보수 성향의 정부가 번갈아 집권했다. 서로 상대편 정책의 문제점 등을 비난하면서 자신들의 비전과 대책이 옳다고 믿고 이에 따라 정책을 추진해왔다. 학계와 정책 당국도 장기적인 근본 처방을 도외시한다는 지적과 경제 돌아가는 상황을 모르는 상아탑이라는 아쉬움을 교환하는 경우가 많았다. 일부 학계 인사들이 현실 정치 또는 정책 영역에 참여하기도 했지만 과연 성과가 있었는지는 의문이

[그림 58] 한국 경제의 다양한 관점

보수	←→	진보
성장	←→	분배
시장	←→	복지
이론	←→	현실
장기	←→	단기

다. 학자들의 정책 참여와 함께 비전, 로드맵 등 장기적 시각의 대책들이 만들어지기도 했고, 정책 당국은 수많은 장단기 대책들을 이런저런 이유로 수없이 만들어왔다. 그런데 이 모든 것들의 결과가 오늘날 한국 경제의 현실이다. 우리는 지금껏 진보와 보수 진영 간, 학계와 정책 당국 간 제대로 된 연계와 협업을 해보지 못했다. 그러나 생태계적 관점에서 보면 우리 경제의 문제점을 해결하기 위해서는 한국 경제를 보는 다양한 관점과 처방들을 통합적 시각에서 조망하고 결론을 도출하는 협업의 정신이 무엇보다 필요하다.

생태계의 관점으로 보면 한국 경제를 양분하는 시각들이 어떻게 보이는가. 성장은 경제생태계의 역동성을 나타낸 것이고, 분배는 가계 등 구성 요소들의 건강성을 보여준다. 역동성이 없는 건강한 생태계 또는 건강을 상실한 역동적인 생태계를 상상할 수 없다. 건강하고 지속 가능한 생태계는 건강성과 역동성을 모두 구비해야 한다. 한국 경제가 건강하고 지속 가능하기 위해서는 적정 수준의 성장과 소득 분배의 개선이 모두 필요하다. 보수적 색깔의 성장 대책이라는 이유로 무조건 비판해서는 안 된다. 진보적 정파의 분배 정책이라고 해서 무시하지만 말고 성장과 분배에 관한 양 진영의 시각을 조화시킬 수 있는 방안을 모색해야 한다.

경제 이론과 경제 현실은 경제 진단과 처방의 양대 축이라고 할 수 있다. 바람직한 방향에 대한 이해가 없다면 현실 경제를 제대로 볼 수 없다. 아울러 현실 경제를 제대로 설명하지 못하는 이론적 합리성은 공허한 모래성에 불과하다. 생태계는 우리가 아는 이론과 현실에서만 이해할 수 있다. 아는 만큼 보이고 보는 만큼 아는 셈이다.

앞서 언급한 바다생태계의 적조 현상을 아직도 완벽하게 이해하지 못하는 것이 현실이다. 그러나 그동안 축적된 학문적 이해와 현실 상황을 보고 대응하는 것이다. 경제학계가 경제 현상을 설명하는 완벽한 이론이 있다고 자신하기 어렵다. 정책 당국도 경제 현실을 완전히 파악하고 있다고 할 수 없다. 다만 생태계적 접근은 이론에 밝은 학계와 현실에 밝은 정책 당국이 협업하지 않으면 한국 경제에 대한 최선의 진단도, 해결 방안 마련도 어려울 수밖에 없다고 말하고 있는 것이다. 생태계 시각에서 보면 단기와 장기를 함께 볼 수밖에 없다. 생태계의 장기는 결국 수많은 단기와 단기가 연속적으로 이어지는 것이고, 단기는 장기적으로 지속되는 생태계의 한 단면이다. 경제도 마찬가지다. 경제가 종적, 횡적으로 밀접하게 연계된 현실과 손실을 감내하기 어려운 여건에서 장기 이익을 명분으로 손실을 강요하거나

[그림 59] 생태계 관점의 협업과 통합

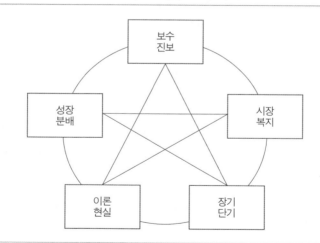

인내를 요구하기는 어렵다. 생태계 시각에서 보면 단기의 손실은 시간의 흐름으로 이어지는 종적 연계 과정을 통해 결국 미래에 영향을 드러내기 때문이다. 오늘날 글로벌 경기 침체 등으로 어려움을 겪고 있는 조선소에서 근무하는 중년의 노동자가 구조조정으로 일자리를 잃으면, 그의 자녀는 교육의 기회와 계층 상승의 가능성을 상실할 수 있다. 결국 미래의 빈곤 세대로 전락할 우려가 커진다. 결국 생태계 접근은 한국 경제를 바라보는 수많은 관점들을 연계하여 인식을 공유하고 협업해나가야 한다는 것을 가르쳐준다. 다만 이 과정에서 생태계의 이익이 아니라 특정 집단 또는 파벌 등의 주고받기식 야합을 주의해야 한다. 타협과 협의의 이름으로 종종 나타나는 야합이야말로 생태계에 큰 문제일 수 있다. 종종 약효가 떨어지는 약과 무서운 독약이 함께 섞여 있기 때문이다.

그럼 야합과 협업을 가르는 기준은 무엇일까. 생태계가 원리 또는 질서에 따라 움직인다는 것만 생각하면 된다. 우리 경제생태계는 세 가지 핵심 원리 또는 질서 위에서 움직인다. 먼저 시장질서다. 경제 활동은 정부의 인위적인 간섭이나 규제보다는 민간의 자율과 창의를 중심으로 이루어지도록 하는 것이다. 경제 활동이 복잡해질수록 시장질서가 중요해진다. 정부가 시장의 변화를 따라갈 수도, 이해할 수도 없기 때문이다. 협업의 산물이 시장질서를 훼손하고 정부 등이 경제 활동에 영향력을 확대하는 내용이라면 주의해야 할 것이다. 둘째, 법질서다. 경제 활동은 헌법을 바탕으로 민법, 상법, 형법 등 우리가 정한 규칙 안에서 이루어지고 사회적 지위나 재산 등과 관계없이 공정하고 평등하게 법적 보호와 심판을 받는 것을 말한다. 협업의 산물이 공정하고 투명하게 지켜져야 할 법질서를 약화시키거나 법 적용에 예외를 확대하는 내용이라면 주의해야 한다. 셋째, 사회안전망 질서다. 경제생태계 구성원이 도전과 실패에서 회복하고 재기할 수 있도록 지원하는 쉼터를 의미한다. 시장질서와 법질서가 경제생태계의 치열한 경쟁을 촉진하고 활력을 불어넣는다면 사회안전망 질서는 휴식과 재충전을 제공하는 질서다. 협업의 결과가 쉼터를 약화시키거나 쉼터에 안주하게 하는 내용이라면 주의해야 한다.

4. 생태계적 관점이 대책에 주는 시사점

대책을 어떤 수준 또는 어떤 형태로 마련하는 것이 바람직한가에 대해서는 논란이 있다. 정부가 매년 발표하는 연간 경제 정책 방향 등의 종합 대책을 두고 큰 효과도 없는 백화점식 나열이라는 비난도 있고, 부문별 대책을 마련하면 다른 부문에 대한 대책이 없다는 지적도 따른다. 정책 당국자들은 동일한 문제에 대해 매년 새로운 대책을 마련하여 발표하는 데 골몰하기도 한다. 작년도에 발표한 대책을 제대로 시행도 하지 않은 상황에서 금년 새로운 대책을 발표하는 것이다. 생태계 시각에서 보면 경제가 복잡하게 연계될수록 포괄적이고 종합적인 대책이 유효하다는 것을 시사한다. 경제가 단순하고 부문 간 분절되어 있을 때는 부문 대책이 경제 전반을 개선하는 데도 도움이 된다. 과거 경제 대책들이 즉각적인 효과를 발휘할 수 있었던 배경이다. 그러나 부문별 중심의 분절적인 대책은 전체 생태계에 영향을 주는 데 한계가 있고 연관된 다른 분야에 파급되는, 이른바 풍선 효과를 야기하기 마련이다. 가계 부채 문제를 과감한 총량 규제를 통해 적극적으로 줄여나가야 한다는 주장이 있다. 단순히 가계 부채만 놓고 보면 손쉽고 효과적인 방법일 수 있다. 그러나 경제생태계에서 보면 가계 부채는 부동산시장과 밀접하게 연계되어 있고, 금융기관 운영, 건설회사 영업, 건설 투자, 전체 경기 등과도 연계되어 있다. 따라서 이러한 정책은 부동산 경기를 위축시킬 수 있으며 건설회사의 운영과 투자, 금융기관의 수익성 등에 악영향을 미치게 된다. 부문별 접근만 고려하면 선의의 정책이라도 경제 전반에 의도하지 않은 결과를 주게 되는 것이다. 경제가 연계될수록 부문별 접근의 한계는 더욱 뚜렷해질 것이다. 모두 부문을 아우를 수 있는 균형 잡힌 종합 패키지를 마련하는 것이 필요하다.

먼저 종합 대책은 특정 성향이 강한 정책 모음집에서 탈바꿈하여 정치권, 학계, 언론, 시민단체 등 전체의 목소리를 담는 대책이어야 할 것이다. 합의한 것은 합의한 대로 시행하고 합의가 부족한 것은 최종안이 마련될 때까지 지속적으로 합의해나가야 한다. 필요하면 한시적으로 특정 대상에 한하여 사회적 실험pilot test도 실시하면서 수렴해나갈 필요가 있다. 아울러 생태계의 연계성을 고려하는 대책이어야 한다. 이는 부문이 아닌 종합이 필요한 이유이며 부분 간 어떤 영향이 발생할지를 염두해두는 대책이어야 한다.

둘째, 상호 간에 연계되어 있는 생태계의 특징을 고려할 때 변화를 위해서는 장기간의 시간이 필요하다는 점을 고려해야 한다. 정책의 변화가 일으키는 파장을 생태계의 횡적, 종적인 연계를 따라 변화되는 추이로서 지켜볼 필요가 있다. 그러나 5년 정부, 4년 국회의원,

1년 장관, 6개월 대책, 하루 언론, 실시간 방송과 인터넷의 현실에서 대책 대부분의 시효 기간은 6개월을 넘기기가 힘들다. 6개월 뒤에 새로운 대책 마련을 위해 대책 발표 다음 날부터 6개월 뒤에 발표할 정책을 고민해야 되는 것이 현실이다. 생태계적 접근은 새로운 대책보다는 기존 대책이 착근되어 변화를 이룰 때까지 인내심을 가지고 지속적으로 모니터링하는 것이 중요하다는 점을 시사한다. 이 과정이 지루할 수도 있고 급변하는 환경 속에서 느슨하게 보일 수 있다. 또 사건이 발생할 때마다 대책을 요구하는 정치권, 언론 등도 부담이다. 삶이 지루하다고 복용하다가 중독되어 몸을 망가뜨리는 모르핀처럼 과다한 정책 중독도 생태계를 망가뜨리는 것이다. 때때로 새로운 대책 마련보다는 상황에 적응하는 것이 생태계에 필요한 진짜 대책일 경우가 많다.

셋째, 대책의 중심축을 기획과 수립에서 실행과 감독으로 옮겨야 한다. 21세기의 중요한 분기점 중 하나가 세월호 침몰이다. 수많은 법률과 정책과 매뉴얼이 중요한 것이 아니라 이것이 제대로 지켜지고 실행되는 것이 중요하다는 것을 일깨우는 생태계의 외침이라고 할 수 있다. 경제가 단순하거나 정부의 영향력이 구석구석 미칠 때는 좋은 정책이나 계획이 좋은 성과로 이어질 수 있다. 그러나 복잡하게 연계되어 정책의 파장조차 정확히 가늠하기 어려운 생태계에서는 계획이 계획대로 이루어지는 것 자체가 큰 도전이다. 많은 대책들을 수립하기보다는 하나의 종합 대책이 생태계에 착근될 때까지 세밀하게 살펴보고 감독하는 것이 중요하다.

마지막으로 획기적이고 새로운 것에 대한 콤플렉스에서 벗어나야 한다. 정부가 바뀔 때마다 새 정부는 지난 정부에 큰 과오가 있는 것처럼 지난 정부의 비전과 정책들을 수정한다. 이명박 정부의 녹색성장은 박근혜 정부의 창조경제로 바뀌었다. 과연 무엇이 얼마나 바뀌었는지 의문이다. 대책 아이디어와 방안 대부분은 정책 당국자, 학자 등 전문가와 연구소, 여야 정치권 등에서 충분히 제시되어 있다. 모두가 참여하여 현명하게 취사선택하여 정착시키는 것이 더 중요한 것이다. 그러나 생태계를 회복시킬 수 있는 만병통치약이 없듯이, 모든 부문을 고칠 수 있는 획기적인 경제 대책 역시 존재하기 힘들다는 겸손함이 중요하다. 생태계 시각에서 보면 획기적인 묘안이나 모든 것을 한 번에 해결할 수 있다는, 속칭 경세가들의 과한 자신감 등을 경계해야 한다. 자연생태계나 경제생태계나 하늘 아래 새것은 없다는 사실을 전제해야 할 것이다.

2부
부문별 생태계

1장

가계 부실 생태계와 정책 방안

김정식

연세대학교 경제학부 교수

가계 부채 증가 원인과 영향의 시스템 구조도

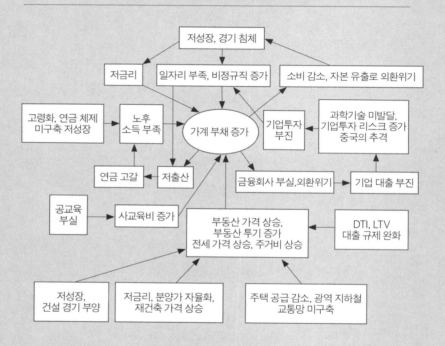

1. 현상

가계 부채 증가와 부실화

한국의 가계 부실은 심각한 수준이며 앞으로 더욱 심각해질 것이 우려된다. 가계 부실의 경제적 요인 중 가장 중요한 요인인 가계 부채가 더욱 늘어날 것이 예상되기 때문이다. 실제로 경제 성장률은 둔화되고 있는 데 비해 고령화가 진전되면서 가계 소득보다 지출이 크게 늘어나 [그림 1]과 같이 가계 부채가 급증하고 있다. 한국의 가계 부채는 2015년 9월 말 기준으로 가계 대출에 판매 신용을 합한 가계 부채(가계 신용) 규모가 1,166조 원이다. 가처분 소득 대비 가계 부채 비중은 2015년 기준으로 143%이며 이는 OECD 평균인 132%보다 높다. 최근 들어 이러한 가계 부채 규모는 빠른 증가 추세를 보이고 있다.

가계 부채가 증가하면서 부실화 가능성이 높아지고 있다. 가계 부

[그림 1] 한국의 가계 부채 추이(2012~2016, 단위: 억 원, %)

* 자료: 한국은행

채가 GDP에서 차지하는 비중도 급속히 높아지고 있을 뿐만 아니라 성장률이 둔화되면서 부동산 가격의 하락 가능성과 부채를 갚아야 할 가계들의 소득이 감소하고 있기 때문이다. 특히 비은행권의 경우 부실의 위험은 더욱 높다고 할 수 있다. 정부가 은행의 가계 부채 증가를 DTI 나 LTV 등의 거시 건전성 감독 수단으로 규제함에 따라 저신용자들의 가계 대출 수요가 비은행 금융회사로 옮겨가면서 이들 금융권에서 부실 위험이 높은 가계 부채가 늘어났기 때문이다.

가계 부채로 인해 가계 부문이 부실화되면 경제에 미치는 영향은 심각하다. 금융회사가 부실화되면 금융 시스템이 불안정해질 수 있을 뿐만 아니라 경기는 물론 정부 재정에도 큰 영향을 주게 되므로 적극적인 대책 마련이 필요하다.

가계 부실의 심각성

경제 주체로서 가계는 다른 경제 주체인 기업과 정부와 상호 밀접하게 연관되어 있다. 먼저 가계는 소비와 생산을 담당하면서 기업과 밀접한 연관을 맺고 있다. 기업 또한 가계에게 일자리와 소득을 제공해주고 동시에 기업이 생산한 상품을 수요토록 하면서 가계와 연관을 맺고 있다. 가계와 기업은 정부에 세금을 납부하는 주체이며 정부는 가계에게 복지를 제공하고 기업에게는 재정 지출로 공공 투자 사업에 참여하게 한다.

이렇게 상호 연관되어 있기 때문에 한 경제 주체에 문제가 생기면 다른 경제 주체에도 문제가 발생해 경제는 원활히 작동하지 않게 된다. 결국 성장이 정체되거나 소득과 부의 양극화가 심화된다. 특히 가계는 이들 경제 주체 중에서 가장 중요하다. 가족 간 불화나 경제적 어려움 등으로 가계가 건강하지 못하면 기업과 정부 부문에서 많은 문제가 발생하게 되기 때문이다.

가계의 문제점이 발생하는 원인은 여러 가지가 있을 수 있다. 사회환경의 변화나 여성의 지위 향상, 정보 통신 발달에 따른 의사소통 수단의 변화 등이 그 원인일 수 있으나 가장 중요한 원인은 경제적 문제라고 할 수 있다. 그러나 원인이 무엇이든지 가계 부실은 다른 경제 부문에 큰 영향을 미친다는 사실에는 틀림이 없다.

먼저 가계가 경제적으로 어려움을 겪으면 출산율이 낮아질 수 있다. 한국의 합계 출산율(15~49세 여성의 평균 자녀 수)은 1.17명으로 세계에서 가장 낮은 국가군에 속한다. 출산율이 낮아지면 15~64세 사이의 인구인 생산 가능 인구가 감소하면서 생산과 소비가 감소하고 잠재 성장률이 하락하게 된다. 이미 한국의 잠재 성장률은 크게 낮아져 있다. 2021년부터 2%대 잠재 성장률로 낮아질 것으로 한국개발연구원에서 추정하고 있으며, 현대경제연구원 연구 결과에 따르면 실제로는 2016년부터 이미 2%대로 낮아져 있다.

가계 부실은 노동 공급의 주체인 가계로 하여금 노동 공급을 효율적으로 하지 못하게 하고 이로 인해 생산성이 낮아지게 한다. 가계 부실로 가족 간 불화나 이혼이 늘어나면 노동 품질이 저하될 수 있으며 이는 결국 기업의 경쟁력 약화나 생산비용 증가로 연결된다. 기업의 경쟁력 약화는 다시 가계 부실에 영향을 미쳐 기업 부실과 가계 부실이 상호 악순환하는 상황이 전개될 수 있다. 실제로 한국도 1997년 외환위기와 2008년 글로벌 금융위기 이후 최근까지 기업 구조조정으로 실업이 늘어나면서 경제적 어려움으로 가계 부실이 늘어나 생산성 저하의 원인이 될 것으로 우려되고 있다.

또한 가계 부실은 소비를 줄여서 경기를 침체시킬 수도 있다. 경제적 어려움으로 가계 부실이 발생하면 가계는 부채 증가로 소비 여력이 감소하게 된다. 결국 소비 감소는 기업의 투자 감소로 이어져 내수 경기 침체를 불러오게 된다.

정부 재정에도 영향을 미친다. 노동 공급이 효율적으로 이루어지지 않으면 기업 경쟁력 약화로 실업이 늘어나게 되며 경기 침체와 실업을 줄이기 위해 재정 지출을 늘릴 경우, 결국 정부의 재정 적자와 국가 부채가 늘어난다. 아울러 실업은 복지 수요를 증가시켜 재정 적자를 늘린다.

이렇게 볼 때 가계 부문은 국민 경제에서 가장 중요한 역할을 하고 있으며 기업과 정부 부문과 밀접하게 연관되어 있다. 따라서 가계가 부실화되지 않도록 하는 것은 기업을 성장시키고 국가 경제가 성장하여 분배가 공평하게 이루어지도록 하는 데 매우 중요하다고 할 수 있다.

[그림 2] 가계, 기업, 정부의 상호 연관 관계

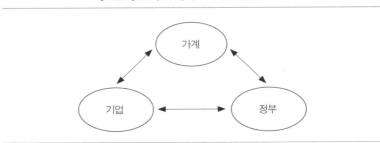

이 글의 구성

가계와 연관된 각 부문을 고려하지 않고서는 가계 부실의 원인을 올바르게 파악할 수 없으며 효과적인 대책 또한 마련할 수 없다. 본 연구에서는 가계 부문과 다른 부문과의 연관 관계를 분석해서 가계 부문 부실의 원인과 대응 방안을 제시했다.

가계 부문 부실에 대한 대책 마련을 위해서는 생태계 분석 방법이 필요하다. 가계 부문 부실의 원인이 다른 부문과 밀접히 연관되어 있기 때문이다. 실제로 가계를 둘러싸고 있는 환경은 크게 변화되고 있다. 핵가족화가 되면서 기존의 가족 체제가 변하고 있으며 주거 양상도 소형화되고 있다. 싱글족이 늘어나면서 결혼과 자녀에 대한 의식도 변화되고 있다. 가족주의보다 개인주의가 성행하고 이혼율이 높아지고 있으며 자살율과 청소년 가출도 늘고 있다. 여성들의 사회 진출도 늘어나고 사회적 지위도 높아지고 있다. 이러한 다양한 요인으로 출산율 저하는 물론이고 가정의 중요성도 변화하고 있다.

또한 가계 부실에 기여한 정부와 이익집단의 역할도 분석했다. 경제생태계는 문제가 발생했을 때 자체적으로 복원 능력을 가지고 있다. 그러나 잘못된 경제 구조로 복원 능력이 상실되었거나 정부나 이익집단의 간섭으로 복원 능력을 상실하는 경우가 존재할 수 있다. 이때 정부 정책은 경제생태계를 복원하는 데 도움을 줄 수 있다. 따라서 정부와 금융회사, 이익집단이 가계 부실에 어떠한 영향을 미쳤는지 혹은 어떻게 하면 가계 부실을 극복할 수 있는지를 분석하기 위해 이들 경제 주체의 행태를 분석했다.

2. 구조

여성의 지위 향상과 의사소통 부재

한국 사회는 급격히 변화하고 있다. 여성의 지위가 향상되고 있으며 일하는 여성의 비중도 높아지고 있다. 과거와 다른 가계 환경에 직면하고 있는 것이다. 이는 산업 구조가 제조업에서 서비스업으로 변화된 것과도 연관이 있다. 과거와 같이 제조업의 비중이 높았던 시기에는 남성이 필요했으나, 서비스업의 비중이 높아지면서 여성 노동력에 대한 수요가 크게 늘어나고 남성 노동력에 대한 수요는 줄어들고 있기 때문이다. 일하는 여성이 늘어나면서 여성의 소득이 높아지게 되고 경제적으로 자립하는 여성이 늘어나게 되었다.

또 전반적인 소득 수준이 높아지고 남녀 자녀에게 동등하게 상속하는 상속법 체제의 변화도 여성의 소득을 늘리는 요인으로 작용하여 여성의 의식 구조를 변화시켰다고 할 수 있다. 과거와 같이 남성 위주의 가계 환경은 여성 위주 혹은 양성 평등 위주의 가계 환경으로 급격히 변화했다. 이러한 여성의 사회·경제적 지위 향상이 여성의 결혼 연령을 늦추고 이혼을 늘렸다고 할 수 있다.

정보통신 기술의 발달로 과거와 달리 가계 내의 의사소통 구조도 크게 바뀌고 있다. 부모와 자식 간, 부부 간 의사소통이 원활하게 이루어지지 못하면서 상호 갈등이 심화되고 있다. 이렇게 외부적 여건은 변화되었으나 이 변화에 적응하지 못하는 가계들은 이혼을 하거나 혹은 자녀들과 갈등이 심화되면서 가계 부문이 붕괴되는 위기를 맞는 경우가 증가하고 있다.

불합리한 교육 및 주택 제도

가계 부문 부실을 발생시키는 가장 중요한 원인은 경제적 어려움이다. 경제적 어려움은 소득이 줄어들거나 실업 상태일 때도 발생하지만 직장이 있어 소득이 있는 경우에도 발생한다. 즉, 소득보다 필수 지출이 클 때 발생하는데, 이 과도하게 높은 생활비용은 각종 불합리한 제도와 연관이 있다.

한국은 자본시장과 서비스 및 유통시장이 개방되는 많은 변화를 경험하고 있다. 경제 여건이 달라지고 있는 것이다. 그러나 각종 제도는 대개 과거에 만들어진 그대로라 변화된 여건에 맞지 않는 불합리한 제도가 많을 수밖에 없다. 이 때문에 비용이 늘어나고 있으며 가계 부문 지출도 증가하고 있다. 세계에서 생활 물가가 가장 비싼 국가 중의 하나로 한국이 지목되는 것만 봐도 필수 지출이 많다는 것을 알 수 있다.

소득이 있더라도 지출이 증가하면 가계는 부실화된다. 제도는 그 나라 경제 여건에 맞게 내생적으로 결정되지만 주어진 경제 여건이 변화하면 그 변화에 적합하게 바뀌어야 한다. 그러나 실제로는 기존의 제도하에서 이익을 보던 집단의 반발로 경제 여건은 변화되었지만 제도는 변화하지 않는 경우가 많다. 이렇게 되면 그 나라는 높은 비용이 발생하고 잘못된 제도로 혁신이 지연되면서 성장이 정체된다. 이러한 견해는 신성장 이론의 대가 뉴욕대학교 폴 로머 교수나 『국가는 왜 실패하는가』를 쓴 매사추세츠공과대학의 대런 애쓰모글루 교수도 강조하고 있는 점이다.

한국은 과거에 비해 임금이 높아지고 있으나 잘못된 제도 때문에 필수 지출이 지나치게 많다. 먼저 주거비용이 지나치게 비싸다. 주택은 의류, 식량, 교육, 의료 서비스와 더불어 필수재다. 근로자가 일을 하려면 주택이 있어야 하며 결혼에도 주택은 필수적이다. 그러나 한국의 주거비용은 지나치게 높다. 주택 가격이 다른 물가보다 더 높게 상승하다 보니 주택과 토지는 투기의 대상이다. 최근에는 저금리로 월세 가격은 물론이고 전세 가격 또한 크게 상승해 생활비용을 높여 가계 부실을 부추기고 있다.

주택 가격이나 주거비용이 지나치게 높은 것은 교통망과도 연관이 있다. 한국에서 실행되는 주택 정책은 수도권을 예로 들어보면 교통망은 만들지 않고 주택만 건설하는 식이다. 도심은 면적에 한계가 있어서 부심이나 수도권에 주택을 건설해야 하는데, 광역 교통망을 구축하지 않거나 혹은 급행 지하철 등의 교통망은 구축하지 않고 도로만 만들어놓은 상태에서 주택만 건설한다. 그렇다 보니 직장이 있는 도심까지 들어오는 데 두 시간 이상이 걸리게 된다. 이러한 정책으로 도심의 주택 수요가 늘어나 주택 가격이 높아지는 요인이 된다. 외국은 주택과 광역 교통망을 결합재로 공급하는 데 비해 한국은 주택만 공급하고 교통망은 구축하지 않기 때문에 도심 주택가격이 상승하게 되고 직장이 있는 도심에 거주하기 위해 가계 부채가 늘어나게 된다.

잘못된 교육 제도도 사교육 지출을 늘려 생활비용을 높게 하는 요인이다. 공교육이 부실해지면서 사교육 수요가 늘어나고 결국 높은 사교육비를 지불하면서 가계는 부실화된다. 미국처럼 수능보다는 내신 성적 위주로 학생을 선발해 과도한 사교육비용과 선행 학습

비용을 줄여야 한다.

한국의 비효율적인 유통 제도 또한 문제다. 최근 인터넷 거래가 활성화되면서 유통비용이 줄어들고는 있으나 신선 식품의 경우, 유통 체제가 아직 현대화되거나 전산화되지 않아 발생하는 높은 유통비용으로 신선 식품의 물가가 높다. 이는 생활비용의 지출을 늘리는 요인이 된다. 현재 유통을 책임지는 부서가 기획재정부 정책조정국과 농림수산부, 산업통상자원부 산하 유통과 등으로 분산되면서 유통 정책의 컨트롤 타워가 없어 효율적으로 수행하기가 어렵다. 또 이익집단의 반발로 기존의 유통 과정을 축소하거나 판매망을 확대하기가 어려운 구조다. 감기약의 슈퍼 판매가 약사들의 반발로 전면 실시되지 못한 것이 대표적인 사례다.

이렇게 높은 생활비용은 임금 부담을 높여 일자리를 만들지 못하게 하는 요인이자 지출을 늘려 가계 부실을 확대시키는 요인으로 작용하고 있다. 교육 제도 또한 실업과 연관이 있으며 신산업에 대한 투자를 부진하게 하는 원인이 되고 있다. 교육 제도는 노동의 공급 구조와 연관이 있다. 주력 산업의 중국 이전으로 산업 구조가 변화함에 따라 산업 재편이 필요한 상황인데, 교육 제도가 과거의 산업 구조에 맞게 운영되고 있다면 올바른 인력 공급을 할 수 없다. 실업이 늘어날 수밖에 없는 원인이 되고 있는 것이다. 신산업에 필요한 노동력을 양성하기 위해서는 산업 재편에 맞게 교육 제도 개편이 필요하지만 이 또한 이익집단의 반발로 개선이 어렵다. 잘못된 교육 제도는 실업을 늘어나게 해서 결국 가계를 부실화시키는 요인이 되고 있다.

기업 부실과 과학기술력 부족

가계 부실의 또 다른 요인은 기업 부실과 왜곡된 고용 구조에 있다. 기업 수익이 감소하면 기업은 구조조정을 위해 노동자를 해고하게 되고 결국 가계는 소득이 감소하면서 부실화되는 것이다.

한국 경제는 1997년 외환위기 이전까지 정부의 내수 위주 경제 정책과 자본 자유화로 인한 기업의 방만한 경영으로 기업 부실을 불러왔다. 이러한 기업의 경쟁력 약화는 결국 외국 자본의 급격한 유출을 불러와 1997년 외환위기를 초래하게 되었으며, 수습을 위해 국제통화기금IMF이 기업의 구조조정을 시도했다. 이러한 조치에 따라 부실기업이나 경쟁력이 약한 기업은 대량 해고를 실시했다. 노동자 감축으로 기업은 수익을 내게 되었지만 가계는 소득이 줄어들면서 부실화되었다. 이는 [그림 3]에서 보듯이 기업의 사내 유보 이윤이 지속적으로 증가하고 있는 점에서도 알 수 있다. 기업 부실이 가

[그림 3] 한국 기업의 사내 유보 이윤 추이(1997~2014)

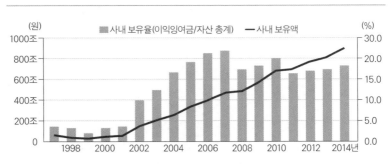

* 주: 통상 사내유보금: 이익잉여금+자본잉여금으로 계산되나, 자본잉여금은 상대적으로 작고 비교의 일관성을 위해 이익잉여금만 고려
* 자료: 김상현 외, 『법인의 사내유보금에 대한 과세방안 연구』, 국회예산정책처, 2011(한국은행 「기업경영분석」으로 보완)

계 부실로 전이된 것이다. 이런 상태는 지금까지 지속되고 있으며 확대되고 있다.

그렇다면 기업은 구조 조정 이후에도 왜 투자를 늘리지 않는가. [그림 4]에서 보듯이 다양한 원인이 있다. 임금이 지나치게 높거나 과도한 노사분규가 원인일 수 있다. 또 노동시장이 경직되어도 기업의 수익성이 약화되기 때문에 기업이 투자를 늘리지 않을 수 있다. 지나친 정부 규제도 기업 투자를 줄이는 원인이다.

그러나 그보다 더 중요한 것은 기업의 기술력 부족이다. 특히 지금과 같이 중국으로 산업 이전이 진행되고 있는 경우는 더욱 그렇다. 현재 한국의 주력 산업은 중국으로 이전 중에 있다. 과거 1990년대 한국이 일본으로부터 주력 산업을 이전받았듯이 지금은 한국의 주력 사업인 조선, 철강, 석유화학, 전자, 자동차까지 중국으로 이전되고 있다. 조선과 철강, 석유화학은 이미 이전이 시작되어 이들 산업에 종사하는 노동자들의 실업률이 높아지고 있다. 앞으로 전자와 자동차 산업 이전까지 가속화되면 한국의 실업률은 더욱 높아질 가능성이 크다.

[그림 4] 기업 투자 부진의 원인

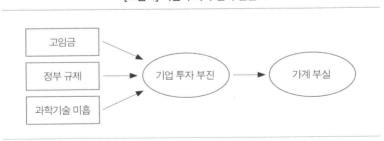

이런 산업 이전 시기에는 정부 규제만으로 기업 투자를 늘릴 수가 없다. 중국의 낮은 임금과 경쟁할 수 없을 뿐만 아니라 중국 정부의 산업 지원을 따라갈 수 없기 때문이다. 해결책은 신산업 육성이나 기존 산업의 고부가가치화에 있는데, 이는 수준 높은 과학기술력으로만 가능하다.

한국 정부는 그동안 정부 규제 완화와 노동시장 개혁을 통해 이 문제를 해결하려고 시도했다. 물론 정부 규제를 철폐하고 노동시장 개혁을 통해 임금을 낮추면 기업 투자가 늘어날 수 있다. 그러나 과학기술력의 향상 없이는, 기존의 주력 산업을 대체할 만한 신산업 육성 없이는 일자리가 창출되기 어렵다.

그렇다면 기업은 왜 신기술 개발과 신산업 투자에 소극적인가. 그 원인을 기업가정신의 약화에서 찾기도 하지만 그보다는 신제품의 짧은 생애 주기와 신기술 개발에 대규모 투자가 필요하다는 점, 그리고 독과점화된 세계시장 구조에서 원인을 찾아볼 수 있다. 먼저 신제품은 그 생애 주기가 짧다. 신제품을 개발하더라도 곧이어 새로운 신제품이 출시되면 기존의 신제품은 쓸모가 없어지는 경우가 많다. 기업은 손실을 입을 가능성이 높아지면서 신제품 개발에 소극적이 되는 것이다. 이에 비해 신제품을 개발하는 데 필요한 신기술에는 대규모 투자가 요구된다. 투자 리스크가 커지면서 기업들은 신기술 개발에 소극적이 될 수밖에 없다.

세계시장도 독과점화되고 있다. 휴대폰 부문을 보면 애플과 삼성이 세계시장 대부분을 점유하고 있다. 이런 과점시장 구조하에서는 신제품을 생산하고 판매하는 데 대규모 투자가 필요하다. 한번 잘못

내려진 투자 결정이 기업의 생존과 직결되기 때문에 기업은 불확실한 투자를 기피하게 되고 투자가 활성화되지 않는 것이다.

고령화 진전과 연금 체제의 미구축

가계 부실의 또 다른 원인은 고령화와 미흡한 연금과 복지 제도에 있다. 한국은 고령화가 빠르게 진행되고 있다. 반면에 연금과 복지 체제는 충분히 구축되어 있지 않다. 국민연금은 최대 매월 150만 원 내외의 금액을 지급받을 수 있다고 되어 있으나, 실제로 지급받는 인구는 [표 1]에서와 같이 65세 이상 인구의 30% 정도에 불과하다. 국민연금 외에 교직원, 공무원, 군인은 연금 체제가 구축되어 있지만 나머지 고령층은 노후 소득이 불안정한 상황이다. 연금 체제 구축에 장시간이 걸린다는 점을 고려하면 고령화가 진전될수록 노년층의 소득이 감소하면서 가계 부실이 증가할 가능성이 높다.

노후 소득 부족은 결국 임금 상승으로 연결된다. 연금 제도가 구축되지 않으면 노동자들은 노후 소득에 불안감을 느끼게 된다. 부족한 노후 소득을 직장에 다니는 동안 마련하기 위해 생산성보다 과도

[표 1] 국민연금 수급률 전망 (단위: 만 명, %)

연도	2013	2015	2020	2030	2040	2050	2060	2070	2080
노인 수	6,138	6,624	8,084	12,691	16,501	17,991	17,662	16,416	14,382
수급자 수	1,782	2,056	2,764	5,194	8,972	12,310	13,857	13,542	12,193
수급률(%)	29.2	31.0	34.2	40.9	54.4	68.4	76.6	82.5	84.9

* 주: 노인은 65세 이상 인구
* 자료: 국민연금공단

한 임금 인상을 요구하게 된다. 그 과정에서 노사 분규가 심해지고 결국 기업 투자를 줄이는 요인이 된다. 연금 체제 미구축이 임금 인상, 노사 분규, 기업 투자 부진의 근본적인 원인이 되어 가계 부실을 초래하는 것이다.

저출산과 생산 가능 인구의 감소

생산 가능 인구가 감소해도 가계 부실이 확대될 수 있다. 출산율 저하로 한국의 15세에서 64세까지의 인구를 나타내는 생산 가능 인구를 비롯해 2017부터는 [그림 5]에서 보듯 절대 인구수가 감소할 것으로 보인다. 생산 가능 인구의 감소는 주택 수요를 줄여 주택 가격의 하락을 초래할 수 있다. 이는 일본의 사례만 봐도 알 수 있다. 일본이 20년간 이어지는 경기 침체로 진입한 1993년은 일본의 생산 가능 인구가 감소하기 시작한 해다. 한국과 일본은 고령화, 저출산, 성장 잠재력 저하 및 주력 산업 이전 등에서 그 여건이 유사하다. 따라서 출산율 저하와 고령층 증가는 부동산 가격의 급락 가능성과도 연관이 있다.

부동산 가격의 하락은 저금리와도 연관이 있다. 정부나 중앙은행이 경기 부양을 위해 저금리 기조를 유지하거나 혹은 확대 통화 정책을 지속적으로 사용하면 통화 가치가 하락하면서 부동산 가격은 상승할 수 있다. 그러나 자본시장이 개방되면 자본 유출로 외환위기를 겪게 되고 결국 금리를 높일 수밖에 없다. 이에 부동산 가격은 하락하고 가계 부채는 부실화될 가능성이 높다.

[그림 5] 한국의 생산 가능 인구 변동 추이와 전망

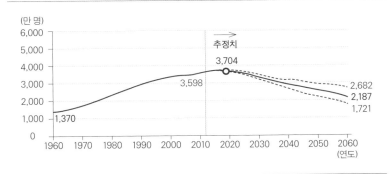

* 자료 : 통계청

3. 생태계

생태계적 분석 방법

가계 부문 부실을 분석하기 위해서는 가계 부문과 연관된 다른
부문을 함께 분석하는 것이 중요하다. 이를 위해서는 생태계적 분석
방법을 사용하는 것이 유용하다. 생태학이란 생태계를 연구하는 학
문으로, 자연의 구조와 기능을 유기적인 관계를 연구한다.[1] 브론펜
브레너U. Bronfenbrenner는 인간의 행동이 환경적인 것과 상호 작용에
의해 결정된다고 주장하면서 환경과 인간 행동을 분석할 때 다섯 가
지 환경 체계를 가지고 설명할 수 있다고 했다.

그는 인간의 행동은 외부적 환경에 영향을 받으며 이들 환경은 미
시 체계, 중간 체계, 외 체계, 거시 체계, 시간 체계 등 다섯 가지 체계
로 구분된다고 했다. 이 중에서 미시 체계는 실제로 부딪치는 가장

가까운 체계이며 중간 체계는 미시 체계와의 관계를 의미한다. 외 체계는 해당 주체를 둘러싸고 있는 교육 등 사회 환경을 가리키며 거시 체계는 문화적 환경을 의미한다. 시간 체계는 전 생애에 걸쳐서 발생하는 변화를 의미한다.

이렇게 보면 생태학적 접근이란 외부 환경과의 상호 작용으로 경제·사회적 현상이 영향을 받기 때문에 이들 현상을 분석하기 위해 외부 환경과의 상호 관계를 분석한다. 연관 관계의 분석을 통해 핵심이 되는 원인을 밝혀낼 경우 그 원인을 조절하는 정책을 사용하면 문제를 효율적으로 해결할 수 있기 때문이다. 전략 경영학이나 산업공학에서도 이런 생태학적 접근 방법을 사용하는데, 이를 시스템 역학이라고 한다. 최근에는 변수의 비선형 행태를 분석하는 복잡계 이론에서도 이러한 방법론을 사용하기도 한다. 가계 부문 부실은 이러한 생태학적 체계와 연관이 있다. 특히 외 체계, 거시 체계, 시간 체계 등과 관련이 깊다. 따라서 가계 부문의 부실을 분석하고 대응 방안을 제시하기 위해서는 생태학적 접근을 하는 것이 필요하다. 가계 부실은 정치, 사회, 경제, 교육 등 다양한 환경에 의해 영향을 받기 때문이다. 가계 부실은 결혼과 출산, 소득, 고령화, 금리나 부동산과 같이 다양한 부문과 연관을 맺고 발생하므로, 이들 각 부문에서 분리해서 분석해서는 해결하기 어렵다. 가계 부문 부실은 [그림 6]과 같이 이들 부문을 연결해서 종합적으로 분석해야 그 근본적 원인을 파악할 수 있으며 올바른 관리 방법도 제시될 수 있다.

경제생태계를 분석할 때는 먼저 다음과 같은 자연생태계의 네 가지 특성을 고려하여 경제생태계를 분석할 필요가 있다. 첫째, 자연생

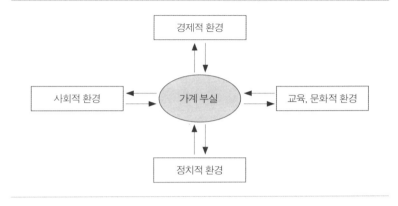
[그림 6] 가계 부문 부실의 생태계적 접근

태계에는 먹이사슬이라는 순환 관계와 연관 관계가 존재한다. 즉, 자연생태계는 생산자(식물), 소비자(동물), 분해자(곰팡이)로 먹이사슬이 형성되어 있으며 이런 연관 관계가 자연생태계를 유지시키는 중요한 요인이다. 자연생태계의 순환 관계를 경제생태계에도 적용할 필요가 있다. 예를 들어 가계 부문 부실이 과학기술이나 교육 등 다른 부문과 상호 연관되어 있다면, 그 연관 관계를 분석하는 것이 중요하다.

둘째, 자연생태계를 활성화시키기 위해서는 각 개체가 건강해야 하며 다양한 개체가 존재하는 다양성이 필요하다. 각 개체 간 연결 관계가 중요한데 각 부문 간 연결 관계가 활성화되기 위해서는 역동성이 필요하다. 또 생태계가 불균형에 처했을 때 복귀할 수 있는 유연성도 필요하다. 경제생태계 분석에도 이러한 자연생태계의 활성화 요인 같은 특성들이 원활히 작동하고 있는지를 분석할 필요가 있다.

셋째, 자연생태계는 생성, 성장, 소멸 혹은 진화의 과정을 거친다.

경제생태계에서도 이런 순환 체계가 작동하는 부문이 있다면 그 순환 체계를 분석할 필요가 있다. 예를 들면 기업이나 국가 경제에도 흥망성쇠의 순환 과정이 있다.

넷째, 자연생태계는 이런 생성, 소멸 혹은 진화의 과정에 외부 간섭이나 이익집단이 잘못 개입하면 파괴되거나 자체적인 복원력을 상실하는 경우가 발생할 수 있다. 이때 정부나 공익 단체가 개입하여 생태계를 복원시키거나 진화시키게 된다. 인위적인 개입이 자연생태계를 파괴할 수도 있지만 진화시키거나 복원시킬 수도 있는 것이다. 따라서 이런 개입 주체, 즉 이익집단과 정부나 금융기관의 행태 분석이 중요하다. 경제생태계 역시 자연생태계와 마찬가지로 이익집단의 개입이 경제생태계를 파괴시킬 수도 있고(불균형 상태) 이를 복원시키기 위해 정부나 금융회사의 개입이 필요할 수도 있다. 그러나 잘못 개입하면 경제생태계의 균형을 파괴할 수도 있으므로, 경제생태계의 문제점을 분석하기 위해서는 경제생태계에 긍정적 혹은 부정적 영향을 미치는 정부나 금융회사의 행태 분석이 중요하다.

생태계 복원을 위한 정부와 금융회사의 역할

가계 부실을 초래하게 만드는 정부와 금융회사 같은 이익집단의 행태 또한 가계 부실을 이해하는 데 중요한 요소다.

정부의 내수 부양 정책

가계 부실은 정부 정책과 밀접한 연관이 있다. 특히 가계 부채는 정부의 내수 부양 정책과 연관이 있다. 성장 전략은 가계 소득에 큰 영향을 준다. 성장률이 높아지면 가계 소득 또한 늘어나면서 가계 부실이 감소할 수 있다. 저성장기에 들어간 선진국은 비록 소득이 감소하더라도 이미 고성장기에 복지와 연금 체제가 구축되어 있기 때문에 가계 부실이 큰 문제가 되지 않는다. 또 내수시장이 커서 내수 위주의 성장 전략을 선택해도 큰 문제가 없다. 이런 이유로 선진국은 신흥시장국에 내수 위주의 성장 전략을 사용하기를 권고한다. 신흥시장국이 수출 주도 성장 전략을 사용하면 선진국이 무역 수지 적자로 국부가 유출될 수 있기 때문이다.

그러나 신흥시장국 대부분은 선진국과 달리 연금 체제가 구축되지 않았으며 내수시장이 작은 경제 구조를 가지고 있다. 국부를 창출하고 성장률을 높이기 위해서는 수출 주도 성장 전략이 필요하다. 하지만 신흥시장국 정책 결정자나 정치인들이 내수 부양 성장 전략을 선택하는 경우가 많다. 그 이유는 먼저 서비스 산업과 같은 내수시장을 활성화시키면 일자리를 더 많이 창출할 수 있기 때문이다. 이보다 더 중요한 이유는 내수가 수출보다 더 부양하기 쉽기 때문이다. 확대 통화 정책이나 재정 정책을 사용하면 단기간에 소비와 투자를 늘릴 수 있다. 또 저환율 정책을 사용해도 내수를 부양할 수 있다. 환율이 내려가면 수입 물가가 낮아져 소비가 늘어나고 국민들도 물가가 내리기 때문에 이를 선호한다. 1인당 GDP도 환율을 내리면 쉽게 높아질 수 있으며 환율이 하락하면 자본 유입으로 주식 가격도 상승한다. 정책 결정자와 정치가가 저환율 정책을 선호하는 배경이다. 물가 안정을 중요시하는 중앙은행도 자신들의 물가 안정 목표를 달성하기 위해서 저환율 정책을 선호한다. 이른바 환율의 정치학이다.

문제는 확대 통화 정책이나 재정 정책, 저환율 정책을 사용할 경우 단기적으로는 물가가 안정되고 경기가 부양될 수 있지만 수출이 감소하고 국부가 창출되지 않는다는 것이다. 특히 대외 의존도가 높은 한국은 성장률이 둔화되고 수입이 늘어나 무역 수지 적자가 커지면서 결국 자본 유출로 외환위기를 겪게 된다. 소득보다 소비가 늘어나 결국 가계 부채가 증가한다.

내수 부양 정책을 사용하면 이런 문제가 있지만 정치가나 정책 결정자는 단기적인 정책 목표를 선호하면서 가계 부실을 초래하게 만든다. 대외 의존도가 높고 연금과 복지 체제가 충분히 구축되어 있지 않은 신흥시장국의 특성을 인지하지 못하거나 혹은 국가의 이익보다도 재선이나 승진 등 자신의 이익을 우선시하기 때문이다.

한국은 선진국과 다른 경제 여건을 가지고 있다. 고성장기에 복지와 연금 체제를 충분히 구축하지 않았으며 내수시장이 작고 수출시장이 큰 특성이 있다. [표 2]에서와 같이 미국과 일본은 내수시장 규모를 나타내는 대외 의존도[(수출액+수입액)/GDP]가 30% 내외이지만 한국은 70%에 가깝다. 수출에 의해서만 고성장이 가능하며 내수로는 높은 성장이 어려운 것이다. 이런 상황에서 성장률이 낮아져 일자리가 줄어들면 복지와 연금 체제가 구축되어 있지 않기 때문에 구조적으로 가계 부실이나 가계 부채가 늘어날 수밖에 없다.

내수 위주의 성장 전략을 주장하는 측에서는 고용 구조를 지적한다. 서비스와 식음료업 등 내수 업종이 고용시장에서 차지하는 비중이 한국은 77%에 달하기 때문이다. 반면에 수출은 현지 생산이 늘어나면서 고용에 큰 역할을 하지 못한다. 따라서 고용에 큰 영향을

[표 2] 대외 의존도 현황(2015, 단위: %)

	(수출액+수입액)/GDP
한국	70.0%
일본	28.8%
미국	10.7%
중국	35.3%

* 주: 일본은 2014년 통계
* 자료: 한국은행 경제통계 시스템, 한국무역협회 통계 시스템

주는 내수를 수출보다 더 중요시해야 하며 내수 위주 성장 전략을 사용해야 한다. 내수를 키우기 위해서는 수입 물가를 낮추어 실질 국민 소득을 높여주는 것이 중요하므로 환율을 낮출 필요가 있다는 주장이다. 또 환율을 높일 경우 수출을 담당하는 대기업만 이익을 보기 때문에, 일자리를 만들어내지 못하는 대기업에 유리한 고환율 정책을 비판하는 것이다.

그러나 이런 주장은 중요한 사실을 간과하고 있다. 내수 업종 대부분은 소비 업종인데, 소득이 있어야 소비가 늘어날 수 있다. 소득 없이 소비를 늘리면, 이는 부채에 의한 내수 부양이 되어 결국 가계 부실과 가계 부채가 늘어나는 결과를 가져온다. 그렇다면 소득은 어디에서 창출되는가. 내수시장이 작은 경제에서는 수출에 의해서만 소득이 빠르게 증가할 수 있다. 수출 주도 성장 전략이 복지와 연금 제도가 정착되지 않은 국가나 내수시장이 작은 국가에서 필수적인 이유다.

이렇게 보면 결국 정책 결정자나 정치가들이 선택한 내수 위주 성

장 전략이 저성장을 초래했고 가계 부실을 구조적으로 확대시키는 데 역할을 했다고 할 수 있다. 물론 한국은 수출과 내수의 균형 성장을 추구하고 있고 최근의 수출 부진은 세계경기 침체와 연관이 있다. 그러나 향후 성장 전략을 수립하고 가계 부실을 관리하는 데 정책 결정자의 올바른 전략 선택이 더욱 중요하다고 할 수 있다.

금융회사의 역할

금융회사의 행태 또한 가계 부채를 늘려 가계를 부실화시키는 중요한 요인이다. 가계 부채는 부동산 구입용 가계 부채와 생계형 가계 부채로 구분해서 볼 수 있다. 선진국에서는 부동산 구입용 가계 부채가 대부분을 차지하고 있지만, 한국에서는 생계형 가계 부채 규모도 무시할 수 없다. 외국은 부동산 구입용 가계 부채, 즉 모기지론이 글로벌 금융위기 이후 부동산 가격 안정으로 감소하는 추세를 보이고 있으나 한국은 이 또한 늘어나는 추세를 보이고 있다. 부동산 가격이나 주택 가격이 상승하면서 투기형 수요가 늘어 가계 대출이 급격히 증가하는 경우가 많기 때문이다.

부동산 담보 대출이 늘어나는 원인 중 하나는 저금리도 해당하지만 금융회사의 대출 행태에도 그 원인이 있다. 한국의 금융회사들은 기업 대출과 관련해 충분한 심사 기술과 투자 기술을 가지고 있지 못하다. 또 해외 영업 부문에서도 경쟁력이 부족해 수익을 창출하기 쉽지 않다. 유일한 수익 창출 방법은 가계 대출로, 그러다 보니 가계 대출을 늘리기 위해 원금을 분할 상환하게 하는 것보다 이자만 지불하도록 하는 대출 방법을 선호한다. 결국 부동산 대출이 늘어나고 부동산 가격이 상승하면서 가계 부채는 증가할 수밖에 없다.

문제는 금리가 급격히 높아지거나 혹은 외환위기를 겪게 되어 부동산 가격이 하락하면 부동산 담보 대출이 부실화될 가능성이 있다는 것이다. 이럴 경우 금융회사는 대출을 회수하려 들 것이고 결국 가계 부채는 부실화되면서 가계 부문이 부실화된다. 금융회사의 국제 경쟁력 약화와 무분별한 가계 대출 행태가 가계 부실을 초래하는 것이다.

가계 부실 해소 방안

한국의 가계 부문 부실은 심각하다. 가계 부실은 기업 부실과 국가 부실을 초래할 뿐만 아니라 경제 각 부문에 영향을 주어 한국 경제의 활력을 떨어뜨릴 가능성이 높다. 또 앞으로도 가계 부실에 영향을 주는 사회적 환경의 변화가 가속화될 것이 예상되고 경기 침체와 제반 산업의 중국 이전으로 기업 부실과 기업 구조조정이 늘어날 가능성이 높아 가계 부실은 더욱 확대될 전망이다. 가계 부문이 안고 있는 문제는 한국 경제 전반에 영향을 미치게 되므로, 한국 경제가 성장하기 위해서는 가계 부문 부실을 줄이는 것이 중요하다.

가계 부문 부실을 줄이기 위해서는 [그림 7]과 같이 변화된 가계의 외부 여건에 적응할 수 있도록 교육과 홍보를 통해 가계 구성원의 의식 변화를 유도해야 한다. 여성의 사회적 지위가 향상되고 일하는 여성이 늘어나 있는 상황에서 과거와 같이 남성 위주의 사고를 하거나 가사 노동은 여성이 전담해야 한다는 의식 구조를 바꿔야 한다. 또 제도를 개선하여 양육과 일을 병행하는 여성의 부담을 줄어주어

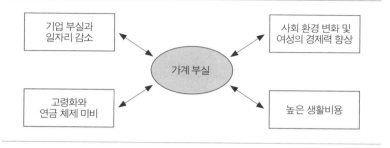

[그림 7] 가계 부실의 연관도

| 기업 부실과 일자리 감소 | | 사회 환경 변화 및 여성의 경제력 향상 |

가계 부실

| 고령화와 연금 체제 미비 | | 높은 생활비용 |

야 출산율이 높아지고 가계 내 갈등 구조도 줄일 수 있다.

기업 부실이 가계 부실로 전이되지 않도록 하는 것이 중요하다. 기업 부실을 줄이기 위해서는 노동 개혁을 통해 지나치게 높은 임금을 낮추고 과도한 노사 분규를 줄이도록 해야 한다. 기업 투자를 늘리기 위해서는 정부 규제를 줄여야 하지만, 이보다 더 중요한 것은 과학기술력을 높이는 것이다. 과학기술을 높여 기존 주력 산업을 고부가가치화하여 중국의 추격에도 산업 경쟁력을 유지할 수 있어야 한다. 또한 과학기술 발달로 중국으로 이전되는 주력 산업을 대체할 신산업을 육성해야 한다.

과학기술력을 높이기 위해서는 신산업 정책이 중요하다. 정부가 신기술 인력 양성과 신기술 개발을 지원할 필요가 있는 것이다. 미국과 중국은 이미 신산업 정책으로 기술 개발을 지원하고 있으며 신성장 산업에 대한 투자를 늘리고 있다. 한국도 과학기술력을 높여 기업 투자가 늘어나 일자리가 창출되도록 해서 기업 부실이 가계 부실로 전이되지 않도록 해야 한다.

일자리를 늘려서 가계 부실을 막을 수 있는 방법은 복지 체제와 연금 제도를 구축하는 것이다. 복지 체제와 연금 체제를 구축하는 것은 고성장 시기에 이루어지거나 혹은 시간이 걸리는 과제다. 그러나 한국은 노년층의 자가 주택 보유율이 80% 이상이므로 주택연금에 가입하도록 각종 인센티브를 제공할 경우, 노년층의 소득이 늘어나 가계 부실이 어느 정도 감소할 수 있다. 또 이런 연금 체제가 구축되면 노동자들이 노후 소득을 준비하기 위해 과도한 임금 인상을 요구하지 않을 것이고 이에 기업 투자가 늘어나고 일자리가 창출되어 가계 부실을 줄일 수 있다.

가계 지출을 줄여서 가계 부실을 막기 위한 방법으로는 먼저 생활 물가를 높이는 각종 제도를 개선하는 것이다. 제도는 비용을 줄여서 성장을 가능하게 하는 틀이다. 그러나 기존 제도에서 이익을 보던 이익집단의 반발로 제도 개선이 어렵다. 정부는 이익집단의 반발을 극복하고 제도를 개선해서 생활비용을 줄여야 한다.

먼저 교육 제도를 개선해서 공교육을 정상화시키고 사교육비를 줄이도록 해야 한다. 이를 위해서는 내신 비중을 늘려서 공교육을 정상화시켜야 한다. 또 방과 후 교육을 미국처럼 각 지역 문화센터를 이용하도록 만들 필요가 있다. 사교육비가 줄어들면 생활비용을 줄여 가계 부실을 막을 수 있기 때문이다. 유통 제도도 개선이 필요하다. 신선 식품 유통 구조를 단순화·전산화하여 공급을 원활히 하는 것을 비롯해 거래비용을 줄여 물가를 낮추도록 해야 한다. 의약품 등의 판매 구조 또한 개선해서 생활 물가를 낮출 필요도 있다.

노동 공급에서 큰 역할을 하는 교육 제도 또한 개선이 필요하다.

대학 구조를 개선해서 전문 직업 과정은 2년의 단기간 교육 체제로 바꾸고 대학의 전공 구조도 신산업을 위주로 변화된 산업 구조에 맞게 개편할 필요가 있다. 기존의 주력 산업 위주로 구성된 교육 체제를 산업 재편에 필요한 구조로 개선되도록 해야 한다. 이렇게 해야 노동의 공급 구조가 개선되어 실업이 줄어들고 가계 부실이 확대되는 것을 막을 수 있다. 이를 위해서는 이익집단의 반발을 극복하는 것이 필요하다.

부동산 가격이나 주택 가격을 안정시키기 위해서는 외국에서 보듯이 지하철 등으로 광역 교통망을 구축하면 부동산 공급이 늘어나 주택 가격이 안정되면서 가계 부채가 감소할 수 있다. 주택을 건설할 때는 광역 교통망 공급도 동시에 이루어지도록 고려할 필요가 있다.

부동산 가격 안정을 위해서는 과도한 금리 인하를 하지 않아야 하며 이자만 상환하는 대출 방식을 원리금 상환 방식으로 전환하여 부동산 구입 수요를 줄일 필요도 있다. 지나치게 낮게 금리를 운용하면 전세 대출이 늘어나는 문제가 생길 수 있으므로, 금리를 적정 수준에서 운용하는 것도 전세 대출에 의한 가계 부채를 줄이는 방법이다.

정책 결정자가 자신의 이익보다는 국가의 이익을 우선해서 올바른 성장 전략을 수립하게 하는 것도 중요하다. 성장 전략에는 내수 위주의 성장 전략과 수출 주도 성장 전략이 있다. 무역이 제한된 폐쇄경제하에서라면 부존 자원이 많은 국가의 경우 국부를 증가시키기 위해 노동 생산성을 향상시키거나 부존 자원을 집약적으로 사용하는 방식으로 부가가치를 높이는 전략을 써야 한다. 즉, 내수 위주의 성장 정책이 유효할 수 있다. 그러나 무역과 자본 이동이 자유로운 개방경제하에서는 이러한 성장 전략이 빠른 시일 안에 높은 성장을 이룰 수 없다는 문제가 있다. 외국에서 국부를 창출해서 국내로 이전시키는 수출 주도 성장 전략이 더 높은 성장을 이룰 수 있기 때문이다.

특히 내수시장이 작은 신흥시장국에서는 내수 위주의 성장 전략으로는 저성장 국면에서 벗어나기 어렵다는 문제점이 있다. 수출 위주의 성장 전략을 사용해서 소득을 창출한 후 이를 내수에 지출하게 해야 가계 부실 없이 성장할 수 있기 때문이다.

가계 대출을 담당하는 금융회사 또한 새로운 수익 모델을 개발해야 한다. 기업 대출의 심사 기술을 높이고 국제 경쟁력을 높여 해외에서 수익을 창출할 수 있도록 노력할 필요가 있다.

금융산업생태계 현황과 육성 방향[1]

오정근

한국금융ICT융합학회 회장

금융생태계 구조도

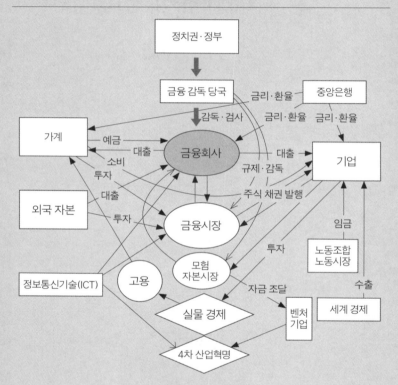

1. 현상

세계경제포럼은 한국 금융 산업이 세계 74위로 낙후되었다는 보고서를 발간하면서 충격을 주고 있다. 2009년에는 98위까지 추락했

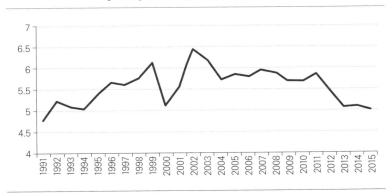

[그림 1] 금융 산업 경쟁력 세계 순위

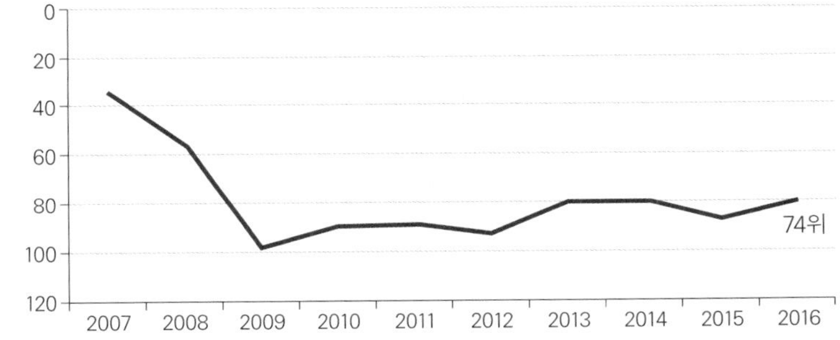

* 자료: 세계경제포럼, 『글로벌 경쟁력 보고서』, 2017

[그림 2] 금융 보험업 부가가치/GDP 비중

* 자료: 한국은행

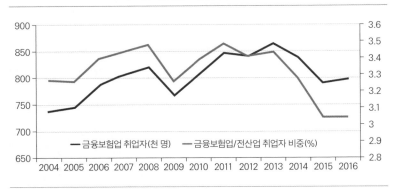

[그림 3] 금융 보험업 취업자 추이

*자료: 통계청

다 다소 회복된 수준이 이 정도다.

그에 따라 한국 전체 GDP 중 금융 산업 부가가치의 비중이 급속히 하락해 2015년을 기준으로 5.0%로 추락하고 있다. 전 산업 취업자에 대한 금융 산업 취업자 비중도 급락해 2016년을 기준으로 전체 취업자의 3%에 불과한 80만 명이 금융보험업에 종사하고 있다.

2. 구조

기본 구조

금융 산업은 기본적으로 금융회사와 금융시장으로 구성되어 있다. 금융회사는 흔히 금융 중개기관이라고 하는 회사다. 기본적으로는 가계로부터 예금을 받아 자금을 필요로 하는 기업에 대출하는 간접금융 기능을 하고 있다. 기능별로는 은행, 비은행예금 취급기관,

금융투자업자, 보험회사, 기타 금융기관으로 구분한다. 은행에는 일반예금과 대출을 취급하는 일반은행과 정책 자금을 취급하는 특수은행이 있다. 흔히 제2금융권이라고 하는 비은행예금 취급기관에는 상호저축은행과 신용협동조합, 상호금융, 새마을금고, 우체국예금, 종합금융회사가 있다.

종래 증권회사라고 불리던 금융투자업자에는 투자 매매 중개업자, 집합투자업자, 투자 자문 일임업자, 신탁업자가 있고 보험회사에는 생명보험회사, 손해보험회사, 우체국보험 공제기관이 있다. 그 밖의 금융기관으로는 여신전문 금융회사, 벤처캐피탈회사, 대부업자, 증권금융회사가 있다.

개방경제에서 금융회사들은 가계의 예금뿐만 아니라 금리가 낮은 외국 금융회사에서 자금을 빌려와 대출하기도 한다. 한국의 금융회사는 크게 일반 금융사와 정책 금융기관으로 나눌 수 있다.

금융시장은 자금을 조달하고자 하는 기업이 주식이나 채권을 발행하고 가계가 주식이나 채권을 구입하는 직접금융 기능을 하는 시장이다. 역시 개방경제에서는 외국 투자자들이 주식이나 채권에 투자해 기업의 자금 조달에 기여하기도 한다. 금융시장에는 자금시장, 자본시장, 외환시장, 파생금융상품시장이 있다.

금융산업 중 금융회사는 기본적으로 경제 주체 중 자금 잉여 부문인 가계 저축과 외국 금융회사들에게서 빌려온 자금으로 자금이 필요한 기업에 대출한다. 기업은 가계 소비, 다른 기업 투자, 외국 수출 등 생산될 상품에 대한 수요를 전망하고 노동시장에서 결정되는 임금 수준, 중앙은행 통화 정책에 크게 영향을 받는 금리와 환율 수준 등을 고려해 글로벌시장에서 경쟁력이 있을지를 판단한다. 그에 따라 투자 규모를 결정하고 금융회사로부터 자금을 차입하거나 또는 금융시장에서 주식이나 채권을 발행해 투자 자금을 조달한다.

자금을 조달한 기업이 투자를 하게 되면 일자리가 증가하고 이는 다시 가계 수입 증가를 통해 소비를 진작시켜 기업의 상품을 수요하게 만든다. 가계는 이렇게 소비하고 남은 여유 자금을 다시 금융회사에 저축하거나 금융시장에서 주식이나 채권에 투자하면서 경제의 선순환을 일으킨다.

여기서 금융회사의 역할이 매우 중요하다. 즉, 금융을 중개하는 금융회사는 대출을 요구하는 기업의 사업 전망, 재무 구조, 차주의 신용도 등을 심사해서 대출을 결정한다. 이를 금융의 사전심사 기능이라고 한다. 대출이 나간 후에도 대출 자금이 제대로 투자되어 수익을 내고 있는지를 지켜보면서 부실 발생 여부를 항상 감시해야 한다. 이를 금융의 사후감시 기능이라고 한다. 사전심사 기능과 사후감시 기능을 금융 중개 기능이라고 한다.

그런데 만약 이 금융 중개 기능이 제대로 작동하지 않으면 기업 부실이 발생하고 기업 부실이 다시 금융 부실로 연결되어 심할 경우 금융위기를 발생시킨다. 기업은 속성상 고위험 고수익 투자를 하려는 경향이 있다. 이익이 나면 기업의 이익이지만 손해나 심지어 부도가 나면 손해는 대출해준 금융회사의 손실로 귀결되는 경우가 대부분이기 때문이다. 이런 고위험이 수반되는 고수익 투자가 과도하지 않도록 걸러주는 기능을 하는 곳이 금융회사이고 그 기능이 금융 중개 기능이다.

기업들은 대출을 신청할 때 그 사업이 얼마나 위험한지를 대부분 알고 있다. 그러나 금융회사에 대출을 신청할 때는 고위험보다는 고수익 중심으로 설득한다. 심지어는 고금리도 수용하기 때문에 이자 수익이 중요한 금융회사는 정확한 정보를 모른 채 고위험 대출을 해 줄 가능성이 있다, 이를 정보 비대칭성에 따른 역선택이라고 한다. 이런 역선택이 누적되면 기업 부실이 증가하고 금융 부실이 증가해 심하면 금융위기도 초래된다. 따라서 금융생태계에서 가장 중요한 것은 바로 금융회사의 금융 중개 기능이 제대로 작동하는가 여부다.

경제 활동을 통해 저축된 자금 잉여 부문의 자금이 자금을 필요로 하는 생산적인 부문으로 흘러 들어가도록 하는 금융중개 기능으로 대변되는 금융생태계가 제대로 작동되어야 저축된 자금이 다시 생산적인 부문에 투입되면서 경제는 선순환하게 된다. 만약 이 금융생태계가 제대로 작동되지 않고 자금이 비생산적인 부문으로 흘러 들어가면 기업 부실이 증가하면서 경제 전반의 생태계를 교란시키게 된다. 만약 금융이 잘못 중개되어 부실화되기 시작하면 적기에 시정 조치를 하거나 부실기업을 구조조정해서 경제생태계의 교란을 최소화하는 1차적인 작업도 금융회사가 해야 한다. 이처럼 금융생태계는 경제생태계에서 중요한 위치를 점하고 있다.

금융시장도 마찬가지다. 기업들이 채권이나 주식을 발행하고 투자자들이 투자할 때 기업이 발행한 채권이나 주식은 양호한 금융상품인지 기업 공시를 강화하는 등 기업에 대한 정보의 투명성을 높여야 한다. 금융시장에서는 금융상품을 판매하는 금융회사들, 예를 들면 증권회사들이 판매하는 금융상품에 대해서는 잘 아는 경우가 대부

[그림 4] 금융산업생태계

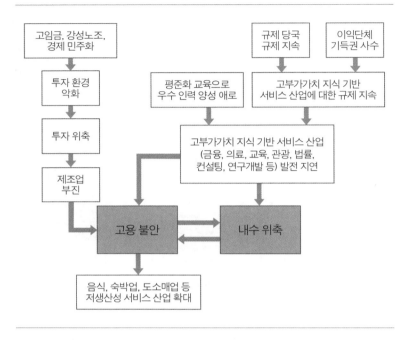

분이지만 가계 등 투자자들이 금융상품에 대해 잘 모르는 정보 비대칭성이 존재하는 경우가 일반적이다. 금융상품을 판매하는 금융회사들이 금융상품의 건전성 등을 제대로 설명하지 않고 판매하는 경우를 불완전 판매라고 하는데, 이를 금융 감독 당국은 엄격히 규제하고 있다. 간접금융에서는 금융회사가 정보를 잘 모르는 정보 비대칭성이 존재하는 반면, 직접금융에서는 금융 투자자가 정보를 잘 모르는 정보 비대칭성이 존재한다.

부실기업이 발행하는 주식 채권 등 금융상품을 투자자들이 잘 모르고 구입하는 불완전 판매가 일어 날 경우에는 자금이 비생산적인 부문으로 흘러들어가서 기업 부실 규모와 투자자들의 손실을 키워 금융시장에 혼란을 초래하게 된다. 결국 잉여 자금이 양호한 기업으로 흘러들어가도록 하는 금융생태계가 제대로 작동되지 못해 경제의 생태계를 교란시키게 된다.

금융 감독 당국은 금융회사들이 이런 금융 중개 기능이 제대로 작동되지 않아서 금융 부실이 증가하지 않는지, 금융시장에서 양호한 금융상품들이 판매되지 않아서 투자자들이 피해를 볼 가능성은 없는지 상시 감독해야 한다. 이를 위해 건전성 규제 등 여러 규제 수단들이 개발되어 있고 부실 징후가 보일 때는 사전에 적기에 시정 조치를 발동할 수 있는 미래 지향적 적기 시정 조치도 마련되어 있다.

최근 급속히 이루어지고 있는 4차 산업혁명과 관련해 중요한 금융이 모험자본시장이다. 엔젤투자자, 벤처캐피탈회사, 벤처기업의 자본시장(코스닥, 코넥스 등), 인수합병시장 등으로 구성된 모험자본시장이 활성화되어야 4차 산업혁명을 주도하고 있는 벤처기업들의 자금 조달이 쉬워지고 성공했을 때 투자 자금을 회수하기도 쉬워진다. 실리콘밸리나 런던테크시티 등에서는 이러한 모험자본시장이 잘 발달되어 있어서, 기술을 가진 벤처기업들은 엔젤투자자나 벤처캐피탈회사 등으로부터 자금을 조달해 벤처기업을 창업한다. 엔젤투자자, 벤처캐피탈회사들에는 수많은 산업 전문가들이 포진하고 있기에 위험은 크지만 성공 가능성이 있다고 판단되는 벤처기업을 발굴해 과감한 투자를 한다. 이런 투자기업 중 성공한 일부 벤처기업이 나스닥 등 모험자본시장에 등록되거나 대기업에 피인수합병이 되면 이를 통해 전체 투자금 이상을 회수하는데, 이런 과정을 거쳐 벤처기업 육성의 토대가 마련되고 있다.

이처럼 모험자본시장은 벤처기업을 발달시킬 수 있는 금융의 생태계로서 중요하다. 4차 산업혁명은 창의적인 인재들이 혁신적인 아이디어를 규제 프리 환경 속에서 창업을 하는 데서 이루어지지만 이러한 창업들을 가능케 하는 금융의 생태계가 바로 모험자본시장이다. 미래의 가능성을 내다보고 창의적이고 혁신적인 아이디어에 투자하거나 초기 벤처기업들을 거액을 들여 인수합병하는 인수합병시장이 4차 산업혁명을 가능케 하는 금융의 생태계다.

그러나 한국처럼 모험자본시장이 잘 발달되어 있지 않은 국가에서는 정부가 정책적으로 벤처기업 자금을 공급해서 벤처기업을 육성하고자 하지만 대부분 실패한다. 정부 주도로 자금을 공급하는 경우, 대부분 산업 전문가가 아닌 공무원이나 공공기관이 자금을 정책적으로 배분하는 과정에서 성장 가능성이 있는 벤처기업을 발굴해내지 못한다. 뿐만 아니라 벤처기업에 투자할 때 투자금의 부실화를 우려해 과감하게 투자하지 못하기 때문에 벤처기업의 성장에 도움이 되지 못하는 경우가 대부분이다. 결국 재정만 낭비하고 벤처기업도 제대로 성장시키지 못하는 결과를 가져오고 있다.

또 한 가지 모험자본시장에서 중요한 것이 사모펀드PEF: private equity fund다. 사모펀드시장이 잘 발달돼 있으면 시장 기반 부실기업 구조조정이 용이하다. 사모펀드는 부실화되었거나 부실해질 우려가 있어 매물로 나와 있는 기업을 인수해서 부실 부문은 구조조정을 하고 성장 가능성이 있는 부문은 투자를 해 성장 동력을 확충한 다음

매각함으로써 시장 기반 기업 구조조정을 원활하게 하는 기능이 있다. 결과적으로 금융회사의 부실을 덜어주는 데 기여하는 것이다.

이와 같은 시장이 잘 발달되어 있지 않으면 정부 주도의 구조조정을 진행하게 되는데, 그 과정에서 정치권과 정부의 영향이 미칠 수밖에 없다. 그러면 구조조정은 제대로 되지 않으면서 막대한 국민 세금만 축내는 경우가 비일비재해진다.

한편 한국의 금융시장은 선물옵션, 스왑, 자산유동화시장 등 파생상품시장이 발달되어 있지 않아서 금융기관들의 리스크헤징 수단이 제한되어 있다. 이는 금융기관들이 안정적인 대출에만 치중하게 하는 원인이 되고 있다. 이런 결과가 금융 중개 기능의 미발달과 함께 금융기관들이 기업 대출보다는 주로 안전한 아파트나 상가건물 담보 대출에 치중하는 결과를 초래하면서 제한된 자금이 좀 더 생산적인 부문으로 흘러들어가는 건전한 금융생태계 발전을 가로막고 있다.

한국 금융 산업의 구조

일반 금융

1997년 발생한 전대미문의 금융위기는 168조 원의 공적 자금을 투입하고 100만 명이 넘는 실업자를 양산하는 등 한국 경제에 천문학적인 충격을 몰고 왔다. 그 원인으로 여러 가지가 지적되고 있지만 금융 면에서는 한국 금융의 금융 중개 기능이 제대로 작동되지 않았다는 점이 지적되었다. 즉, 금융이 기업에 여신을 공여하는 과정에서 사전심사와 사후감시라는 금융 본연의 기본적인 중개 기능이 작동되지 않아서 결과적으로 고위험 부실 여신이 과도하게 제공되었으며, 이는 기업 부실과 금융 부실이라는 부메랑으로 돌아와 금융위기가 발생했다는 것이다. 한마디로 금융의 생태계가 제대로 작동되지 않았다는 것이다.

금융위기가 발생한 지도 20년이 지났지만 한국에서는 지금도 금융 본연의 기능인 금융 중개 기능이 제대로 작동되지 않고 있다. 즉, 금융의 생태계가 제대로 작동되지 않고 있다. 이에 금융 산업 발전이 낙후됨은 물론이고 금융 자원의 비효율적인 배분과 부실 여신 누적으로 경제 전반의 발전을 저해하는 요인이 되고 있다. 여기서 중요한 점은 무엇이 금융의 생태계 작동을 가로막고 한국 금융산업을 이토록 낙후시키고 있으며 더 나아가 다른 산업까지 낙후시키고 있는가 하는 점이다.

국제통화기금은 그 원인으로 정부의 과도한 금융 개입 결과 부실여신과 기업 부실이 누적되었다고 지적한다. 그 근본적인 원인으로 관치 금융의 문제를 언급하면서 이에 대한 해결책의 하나로 한국 정부와 체결한 「의향서Letter of Intent」(1997. 12. 3)에서 "운영 및 재정상의 자율성을 보유한" 통합 감독기구 설립을 규정했다. 특히 IMF가 발간한 「한국 경제 프로그램에 대한 메모랜덤」(1997. 12. 3)에서는 "정부 개입이 비효율적인 금융 부문과 부채 비율이 높은 기업 부문을 초래"했으므로 "강력하고 독립적인 감독 기구"를 설립하여 건전성 감독을 강화, 통합하고 투명성을 제고해야 한다고 주장했다.

이에 금융위기 이후 들어선 김대중 정부는 재정경제원을 해체하

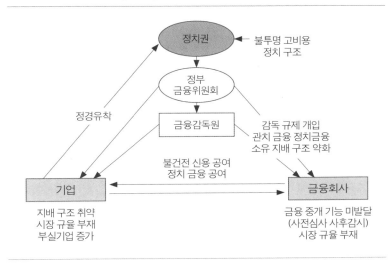

[그림 5] 한국의 일반 금융생태계도

정치권 — 불투명 고비용 정치 구조

정부 금융위원회

금융감독원

정경유착

감독 규제 개입 관치 금융 정치금융 소유 지배 구조 약화

불건전 신용 공여 정치 금융 공여

기업

지배 구조 취약 시장 규율 부재 부실기업 증가

금융회사

금융 중개 기능 미발달 (사전심사 사후감시) 시장 규율 부재

고 통합 금융감독원을 발족시켰다. 그러나 그 과정에서 1998년 1월 금융위기의 와중에 금융감독위원회가 등장함으로써 문제가 되었던 관치 금융의 불씨를 남겼다. 당초 순수한 위원회로 생각했던 금융감독위원회에 2국 1실의 행정 조직이 들어서면서 금융감독위원회와 금융감독원의 위상과 역할에 대한 논란이 제기되자 단순히 사무국 기능만 수행할 것이라는 해명이 있었다. 그러나 2008년 3월 금융감독위원회는 다시 재경부의 금융 정책과 위원회의 금융 감독 업무를 통합한 금융위원회로 확대 개편되어 금융감독원을 통할하는 정부 부처화가 되었다. 이렇게 여전히 무소불위의 금융 권력을 행사하는 금융권부로 등장하면서 「의향서」에서 요구한 "운영상 재정상의 자주성"이 확보된 "강력하고 독립된" 감독 기능은 사실상 실종되었고

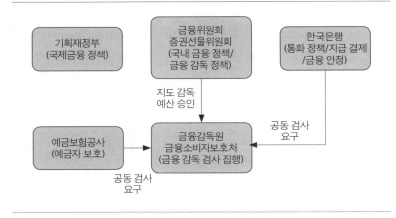

[그림 6] 금융위기 이후 금융 감독 체계

신新 관치 금융이라는 논란이 끊임없이 대두되었다. [그림 6]은 금융 위기 이후 현재까지 이어지고 있는 금융 감독 체계다. 아울러 은행에 대해 여신심사위원회와 리스크관리위원회 등을 설치, 사전심사와 사후감시를 강화하여 금융 중개 기능을 제고하고자 했다.

그러나 금융 정책과 금융 감독을 모두 관장하는 금융위원회와 산하 금융감독원 체계에서는 구조적으로 금융 감독이 제대로 이루어질 수 없고, 그 결과 금융 중개 기능도 제대로 작동될 리 없다. 금융 정책은 금융산업 성장에 역점을 두는 경향이 있는 반면, 금융 감독은 금융회사의 건전성에 역점을 둔다. 이 두 정책을 모두 금융위원회에서 관장하는 데다 금융 감독을 담당하는 산하 금융감독원도 통할하기 때문에 금융감독원 입장에서는 추진되고 있는 금융 정책에 의해 부실 징후가 보일 때조차 유효한 사전 감독이 이루어지기 어려운 입장에 놓이기 쉽다.

이외에도 한국 금융생태계의 문제점으로는 ① 주인 없는 은행 경영진의 심각한 대리인 문제, ② 낙하산 인사와 취약한 지배 구조, ③ 금융 혁신을 저해하는 과도한 규제, ④ 금융과 IT 융합을 저해하는 규제 등 여러 가지 요인들이 복합적으로 작용하고 있다. 이를 하나씩 짚어보면 먼저 첫째, 한국의 은행들에게 주인이 없다는 점이 문제의 출발점이다. 흔히 한국에서는 왜 금융의 삼성전자가 나오지 않냐고 지적하기도 한다. 전자, 자동차 등 제조업과 금융업의 가장 큰 차이점은 제조업에는 주인이 있는 반면 금융업, 특히 은행에는 주인이 없다는 점이다. 이 문제를 염두에 두면 한국에서 금융의 삼성전자가 나오기는 요원해 보인다.

흔히 주인인 주주와 경영진인 대리인 간의 문제에서 주인의 이익보다는 대리인인 경영진 본인들의 이익을 위하고자 하는 유혹에 빠진다는 도덕적 해이를 지적한다. 그런데 주인이 아예 없거나 주인이 권한을 행사하지 않는 은행에서는 경영진들이 도덕적 해이에 빠지는 것은 두말할 필요조차 없다. 주인이 없는 은행은 결국 정부가 경영진 선임에 직·간접으로 개입하는 등 주인 역할을 하게 된다. 그 과정에서 정권이 보낸 낙하산으로 경영진이 내려온 경우에는 금융기관의 이익보다는 임명권자의 의중을 먼저 살필 수밖에 없다. 한국에서 정권이 바뀔 때마다 새롭게 등장하는 각종 정치성 금융들을 은행들이 은행 수익성은 불문하고 앞장서서 도입하느라 열심인 것이 그런 예 중 하나다. 정부가 은행의 주인 역할을 하는 국가들의 금융산업 경쟁력이 후진을 면치 못하는 이유이기도 하다.

한국에서는 산업 자본은 금융을 소유할 수 없다는 금산 분리 제도가 엄격하다. 선진국에 비해 은행법상의 동일인 소유한도 규제가 법률로 엄격히 제한되고 있다. 그러나 많은 선진국에서는 제조업이 판매 증대를 위해 금융업을 함께하고 있으며, 최근에는 모바일폰 제조업체, 전자상거래 업체, 포털, SNS 업체들이 정보통신 기술의 발달에 힘입어 지급 결제, 예금 대출, 금융상품 판매, 증권 거래 등 금융업에 속속 진출하고 있는, 이른바 금융 IT 융·복합 시대를 맞이하고 있다. 그럼에도 한국에서는 여전히 금산 분리가 위세를 떨치며 금융 산업 발전을 가로막는 요인이 되고 있다.

한국의 은행들은 대부분 주인이 없는 은행이라고 해도 과언이 아니다. 2016년 5월 기준 한국에는 특수은행 5개, 시중은행 6개, 지방은행 6개를 비롯해 총 17개의 은행이 있다. 특수은행 5개 중 KDB 산업은행, 한국수출입은행은 대한민국 정부가 100% 소유하고 있으며 IBK기업은행은 대한민국 정부가 최대 주주다. NH농협은행은 NH농협은행금융지주회사, 수협은 수협중앙회가 각각 100% 소유하고 있다. 외국계 시티은행과 SC은행을 제외한 4개 시중 은행 중 최근 민영화된 우리은행도 과점주주 형태로 뚜렷한 주인이 없는 실정이다. 나머지 신한, KB국민, KEB하나, 이 3개 은행은 각각 해당 금융지주회사가 100% 소유하고 있다. 지방 은행을 살펴보면 대구은행은 DGB금융지주회사, 부산 경남은행은 BS금융지주회사, 제주은행은 신한금융지주회사, 전북 광주은행은 JB금융지주회사가 100% 소유하고 있다. 이 7개의 금융지주회사 중 NH농협금융지주는 농협중앙회가 100% 소유하고 있으며 신한, KB국민, 하나금융지주회사는 국민연금이 최대 주주다. 지방의 BS, JB금융지주회사는 국민연금이

2대 주주이며 DGB금융지주회사는 애버딘Aberdeen이 최대 주주다. 결국 외국계 2개 은행과 외국계가 최대 주주인 대구은행을 제외한 14개 은행이 정부나 예금보험공사 또는 국민연금이 사실상 소유하고 있다. 정부나 금융 당국의 영향력이 절대적일 수밖에 없는 소유 구조다.

둘째, 낙하산 인사와 취약한 지배 구조 문제는 주인 없는 소유 구조와 더불어 금융 산업이 낙후되는 가장 중요한 요인이다. 한국 금융 산업의 낙하산 인사 문제는 이미 모든 국민이 잘 알 정도로 고질적인 적폐. 특히 KB금융 사태를 계기로 다시 한 번 한국 금융회사의 낙하산 인사와 지배 구조 문제가 중요한 이슈로 대두되고 있다. 이런 사태가 발생한 근본적인 원인이 바로 주인 없는 은행 체제에서 비롯된 취약한 지배 구조 문제가 중요한 원인이었기 때문이다.

한국 금융회사 지배 구조의 문제점을 보면 ① 지주회사 회장과 자회사 은행장 간의 역할 책임이 불분명하며 지주회사 회장의 자회사 은행장 통할 불능에 따른 분쟁의 소지가 존재하고, ② 이사회 경영진과의 긴밀한 관계 유지를 통한 장기 연임과 그에 따른 권력화 등 경영진을 견제하고 감시하는 기능이 미작동하고 있으며, ③ 각종 전문위원회 기능이 미작동하는 데다 특히 여신심사위원회, 리스크관리위원회, 보상위원회, 기존 이사로 구성된 회장추천위원회에서 회장 추천에 따른 경로 의존 문제가 지적된다. 또한 ④ 감사·감사위원회 기능 실종, ⑤ 이사회의 주주 이익 대변 기능 미작동 등의 주인 대리인 문제 심화, ⑥ CEO 승계 구도 전무에 따른 CEO 리스크 대두, ⑦ 지배 구조에 대한 지속적인 점검 체계 미비 등도 지적된다.

셋째, 한국에서는 등록된 금융 규제만 1,107건에 이르고 창구 지도나 자율 기관 내규 등 유사 행정 규제도 534건이나 되는 등 과도한 규제로 새로운 금융 상품을 적시에 개발하지 못해 경쟁력을 상실하고 나아가 금융 혁신을 저해하고 있다. 가까운 몇 년 안에 수수료 가산 금리 등 금융 상품 가격까지 정부가 개입해 시장 구조를 왜곡시킬 수도 있다는 우려마저 제기되고 있는 실정이다.

이런 한국 금융생태계가 안고 있는 문제들이 빚어낸 결과로, 2001~2003년 중에 발생한 신용카드 대란, 2011년에 발생한 저축은행 사태, KB국민은행 사태, 동양금융 사태 등 연이어 금융 사고가 터졌다. 이런 금융생태계에서는 금융 산업의 낙후는 물론이고 기업과 산업의 발전도 기대할 수 없으며 주기적인 위기가 불가피하다. 따라서 하루 빨리 금융 산업 본연의 금융 중개 기능이 제대로 작동될 수 있는 생태계 구축이 시급하다. 위기를 반복하고도 개선이 안 된다면 그 국가는 희망이 없다고 할 수밖에 없다.

정책 금융

최근 조선, 해운 등 천문학적 부실 금융 문제가 대두되면서 또 한 번의 금융위기가 도래하는 것이 아닌가 하는 우려마저 나오고 있다. 이런 가운데 산업은행의 조선 해양에 대한 과도한 부실 여신 공여를 두고 책임 규명 문제가 제기되자 산업은행은 정부 고위층이 결정하는 것을 자신들도 어쩔 수 없었다는 입장을 보이고 있다. 산업은행을 제대로 감독하지 못한 금융감독원도 기획재정부 금융위원회 차원에서 결정되는 것이기에 어쩔 수 없었다는 말만 되풀이하고 있다.

해당 기관 고위층에서 이런 식의 변명이 나오고 있는 실정을 지켜보면서 천문학적인 대가를 치른 금융위기가 발생하고 20년이 지났건만 그동안 아무것도 달라지지 않았다는 것을 절감한다. 그 대가로 다시 수십조 원의 국민 혈세를 쏟아부어야 한다는 현실이 참담할 뿐이다.

이처럼 최근 대우조선해양에 대한 산은과 수은의 부실 대출 문제로 다시 한 번 정책 금융기관 문제가 부각되고 있다. 청와대는 금융위원회 위원장과 부위원장 및 금융감독원장을 임명하고 있다. 정책 금융기관의 장도 사실상 임명하고 있다. 정책 금융기관 관리기업의 경영진 임명에도 사실상 영향력을 행사하고 있으며 이를 통해 정피아와 관피아를 감사나 사외이사, 고문 등으로 내려 보내고 있는 실정이다.

한편 정책 금융기관은 당연히 관리하고 있는 기업에 관재인이나 감사를 내려 보내고 있다. 그러나 관리기업의 경영진, 감사, 사외이사가 정피아나 관피아로 내려와 있는 상황에서 금융위원회와 금융감독원의 감독과 검사를 받는 정책 금융기관이 관리기업을 제대로 감독하기란 사실상 어렵다. 정책 금융기관이 내려 보낸 관재인이나 감사도 더 힘 있는 배경을 가지고 내려와 있는 경영진에게 힘을 못 쓰기는 마찬가지다. 심지어 더 힘 있는 배경을 가지고 내려온 경영진이 정책 금융기관이 내려 보낸 감사를 파면하는 일마저 일어나는 실정이다. 관리기업의 강성 노조나 지역 경제 단체들은 지역구 출신 정치인, 심지어 노조는 야당 시민 단체 등과 연대하여 정책 금융기관의 구조조정 요구를 거절하기 일쑤다.

이런 상황에서 관리기업의 부실은 늘어날 수밖에 없다. 정책 금융기관이 여신을 제공하기 전에 사전심사를 엄격히 하고 여신을 제공한 후에도 사후감시를 철저히 해서 이상 징후가 발견될 시에는 적기에 시정 조치를 하거나 사전에 구조조정을 해서 부실을 예방해야 한다는 금융의 기본 원칙은 이런 제도하에서는 연목구어에 불과하다. 결국 부실기업이 늘어나고 부실 여신이 증가해 경제·사회적으로 막다른 골목에 이를 때까지, 정피아와 관피아, 정책 금융기관, 관리기업의 경영진 노조 등이 쉽게 말해 한통속이 되어 문제가 터질 때까지 폭탄 돌리기를 계속하다 마침내 국가 경제에 엄청만 파장을 몰고 오는 부실 폭탄을 터뜨리는 것이다. 더 큰 문제는 폭탄이 터지고도 제

[그림 7] 정책 금융생태계도

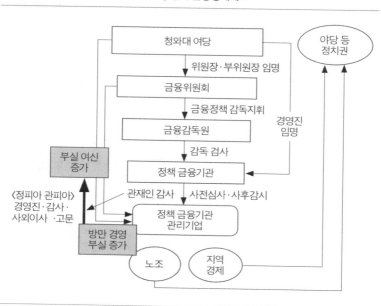

도를 근본적으로 고치지 않기 때문에 이러한 현상이 주기적으로 반복된다는 점이다.

중소기업과 서민 금융도 대상만 다를 뿐 과정은 비슷하다. 중소기업과 서민 정책 금융기관, 즉 기업은행, 신용보증기금, 기술신용보증기금의 경영진은 금융위원장의 영향력 아래에 있다. 주택금융공사와 각종 서민 정책 금융기관도 마찬가지다. 이런 경우 중소기업 금융과 서민 금융 공급은 금융의 논리보다는 중소기업을 보호하고 지역경제와 서민경제를 고려해야 하는 사회 정책적 차원에서 결정되기 마련이다. 사회 정책적 차원에서 제공된 중소기업 금융과 서민 금융

[그림 8] 서민 금융생태계도

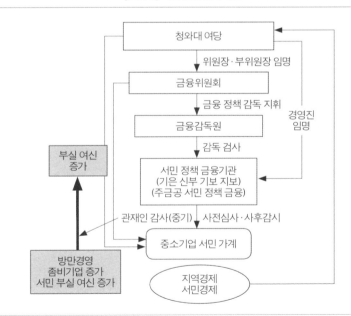

이 제대로 상환될 리 없다. 감독 당국도 금융의 논리대로 철저한 감독이 되기 힘들다. 중소기업 금융에 의존해 연명하는 좀비기업을 늘어나고 부실 서민 금융이 증가하게 된다. 그 결과는 중소기업과 서민 금융기관의 부실 증가로 연결되고 보증한도 증액을 위한 재정 출자 등 주기적인 재정 투입으로 연명하게 되어 재정 부담을 증가시킨다.

4차 산업혁명과 금융

4차 산업혁명을 주도하고 있는 기업들은 대부분 벤처기업에서 출발하고 있다. 세계적인 기업으로 성장한 구글은 동갑내기인 공동 창업주 래리 페이지와 세르게이 브린이 빌린 차고에서 탄생했다. 페이스북도 하버드대학교 기숙사 룸메이트였던 마크 저커버그와 더스틴 모스코비츠가 함께 만든 회사다.

이런 벤처기업의 창업 시절에 필요한 자금은 대부분 엔젤투자자나 벤처캐피탈회사가 투자하고 있다. 미국과 영국 등 벤처기업이 발달한 곳에서는 수많은 산업 전문가들이 엔젤투자자나 벤처캐피탈회사에 포진하며 산업별 유망 벤처기업들을 발굴해내고 있다. 이들은 가능성이 있다고 판단되는 벤처기업에 과감한 투자를 해서 성장시킨다. 물론 성공 확률은 높지 않지만 성공한 벤처기업들을 나스닥에 상장하거나 대기업에 천문학적인 금액으로 피인수합병을 시키는데, 이 과정에서 모든 투자금을 회수하고도 남는 것이다. 이런 선순환 과정을 반복하면서 4차 산업혁명을 주도하고 있는 정보통신기술 벤처기업들이 쏟아져 나오고 있다. 여기서 정부가 하는 일은 별로 없다. 그저 규제를 하지 않는 일뿐이다.

그러나 한국은 사정이 다르다. 우선 엔젤투자자나 벤처캐피탈 회사가 발달되어 있지 않다. 대부분 수많은 금융 규제 때문이다. 얼마 안 되는 엔젤투자자나 벤처캐피탈 회사에도 산업 전문가가 많지 않아서 산업별 유망 벤처기업들을 잘 발굴해내지 못하고 이에 따른 과감한 투자를 하기 힘든 실정이다.

그렇다 보니 자연스레 정부 자금 공급으로 벤처기업을 육성하는 정책이 추진되고 있다. 전문성이 더욱 떨어지는 정부나 관련 공공기관들이 유망 벤처기업을 발굴해 육성할 것을 기대하기는 애초부터 무리다. 전문성이 없다 보니 부실에 대한 부담이 적은 적당한 규모의 정책 자금을 고루고루 나눠주거나 이미 어느 정도 성장한 기업에

[그림 9] 4차 산업혁명과 금융생태계도

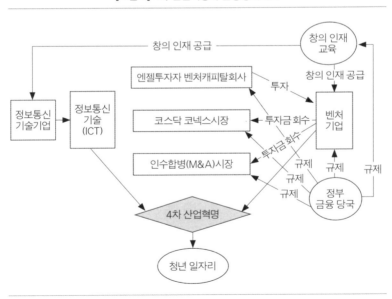

자금을 지원하는 역할에 그치고 마는 것이다. 결국 벤처기업 육성은 안 되고 그저 재정 부담만 늘어나기 십상이다. 전국 17개 창조경제혁신센터 또한 정부 정책에 의해 대기업이 벤처기업 발굴에 필요한 자금을 공급하고 벤처기업 육성과 마케팅 등 일체를 지원하고 있기 때문에 정부 주도 정책과 특별히 다른 성과를 기대하기 힘든 실정이다.

코스닥, 코넥스, 인수합병시장 등 투자 자금 회수시장도 발달되어 있지 않다. 특히 인수합병시장을 들여다보면, 벤처기업이 생산하는 첨단 기술이나 상품을 사용하기 위해 대기업이 인수합병을 진행할 경우 일정 기간이 지나면 이를 이른바 '일감 몰아주기'라는 내부 거래로 규정하기 때문에 과징금을 부과당할 우려가 있다. 이렇다 보니 대기업의 벤치기업 인수합병에 저해 요인이 되고 있는 실정이다.

4차 산업혁명은 첨단 정보통신 기술이 초래하는 산업혁명이다. 당연히 창의적인 우수 인재가 필요하다. 그러나 30여 년이 넘게 이어지고 있는 평준화 교육과 일단 교직에 들어서기만 하면 평가 없이 정년이 보장되는 교직의 기득권 등으로 공교육은 황폐해질 대로 황폐해져 있다. 이런 공교육으로 인해 창의적인 우수 인재 공급에 한계가 드러나고 있다. 그 결과 미국 실리콘밸리나 영국 런던테크시티와 같은 우수한 청년 일자리 창출을 막고 있다.

3. 생태계

일반 금융생태계 구축 방안

이처럼 낙후된 금융 산업을 일신하여 미래 한국 경제 성장을 선도하는 고부가가치 서비스산업으로 육성하기 위해 정부는 2013년 11월 진입 영업 규제 대폭 완화, 금융사 외국 진출 지원, 100세 시대 새 먹거리 창출 등을 포함한 '금융 산업 경쟁력 강화 방안'을 발표했다. 이 방안의 구현으로 당시 GDP 대비 6.5% 수준이었던 금융 산업의 부가가치를 10년 후 10%대로 올린다는 '10-10' 비전을 제시하기도 했다. 이어 2015년에는 신임 금융위원장의 취임을 계기로 정부의 4대 부문 개혁 정책에 부응해 1단계 금융 개혁을 추진하고 2016년에 2단계 개혁을 추진하기 시작했다. 그러나 인터넷 전문은행 출범 등 일부 혁신적인 개혁을 제외하고는 대부분 곁가지 개혁에 치중하고 있어 앞에서 살펴본 금융 산업 경쟁력 강화를 위한 본질적인 개혁과는 거리가 멀다는 안타까움이 있다. 오히려 GDP 대비 금융 산업의 부가가치는 5% 수준으로 추락하고 있는 실정이다.

한국 금융 산업이 선진 금융으로 도약하기 위한 생태계 육성을 위해 앞서 가장 중요하게 지적한 것이 바로 금융의 중개 기능 회복이다. 금융의 중개 기능이 회복되어야 가계의 잉여 자금과 외국에서 차입된 자금을 효율적으로 배분해 경제가 금융위기 없이 건전하게 발전해갈 수 있다. 이를 위해 무엇보다 ① 금융 감독 독립성 강화, ② 금산 분리 완화와 주인 찾아주기, ③ 낙하산 인사 청산과 지배 구조 개선, ④ 규제 혁파로 금융 혁신 도모, ⑤ 정치 금융 지양, ⑥ 리스크 관리 강화, ⑦ 금융 IT 융합 관련 규제 혁파 등의 정책이 추진되어야 한다.

금융 안정과 건전성 관련 규제는 강화하되 여타 규제는 과감하게 혁파해 금융 혁신을 도모하는 동시에 금융 감독 독립성을 강화해 관치 금융의 연결고리를 차단하고 금융 감독이 제대로 이루어지도록 해야 한다. 2008년 발생한 글로벌 금융위기는 글로벌 차원에서 금융 감독 제도에 일대 전환기가 되었다. 즉, 시스템 위기의 사전 예방을 위한 거시 건전성 규제의 중요성이 대두되고 위기의 사전 예방이나 추가 확산을 방지하기 위해 최종 대부자 기능을 수행하는 중앙은행의 금융 안정 기능이 다시 재조명받는 계기가 되었다. 이에 따라 1998년 통합 감독 체제를 구축했던 영국은 감독 제도를 영란은행으로 다시 이관하고 미국도 FRB의 감독 기능을 강화했다. 최근 유럽연합은 유럽 중앙은행 산하에 유럽통합감독기구를 설치하는 데 합의하는 등 중앙은행의 금융 감독 기능이 속속 강화되는 추세에 있다. 이밖에 파생상품 등 소비자가 그 위험도를 이해하기 어려운 금융상품들로 금융 소비자들이 피해를 보는 사례가 속출하면서 금융 소비자 보호가 강조되는 추세다.

이런 추세에 부응하여 금융 감독의 독립성 확보, 금융 정책과 금융감독의 분리, 국내외 금융 정책 조화 도모, 감독의 분권화와 전문화, 건전성 규제 강화, 중앙은행 금융 안정 기능 강화, 소비자 보호 강화, 감독 당국의 책임성 투명성 제고, 감독 당국 간 유기적 협조 체제 구축, 감독 제도의 국제적 정합성 제고 등을 추진하는 방향으로 금융 감독 제도가 개편되어야 한다.

이런 개편 방향에 따라 현행 금융감독원 기능을 시스템 리스크와 관련성이 큰 은행과 제2금융권 감독을 담당하는 금융건전성감독원과 증권, 보험, 파생상품 등 금융 상품 거래 감독을 담당하는 금융시장감독원으로 나누어야 한다. 미국을 비롯해 영국, 프랑스, 독일 등

유로존의 경우처럼 금융건전성감독원은 중앙은행인 한국은행에 두는 방안도 검토할 필요성이 있어 보인다. 금융건전성감독원을 따로 둘 경우, 중앙은행의 원활한 최종 대부자 기능 수행을 위해 금융 기관의 부실 징후 시에는 한국은행에 단독 감사권을 부여하는 것도 바람직해 보인다. [그림 10]과 [그림 11]은 바람직한 금융생태계 구상도와 이를 위한 바람직한 금융 감독 체계도다.

금산 분리 완화와 주인 찾아주기는 금융 산업의 경쟁력을 제고하기 위해 가장 중요한 과제라고 할 수 있다. 이를 위해서는 은행법상의 은행 주식 동일인 소유 한도를 상향 조정할 필요가 있다. 또한 금융지주회사법상 은행지주회사의 소유 한도도 상향 조정해야 한다.

낙하산 인사 청산과 인사 개입 근절 및 지배 구조 개선을 위해서는 ① 지주 회사 회장과 자회사 은행장 간의 역할 책임 명확화, ② 이사회의 경영진 감시 기능 강화, ③ 각종 전문위원회 기능 강화, ④ 감사·감사위원회 기능 강화, ⑤ 이사회의 주주이익 대변 기능 강화, ⑥

[그림 10] 바람직한 금융생태계 구상도

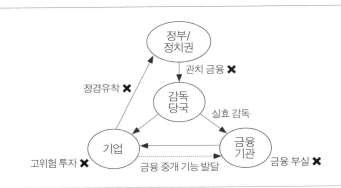

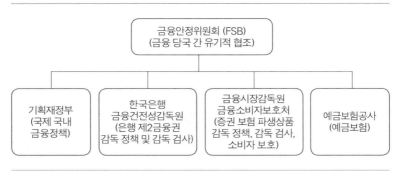

[그림 11] 바람직한 금융 감독 체계

금융안정위원회 (FSB)
(금융 당국 간 유기적 협조)

기획재정부
(국제 국내
금융정책)

한국은행
금융건전성감독원
(은행 제2금융권
감독 정책 및 감독 검사)

금융시장감독원
금융소비자보호처
(증권 보험 파생상품
감독 정책, 감독 검사,
소비자 보호)

예금보험공사
(예금보험)

CEO 승계 구도 도입, ⑦ 지배 구조에 대한 지속적인 점검 체계 구축 등이 추진되어야 한다. 무엇보다 중요한 것은 이 모든 문제의 근원이 되고 있는 주인 없는 은행 체제에서의 낙하산 인사 같은 관치 금융이 청산되어야 한다. 더 이상 정치 금융이 정권이 바뀔 때마다 등장해 금융시장 질서를 왜곡하고 금융 산업의 경쟁력을 저하시켜서는 안 된다.

금융기관 인사와 내부 경영의 자율성도 보장되어야 한다. 이사회도 경영진을 실질적으로 감독하고 시정할 수 있도록 개편되어야 한다. 이를 위해 현재 대부분 낙하산으로 내려오거나 유관기관 퇴직 직원들로 채워져 사실상 거수기 역할에 그치고 있는 사외이사를 전문가 중심으로 개편해야 한다. 이사회에 설치되어 있는 여신심사위원회, 리스크관리위원회, 임원추천위원회 등 각종 위원회도 제 기능을 할 수 있도록 개편되어야 한다. 특히 리스크 관리 체계를 구축하고 이를 제대로 작동해야 하는 것이 금융생태계 복원의 기본이다.

고비용 고임금 저효율 구조를 개선하고 구조조정도 추진해야 한다. 마지막으로 혁명이라고 할 만큼 역동적으로 변모해가는 금융 IT 융·복합 시대에 부응해 관련 규제를 혁파해 미래 금융 산업 발전에도 대비해야 한다. 선물 옵션, 스왑, 자산 유동화시장 등 파생상품시장도 발전시켜 금융기관들의 리스크 헤징 수단을 제공함으로써 금융기관들이 안전한 아파트나 상가건물 담보 대출에 치중하는 경향에서 벗어나 제한된 자금이 좀 더 생산적인 부문으로 흘러 들어가도록 건전한 금융생태계 구축을 위해서도 노력해야 한다.

정책 금융생태계 구축 방안

한국의 정책 금융이 현재 당면하고 있는 가장 큰 현안 과제는 산업은행과 수출입은행이 당면하고 조선 산업의 엄청난 부실을 어떻게 정리할 것인가 하는 문제다. 그 다음이 개발 연대에 근간이 만들어져 난맥상을 보이고 있는 정책 금융 체계를 혁신적이고 창조적인 경제로 도약해야 하는 경제 발전 단계에 맞게 근본적으로 업그레이드해야 한다.

조선 산업의 엄청난 부실을 정리하는 데는 다른 부실 여신과 마찬가지로 두 가지 기준이 적용된다. 즉, 해당 기업이 일시적 유동성 부족illiquid 상태인가 아니면 심각한 지급불능insolvent 상태인가를 먼저 판단해야 한다. 글로벌 조선 산업의 공급 과잉 정도와 경기 전망, 한국 조선 산업의 글로벌 경쟁력 등을 면밀히 분석해 3~4년간 구조조정을 하면서 유동성을 공급했을 때 살아날 가망이 있는 일시적인 유동성 위기 상태라고 판단이 되면 유동성을 공급하면서 구조조정을 해서 경쟁력을 끌어올릴 필요가 있다. 이 경우도 유동성을 공급하고 구조조정을 하지 않으면 살아나지 못한다. 그래서 구조조정이 가능할 것인가 하는 점이 중요한 이슈다. 100% 정부가 소유하고 있는 이들 두 은행에 낙하산으로 내려온 수장과 경영진이 선거철도 다가오는데 정치권의 눈치를 보지 않고 실업자를 양산할 구조조정을 과감하게 진행할 수 있을까. 진행한다고 해도 강성 노조와 싸워 이길 각오와 전략 전술은 있을까. 퇴직 후 낙하산으로 내려갈 자리가 보장되는, 산하 계열 기업과도 같은 관리기업의 구조조정에 대해 산은·수은 직원들이 드러낼 보이지 않는 반발을 넘어설 수 있을까. 이렇듯 앞에 놓인 문제가 첩첩산중이다. 부실 처리된 여신으로 잠식된 자본금을 어떤 방식으로 충당할 것인가 하는 문제도 중요한 과제다.

부실을 초래한 경영진이 구조조정을 하는 것은 구조조정의 신뢰성에 문제가 있기 때문에 시장에서 우호적인 반응을 이끌어내기 힘들다. 적어도 경영진을 구조조정 전문가로 교체하거나 구조조정 전문 회사나 사모펀드와 같은 회사에 공개 매각해서 시장 기능에 따른 구조조정으로 회사를 살리는 것도 고려할 수 있는 방법이다. 2008년 글로벌 금융위기 이후 미국 자동차회사 GM의 사례가 대표적이다.

산업 전문가, 금융 전문가, 거시경제 전문가들로 구성된 전문가 팀에 의한 면밀한 분석 결과 심각한 지급 불능 상태라고 판단되면 매각하거나 청산해야 한다. 이런 판단이 서면 미루지 말고 빠른 시일 내에 처리하는 것이 매각 대금을 그나마 가장 많이 받고 청산비용을 줄이는 길이다. 산업 정책적 측면도 마지막 고려 대상이 될 수 있다. 한국의 산업 정책적 차원에서 포기할 수 있는 산업인지, 그리고 그 파장은 어느 정도가 될지 등을 고려한다. 어느 쪽이든 다시 살아나기 위해서는 경쟁력의 마지막 근간만 남겨 놓고 뼈를 깎는 구조조정을 해야 하는 것은 불가피하다.

한국은 수출 비중이 높은 나라로서 수출로 먹고사는 나라이고 앞으로도 플랜트 수출 등 수출 금융이 필요하다. 따라서 수출입은행은 경영진에서 낙하산을 배제하고 글로벌시장에서 경쟁력 있는 전문가를 등용하여 구조조정을 추진하게 하여 경쟁력을 높여야 한다. 산업은행의 수출 금융도 통합해 규모를 키워 글로벌시장에서 대형 플랜트 수주 시 보증기관으로서 역할을 할 수 있도록 해야 한다. 유사한 업무를 취급하는 무역보험공사의 통합을 다시 논의할 필요가 있다.

산업은행은 민영화를 해서 2개로 나눌 필요가 있어 보인다. 먼저 산은의 인수합병 구조조정 부문은 글로벌 경쟁력 있는 투자은행으로 재탄생하는 것이 바람직하다. 월가 세계 톱 수준의 투자은행 경영진을 초빙해 한국판 골드만삭스가 될 수 있도록 글로벌시장에서 경쟁력 있는 민간 투자은행으로 성장시킬 필요가 있다. 나머지 현재 상업은행 업무를 하고 있는 부분은 완전히 상업은행으로 발전시키는 것이 바람직해 보인다. 현재 국내외 점포만 해도 97개나 되고 정책 금융을 제외하고도 자산이 140여 조 원이 되는 상업은행 부문을 그대로 발전시키는 것이다. 이렇게 되면 장기 저리의 정책 금융과 단기적이고 금리가 상대적으로 높은 상업 금융을 같이하면서 발생할 수도 있는 업무상 충돌이나 도덕 해이 문제, 예를 들면 상업 금융보다는 장기 저리의 정책 금융을 제공하면서 정책 금융의 손실을 상업 금융으로 보전하는 등의 문제를 해결할 수 있다.

　산업은행의 정책 금융 중 수출 관련 정책 금융은 수출입은행으로 이관해서 일원화하고, 중견기업 관련 정책금은 기업은행으로 넘기되 이 정책 금융은 점차 축소해 시장 기능에 맡기는 것이 바람직하다. 현재의 산업은행으로는 부실 관리기업의 구조조정은 언감생심 생각도 할 수 없을뿐더러 시간을 보내며 부실만 키워 결국 국가 재정에 큰 부담을 가져올 뿐이다. 과감한 발상의 전환이 필요한 실정이다.

　중소기업 정책 자금 대출기관으로는 기업은행, 한국은행 금융 중개 지원 대출, 중소기업진흥공단이 있고, 신용보증은 신용보증기금, 기술신용보증기금과 지역신용보증재단이 공급하고 있다. 지금 문제가 되고 있는 것은 중소기업 정책 자금 대출과 보증을 제공하는 기관이 이처럼 너무 많아서 중복 지원에 따른 비효율성이 제기된다는 점이다. 또한 그로 인해 좀비기업이 구조조정을 지연시키면서 저리 정책 자금으로 연명하는 현상이 지속되어 제한된 자원을 효율적인 분야로 배분되는 것을 저해하면서 성장을 가로막는 요인이 되고 있다는 점이다.

　이 같은 중소기업 정책 금융 중복기관을 통폐합해서 중복 지원과 장기 지원을 없애는 등 정책 금융의 효율성을 높여야 한다. 수많은 중소 좀비기업들이 정부 보증으로 연명하고 정부는 다시 재정으로 보증 기금을 확충해주는 고리를 차단하기 위해 보증 기금도 축소할 필요가 있다. 중소기업이 중견기업으로, 중견기업이 대기업으로 성장하지 않으려고 하는 배경에는 장기 저금리 중복 지원으로 대표되는 중소기업 정책 금융을 계속 사용하고자 하는 잘못 설계된 유인 문제가 있다. 장기 저금리 중복 지원의 중소기업 정책 금융이 오히려 중소기업의 부가가치를 떨어뜨리고 있다는 한국개발연구원의 조사 보고서에 귀를 기울여야 한다.

궁극적으로는 기업 규모에 따른 차등 지원을 줄여가면서 생산성 이 높은 분야로 제한된 자원이 배분되도록 해야 한다. 그래서 경제 전반의 효율성을 제고하되 사회·경제적으로 보호와 지원이 필요한 취약 부문에 대해 최소 수준으로 지원하는 제도로 바꾸어나갈 필요 가 있다. 지원과 보호 속에서는 경쟁력이 제고될 수 없으며 악화되고 있는 재정 여건상으로도 발상의 전환이 불가피한 실정이다. 지원 제 도는 저리의 금전적인 지원보다는 기술연구 개발, 해외 마케팅, 경영 컨설팅 등 간접적인 지원으로 자발적으로 노력하는 중소기업의 경 쟁력을 제고하는 방향으로 개편하는 것이 바람직하다.

마지막으로 한국의 정책 금융 체계를 과거 개발 연대식의 양적 융 자 중심에서 기술연구 개발 벤처 창업 지원 등 선진국형 질적 투·융 자 복합형으로 개선해나갈 필요가 있다. 개발 연대에는 중화학공업 육성과 주택 중소기업 중심의 양적 융자와 보증보험 중심의 정책 금 융이 있다. 그러나 경제가 발전하면서 혁신적이고 창조적인 경제 중 심으로 경제 구조가 급변하고 있다. 너무도 빠르고 근본적인 변화로 서 패러다임 이동 현상이 나타나고 있는 상황이다.

따라서 개발 연대식의 단순한 양적 융자나 보증보험보다는 혁신 적이고 창조적인 모험 분야에 투자해 리스크와 수익을 분담하는 형 식의 정책 금융, 예를 들면 모험 자본의 활성화를 유인하는 벤처캐 피탈의 모태 펀드 같은 정책 금융과 신성장 동력을 창출을 위한 기술연구 개발과 지속 가능한 환경 개선 등 공공재 성격의 분야를 지원하는 정책 금융으로 정책 금융의 체계 자체를 바꾸어나갈 필요가 있다.

재정 자금을 주로 사용하게 될 정부의 정책 자금은 어떤 경우에도 기초적 지원으로 그쳐서 정책 자금에 의존하는 좀비기업의 연명으로 경제 활력이 떨어지는 일이 없도록 해야 한다. 정책 자금을 지원하는 경우에도 운영은 민간 금융기관이 자율적으로 하도록 해야 한다. 정부 지원이 초래하기 쉬운 안정적인 자금 지원보다는 모험 자본을 유도할 수 있는 생태계 조성에 역점을 두고 투자하도록 하는 등 철저히 시장 기능에 의해 운영되도록 해서 시장 금융을 구축하는 일이 없도록 설계되어야 한다.

4차 산업혁명과 금융생태계 구축 방안

과거 산업혁명에 뒤진 국가들은 300여 년 동안 후진국을 면치 못했다. 현재 급속히 진행되고 있는 4차 산업혁명에 뒤지면 다시 후진국의 나락으로 추락할 가능성도 배제하기 힘들다. 금융 면에서 4차 산업혁명이 이루어질 수 있는 생태계를 구축하는 일이 중요하다.

우선 벤처기업에게 자금을 원활하게 공급할 수 있는 엔젤투자자와 벤처캐피탈회사의 육성이 시급하다. 특히 이들 모험 자본에 산업별 유망 벤처기업을 식별해낼 수 있는 산업별 전문가가 포진되어야 한다. 그런 다음 투자 자금이 회수될 수 있는 코스닥·코넥스시장은 물론이고 인수합병시장도 활성화시켜야 한다. 특히 유망 벤처기업들이 자신들을 필요로 하는 대기업에 피인수합병되어 계열사로 편입되는 경우, 이를 내부거래로 보고 부과되는 과징금 부담 때문에 인수합병을 꺼리는 문제를 해결해야 할 것이다. 결국 4차 산업혁명이 꽃을 피우기 위해서는 실리콘밸리나 영국 테크유케이처럼 벤처기업들과 대기업들이 공존하는 모델로 가야 한다.

금융은 경제가 생성, 성장, 소멸, 그리고 다시 생성해가는 경제생태계에서 중추적인 역할을 하는 부문이다. 모든 경제 활동은 결국 돈이 어디로 흘러가느냐에 좌우되기 때문이다. 경제 활동을 통해 얻어진 소득 중 소비하고 남은 잉여 저축이나 개방경제에서 외국으로부터 차입되거나 유입된 자금들이 어디로 흘러 들어가서 새로운 경제를 생성시킬 것인가는 금융을 중개하는 금융생태계에 달려 있다. 정부 개입이나 규제, 잘못 설계된 제도뿐만 아니라 금융 산업 내부의 지배 구조 문제나 전문 인력 부족 문제 등으로 인해 금융이 비생산적인 부문으로 투입되면 결국은 부실화되어 위기를 초래하는 등 경제생태계를 교란시킨다. 반면, 제대로 된 금융생태계가 생산적인 부문으로 금융을 투입하면 경제는 성장 동력이 확충되고 활력을 띠게 되고, 그런 과정에서 창출된 소득 중 소비하고 남은 저축은 다시 생산적인 부문으로 투입되는 등 경제생태계는 선순환을 하게 된다. 만약 잘못 투입되어 부실화 징후가 보이면 적기에 바로 시정해 생태계를 복원하는 시스템도 금융생태계가 담당해야 할 몫이다.

그러면 경제생태계가 순환하는 과정에서 형성된 잉여 저축이나 유입된 외국 자본들이 생산적인 부문으로 투입되도록 금융생태계를 어떻게 건전하게 육성할 것인가. 결국 금융회사와 금융시장으로 구성되어 있는 금융 부문에 시장 기능을 회복시켜주는 일이 급선무다. 주인을 찾아주어 한국판 골드만 삭스가 나오도록 해주고 겹겹이 쌓인 규제를 혁파해 인사 내부 경영 등 경영의 자율성을 보장해주고 금융 감독의 독립성을 강화해 관치 금융을 청산하고 정책 금융도 과감히 혁파해 정부 지원으로 연명하는 좀비기업들을 없애면 금융을 생산적인 부문으로 흘러가게 하는 금융생태계가 제 기능을 할 것이다. 금융 산업 내부적으로도 산업 전문가를 영입하는 등 금융 중개 기능을 강화하도록 노력해야 한다.

특히 지금은 4차 산업혁명이 급속도로 진행되고 있는 역사적인 전환기다. 금융이 혁신적인 미래 산업에 과감히 흘러 들어갈 수 있도록 엔젤투자자와 벤처금융회사 등 투자자는 물론이고 투자금을 회수할 수 있는 코넥스, 코스닥, 인수합병시장 등 투자 자금 회수시장이 발달하도록 제대로 된 제도를 구축하는 일이 4차 산업혁명 시대에 부응하는 금융생태계 구축 방안이다. 아울러 금융도 인터넷 전문은행의 등장 등 새로운 금융 시대로 진입하고 있다. 빅데이터 기반 신용 분석, 인공지능 기반 리스크 관리 등 새로운 금융 시대에 부응한 규제 혁파와 인력 확충을 통해 새로운 금융생태계를 구축해나가야 할 때다.

3장

생태 구조의 측면에서 본 노동시장

금재호

한국기술교육대학교 교수

노동시장 생태계의 불균형 구조

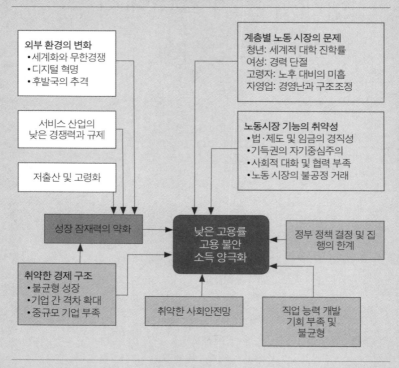

1. 현상

고용 절벽의 위험

2016년 한국의 고용률[1]은 15세 이상의 인구를 기준으로 60.4%를 기록했으며 약 2,624만 명이 취업하고 있었다. 노동시장의 상황을 나타내는 고용률도 2010년 이후 지속적으로 상승하여 고용 문제가 점차 개선되어가고 있는 것으로 보인다. 하지만 일자리 및 고용률의 개선은 복지 등에 대한 정부 재정 지출의 증가에 주로 기인하고 있으며 한국 노동시장의 문제점은 아직도 지속되고 있다.

한국 경제가 2011년 이후의 6년 동안 단 2~3%대의 저성장을 보이는 중에도 노동시장이 버틸 수 있었던 것은 정부 재정을 통한 복

[표 1] 경제 성장률 및 주요 고용 관련 지표(단위: 천 명, %)

	2010	2011	2012	2013	2014	2015	2016
경제 성장률	6.5	3.7	2.3	2.9	2.6	2.6	2.7
경제 활동 인구	24,748	25,099	25,501	25,873	26,913	26,913	27,247
경제 활동 참가율	61.0	61.1	61.3	61.5	62.6	62.6	62.8
취업자	23,829	24,244	24,681	25,066	25,936	25,936	26,236
(변화율)	1.4	1.7	1.8	1.6	1.3	1.3	1.2
(증감수)	323	415	437	385	337	337	300
실업률	3.7	3.4	3.2	3.1	3.6	3.6	3.7
고용률(15세 이상)	58.7	59.1	59.4	59.5	60.3	60.3	60.4
고용률(15-64세)	63.3	63.8	64.2	64.4	65.7	65.7	66.1

* 자료: 한국은행, 「2016년 4/4분기 및 연간 국내 총생산」(보도자료), 2017
  통계청, 『경제 활동 인구 조사』, 각 해당 연도

지 분야의 일자리 창출 때문이었다. 구체적으로 2008년 4월부터 시행된 노인장기요양보험과 2012년 무상 보육으로 이어지는 정부의 보육 지원 확대로 이들 분야의 일자리가 큰 폭으로 늘어난 것이 고용률 상승의 가장 커다란 원인이다.[2]

[그림 1]와 같이 2008~2016년 사이 보건 및 복지 분야에서 일자리는 1,009천 개나 증가했는데, 이는 같은 기간 일자리 증가 규모(2,658천 개)의 38.0%에 달한다. 만약 이들 분야에서 일자리 창출이 없었다면 한국의 고용률은 2008년보다 하락하고,[3] 일자리 부족으로 인해 상당한 사회·경제적 갈등이 있었을 것이다.

문제는 보건 및 복지 관련 일자리 대부분이 정부의 재정 지원에

[그림 1] 2008~2016 산업별 취업자 변화(단위: 천 명)

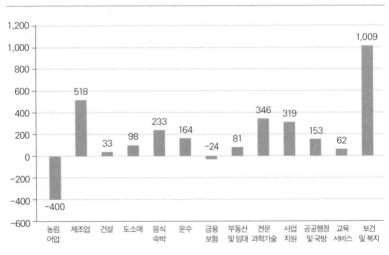

* 자료: 통계청, 『경제 활동 인구 조사』, 각 해당 연도

기반을 두고 있다는 점이다. 그동안 일자리 창출의 공신이었던 요양 보호사나 어린이집 교사 등의 일자리도 이미 포화 상태에 도달하여 복지와 관련된 일자리가 큰 폭으로 증대되기 어려운 상황이다.

현재 국내 노동시장을 둘러싼 국내외 경제 및 정치 환경은 결코 우호적이지 않다. 고용률 제고의 유일한 우군은 저출산으로 인한 인구 감소밖에 없어 보인다. 잘 알려진 것처럼 15~64세의 핵심 노동력 인구는 2017년 올해부터 줄어들기 시작하며, 전체 인구도 2032년부터 감소할 것으로 전망되고 있다(통계청, 2016. 12.).

인구 감소로 고용률은 자연스럽게 상승할 것이다. 하지만 증세 없이 정부 재정을 통한 일자리 창출이 점점 어려워져가는 가운데, 한국이 4차 산업혁명으로 대변되는 기술 혁신, 중국의 도전, 트럼프 대통령 취임으로 인한 보호무역주의 확산, 서비스 산업의 낮은 경쟁력 등 복합적 위험에 대해 능동적이고 효과적으로 대응하지 못하면 일본처럼 장기 불황에 빠져들 뿐만 아니라 프랑스[4]와 같이 고용률이 정체되거나 심지어 하락할 위험성도 배제할 수 없다. 따라서 일본식 장기 불황과 더불어 향후 수년 동안 한국 경제가 '고용 절벽'에 부딪칠 가능성은 현실적 위험으로 대두되고 있다.

계층별 노동시장의 현상

청년 취업난

20~29세 청년의 고용률 추이를 살펴보면, 2005년 61.2%에 이르던 것이 이후 급속도로 하락하여 2013년에는 56.8%까지 곤두박질

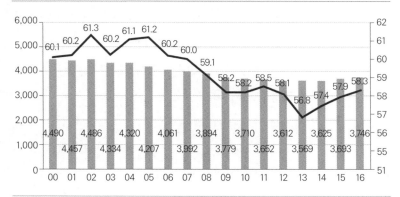

[그림 2] 20〜29세 청년의 고용률과 취업자 추이(단위: %, 천 명)

* 자료: 통계청, 『경제 활동 인구 조사』, 각 해당 연도

쳤다. 비록 최근 수년간 고용률이 다시 증가하고 있지만 2016년 고용률은 2011년 수준을 회복한 것에 불과하다.

청년 실업률[5]이 다른 연령층에 비해 높은 것은 당연하다. 청년의 실업률이 높은 주된 이유는 젊은 시절의 일자리가 평생 갈 가능성이 크기 때문이다. 한국의 청년 취업난은 몇 가지의 구조적 불균형을 가지고 있는데, 이런 구조적 불균형이 청년 취업난의 핵심 원인이다. 구조적 문제 첫 번째는 다른 국가에 비해 지나치게 높은 대학 진학률이다. 특히 4년제 대학 진학률이 문제가 되는데, 1990년 20.9%에 지나지 않았던 4년제 대학 진학률은 YS 정부의 대학 정원 확대 정책으로 2004년에는 59.0%로 급상승했다. 4년제 대학 정원의 대폭적인 확대는 대략 6~8년의 시차를 두고 청년 고용률 하락으로 나타나고 있다.

두 번째 문제는 대학 전공과 산업 수요의 불일치이다. 학교교육이

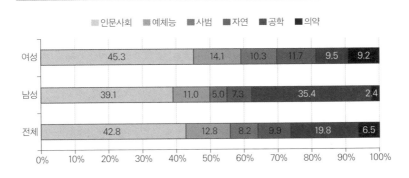

[그림 3] 4년제 대졸 이상 15~29세 청년의 전공 분포 (단위: %)

■인문사회 ■예체능 ■사범 ■자연 ■공학 ■의약

	인문사회	예체능	사범	자연	공학	의약
여성	45.3	14.1	10.3	11.7	9.5	9.2
남성	39.1	11.0	5.0	7.3	35.4	2.4
전체	42.8	12.8	8.2	9.9	19.8	6.5

* 자료: 통계청, 『경제 활동 인구 조사』, 2016

산업계의 인력 수요 변화에 부응하지 못하고 있다. [그림 3]에서 보면, 4년제 대학 졸업 이상의 29세 이하 청년 중 인력 수요가 높은 공학 계열 전공자는 19.8%에 불과하며 42.8%가 인문사회계다. 또 정규직 취업이 쉽지 않은 예체능계도 12.8%에 달하고 있다. 특히 여성은 졸업생의 14.1%가 예체능계로 나타나고 있다. 하지만 대기업 채용을 보면 신규 채용 인원의 대부분이 이공계로, 인문사회계 비중이 낮은 것이 현실이다.

세 번째 문제는 중소기업과 대기업의 임금 격차가 확대되고 있다는 점이다. 한국 노동 패널 조사를 분석하면 [그림 4]와 같이, 1998년 300인 이상 사업체의 임금 수준은 30인 미만 사업체의 1.51배였으나 이후 그 격차가 점점 벌어져 2015년에는 2.01배로 확대되었다. 대기업과 중소기업 사이의 임금 격차가 커진 것은 고용노동부 실태 조사에서도 확인되고 있다. 여기에 외환위기 이후에 발생한 중소기업과 대기업의 임금 격차 확대로 중소기업 기피 현상과 청년 취업난이 더욱 심화되었다.

네 번째 문제는 대기업이나 공공 부문 취업에 실패했을 때 차선으로 선택할 수 있는 기업이 많지 않다는 것이다. 독일, 일본 등의 선진국은 수많은 튼튼한 중소기업들이 대기업을 뒷받침하고 있고 이들 중소기업의 임금 수준이나 고용 안정도 대기업 못지않다. 하지만 한국은 대기업이나 공공 부문 대안으로 선택할 수 있는 건실한 중소기업이 많지 않다.

[그림 5]는 2016년 임금 근로자들이 취업하고 있는 사업체 분포를 보여준다. 임금 근로자의 다수인 58.1%는 30인 미만의 영세기업에서 저임금과 고용 불안에 시달리며 일하고 있다. 이런 기업 분포의 불균형으로 인해 청년 취업난이 더욱 심화되고 있다.

[그림 4] 기업 규모와 임금의 상대적 비율(단위: 배)

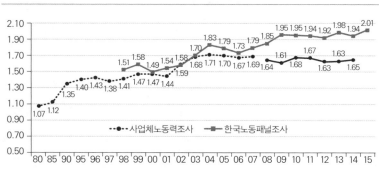

* 주: 고용노동부 사업체 노동력 조사는 2007년까지는 500인 이상 사업체/10~29인 사업체 임금 비율, 2008년 이후는 300인 이상 사업체/10~29인 사업체 임금 비율. 또 한국노동연구원 한국노동 패널 조사는 300인 이상 사업체/30인 미만 사업의 임금 비율.
* 자료: 고용노동부, 『사업체 노동력 조사』, 각 해당 연도; 한국노동연구원, 『한국 노동패널 조사』 각 해당 연도

[그림 5] 임금 근로자의 사업체 규모별 분포(2016, 단위: 천 명)

300인 이상(12.6%) 　2,467
100~299인(10.1%) 　1,971
30~99인(19.2%) 　3,748
10~29인(22.4%) 　4,379
5~9인(17.8%) 　3,479
1~4인(17.9%) 　3,503

* 자료: 통계청, 『경제 활동 인구 조사』, 2016

　　다섯 번째 문제는 경직적 노동시장으로 인해 기업이 한번 채용하면 해고가 어렵고 인력 유지에 많은 비용이 들어간는 점이다. 이에 따라 기업은 생산비를 낮추기 위해 신규 채용 인원을 가능한 한 줄이려고 하는 것이다.

여성의 경력 단절

　　외환위기 이후의 고용 증가는 여성이 주도했다. [그림 6]과 같이 2003년의 신용 대란 때와 2009년의 글로벌 금융위기 시기를 제외하고는 외환위기 이후 여성 취업자 규모와 고용률은 지속적으로 상승해왔다. 그 결과 2016년 15세 이상의 여성 고용률은 50.2%를 기록, 여성의 절반 이상이 취업을 하고 있으며, 여성 취업자의 규모도 1,111만 명을 돌파하여 전체 취업자의 42.4%에 달하고 있다.

　　이처럼 여성의 경제 활동이 증가했으나 다른 국가와 비교하면 한국

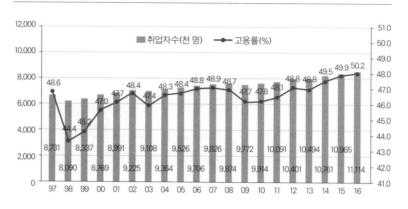

[그림 6] 여성 취업자 규모와 15세 이상 고용률 추이 (단위: 천 명, %)

* 자료: 통계청, 『경제 활동 인구 조사』, 각 해당 연도

여성의 경제 활동은 여전히 낮은 수준이다. [그림 7]을 보면 2014년 15~64세 한국 여성 고용률은 54.9%로, 다른 OECD 선진국과 비교

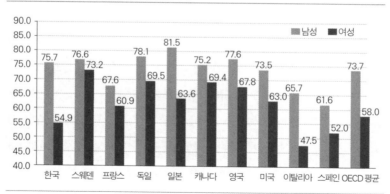

[그림 7] OECD 주요국의 남녀 성별 고용률: 15~64세 기준 (2014, 단위: %)

* 자료: OECD, 『2016 Employment Outlook』, 2016

[그림 8] 성별 · 연령별 고용률의 변화(2016, 단위: %)

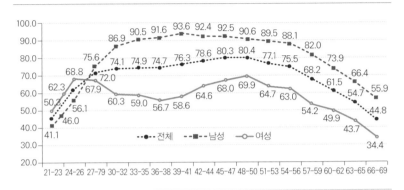

* 자료: 통계청, 『경제 활동 인구 조사』, 2016

하면 크게 낮다.⁶ 반면 남성의 고용률은 다른 OECD 선진국에 비해 낮지 않다. 따라서 한국의 고용률이 낮은 것은 여성의 낮은 고용률에 기인하고 있으며, 고용률 제고를 위해 여성 고용 활성화가 중요하다는 것을 알 수 있다.

여성의 고용률이 낮은 이유를 좀 더 세밀히 살펴보기 위하여 연령별로 여성 고용률을 분석하면 [그림 8]과 같다. 여성 고용률은 24~26세를 정점으로 하락했다가 36~38세 이후 다시 상승하는 전형적인 M자 곡선의 형태를 보인다. 이러한 M자형 고용률 변화는 여성 인력 상당수가 27세에서 35세 사이에 경력 단절을 경험한다는 사실을 반영한다. 따라서 15~64세 인구 고용률을 OECD 선진국 수준인 70% 이상으로 높이기 위해서는 무엇보다 여성의 경력 단절 완화가 중요하다.

무상보육 등 여성의 경력 단절 완화를 위한 정부의 정책적 노력이 어느 정도 성과를 거두면서 여성의 고용률은 지속적으로 상승해왔다. 하지만 최근 들어 20대 여성이 취업한 일자리 질이 낮은 것이 경력 단절의 주요 원인이라는 주장이 점차 설득력을 얻고 있다. 남성에 비해 취업이 어려운 여성들은 저임금에 고용이 불안한 질 나쁜 일자리에서 주로 근무하는데, 이런 일자리에서는 임금 상승이나 승진 기회가 적거나 없기 때문에 결국 결혼, 출산, 육아를 이유로 직장을 포기하고 가정으로 돌아간다는 주장이다.

실제로도 통계청(2016)의 『경제 활동 인구 조사』를 분석하면 30세 미만인 4년제 대졸 이상 고학력 여성 임금 근로자의 41.6%는 30인 미만의 영세 사업체에 근무하며 월평균 임금[7]은 174만 원에 불과한 것으로 나타났다. 이들 여성 임금 근로자 중 300인 이상의 대규모 사업체에 근무하는 비중은 13.8%에 불과하다. 따라서 여성의 경력 단절을 완화하기 위해서는 아직도 광범위하게 남아 있는 여성에 대한 직·간접적 차별을 해소[8]함과 동시에 여성의 일자리 질을 개선하려는 노력이 필요하다.

고령화와 생계 불안

2015년의 인구 주택 총조사 결과를 이용한 「장래 인구 추계」 결과 [그림 9]처럼 15~64세의 생산 가능 인구는 2016년을 정점으로 급격하게 줄어드는 반면, 65세 이상의 노령 인구는 2016년의 676만 명에서 2030년에는 1,296만 명으로 급증할 것으로 전망된다. 이에 따라 노년 부양비(=65세 이상 인구/15~64세 인구)는 2016년의 0.18에서 2030년에는 0.38로 급증하게 된다.

하지만 베이비붐 세대의 상당수는 노후 준비가 매우 부실한 상황으로 파악되고 있다. 국민연금연구원(2017)에 따르면, 한국노동연구원의 「18차(2015년) 한국 노동 패널 조사」를 분석한 결과 1955~1963년생인 제1차 베이비붐 세대 중 공적연금·퇴직연금·개인연금 중 어느 하나도 없는 부부가 전체의 35%로 나타났다. 비록 연금 소득이 있다고 하여도 그 금액이 노후 부부 생계를 위해 필요한 생활비의 절반에도 미치지 못한다.

향후 고령층 생계 유지를 위해 막대한 정부 재정이 요구되며 그 결과 재정 적자 증가와 더불어 성장 잠재력이 떨어져 고용 창출력도 낮아질 것으로 보인다. 또한 정부 재정 적자로 인해 저소득 고령층에게 생계 지원을 하더라도 그 지원 수준[9]이 낮아 고령자의 상당수는 빈곤을 벗어나지 못할 것이다. 이런 상황 아래 고령층은 생계유지를 위해 은퇴를 점점 늦출 수밖에 없다. 실제로도 [그림 10]과 같

[그림 9] 65세 이상 인구, 생산 가능 인구 및 노년 부양비 전망: 2016~2030년

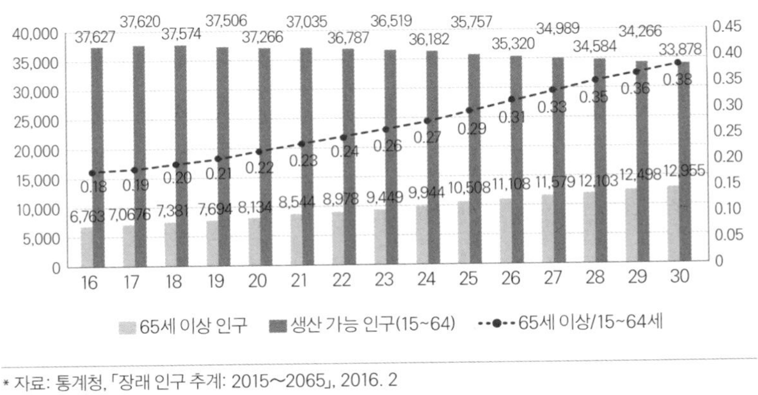

* 자료: 통계청, 「장래 인구 추계: 2015~2065」, 2016. 2

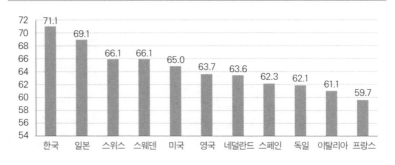

[그림 10] OECD 주요국 남성의 실제 은퇴 연령(단위: 세)

* 자료: OECD, 『2014 Employment Outlook』, 2014[《연합뉴스》(2015. 7. 23) 재인용]

이 OECD 주요국의 은퇴 연령이 연령 65세 전후인데 비해 한국은 71.1세에 달하고 있다.

생계유지의 어려움으로 나이가 들어서도 일할 수밖에 없는 근로자 대부분은 영세한 중소기업에서 비정규직으로 근무하거나 또는 소규모의 영세 사업을 운영하고 있다. 이들 대부분은 임금[10]이나 소득이 낮기 때문에 일을 하더라도 빈곤 상태를 벗어나지 못하는 근로빈곤에 빠져 있다.

인구 고령화는 고용 측면에서 두 가지 문제를 제기한다. 첫 번째는 고령자 상당수가 생계로 인해 계속 일을 해야 하기 때문에 사회 전체적으로 일자리 문제를 더욱 악화시킨다는 것이다. 다른 국가 같으면 이미 은퇴를 했어야 할 고령자들이 계속 노동시장에 있다 보니 청년이나 여성 등 다른 계층의 취업 기회가 줄어드는 것이다.

두 번째는 생계로 인해 취업을 희망하는 고령자 대부분은 기능과 기술 수준이 낮아 중소기업에서 일하거나 비정규직으로 일할 수밖에 없는 현실이다. 저기능, 저임금의 일자리에 고령자들이 몰리면서 이들 분야에 인력 수요보다 인력 공급이 많아지다 보니 임금이 상승하기 쉽지 않다. 그 결과 고기능 일자리와 저기능 일자리 사이의 임금 격차가 벌어져 소득 분배가 악화될 위험성이 있다.

고령화에 따른 문제를 해결하기 위해서는 사회안전망의 사각지대를 해소하여 누구나 국민연금 및 특수직역연금[11]과 같은 공적연금에 가입할 수 있도록 제도를 개선해야 한다. 연금이 성숙할 때까지의 과도기 동안에는 사회적 일자리 창출과 실업 부조[12]의 점진적 확대를 통해 고령자의 생계를 지원할 필요가 있다.

자영업의 경영난

다른 국가와 비교할 때 한국은 경제 수준에 비해 자영업 비중이

[그림 11] 취업자 중 자영업 종사자의 비중과 규모(단위: 천 명, %)

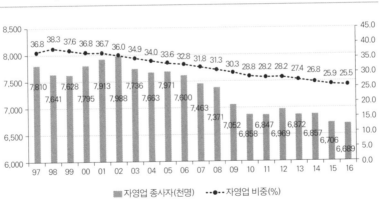

* 자료: 통계청, 『경제 활동 인구 조사』, 각 해당 연도

높은 국가다.[13] OECD 국가를 보면 통상 1인당 국민 소득이 증가할수록 취업자 중 자영업 종사자의 비중이 줄어든다. 한국도 예외는 아니다. [그림 11]처럼 자영업 비중은 1998년의 38.3%에서 지속적으로 하락, 2016년 25.5%까지 낮아졌으며, 자영업에 취업하고 있는 인력도 2002년의 7,988천 명에서 2016년 6,689천 명으로 줄어들었다.

이처럼 자영업 비중과 종사자 모두 큰 폭으로 줄어들었으나, 자영업 분야의 구조조정은 아직 진행형으로 자영업 비중이 20% 이하로 떨어질 때까지 계속될 것으로 전망된다. 따라서 자영업 분야의 연착륙을 위한 노력이 필요하며, 이를 위해서는 우선 자영업 종사자를 위한 고용 서비스 강화가 필요하다.

2. 구조

한국 노동시장에는 ① 낮은 고용률과 방대한 유휴 인력의 존재, ② 소득 양극화[14], ③ 고용 불안[15], ④ 장시간 근로, ⑤ 노동시장 이중 구조 등의 불균형 현상들이 나타나고 있다. 낮은 고용률, 소득 양극화, 고용 불안은 이미 상당히 알려진 것이므로, 여기서는 불균형 현상 중 장시간 근로와 노동시장 이중 구조를 중심으로 설명한다.

장시간 근로

한국은 OECD에서 연간 근로 시간이 가장 긴 국가 중 하나다. [그림 12]에서 보면 2015년 한국 근로자는 연간 2,113시간을 일했는데, 이는 멕시코 뒤를 이어 OECD에서 두 번째로 많은 근로 시간이다.

[그림 12] 2015년 OECD 주요국 근로자의 연간 근로 시간 비교(단위: 시간)

■ 연간근로시간

한국 2,113
호주 1,665
캐나다 1,705
프랑스 1,482
독일 1,371
이탈리아 1,725
일본 1,719
멕시코 2,246
네덜란드 1,419
스페인 1,691
스웨덴 1,612
영국 1,674
미국 1,790
OECD평균 1,766

* 자료: OECD, 『OECD database −annual working hours』, 2017

만약 한국의 근로 시간이 OECD 평균 수준이라면 고용률은 70%를 훨씬 넘어 고용 선진국 반열에 서 있을 것이다.

문제는 한국 근로자의 근로 시간 하락이 최근 주춤하고 있다는 것이다. 2011년 이전까지는 국민 소득 상승에 따라 여가 수요가 증가했고, 특히 주5일제 도입으로 5년 동안 약 100시간씩 근로 시간이 감소 중이었다. 그러나 2011년 이후 근로 시간의 하락 추세는 더 이상 이어지지 못하고 있다. 경기 불황으로 경영 상황이 어려워지자 근로자들은 살아남기 위해 열심히 일하고 있으며, 그 결과 근로 시간이 더 이상 하락하지 못하고 정체되고 있는 것이다.

이외에도 한국의 근로 시간이 긴 이유는 첫째, 대기업이 노동시장 경직성으로 인해 신규 채용을 꺼리기 때문이다. 근로자 해고가 어렵고, 채용 비용이 많이 들기 때문에 생산량 주문이 증가하면 기업은 신규 인력 충원보다 야근이나 주말 근무 형태로 기존 인력을 활용하

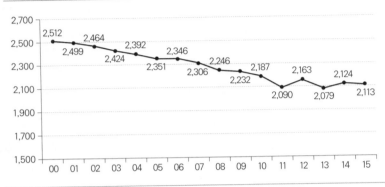

[그림 13] 한국 근로자의 연간 근로 시간 추이(단위: 시간)

2,512
2,499
2,464
2,424
2,392
2,351
2,346
2,306
2,246
2,232
2,187
2,090
2,163
2,079
2,124
2,113

00 01 02 03 04 05 06 07 08 09 10 11 12 13 14 15

* 자료: 고용노동부, 『사업체 노동력 조사』, 각 해당 연도

여 주문 증가에 대응한다. 근로자 입장에서도 노후 준비, 자녀 교육, 주택 구입 등으로 많은 비용이 필요한 상황에서 초과 근무 시 정상 근무 시간보다 50%나 더 많은 임금을 받을 수 있기 때문에 사용자의 초과 근무 요청에 응하는 것이다.

둘째, 중소기업은 인력 부족으로 필요한 인력을 충원할 수 없어서 기존 근로자를 활용하는 면도 있지만, 그보다는 임금 수준이 낮아 정상 근무만으로는 생활비를 충당할 수 없기 때문에 초과 근무를 선택하는 상황이 더 많다. 특히 식당, 숙박업 등에서는 8시간을 초과하여 근무하는 것이 일반화되어 있다.

셋째, 장시간 근로를 부추기는 기업 문화가 있다. 늦도록 근무하는 직원에게 좋은 평가 점수를 주는 것은 어쩌면 당연하다. 평가 제도가 제대로 구축되지 않은 기업에서 근로자들은 좋은 평점을 받기 위해 장시간 근무를 하는 것이다.

노동시장 이중 구조[16]

노동시장생태계의 불균형은 다양한 형태로 나타나고 있는데, 그중에서 가장 대표적인 현상이 노동시장 이중 구조다. 노동시장은 대기업 및 공공 부문 정규직의 제1차 노동시장과 영세 중소기업 및 비정규직의 제2차 노동시장으로 구분된다. 이 둘 사이에는 커다란 칸막이가 존재하고 있어 서로 이동하기가 어렵다. 그리고 제1차와 제2차 중 어디에 속하는가는 그 사람의 능력이나 노력보다 외부적 환경이나 운으로 결정된다. 특히 한국은 대기업과 중소기업, 여성과 남성, 정규직과 비정규직, 자영업과 임금 근로 등 다양한 측면에서 분절된 구조를 보이고 있으며, 이는 노동시장의 효율적 작동을 저해하고 있다.

이중 구조 아래에서 대기업과 공공 부문 정규직은 노동조합과 경직적 고용보호법의 우산 아래 고용 안정을 누리면서 고임금을 받는 반면, 중소기업 근로자와 비정규직 근로자는 고용 불안 속에서 저임금에 시달린다. 이러한 이중 구조가 지속됨에 따라 근로자들 사이에는 임금 등과 같은 근로 조건의 불평등이 고착화되고 재생산된다.

노동시장의 이중 구조 아래에서 근로자 간 임금 격차가 확대되고 저임금 근로자의 생계 불안이 지속됨과 동시에 구조적 실업도 증가하게 된다. 일단 제2차 노동시장에 들어가면 제1차 노동시장으로 이동하기 어렵다는 것을 알고 있는 청년들은 대기업 정규직으로 대표되는 제1차 노동시장의 좁은 문을 통과하기 위해 취업 재수도 불사하면서 취업 준비를 한다.

레비쳐와 테일러는 생산물에 대한 수요의 불확실성이 노동시장

이중 구조를 발생시키는 이론적 모형을 제시했다(Rebitzer and Taylor, 1991). 생산물 수요의 불확실성이 있을 때, 기업은 정규직과 비정규직 모두를 사용하는 것이 합리적 선택이며 불확실성이 높아질수록 비정규직 비중을 높게 가져간다. 이때, 근로자의 인적 자본량이 동일하고 서로 완전하게 대체할 수 있더라도 할당을 통해 특정 근로자는 정규직 또는 비정규직으로 채용된다.

이중 구조론은 양극화의 문제로 곧장 연결된다. 이중 구조가 없는 상황에서는 동일한 생산성을 가진 근로자 모두가 동일한 임금을 받을 것이다. 하지만 이중 구조 아래에서는 똑같은 생산성을 가진 근로자라 할지라도 제1차 노동시장과 제2차 노동시장 중 어디에 속하는가에 따라 임금 격차가 발생한다.

이런 노동시장 이중 구조의 대표적 사례가 앞서 살펴본 [그림 14]

[그림 14] 정규직과 비정규직 임금 및 상대 비율(%): 시간당 임금 기준

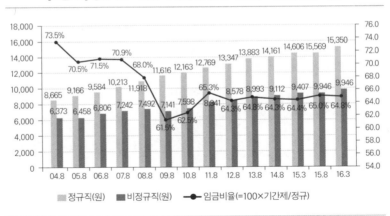

* 자료: 통계청, 『경제 활동 인구 조사 근로 형태별 부가 조사』, 각 해당 연도

와 같은 기업 규모 간 임금 격차 확대다. 이와 함께 정규직과 비정규직의 임금 격차도 노동시장 이중 구조의 대표적인 사례로 꼽히고 있다. [그림 14]를 보면 2016년 3월 비정규직의 시간당 임금은 정규직의 64.8%에 불과하며, 이러한 정규직과 비정규직의 임금 격차는 2010년대 들어 개선될 기미를 보이지 않고 있다. 2007년 이전에는 비정규직의 시간당 임금이 정규직의 70%를 넘었으나 2008년 이후 비정규직의 상대 임금이 급속하게 악화되었는데, 기간제 사용 기간을 2년으로 제한한 2007년의 기간제관련법이 주된 원인인 것으로 파악된다(금재호, 2015a)

노동시장 불균형의 원인

불균형 성장

일반적으로 경쟁시장에서는 불균형 상태가 발생하면 다시 균형으로 돌아가려는 힘이 발생한다. 시장의 수요 공급 원리로 수급 불일치가 해소되는 것이다. 하지만 이중 구조로 대표되는 한국의 노동시장은 이런 시장 원리가 제대로 작동하지 못하고 있다. 큰 틀에서 보면 그 원인으로 몇 가지를 들 수 있다.

먼저 2000년 이후의 경제 성장 내용을 살펴보면, 수출, 제조업 및 대기업을 중심으로 성장이 이루어져왔음을 알 수 있다. 문제는 생산 기지 해외 이전과 글로벌 아웃소싱, 자본 집약적 자동화로 인해 이들 분야의 성장이 내수 확대와 고용 창출로 이어지지 못하고 있다는 사실이다. 수출과 내수, 제조업과 서비스업, 대기업과 중소기업 사

[그림 15] 근로자 1인당 제조업 대비 서비스업의 상대 생산성 추이

* 자료: 한국은행, 『국민계정』, 각 해당 연도; 통계청, 『경제 활동 인구 조사』 각 해당 연도

이의 연결고리가 약해짐에 따라 고용 창출력이 큰 내수, 서비스업 및 중소기업. 분야는 오랜 기간 어려움을 겪고 있다.

이에 따라 제조업과 서비스업 사이의 생산성 격차가 확대되어왔다. [그림 15]처럼 2014년 서비스에 종사하는 근로자 생산성은 제조업 종사자의 40.4%에 불과한데, 제조업 근로자와 서비스업 근로자간 생산성 격차는 2004년 이후 지속적으로 확대되어왔다.[17]

기득권의 자기중심주의

한국의 대기업과 공공 부문 정규직들은 대부분 노동조합이나 강력한 고용보호법의 테두리 안에 있으며 개인적 이익과 권리에만 관심을 두고 있다. 비정규직 보호를 외치는 노동조합이 현장에서는 도리어 비정규직을 차별하고 배제한다는 주장이 설득력을 얻고 있다. 기업도 마찬가지다. 경영 환경이 어려울 때 해고나 생산 기지 해외 이전 등 상대적으로 손쉬운 선택을 해왔다.

그 손쉬운 선택의 예로 조기퇴직을 들 수 있다. 연공급 중심의 시스템에서는 장기 근속 근로자의 임금이 생산성보다 높아지는 역전 현상이 발생한다. 이를 임금 시스템 개편이라는 어려운 과제로 해결하기보다는 명예퇴직이나 조기퇴직이라는 명목 아래 중장년 근로자를 정리하는 것으로 해결해왔다. 이런 방식은 기존 근로자 및 노동조합의 반발을 최소화하면서 생산성이 낮은 고임금 근로자를 정리하는 손쉬운 방법이지만 사회·경제적 측면에서 보면 바람직한 길이 아니다. 즉, 조기퇴직을 한 근로자가 퇴직 이후의 삶을 실패했을 때 이들에 대한 생계 지원 부담은 고스란히 사회가 짊어진다. 사회·경제적 측면에서 가장 바람직한 길은 근로자가 자발적으로 은퇴할 때까지 같은 직장에서 계속 근무할 수 있도록 임금 및 인사 관리 시스템을 혁신하는 것이다.

사회적 대화 및 협력의 미흡

노동시장 참여자들의 양보와 희생정신 부족과 더불어 상생과 협력의 사회적 대화를 통해 문제를 해결하는 역량의 미성숙도 중요하다. 상생과 협력을 통해 고용 문제를 해결한 대표적 사례로 네덜란드를 들 수 있다. 1970년대의 네덜란드는 고용률이 50% 후반에도 못 미치는 매우 어려운 상황으로[18], 이를 극복하기 위해 1980년 바세나르 협약이라고 불리는 노사정 대타협을 체결했다. 네덜란드는 고용 문제 극복을 위해 '근로 시간 단축', '임금 상승 억제', '시간제 근로 활성화'의 세 가지 정책을 추진했다.

임금 상승 억제는 대외 경쟁력을 향상시켜 수출을 증가시키고, 이는 다시 경제 성장 및 고용 창출로 연결되었다. 또한 시간제 근로의 활성화로 복지 수요가 줄어들어 재정 지출이 감소하고 이는 국민들의 조세 부담 완화로 연결되어 근로자들의 실질 소득이 증가하게 되었다. 근로자의 실질 소득 증가는 내수 기반을 확충시켜 내수 경기를 활성화하고, 다시 경제 성장과 고용 창출을 활성화시켰다(금재호, 2012).

네덜란드의 사례에서 볼 수 있는 것처럼 근로자 및 사용주의 일시적 양보와 희생을 바탕으로 한 사회적 타협은 장기적으로 경제 성장과 고용 창출, 실질 소득 증가로 연결되어 근로자와 사용주 모두에게 도움이 된다. 이러한 사회적 타협과 협력이 실질적 효과를 거두기 위해서는 노사정 사이의 신뢰와 꾸준한 대화가 필요하다.

한국에서도 수차례에 걸쳐 사회적 대화와 타협이 추진되었지만 1998년 외환위기 당시를 제외하고는 거의 모두 실패로 돌아갔다. 그 이유는 근로자, 기업, 정부 사이의 뿌리 깊은 불신을 해소하지 못한 가운데 '보여주기'식, '한건주의'식 타협이 이루어졌기 때문이다. 특히, 2015년 9월 15일에 체결된 「노동시장 구조 개선을 위한 노사정 대타협」은 가시적 성과도 없이 노동조합과 정부 사이의 불신만 증폭시킨 최악의 대타협으로 평가된다.[19]

경직적인 노동시장의 법과 제도

경직적인 노동시장의 법과 제도는 노동시장 문제의 핵심 원인이다. 노동시장의 경직성 수준으로 나타내는 대표적인 법이 근로기준

법과 같은 고용보호법제EPL: Employment Protection Legislation다. 본래 고용보호법은 사용주에 비해 '을'의 관계에 있는 근로자의 권익을 보호하다는 취지를 가지며 개발 경제 시대에는 근로자의 기본권을 보호하는 긍정적 기능을 수행했다. 하지만 지금은 고용보호법제가 고용률 제고를 가로막는 장애 요인으로 작용하고 있는 것이 현실이다. 강력한 고용보호법제 아래에서 근로자의 임금 수준이 높아질 뿐만이 아니라 해고와 관련된 비용이 상승한다. 기업은 해고가 어려워짐에 따라 신규 채용을 꺼리게 되고, 제품 주문이 늘어나면 신규 채용보다 기존 근로자의 초과 근로를 통해 생산량 변화에 대응하는 방식을 선호하게 된다.

또한 고용보호법제가 제대로 적용되는 곳은 주로 대기업과 공공 부문이다. 영세한 중소기업이라면 법을 준수하기도 어려울 뿐만 아니라 위반하더라도 감독기관이 발견하여 처벌하기도 쉽지 않다. 대기업 근로자들은 근로기준법 등 법·제도뿐만이 아니라 단체 협약을 통해 보호를 받는 것이 일반적이다. 이처럼 고용보호법제와 단체 협약을 통해 고용이 보호되고 높은 임금을 받으니 기득권을 유지하려는 강력한 동기가 발생한다.

즉, 대기업이나 공공 부문 정규직에서 벗어날 경우 곧장 고용의 낭떠러지로 떨어지기 때문에 기존의 일자리 및 기득권을 유지하기 위해 노력을 다하게 된다. 그 결과 대기업과 공공 부문 정규직으로 대변되는 1차 노동시장과 영세 중소기업 근로자 및 비정규직으로 대변되는 2차 노동시장 사이의 벽은 더욱 두터워지게 된다.[20]

불공정한 노동시장

노동시장 유연성은 가치 중립적으로 노동시장 유연성이 반드시 긍정적 결과만을 초래하는 것이 아니다. 노동시장 유연성, 특히 고용보호 관련 규제를 완화하는 것은 기업의 채용과 해고비용을 낮추어 기업 경쟁력을 강화시키는 효과가 있다. 또한 근로자가 정규직으로 채용될 확률을 높이고 소득 분배를 개선하며 고용률이 높아지는 긍정적 효과가 있다.

하지만 유연성은 동시에 부(-)의 외부 효과를 초래한다. 한국의 중소기업 노동시장에서 보이는 것처럼 자유로운 채용 및 해고는 근로자의 기업 충성도와 몰입도를 약화시켜 생산성 향상을 가로막고 인적 자원을 개발할 동기를 낮추어 장기적으로 기업 경쟁력을 떨어뜨릴 위험성이 있다. 그리고 노동 공급이 풍부한 상황 아래에서 노동시장 유연화는 근로자 임금 수준을 생계비 이하로 낮추어 근로 빈곤을 발생시키고 노사 갈등을 불러일으킬 수 있다.

따라서 노동시장의 유연화, 특히 고용 보호 규제 완화가 고용에 긍정적 성과를 초래하기 위해서는 노동시장 공정성이 전제되어야 한다. 기업 규모에 따라 시장 지배력이나 경제력 격차가 크고, 불공정 거래와 독과점, 도덕적 해이가 횡행하는 상황 아래에서 가치 중립적 노동시장 유연화는 자칫 근로 조건 악화로 이어질 소지가 농후하다.

공정성은 노동이라는 상품의 공정 거래를 담보하는 것으로 ① 최소한의 임금 및 근로 조건이 보장되고, ② 불합리한 차별 없이 모두에게 균등한 기회가 제공되며, ③ 근로자의 능력과 기여에 따라 정당한 보상을 받는 상황을 의미한다. 상품시장에서 공정 거래의 중요성이 강조되는 것처럼 노동시장에서의 공정성은 인적 자원의 합리적·효율적 운용을 통해 기업의 생산성과 고용 증대에 기여할 것이다. 더불어 근로자의 고용 안정성을 제고함과 동시에 노동시장이 효율적으로 작동하도록 지원한다.

취약한 사회안전망

국민연금 등 사회안전망이 미흡하여 노후가 불안하고, 직장을 그만둔 뒤의 삶이 불안하다면 근로자들은 현재의 직장에 매달릴 것이다. 대기업의 정규직은 40대 후반에서 50대 초반에 직장을 떠나면 시베리아 벌판에 서 있는 것과 비슷하다. 따라서 근로자들은 노동조합을 중심으로 기존의 기득권(또는 생존권)을 지키기 위해 노력하는

[표 2] 임금 근로자의 사회보험 가입률 (2016. 3, 단위: %)

사회보험	모든 임금 근로자	정규직	비정규직
국민연금			
직장	68.6	83.2	37.5
지역	6.7	4.0	12.4
소계	75.3	87.2	49.9
건강보험			
직장	73.5	86.3	46.3
지역	12.9	7.4	24.8
의료수급	0.6	0.3	1.4
피부양자	11.3	5.1	24.5
소계	98.3	99.0	96.9
고용보험	70.6	84.2	44.5
모두 가입	68.5	82.9	37.8

* 자료: 통계청, 『경제 활동 인구 조사 근로 형태별 부가 조사』, 2016

[표 3] 임금 근로자의 부가 급여 수혜율 (2016. 3, 단위: %)

부가 급여	모든 임금 근로자	정규직	비정규직
퇴직금	71.6	85.3	42.4
상여금	71.4	86.1	40.0
시간외 수당	47.9	58.7	24.8
유급휴일·휴가	61.5	74.9	33.1

* 자료: 통계청, 「경제 활동 인구 조사 근로 형태별 부가 조사」, 2016

것이다.

우리나라는 [표 2]와 같이 직장을 통해 사회보험에 가입되어 있는 임금 근로자 비중이 국민연금 67.9%, 건강보험 72.1%, 고용보험 69.3% 수준에 불과하다. 특히, 비정규직은 절반 정도만 국민연금에 가입되어 있어 대부분 노후 준비가 안 되어 있다.

또한 국민연금만으로는 노후 생활이 충분하지 않다. 따라서 퇴직연금이나 개인연금 등이 뒷받침되어야 하는데, 통계청에 따르면 2016년 3월 기준 임금 근로자의 71.6%만이 퇴직금을 받을 수 있는 것으로 조사되었다. 따라서 30%에 가까운 임금 근로자들과 퇴직금 제도가 적용되지 않은 자영업 종사자들은 퇴직연금을 기대하기 어려운 상황이다. 더구나 퇴직연금이 제대로 정착되지 못하여 근로자 대부분은 퇴직금을 노후 대비를 위한 자금으로 간주하기보다 빚을 갚거나 생활비로 사용하고 있다. 이처럼 사회보장 시스템이 미비하기 때문에 근로자들은 자신의 기득권을 지키려고 하고 그 결과 노동시장생태계의 불균형이 지속되는 것이다.

정책 프레임의 한계

노동시장생태계 불균형의 네 번째 원인으로 단기적이고 대중적인 정책을 들 수 있다. 생태계 불균형 해소에 정부 정책은 매우 중요한 역할을 할 수 있다. 그러나 그동안의 정부 정책은 성과에 상당한 한계를 보여왔다.

고용률을 제고하는 방법으로 크게 다섯 가지 방법을 생각할 수 있다. 첫째는 경제 성장을 통한 고용 창출이다. 둘째, 같은 성장을 하더라도 성장의 고용 효과가 큰 분야에 집중적으로 투자하는 것이다. 한국에서 2000년대 초·중반에 문제가 되었던 '고용 없는 성장'은 수출, 대기업, 제조업 중심의 성장이 이루어졌기 때문에 발생했다. 성장의 고용 효과를 높이기 위해서는 내수 산업, 중소기업, 서비스업도 함께 가는 동반 성장이 중요하다. 셋째, 기업의 노동 선호도를 제고하는 것이다. 노동시장의 유연성을 강화하고 노사 관계 선진화 및 노사 간 신뢰를 구축한다. 기업이 원하는 창의적 인재 양성을 통해 기왕이면 기업이 더 많은 인력을 고용하도록 유도하는 것이다. 넷째, 고용 친화적 정책 강화이다. 고용 친화적 재정 및 조세 정책을 확대하고 고용-복지의 연계를 강화하며, 규제 합리화를 통해 정부의 정책 효과를 제고하는 것이다. 다섯째, 정부 재정을 통한 일자리 창출이다. 복지 지출 확대를 통한 사회적 일자리 창출과 더불어 청년, 여성, 중장년층 등 취업 애로 계층 지원, 각종 고용 보조금, 인턴제, 희망 근로 등을 통한 일자리 창출 지원이다.

문제는 그동안의 고용 정책이 위의 다섯 가지 정책 중 정부 재정을 통한 일자리 사업에 집중되어 있었다는 점이다. 더구나 고용 서비스망 강화, 사회안전망의 사각지대 해소 등 중장기적 과제보다 단기적이고 대중적 정책에 정책 역량이 집중됨에 따라 정책 성과가 기대에 미치지 못하고 있다. 노동시장생태계 복원을 위해서는 단기적이고 대중적 정책이 아니라 노동시장의 구조적 모순을 해결할 수 있는 장기적이고 근본적 개혁이 요구된다.

3. 생태계

4차 산업혁명과 노동시장의 변화

4차 산업혁명으로 인해 노동시장은 크게 변화할 것이다. 1차에서 3차에 걸친 산업혁명의 경험에 비추어보면 사라지는 일자리가 있는 반면, 새로 나타나는 일자리도 있기 때문에 일자리의 종류와 구성에 변동은 있어도 일자리 전체의 규모가 줄어들지는 않을 것으로 보인다. 하지만 4차 산업혁명으로 인하여 기존의 근로 관계 및 일하는 방식이 크게 변화될 것으로 전망된다(정진호 외, 2016). 4차 산업혁명으로 인해 불어올 노동시장의 변화를 정리하면 다음과 같다.

첫째, 고용 형태 측면에서 정규직은 점차 줄어드는 반면, 기간제, 파견, 재택근무, 시간제, 초단기 계약 등 다양한 고용 형태가 증가하게 된다.

둘째, 정규직과 비정규직의 구분이 모호해지고 정규직과 비정규직 어디에도 포함시키기 어려운 중간 단계의 일자리가 증가하며, 일하는 방식도 프로젝트형 근로가 증가할 것이다.

셋째, 임금 근로자도 아니고 자영업자도 아닌 회색지대 근로자[21]

증가가 기대된다. 이에 따라 임금 근로자 중심의 기존 노동 관련 법과 제도의 적용을 받지 않는 근로자가 늘어난다.

넷째, 고용 관계에서 고용주의 지휘와 명령에 따라 일하는 것이 아니라 스스로 자신의 업무를 결정하는 자율적 근로가 확대된다. 특히 근로자 한 사람이 여러 명의 고용주를 위해 일하는 사례가 늘어날 것이다.

다섯째, 근로 방식과 장소에 온라인 근로, 재택 근로, 원격 근로 등의 확산으로 근로 공간과 비근로 공간 사이의 구분이 모호해지며 근로와 여가와의 구분도 약해진다.

여섯째, 보상 제도도 투입 시간에 근거한 기존의 시간급 대신 성과에 근거한 성과급 제도가 더욱 확산할 것이다. 근로자와 사용자 간 개별적 근로 계약이 증가하면서 최저임금 제도의 적용이 어려워질 것이다.

일곱째, 노사 관계에서 집단적 노사 관계가 약화되고 근로자와 사용주 사이의 개별적 근로관계의 중요성이 높아진다.

이처럼 4차 산업혁명으로 인한 근로관계 및 일하는 방식의 변화는 필연적으로 노동시장생태계에도 영향을 미칠 수밖에 없으며 특히 개별 근로자와 사용주 사이의 근로관계가 더욱 중요해지면서 노동조합의 기능이 약화될 가능성이 농후하다. 개인 근로자의 입장에서는 자신의 경쟁력을 유지하기 위한 평생학습이 더욱 중요해질 것이며, 다양한 형태의 고용 관계가 나타남에 따라 기업의 인력 관리 부담이 커질 것이다.

이런 미래의 도전 아래에서 고용 문제를 해결하기 위해서는 노동시장의 유연성 강화와 더불어 시장 기능이 제대로 작동할 수 있는 생태계 구축이 중요하다. 특히 '유연-공정-안정'의 3각 편대를 구축해야 한다. 이를 통해 노동시장 이중 구조를 해소하고 노동시장을 유연하게 함으로써 고용률을 높이고, 소득 분배 개선, 고용 안정, 근로 시간 단축 등을 도모하는 것이다.

공정한 노동시장 구축

공정한 노동시장을 구축하기 위해서는 대기업 노조의 독점적 지위를 약화시킬 필요성도 있지만 일부 기업의 부당 행위도 철저하게 관리·감독할 필요가 있다. 먼저 공정 보상 시스템 구축이 중요하다. 근로자 간 격차의 해소를 위해서는 '동일 가치 노동, 동일 임금'의 원칙 아래 불합리하고 차별적인 임금 격차 해소가 중요하다. 그리고 이런 원칙이 현장에 적용되기 위해서는 정확한 직무 분석 및 공정한 평가가 선행되어야 할 것이다. 올바른 직무 분석 및 평가 시스템은 근로자 간 차별 해소뿐만 아니라 기업의 경쟁력 강화와 근로자 고용 안정을 위해서도 중요한 과제다.

두 번째는 임금 시스템 개편이다. 연공 및 정규직 중심의 임금 시스템을 능력과 성과에 기반을 둔 임금 시스템으로 전환해야 한다. 능력과 성과 중심의 임금 시스템은 4차 산업혁명에 한국이 선도적으로 대응하기 위해서도 중요하다. 특히 정부는 기업의 직무 분석 및 임금 시스템 합리화를 지원하기 위해 ① 관련 컨설팅 서비스를 강화하고, ② 업·직무별로 직무 표준을 제시하며, ③ 우수 사례 개발 및 확산을 지원한다.

세 번째는 기업에 근무하고 있는 취약 근로자의 대표성을 강화해야 한다. 특히, 노동조합이나 기업경영에 비정규직, 여성, 고령자 등 취약 근로자의 의견이 반영되도록 하는 것이 중요하다. 예를 들어, 비정규직 비중이 일정 수준 이상이 되는 기업이라면 노사협의회에 비정규직 대표가 의무적으로 참여하도록 하는 것이다. 단체 협약을 체결할 경우에도 노동조합 대표가 협약 체결 이전에 비정규직[22] 등 취약 계층 의견을 청취함으로써 이들의 입장이 반영될 수 있도록 길을 열어줄 필요가 있다.

유연한 노동시장

향후 4차 산업혁명 등 환경의 변화가 일자리 감소로 이어지지 않도록 하려면 기업의 노동비용을 줄이고, 환경 적응력을 높이는 방향에서 노동시장의 유연화 노력이 필요하다. 더불어 근로자와 고용주 사이의 개별적 근로관계에 대한 법과 제도를 정비함과 동시에 평생학습 체계를 확충하여 변화하는 환경에 대한 근로자들의 대응력을 제고해야 한다.

정규직에 대한 고용 보호 완화

노동시장 유연화를 위해 현재 각종 법·제도 및 관행을 통해 지나치게 보호받고 있는 정규직 보호를 완화하도록 한다. 경영상 해고 기준을 명확하게 하여 경영상 해고의 정당성을 둘러싼 논란을 해소함과 동시에 기업의 해고 회피 노력에 대한 해석을 확대하여 경영상 해고 범위를 넓히도록 한다.

부당 해고자에 대한 금전보상 제도 확대도 필요하다. 부당 해고로 판결이 나도 원직 복직 대신 금전적 보상으로 대체할 수 있도록 허용함으로써 원직 복직으로 인한 기업 부담을 완화한다. 또한 근로자에게 불리한 취업 규칙 변경 시 과반수 노조나 근로자 과반수 동의를 구하도록 되어 있는 근로기준법상의 취업 규칙 변경 제도가 지닌 경직성을 완화하여 필요에 따라서는 근로자 동의 없이도 취업 규칙을 변경할 수 있도록 규제를 완화하는 것도 바람직하다.

고용 형태의 다양화

정규직과 비정규직 사이에 있는 새로운 형태의 고용을 개발함으로써 정규직과 비정규직 사이의 격차를 완화하는 방안을 고려할 수 있다. 노동시장 이중 구조의 대표적 사례가 정규직과 비정규직의 이원적 노동시장 구조임을 감안할 때, 중간 단계의 일자리를 창출하려는 노력은 곧장 노동시장 이중 구조 해소로 이어진다.

구체적 방안의 하나로 임금 등의 처우는 정규직과 동일하지만, 취업 후 1년 이내에는 해고가 용이한 근로자를 채용하도록 하는 것이다. 이런 방법을 통해 정규직과 비정규직 사이의 격차를 줄일 수 있을 것이다. 예를 들어 스페인은 50인 이하 사업장의 경우 1년의 수습 기간을 인정하고, 이 기간 중에는 고용보호법 적용을 유예하여 해고가 가능하도록 하고 있다.

기간제 및 파견[23]에 대한 규제 완화

기간제의 사용 기간을 현행 2년에서 4년으로 연장해야 한다. 기간제 사용 기간을 최대 2년으로 제한한 2007년의 비정규직관련법이 시행된 결과, 비정규직의 정규직 전환이 증가할 것이라는 입법 취지와는 반대로 고용 불안 악화, 정규직과의 임금 격차 확대, 정규직 전환 가능성 하락과 같은 부작용이 발생했다. 따라서 노사 합의를 전제로 기간제 사용 기간을 현행 2년에서 4년으로 연장할 필요가 있다. 4년으로 사용 기간을 연장하면 비정규직 근로자의 임금 수준이 상승할 뿐만이 아니라 정규직으로 전환될 가능성도 높아질 것이다.

하지만 사용 기간이 연장되면 기업이 정규직 대신 기간제를 사용할 것이라는 노동조합의 우려를 해소하기 위해 기간제를 사용하는 기업에는 기간제 사용 부담금을 징수한다. 징수된 부담금은 비정규직 근로자의 직업 훈련, 고용 서비스 등에 사용하거나 계약 기간이 만료되었을 때 근로자에게 지급하는 보상금으로 사용할 수 있다.

또한 기간제(또는 한시적) 근로자 비율 상한선을 설정하여 비정규직 남용을 억제하는 방안도 고려할 수 있다. 산업 및 경기 상황을 감안하여 일정 규모 이상의 기업에 기간제(또는 한시적) 근로자를 채용할 수 있는 상한선(또는 가이드라인)을 제시하는 것이다. 가이드라인을 넘어선 기업에 대해서는 비정규직을 줄이는 고용 개선 조치를 실시하도록 지도하고 개선이 실제로 이루어지고 있지 철저한 모니터링을 실시한다.

파견 근로자의 근로 조건은 용역이나 일일 근로에 비해 상대적으로 뛰어나다. 임금 수준이 높을 뿐만 아니라 고용 안정성 및 사회보험 가입률 면에서도 용역 근로자보다 좋은 것이 사실이다. 따라서 파견 활성화를 통해 용역 근로자를 파견으로 전환하도록 한다. 또 현재 사회 문제가 되고 있는 불법 파견 문제를 해결하기 위해서도 파견 허용 업종[24]을 뿌리 산업[25], 제조업 등으로 대폭 확대하되, 일본의 사례처럼 파견 근로자에 대한 고용 안정 조치 의무화, 불법 파견에 대한 엄격한 적발과 처벌 등의 정책을 동시에 추진한다. 파견 업체의 대형화 및 전문성 강화를 유도하여 파견 업체가 불법 행위를 할 위험성을 낮추고 서비스의 질을 개선하도록 지원할 필요도 있다.

고용 서비스 강화

시장 원리로 노동시장이 작동하기 위해서는 고용 서비스가 중요하다. 한국은 외환위기 이후 본격적으로 고용 서비스를 확충하기 시작했는데, 아직 서비스의 양과 질에서 선진국 수준에 미치지 못하고 있다. 특히 고용 서비스를 담당하고 있는 고용노동부의 고용복지플러스센터에서는 구직자에 대한 심층 상담, 직업훈련 소개, 취업 알선 등의 실질적 서비스보다는 고용보험의 실업급여를 지급하는 행정적 업무에 몰입되어 있는 상황이다.

노동시장 유연성 강화와 더불어 노동시장의 기초 인프라로서 고용 서비스 강화가 요구된다. 고용복지플러스센터에서는 고용 서비스를 담당할 인력을 확충해야 할 뿐만 아니라 전문성을 제고하여 질 높은 서비스를 구직자에게 제공해야 한다. 또한 노동시장 정보 고속도로를 구축하여 근로자들에게 필요한 정보를 적기에 제공해야 할 것이다.

사회안전망의 강화: 안정된 노동시장

사회보험 사각지대 해소

앞에서 논의한 것처럼 임금 근로자의 상당수는 사회보험에서 배제되어 퇴직 후 생활에 불안감이 높다. 꾸준히 국민연금에 가입되어 있었어도 그 연금만으로 생활이 어려운 상황에서 정부가 국민연금조차 가입하지 못한 국민들의 노후를 책임지기 위해서는 엄청난 예산이 소요될 것이다. 현재도 국민연금 등 사회보험 가입을 지원하기 위해 '두루누리 사업', '실업크레딧'[26] 등의 지원 정책이 있으나 그 한계가 명확한 상황이다. 이에 따라 현행 사회보험 제도의 포괄적 개편을 통해 사회보험 가입의 사각지대를 해소해야 한다.

사회보험 적용·징수의 완전한 통합이 필요하다. 사회보험 적용·징수의 완전한 통합은 피보험자 개인별 관리 시스템을 전제로 하고 있다. 보험에 따라 서로 다른 피보험자 관리 방식을 통합하고 이를 완전한 개인별 관리 시스템으로 전환해야 한다.

사회보험 사각지대에 있는 대표적 직업으로 가사 도우미나 간병인 등 가사 근로자를 들 수 있다. 이들도 근로자로서 사회보험에 신고하고 보험료를 납부하도록 한다. 대신 사용자에게는 연말정산 시 가사 근로자에게 지급한 임금 및 사회보험료를 비용으로 간주해주고 소득공제를 인정한다. 이런 제도는 가사 근로자와 사용자 모두 자발적으로 사회보험에 가입할 유인을 제공할 것이다.

임금 근로자는 특별한 경우가 없는 한 직장을 통해 가입하도록 제도를 보완해야 한다. 이는 국민건강보험도 마찬가지로, 특별한 사례를 제외하고 임금 근로자는 모든 해당 직장을 통해 가입되도록 제도의 개편이 요구된다. 이외 비정규직의 한 형태인 특수 근로 형태, 일일 근로, 가정 내 근로도 직장을 통해 국민연금 및 국민건강보험에 가입되도록 제도 개선를 해야 한다.

실업 부조의 단계적 확대

노동시장 안정화를 위해 필수적으로 논의해야 할 과제가 실업 부조 문제이다. 현재 실업급여가 완료되었거나 실업급여를 받을 수 없는 개인의 생계를 어떻게 지원할 것인가가 커다란 이슈로서, 정치권 일각에서는 기본 소득 도입을 주장하고 있다. 실업 부조는 미취업이거나 또는 취업을 했더라도 빈곤을 벗어나지 못하는 개인 또는 가구에게 생활비를 지원하는 제도다. 한국에서는 국민기초생활보장 제도와 기초노령연금이 대표적인 실업 부조의 하나로 간주된다. 하지만 국민기초생활보장 제도는 지원을 받는 국민들의 숫자가 적을 뿐만이 아니라 일할 수 있는 능력이 없는 '근로 무능력자'가 대부분이다. 65세 이상의 고령자를 대상으로 '기초노령연금'을 지원하고 있지만 그 금액이 월 최대 204,010원에 불과하여 이것만으로는 생계가 불가능하다. 따라서 근로 능력이 있음에도 빈곤 상태에 처한 근로자의 생계 지원을 위해 기본 소득이나 실업 부조를 지급해야 한다는 주장이 점차 강하게 대두되고 있다.

하지만 현재의 고용 상황 및 재정 부담 등을 감안할 때 전면적 실업 부조 제도의 도입은 사실상 불가능하다. 독일, 영국, 스웨덴 등 유럽 OECD 국가 대부분은 전면적 실업 부조 제도를 사용하고 있는 데, 실업 부조로 인한 막대한 비용을 충당하기 위해서는 15~64세의 고용률이 최소한 70%가 되어야 하며 국민의 조세 부담율도 지금보다 훨씬 높아져야 한다. 고용률이 낮은 프랑스, 이탈리아, 스페인, 그리스 등이 2009년의 글로벌 금융위기로 인해 고난을 겪었던 중요한 이유는 지나치게 관대한 사회보장 제도 때문이었다. 즉, 고용률이 낮기 때문에 세금을 내는 사람은 적은 데 반해 실업자가 많아 실업 부조를 지급해야 할 사람은 많다. 하지만 포퓰리즘으로 인해 북유럽 복지 국가 수준의 복지 시스템을 운영하려다 보니 재정 적자와 금융 부채가 증가하고 그 결과 위기가 발생한 것이다.

따라서 전면적 실업 부조 제도와 같은 사회안전망이 지속 가능하기 위한 전제 조건으로서 고용률 70%가 필요하며, 이에 고용률 70%의 달성 이전에 빈곤 및 소득 불평등 완화를 위해 무엇을 해야 할 것인가라는 질문이 제기된다. 이와 관련하여 세 가지의 접근 방법이 고려될 수 있다.

첫 번째는 기존의 근로 장려 세제를 확대하여 근로 장려 세제의 혜택을 받을 수 있는 소득 범위를 확대하는 것이다. 2016년에는 맞벌이 가구를 기준으로 연간 소득이 2,500만 원 이하이면 근로 장려 세제 혜택을 받을 수 있었는데, 이를 점차 확대하자는 것이다.

두 번째는 실업급여의 확충이다. 실업급여를 받을 수 있는 기간을 1~2개월 늘이고 실업급여의 상한액도 현실에 맞게 조정하는 것이다. 현재는 비자발적 실업자만 실업급여를 받을 수 있지만, 자발적 실업자도 실직 기간이 3~6개월 이상이 되면 심사를 통해 실업급여를 지급하도록 제도를 확대한다.

세 번째는 고용 연계형 실업 부조의 부분적 도입이다. 국민기초생활보장 제도, 실업급여, 근로 장려 세제, 희망 근로 등 기존의 사회안전망에서 제외되어 있는 빈곤 가구에 대해 재정 상황을 고려하면서 실업 부조를 단계적으로 도입한다. 특히, 중요한 것은 실업 부조를 받았다면 취업 노력을 의무화하여 실업 부조의 부작용[27]을 완화해야 한다는 것이다. 독일은 하르츠 개혁을 통해 고용 센터에서 추천하는 일자리 취업을 거부할 경우 급여의 30~100%를 삭감하고 있다. 현재 논의되고 있는 기본 소득과 독일 실업 부조의 근본적 차이는 취업 의무 여부이다.

퇴직연금 제도의 개편

국민연금만으로 노후 준비가 어려운 상황에서 이를 보완할 수 있는 퇴직연금에 최대한 많은 국민들이 가입할 수 있도록 제도를 개선할 필요가 있다. 기대 수명이 늘어나고 저출산·고령화가 심화됨에 따라 노후 대비를 위해 '1개인 2연금'이 필요한 시대가 왔다. 따라서 임금 근로자는 국민연금+퇴직연금, 자영업 종사자는 국민연금+개인연금을 통해 기본적 노후 생활을 보장할 수 있도록 제도적 기반을 확고히 해야 한다. 특히 퇴직연금에 가입할 수 없는 근로자 대부분이 퇴직연금에 가입할 수 있으려면 1년 이상 근속이 아니라 1개월만 근무해도 퇴직연금 가입 대상이 되도록 제도가 보완되어야 한다.

계층별 대책

비정규직

정규직 보호는 완화하고 비정규직 처우는 개선함으로써 정규직과 비정규직 사이의 격차를 해소해나가야 한다. 앞에서 논의한 것처럼 4차 산업혁명 등으로 인해 초단기 계약, 특수 형태 근로, 시간제 근로 등 새로운 형태의 비정규직이 증가하고 있다. 이에 비정규직을 완전하게 없애는 비정규직의 정규직화보다 비정규직을 인정하되 임금 등 근로 조건 격차 해소에 초점을 맞추는 것이 바람직하다. 이는 OECD, EU, ILO 등 국제 기구의 입장이기도 하다.

그럼에도 법과 제도의 합리적 개편을 통해 비정규직 남용을 방지하고 정규직 고용 관행을 확산하도록 한다. ① 기간제 사용에 대한 기업 부담금 징수, ② 기간제 근로자 비율 상한선 설정 등을 통해 비정규직 남용 방지도 필요할 것이다.

정규직과 비정규직 간 격차 해소를 위해서는 불공정 임금 격차 해소를 위한 인사 및 보상 시스템 구축 지원과 더불어 노사협의회, 단체 협약 등에서 비정규직의 대표성 강화, 그리고 비정규직 생산성 향상을 위한 직업교육 훈련 지원 강화 등이 요구된다. 특히 단체 협약 체결 시 비정규직 대표의 의견을 청취하도록 한다.

비정규직의 정규직 전환 기회 확충도 매우 중요하다. 비정규직 상당수는 직장 이동을 통해 정규직으로 이동하는데, 직장 근속 기간이 길수록 정규직 전환율이 높아지는 것으로 나타나고 있다(금재호, 2015a). 이에 노사 합의를 통한 기간제 사용 기간 연장, 정규직과 비정규직 중간에 있는 무기계약직(준규직) 확대, 비정규직에 대한 고용 안정 노력 의무화 등의 정책이 필요하다.

청년

청년 취업난은 구조적 문제로 해결이 쉽지 않다. 기본적으로 성장을 통한 일자리 창출이 청년 취업난 해소의 핵심이다. 청년 구직난 해소를 위해서는 '양질의 일자리' 창출이 필요하며, 인턴이나 일·학습병행제 등 일부를 제외한 정부 정책 대부분은 효과가 낮은 것으로 평가된다. 이에 기업이 인적 자원을 좀 더 유연하고 효율적으로 활용할 수 있는 길을 터주는 것이 청년에 대한 기업의 인력 수요를 높여 청년 취업난 해소에 기여할 것이다. 또한 청년 창업을 활성화하고, 창업에 실패하더라도 재도전할 수 있는 제도적 기반을 구축할 필요성이 있다.

여성

고용률을 선진국 수준으로 올리기 위해서는 여성의 고용률 제고, 특히 경력 단절 예방이 핵심이다. 이를 위해 우선 보육 서비스의 질을 제고한다. 국공립 보육 시설 확대와 더불어 민간 보육 시설의 서비스 질을 향상시킴으로써 국공립 보육 시설과 민간 보육 시설 사이의 질적 격차를 완화한다. 이를 위해 부실 민간 보육 시설을 지자체가 매입하여 운영하는 것도 생각할 수 있다.

또한 여성에 대한 직·간접적 차별을 해소하고 여성의 일자리 질을 개선한다. 여성이 주로 취업하고 있는 중소기업과 대기업 간 격차를 해소하고, 여성이 절반 이상을 차지하는 비정규직과 정규직의 격차를 완화하도록 한다. 유연 근로(시차 출근제, 재택 근로 등) 및 양질의 시간제 근로 확대도 여성의 고용률 제고에 기여할 것이다.

중·고령자 및 자영업 종사자

한국의 중·고령자는 사회안전망의 미흡으로 인해 OECD 국가 중 가장 늦게까지 일할 수밖에 없는 상황이다. 이에 당분간 누구든지 능력과 의지가 있으면 생활이 가능한 임금을 받으며 70세까지 일할 수 있는 기반을 구축한다. 특히 베이비부머(6,950천 명)의 적극적 경제 활동을 지원할 필요성이 있다. 사회 공헌 활동 등 사회적 일자리를 창출하며, 고령자 친화적인 작업 환경을 조성한다. 또한 법적 정년의 단계적 연장도 요구된다. 현재 국민연금 수급 연령은 61세인데, 2018년부터는 62세로 1년 늦추어진다. 이에 60세에 정년이 되더라도 2년 동안은 국민연금의 사각지대가 발생하게 된다. 따라서 정년과 국민연금 수급 연령과의 격차를 좁히기 위해 청년 취업난 등 노동시장 환경을 감안하면서 단계적으로 정년을 61세 이상으로 연장해야 할 것이다.

자영업자에 대해서도 국민연금, 고용보험 등 사회보험 가입률을 높이고, 준비된 창업을 유도한다. 이와 동시에 자영업을 그만둔 근로자의 재취업 지원 서비스를 강화한다. 또한 비공식[28] 자영업의 공식화를 유도하여 비공식 영세 자영업자들이 사회적 보호를 받을 수 있도록 한다.

정부의 일자리 정책 5년 로드맵과 노동시장생태계

한국의 일자리 문제는 구조적 문제로, 생태계 회복을 위해서는 장기적인 관점에서 노동시장의 구조 개혁을 위한 노력이 필요하며, 이를 위해 노사정이 함께 협력하고 노력해야 할 필요성을 강조한다. 최근 정부는 향후 5년 동안의 일자리 로드맵을 발표하면서, 10대 중점 과제와 100개 세부 추진 과제를 제시했다.

로드맵의 내용을 자세히 살펴보면 대부분 이전 정부의 정책 기조를 이어가고 있지만, '③ 공공 일자리 81만 명 창출', '⑧ 비정규직 남용 방지 및 차별 없는 일터 조성', '⑨ 근로 여건 개선'의 세 분야에서 지난 정부들과 명확한 차이를 보이고 있다.

'③ 공공 부문 일자리 창출'과 관련되어 2022년까지 경찰, 부사관, 소방관 등 현장 민생 공무원을 17.4만 명 증원하고, 보육, 요양, 장애인 지원, 보건 의료, 환경 문화 등 사회 서비스 분야의 인력을 17만 명 증원할 계획이다. 나아가 2019년부터 사회서비스공단을 설치하여 추가적으로 17만 명을 고용함으로써 사회 서비스 분야에서 총 34만 명을 충원한다. 이외에도 상시·지속적 업무를 수행하는 공공 부문의 비정규직 30만 명을 단계별로 정규직으로 전환할 계획을 제시하고 있다. 이들 공공 부문 일자리 창출의 상당수는 신규 창출이라기보다 비정규직의 정규직 전환 또는 민간 사회 서비스 인력의 공공 부문 전환으로서, 실제로 창출되는 일자리는 35~40만 정도일 것으로 판단된다.

'⑧ 비정규직 남용 방지'에 대해 정부는 현재의 2년 기간 제한에서 사용 사유 제한 방식으로 개편함으로써 비정규직, 특히 기간제의 남

[표4] 일자리 정책 5년 로드맵의 10대 중점 과제

분야		10대 중점 과제
일자리 인프라 구축		① 일자리 중심 국정 운영 시스템 구축 ② 일자리 안전망 강화 및 혁신형 인적 자원 개발
일자리 창출	공공	③ 공공 일자리 81만 명 확충
	민간	④ 혁신형 창업 촉진 ⑤ 산업 경쟁력 제고 및 신산업·서비스업 육성 ⑥ 사회적 경제 활성화 ⑦ 지역일자리 창출
일자리 질 개선		⑧ 비정규직 남용 방지 및 차별 없는 일터 조성 ⑨ 근로 여건 개선
맞춤형 일자리 지원		⑩ 청년·여성·신중년 등 맞춤형 일자리 지원

* 자료: 일자리위원회, 『일자리 정책 5년 로드맵』, 2017. 10

용을 방지한다. 또한 비정규직 과다 사용 기업의 사회적 부담 확대를 위해 현행 고용형태공시제 및 기업공시제를 확대하며, 비정규직의 정규직 전환을 유도하기 위해 공공 조달 제도를 개편하여 비정규직을 많이 사용하는 기업에게 불이익을 주는 방안을 제시하고 있다.

'⑨ 근로 여건 개선'의 핵심은 2020년 최저 임금 1만 원 달성이다. 최저 임금 상승으로 인한 기업의 부담을 완화하기 위해 일자리안정자금을 신설(2018년 2조 9,708억 원)함과 동시에, 최저 임금의 산입 범위를 조정하는 등의 제도 개선 방안을 마련한다.

이러한 정부의 일자리 로드맵에 대해 먼저 정책 간 충돌을 어떻게 해결할 것인가의 의문이 제기된다. 4차 산업혁명에 대비하고 성장 잠재력 확충을 위한 경제 및 산업 정책은 기업의 적극적 참여를 필요로 한다. 하지만 로드맵에 제시된 비정규직 규제 강화, 최저 임금 인상, 근로 시간 단축 등의 규제 중심 정책은 노동비용 상승을 통해 민간 부문의 고용을 위축시킬 우려가 있다. 2016년 제조업의 26.5%가 부실 징후[29]를 보이고 있는 가운데, 보호무역주의의 확산, 중국의 추격 북한 핵 문제를 둘러싼 정치·군사적 불확실성 아래에서 노동 시장의 규제 강화는 생산 자동화, 해외 이전, 한계기업의 폐업, 외국인 투자 위축을 통해 고용에 부정적 영향을 초래할 것이다.

둘째, 저출산·고령화로 인해 재정 위기가 우려되는 가운데, 재정 확대를 통한 일자리 창출은 성장 잠재력 하락 및 재정 위기를 초래할 것이다. 일자리 로드맵에서 현장 민생 공무원의 증원과 보육·요양 등 사회 서비스 일자리 창출과 관련된 소요 예산만 2022년까지 29.6조 원이 소요될 것인데, 증세가 이루어지지 않는다면 이는 재정 적자의 확대로 귀결될 것이다.

셋째, 4차 산업혁명으로 인해 비정규직이 계속 증가할 것으로 예상되는 가운데, 비정규직을 억제하는 정책이 기대한 효과를 낳을 것인가 하는 의문이 있다. 비정규직 문제를 해결하는 가장 좋은 방법은 정규직에 대한 고용 보호를 낮추는 대신, 비정규직 규제를 강화하고 이들의 근로 조건을 개선함으로써 정규직과 비정규직 사이의 격차를 최소화하는 것이다. 현재의 로드맵에는 정규직에 대한 유연화 정책은 찾아볼 수 없고[30], 비정규직 사용을 억제하는 데 초점이 맞추어져 있다. 이는 기업의 일자리 창출 역량 하락으로 이어질 것이다.

선진국의 노동 개혁 과정을 살펴보면 노동 시장 유연성의 제고가 수반되지 않은 정책은 대부분 실패로 돌아갔다. 현 정부의 일자리 정책 5년 로드맵은 장기적이고 구조적 관점에서 노동시장의 문제를 해결하려는 노력이 미흡해 보이며, 기업의 노동비용을 상승시키고 일자리 창출의 의욕을 저해하는 부정적 영향을 노동시장에 줄 가능성이 높다. 결론적으로 일자리 로드맵을 통해 노동시장의 생태계가 복원되기를 기대하기는 쉽지 않다.

4장

건강한 기업생태계의 조건

손동원

인하대학교 경영학과 교수

건강한 기업생태계의 조건

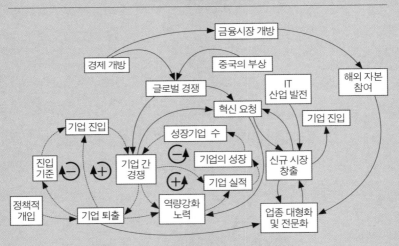

1. 현상

기업생태계의 의미와 중요성

'기업생태계'란 기업의 서식 조건을 의미한다. 기업생태계가 어떠한가에 따라, 그 생태계에 속한 기업들의 생존과 성장, 협력과 경쟁의 패턴과 모습이 달라진다. 이런 점에서 기업생태계는 기업의 생로병사를 결정하는 기제일 뿐만 아니라 그들에게 올바른 선택을 유인하는 인센티브 체계라고 볼 수 있다.

기업생태계에 대한 연구는 아직 성숙한 단계에 이르지 못했으나 그 의미와 중요성은 널리 인정되어왔다. 실제로 경영학에서 기업생태계를 본격적으로 논의한 시점은 1993년이었다. 존 무어John Moore 박사는 1993년 기업생태계 개념을 최초로 제안하면서, 기업생태계를 "상호 작용하는 조직이나 개인들에 기반을 둔 경제 공동체"라고 정의했다. 그가 말하는 메시지는 명확하다. 기업생태계란 구성원들이 서로의 역할을 다듬어가면서 함께 진화해나가는 서식 공간이라는 의미다.

'생태生態'란 글자 그대로 '생긴 모습'을 뜻하는데, 만물의 자연스러운 상태라고 표현할 수 있다. 이를 그대로 적용하면, 기업생태계란 기업에게 영향을 주는 모든 것들의 생긴 모습이다. 생태계라는 단어는 영어로 'eco+logy'다. 이는 '자연의 경제학'이라는 의미를 담고 있다. 즉, 각 개체가 자신에게 유리한 최적의 상태를 갖고자 하는 논리가 작동하는 공간이 바로 생태계라는 것이다. 기업생태계는 생존과 이득의 싸움이 벌어지는 경연장競演場이라는 의미도 갖는다. 이런 생존과 이득의 전쟁터인 생태계에서는 적자생존의 진화 원리가 가장 정확하게 드러날 수밖에 없다. 그 진화 원리는 기업에게는 인센티브와 보상 구조를 전달한다. 즉, 기업생태계는 기업에게 어떠한 전략이 유리한지를 알려주는 것이다. 기업은 손해 볼 일을 하지 않으며 합리적인 선택을 통해 이득을 늘리고 손실을 줄인다. 이렇게 인센티브에 민감하기 때문에 기업은 생태계가 주는 메시지에 의해 최적의 대응을 선택할 것이다. 기업으로 하여금 허용되는 가장 유리한 최적의 보상을 알게 하는 것이 기업생태계의 중요한 가치 중 하나다.

기업생태계 관점이 중요한 이유는 '창업(생산) → 성장 → 구조조정 (소비) → 퇴출(분해) → 재창업'의 순환 구조를 명확하게 보여주기 때문이다. 성숙한 기업생태계란 양질의 기업 창업이 많고, 역량을 갖춘 기업이 성장하며, 수익 모델을 잃은 한계기업이 퇴출하는 시스템을 갖춘 생태계다. 달리 표현하면, 기업생태계의 순환이 원활해야 작은 기업도 큰 기업으로 성장할 수 있으며, 전체 기업들의 경쟁력이 한 단계 올라설 수 있다. 만약 한 중소기업이 중견기업으로, 또 한 중견기업이 대기업으로 성장하는 사례가 많지 않다면, 그것은 기업생태계 순환 과정에 무엇인가 문제가 발생했다는 신호인 것이다.

한국 기업생태계의 현황

한국 기업생태계의 현황을 압축적으로 표현하면 다음과 같다. 첫째, 50인 이하의 기업이 85%에 달하고 300인 미만의 중기업이 13.8%를 차지해 이들이 우리 기업의 대부분을 차지하고 있으며, 상대적으로 대기업과 중견기업의 비중이 매우 적은 '압정형 형태'를 보인다. 즉, 대기업과 중견기업에 비해 중소기업과 생계형 소상공인의 수가 압도적으로 많다는 것으로, 중견기업은 1.0%, 대기업은 0.2%에 불과하다.

둘째, 중소기업은 지속적으로 증가하고 있지만, 중견기업과 대기업군에 속하는 기업 수는 정체되어 있다. 이는 작은 기업이 중견기업이나 대기업으로 성장하는, 이른바 '성장 사다리'가 제대로 작동하지 않는다는 것을 의미한다.

셋째, 글로벌 초우량 대기업 반열에 오르는 기업 수가 여러 해 동안 정체되어 있다. 일부 대기업의 실적은 크게 늘고 있지만 그런 수준에 오르는 통로는 작동하지 않기 때문에 언제나 동일한 글로벌 기업들에 한정되어 움직인다. 이는 대기업과 중소기업 사이의 빈익빈 부익부 현상을 뜻하는 양극화가 고착되어 있음을 시사한다. 이러한 한국 기업생태계의 현황을 조금 더 구체적으로 살펴보자.

2. 구조

중소기업 수의 지속적인 증가

[표 1]에서 보듯이 중소기업의 수는 점진적으로 증가하고 있다. 그런데 이러한 중소기업 수의 증가를 마냥 긍정적으로 볼 수는 없다. 과도한 종種의 확산으로 인해 중소기업들이 과당 경쟁을 하게 되는 부작용이 우려되기 때문이다. 중소기업 숫자를 단순히 외국과 비교해본다면, GDP 총액이 우리나라의 14배인 미국의 제조업체 수는 우리의 2배에 불과하며, 우리나라의 7배인 일본의 제조업체 수는 우

[표 1] 중소기업 수의 추이

	2000	2010	2012	2013	2014
사업체 수 (단위: 천 개)	2,707.8 (99.2%)	3,122.2 (99.9%)	3,351.4 (99.9%)	3,415.8 (99.9%)	3,542.3 (99.9%)
종사자 수 (단위: 천 명)	8,680.6 (80.6%)	12,262.5 (86.8%)	13,059.4 (87.7%)	13,421.6 (87.5%)	14,027.6 (87.9%)

* 자료: 중소기업중앙회

리의 1.6배에 불과하다.

한국 기업생태계는 전통적으로 중소기업 수가 대기업에 비해 많았던 편이다. 대기업 1개당 중소기업 수는 1998년에는 116개였고 2003년에는 165개였다. 이 숫자는 2010년대에 들어서면서 더욱 커졌는데, 2013년도에는 780개 수준에 달한다. 대기업 수의 정체와 중소기업 수의 확대를 한꺼번에 보여주는 추세다. 참고로 대기업 1개당 중소기업 수는 대만이 29개, 미국이 66개, 일본이 92개로, 우리나라 중소기업 수가 매우 높다는 것을 확인할 수 있다.

한편 국내 중소기업 간 과당 경쟁의 간접 지표로서, 중소기업 수익성의 지속적인 악화도 눈에 띈다. 2015년을 기준으로 매출 100억 원 미만 중소기업들의 영업 이익률은 평균 -10% 이하인 반면, 매출 100억 원 이상 기업들은 평균 5% 이상의 이익률을 보인다. 이처럼 중소기업들의 영업 이익이 낮다는 점과 그 영업 이익 면에서 대기업과 격차가 커지고 있다는 현실을 볼 때, 중소기업 간 과당 경쟁을 염려하지 않을 수 없다.

중소기업의 수가 많다는 것은 경쟁이 지나칠 수 있음을 시사한다.

한 기업생태계에서 기업들 사이의 과도한 경쟁은 중소기업 다수의 생존을 위협할 뿐만 아니라, 그 생태계 자체를 붕괴시키는 위험을 낳게 된다. 과도한 경쟁에서 살아남기 위해서는 저가격 입찰에 나설 수밖에 없고 이런 출혈 경쟁에서는 자신의 역량을 강화시킬 자원을 놓치게 된다. 또한 완제품 회사에 종속도가 심화되어 중견기업으로 성장하는 것을 기대하기가 어려워진다. 중소기업의 무한 확대를 반길 수만은 없는 것이 바로 생태계의 섭리인 것이다.

중견기업의 증가 추세

한국중견기업연합회의 기준을 따르면, 중견기업이란 연 매출액 300~5,000억 사이의 기업이다. 종업원 수를 기준으로 보면 300~1,000명 사이의 기업이 이에 해당한다.

2010년대에 접어들면서 2014년을 제외하고 중견기업 수는 점진적으로 증가하고 있다. 이러한 중견기업의 성장은 한국 기업생태계에서 '허리가 튼튼해진다'라는 의미로, 그나마 바람직한 모습을 보이는

[표 2] 중견기업의 추이

	2012	2013	2014	2015	전년대비 증가율
사업체 수 (단위: 개)	3,436	3,846	2,979	3,558	19.4%
고용인력 (단위: 천 명)	1,067	1,161	898	1,153	28.4%
매출액 (단위: 조 원)	595	629.4	483.6	620.4	28.3%

* 자료: 중견기업연합회

현상이다. 또한 이러한 중견기업들이 단순히 양적 성장만 한 것이 아니라 질적 공헌도 또한 높인 것이기에 고무적이다. 구체적으로 우리나라 중견기업의 고용 인원은 115만 3천 명 수준으로, 국내 총 고용 인력의 5.5%를 점하고 있다. 또한 620.4조 원에 달하는 매출액은 국내 총 매출액의 17.3%를 차지하는 것으로, 이런 점들이 그 질적 성숙도를 보여주고 있다.

대기업 및 글로벌 초우량기업의 정체

한 국가 경제에서 초우량 글로벌 기업의 수와 규모는 중요하다. 그 이유는 경제 규모가 큰 나라일수록 초대형 기업의 수가 많다는 점, 또 소수의 초대형 글로벌 기업들이 한 국가에서 차지하는 위치가 더욱 커지고 있다는 점 때문이다. 어떤 면에서는 글로벌 초우량기업 없이 한 국가의 경제 성장 자체가 어려워지는 상황이라고도 할 수 있다. 물론 우리가 다른 국가 초우량기업이 지닌 생산 네트워크나 R&D에 편입되는 것도 중요할 것이다. 그러나 그보다 우리 자체적으로 글로벌 생산 네트워크를 전략적으로 주도하거나 구축할 수 있는 역량을 갖추고 있는지가 더욱 중요하다. 이런 글로벌 판세를 선도하는 기업이 없다면 항상 방어적이고 수동적인 입장에 설 수밖에 없기 때문이다.

[표 3] 대기업 추이

2012	2013	증감률
4,072개	4,375개	7.4%

* 자료: 산업통상자원부 보도자료, 2017. 2

한국 경제에서 대기업 수는 점진적으로 늘고는 있다. 2013년의 경우, 대기업 수는 4,375개로서 전년 대비 7.4%의 증가율을 보인다. 이는 대기업으로 성장하는 기업이 늘어야 한다는 당면 과제 측면에서 부분적으로는 긍정적이다. 그러나 중소기업 비중이 여전히 98%를 상회하는 구조이기 때문에 대기업군의 확대는 아직 갈 길이 멀다고 볼 수 있다.

《포춘Fortune》이 선정한 글로벌 500대 기업을 보면, 한국은 2000년에 12개였던 것이 2006년에도 동일하게 12개로 유지되었으나, 11년이 지난 2017년에는 15개에 그쳤다. 100위권 내로는 삼성전자(15위), 현대자동차(78위), SK홀딩스(95위) 등 3개 기업만 선정됐다. 지난 17년 동안 글로벌 초우량기업이 단지 3개밖에 늘어나지 못했다는 것은 그간 우리 기업생태계에 확산 동력이 전혀 없었다는 점을 확연하게 보여준다.

한편 중국을 비롯한 경쟁국들의 발걸음은 우리보다 빠르다. 중국의 경우, 2000년도에는 10개 수준이었으나 2006년에는 18개로 크게 증가했다. 그랬던 것이 2017년에는 무려 109개로 성장, 5년 연속 증가하는 추세를 보이고 있다. 이렇듯 중국 초우량기업의 증가세를 보면 글로벌 대기업으로 편입되는 신규 진입자가 한국 경제에는 거의 없다는 점이 여실히 드러난다.

중소기업과 대기업의 격차

한국 기업생태계에서 중소기업과 대기업의 격차는 염려스러운 수준이다. 대기업은 숫자는 적고 신규 진입자도 적은 형국이지만, 혁신

[표 4] 대기업과 중소기업 간 격차(단위: %)

	2007	2008	2009	2010	2011	2012	2013	2014	2015
영업 이익률 차이	2.4	1.8	1.9	3.1	1.9	1.1	1.2	0.0	1.1
임금 격차	58.4	55.4	57.6	54.8	52.9	53.2	52.9	52.5	54.1
중소기업 R&D 비중	26.6	28.0	29.1	26.2	25.8	25.8	23.2	22.5	23.9

* 자료: 한국은행, 「기업경영분석」; 중기중앙회, 「중소기업위상지표」(노동부, 「사업체 임금 근로 시간 조사」 재편 가공); 미래창조과학부, 「연구개발 활동 조사 보고서」

을 지속하며 성장을 거듭하고 있는 것도 사실이다. 그런 반면 중소기업은 양적 확대에도 불구하고 혁신 역량도 떨어지고 실적이 부진하다. 이런 점에서 중소기업과 대기업 사이의 격차를 염려할 수밖에 없는 것이다.

대기업과 중소기업의 영업 이익률을 보면, 2007년 이후 2015년까지 다행스럽게도 격차가 줄어들고 있다(2010년 제외). 2007년에 격차는 2.4%p, 2011년에는 1.9%p, 2015년에는 1.1%p 격차를 보인다. 그런데 이러한 격차 감소 추세는 중소기업의 수익 능력 강화에서 나왔다기보다는 선진국의 저성장 기조와 보호무역주의 강화, 국내 내수 경기 악화 등과 같은 외부 요인에서 기인한 것으로 추론된다. 따라서 이것으로 우리 기업생태계 자체적으로 대기업-중소기업 간 격차 문제를 해소하고 있다고 해석하기는 어렵다. 진정 그 문제가 해결되려면 중소기업과 대기업이 수익 능력을 더욱 키우는 동시에 그 격차도 줄어들어야 한다.

대기업과 중소기업의 격차 중 심각한 항목은 노동 생산성의 차이다. 1980년대 말까지 중소기업의 노동 생산성은 대기업의 50% 수준으로, 이는 일본 기업들과 견줄 정도로 우수한 수준이었다. 그런데 1990년대에 접어들면서 대기업의 노동 생산성은 급속히 증가했으나 중소기업의 노동 생산성은 그 증가세에 전혀 미치지 못했다. 2010년대에 들어선 후에도 중소기업의 노동 생산성은 대기업의 33% 수준 정도로, 이렇다 할 향상을 보이지 못하고 있는 형국이다.

또한 R&D 투자 측면에서도 대기업과 중소기업의 차이가 눈에 띈다. 한국 경제에서 기업의 R&D 투자는 중견기업 혹은 대기업이 주도하고 있다. 구체적으로 대기업과 중견기업이 전체 민간 부문 R&D 투자의 75% 이상을 차지할 정도다. 대기업은 외환위기 직후 구조조정 과정에서 조금 위축되었지만, 구조조정 완료 후 2000년을 넘어서면서 다시 투자를 확대하고 있다. 반면 중소기업은 1999~2001년 벤처 붐 기간 동안 잠시 R&D 투자 비중을 늘렸던 적이 있으나, 그 이후로는 비중이 늘지 않고 있다.

3. 생태계

성장 사다리 문제

앞서 살펴본 우리 기업생태계의 현황, 즉, 중소기업의 증가, 중견기업의 미약한 증가, 대기업 및 초우량기업의 정체 현상은 한국 기업생태계의 결정적인 문제인 '성장 사다리' 문제를 부각시킨다. '성장 사다리' 문제란, 중소기업이 성장해서 중견기업이 되고, 중견기업이 성장해서 대기업이나 초우량기업 반열에 오르는 순환 과정을 지칭하는 표현이다. 이 성장 사다리 문제에서 일부 중소기업이 중견기업으로 성장하는 통로가 열리고 있다는 점은 그나마 긍정적인 현상이었다. 중견기업 수는 2000년에 1,500개 수준이었지만, 2010년대에 들면서 3,500개 수준으로 증가했다. 이는 우리 경제에서 부분적으로 중견기업이라는 허리가 튼튼해진다는 긍정적인 신호였다. 그러나 중소기업 수의 증가에 비해 낮은 비율이라는 점에서 아직 기업생태계적 문제가 해결되었다고 안심할 수준은 아니다. 더군다나 중견기업에서 대기업으로 성장하는 비율은 더욱 낮기 때문에, 성장 사다리 문제는 여전히 해결되지 않은 과제임을 보여준다.

이런 성장 사다리 문제가 해소되지 않는 것은 대기업의 불공정 거래가 이유일 수도 있으나, 정부 정책 문제에도 원인이 있다. 그중 하나가 중소기업과 중견기업 사이에 놓인 정책 지원과 관련이 있다. 중소기업이 받을 수 있는 혜택은 세금과 대출, 공공기관 입찰 우대 등을 포함해 160여 가지에 이른다고 알려져 있다. 그런데 중소기업을 졸업하면(즉, 중견기업이 되면) 이런 혜택이 모두 사라지고 오히려 공공시장 참여 제한 등 190가지 규제를 받는다. 따라서 중소기업으로서 받는 혜택을 계속 누리기 위해 일부러 기업 규모를 키우지 않는, 이른바 '피터팬 기업'이 적지 않다고 알려질 정도다. 이 문제에서 정책 운영의 묘를 다시 생각해야 할 것이다.

대기업-중소기업 간 상생의 조건

이러한 성장 사다리 문제를 해결하기 위한 가장 생태계적인 접근은 생태계 참여자들 사이에서 생태계 건강성을 회복하려는 움직임을 촉발시키는 것이다. 이런 관점에서 무엇보다 중요한 것은 기업생태계의 핵심 종인 대기업의 역할을 재인식하게 하는 것이다. 이는 대기업-중소기업의 상생이라는 개념에서 극명하게 나타난다.

중소기업과 대기업과의 '상생'은 한국 경제가 대기업만의 성장으로는 더 이상의 발전이 어렵다는 점과 중소기업의 역량 강화라는 측면에서 공히 중요한 과제다. 그 아젠다에는 모두가 동의하지만, 문제는 '어떻게 상생을 이룰 것인가'다.

대기업과 중소기업이 협력하려면 서로의 인센티브가 맞아야 한다. 인센티브에 대한 고려 없이 대기업만을 혹은 중소기업만을 질책하는 것은 효력이 없다. 일시적으로는 정책적 압력 수단으로 재촉할수는 있으나, 문제는 그 정책 인센티브가 멈출 때 '무늬만 협력'에 그치고 만다는 것이다. 협력이 자신에게 유리하다면 뜯어말려도 서로 협력하고자 할 것이다. 협력을 당위성 주장이나 도덕적 호소를 통해 얻을 수 있다고 생각하는 것은 커다란 오산이다.

상생이 제대로 작동하려면 당사자 간 조건이 맞아야 한다. 즉, 당사자들이 계속 거래를 할 만한 인센티브가 존재해야 거래가 지속된다. 이런 점에서 대기업은 중소기업이 원하는 것을, 중소기업은 대기업이 원하는 바를 정확히 알아야 하며, 양쪽 모두 그것을 맞춰줄 실력을 갖추어야 한다. 특히 대기업 쪽의 강한 힘을 고려할 때, 중소기업은 대기업이 과연 무엇을 원하는지 정확히 파악하고 그것을 맞출수 있어야 상생이 가능하다. 대기업 쪽에서 생태계를 지키겠다는 사명감을 지니는 것도 중요하지만, 중소기업 쪽에서 대기업의 요구를 맞춰주고자 노력하는 것도 중요하다. 만약 상생의 당위성만 있고 중소기업이 전혀 이것을 맞춰줄 만한 실력을 갖추지 못한다면 상생은 성립되지 않는다.

대기업은 중소기업을 주로 생산 혁신의 파트너로 원하는 반면, 중소기업은 대기업을 자사의 생산 제품을 사줄 파트너로 기대하고 있다. 즉, 대기업은 생산 혁신을 위해 중소기업을 원하지만, 중소기업은 대기업을 판매처로 생각하는 것이다. 상대방이 무엇을 원하는지 정확히 알고서 자신이 그 조건을 갖추어야 비로소 협력이 성립된다. 상생은 허약한 기업을 끌어안아 생명을 연장해주는 것이 아닌 만큼, 정당한 실력을 갖춘 자들끼리의 상생이어야 한다. 만약 그 실력을 갖추는 데 어떤 장애 요인이 있다면 그것을 해소시키는 데 정책이 주력해야 할 것이다.

건강한 기업생태계와 대기업의 역할

건강한 기업생태계 조성에서 대기업의 역할은 특히 중요하다. 그 이유는 경쟁 패러다임이 개별 기업 경쟁에서 기업군 간 경쟁으로 변했기 때문이다. 자동차 산업을 예로 들면, 한 자동차 조립업체 하나만의 경쟁을 넘어 이제는 부품·소재업체들이 포함된 집단적 경쟁 양상으로 변화했다. 흔히 일컫는 '기업 네트워크 간 경쟁'이라는 표현이 바로 이에 해당한다. 최종 조립업체인 대기업의 의지와 선택에 의해 한 생태계의 행동 원리가 결정되며, 나아가 전체 생태계의 운명이 결정된다. 그들이 선택하는 전략에 따라 부품업체들의 전략도 달라질 수밖에 없기 때문이다. 대기업은 불가피하게 한 기업생태계의 중추기업keystone이 되어야 한다. 자기만 살자고 생태계를 파괴시키는 전략을 택하는 것은 중추기업으로서 할 일이 아니다.

대기업의 의지에 추가적으로 중소기업의 생산 혁신 역량이 더해진다면 한국 경제는 한 단계 도약할 수 있다. 그러나 생산 혁신을 이루지 못한 채 가격 경쟁에 집중하는 공급업체들이 번성하면 이는 우리 기업생태계의 건강을 해친다. 또한 이런 저가의 중소기업만을 선호하거나 무조건 저가를 요구하는 대기업은 자기만 생각하고 생태계 파괴를 방치하는 어리석은 기업이다.

이렇게 볼 때, 우리 기업생태계의 건강성을 향상시키기 위해 필요한 덕목은 대기업의 협력적 성장 의지와 부품업체의 역량 강화로 집약된다. 한 기업생태계에 역량 수준이 낮은 행위자들이 과도하게 많으면, 과도한 경쟁 판도가 만들어져 부품에 대한 진정한 경쟁력 평가가 어려워진다. 가격보다는 품질 혁신 쪽으로 생태계 원리가 변할 수밖에 없는 것이다. 물론 대기업 조립업체에게 원가 절감을 생각하지 말라는 것이 아니다. 어느 기업에게나 원가 절감은 중요하다. 그런데 여기서 원가 절감보다 혁신을 강조하는 이유는 무조건적인 가격 경쟁을 탈피하여 혁신 경쟁으로 전환하는 것이 더욱 건강한 미래를 보장하기 때문이다.

대기업과 중소기업이 상생하는 건강한 기업생태계를 가꾸기 위해서는 적어도 다음의 두 유형이 우리 기업생태계에서 사라져야 한다. 첫째는 생태계의 미래를 생각할 줄 모르고 무조건 저렴한 가격만 선택하는 조립업체(대기업), 둘째는 혁신 역량이 취약한 상태에서 무조건 낮은 가격으로 생태계를 혼란스럽게 하는 부품업체(중소기업)다. 생산 혁신과 기술 혁신을 스스로 감당하는 중소기업의 증가는 기업생태계의 건강한 진화에 크게 공헌할 것이 분명하다. 생산 공정의 혁신 능력을 갖춘 중소기업과 기술 역량을 갖춘 벤처기업의 출현이 중요한 이유가 바로 여기에 있다. 이러한 기업의 출현은 현재의 글로벌 대기업들에게도 상당한 도움이 될 것이다. 기업 네트워크 간 경쟁이라는 표현이 말해주듯이, 이제는 마지막 조립업체의 실력만으로 경쟁에서 승리를 거둘 수 없다. 부품과 소재를 공급하는 중소기업부터 경쟁력을 갖추고, 여기에 조립업체의 역량이 가세하면 한국 경제는 커다란 날갯짓을 하게 될 것이다.

건강한 기업생태계 조성을 위한 정책 방안

기업이 성장하려면 스스로 역량을 강화하기 위한 노력도 중요하지만, 이에 못지않게 기업에게 성장을 유도하는 '경기 규칙'이 제대로 갖추어져야 한다. 기업에게 부여된 '경기 규칙'을 만드는 주역은 바로 정부 정책이다. 이 경기 규칙이라는 단어는 학술 용어인 '제도'[1]를 응용한 개념으로, 행위자들이 어떻게 해야 유리한지를 말해주는 인센티브 체계를 담고 있기 때문에 특히 중요하다. 예를 들면 축구 게임도 주어진 경기 규칙 아래에서 진행된다. 경기 규칙이 있어야 경기를 진행할 수 있고 승패를 가를 수 있으며, 각 선수들은 자신의 전략을 선택할 수 있다. 이는 기업에게도 마찬가지다. 어떻게 해야 유리한지, 또 무엇을 지켜야 하는지가 바로 기업의 경기 규칙인데, 이는 정책에 의해 주도되며 법률, 시장, 규범 등 거시 요인에 담겨 있다. 각 사회마다 고유의 경기 규칙이 있고, 그 경기 규칙에 따라 기업들은 최적의 전략을 선택한다. 같은 글로벌 기업 반열에 있다고 하더라도 다른 국가에 소속되면 상이한 전략을 쓰게 되는데, 그 이유는 경기 규칙이 서로 다르기 때문이다.

선별 메커니즘의 확보

한국의 기업생태계가 좀 더 건강해지기 위해서는 시장 원리에 따라 경쟁과 협력이 이루어지는 것이 무엇보다 중요하다. 시장 원리가 제대로 작동하려면 공정한 선별 메커니즘이 우선 갖추어져야 한다. 공정한 선별성에 의해 원활한 진입과 퇴출이 이루어지면 좀 더 역량 있는 기업의 창업과 성장, 자원 배분의 효율성을 확보할 수 있다.

개별 기업의 경쟁력 확보 노력과 함께 기업 간 거래 패턴에도 주목할 필요가 있다. 많은 연구들이 지적하듯이, 한국 경제에서 대기업과 중소기업 간 거래는 이원화되는 경향이 있으며, 이는 한국 기업생태계의 경쟁력을 떨어뜨린다. 거래 패턴의 성숙을 통해 기업생태계 전체의 적응력과 혁신 역량이 향상되는 선순환 체계로 진화하도록 유인하는 것이 중요해지는 시점이다. 이런 점에서 정부는 개별 기업의 생존 지원보다는 공정한 거래 규칙을 만드는 역할에 집중해야 한다. 진·출입에 장애가 되는 제도적 장애나 규제는 없는지, 핵심 역량 이외의 요인으로 인해 경쟁에서 제한이나 불이익을 받는 기업은 없는지 등을 점검하고 이를 원활히 하는 데 초점을 맞추어야 할 것이다.

현재 우리 기업생태계 내의 역동성을 떨어뜨리는 중요한 원인으로 선별 메커니즘이 제대로 작동하고 있지 않다는 점을 배제할 수 없다. 선별 메커니즘의 취약은 기업 소멸을 지연시키기도 한다. 일반적으로 악순환을 선순환으로 전환시키는 것은 임계량의 차원에서도 충분히 해결될 수 있다. 즉, 인위적인 구조조정을 통해 일정 기준에 미달하는 기업을 퇴출시킴으로써 좀 더 역량 있는 기업의 진입과 경쟁을 유도하는 것이다. 그러나 인위적인 정책 수단이 사용되더라도 생태계 내에 선별 메커니즘이 마련되어 있지 않으면 역동성의 시스템은 언제든지 악순환 루프로 전환될 위험을 내포하고 있다. 따라서 섣부른 정책 개입보다는 다소 시간이 걸리더라도 선별 메커니즘이 작동될 수 있는 인프라 및 제도의 마련이 중요할 것이다.

선별 메커니즘이 제 기능을 하지 못하는 상태에서 시도되는 정책 개입은 오히려 예상하지 못한 부작용을 발생시키기도 한다. 과거 중소기업에게 취해진 금융 지원은 제도권 금융에서 소외된 기업의 유동성 제약을 해소하는 데 기여했다. 그러나 정책 집행 과정의 자율성 부족, 민간 투자 구축 등으로 인해 기업 평가 기능의 발전을 저해한 측면이 있었다. 기업 평가 기능의 미흡은 다시 금융시장의 중개 기능을 약화시키고 중소기업의 자금난을 악화시키는 강화 피드백 루프를 형성함으로써, 지원을 할수록 금융 지원 수요가 오히려 증가하는 악순환을 초래했었다는 점에 주목해야 한다.

퇴출 시스템 보완

원활한 선별 메커니즘 조성과 더불어, 경쟁과 평가에서 도태된 기업들에 대한 퇴출 시스템도 정비할 필요가 있다. 우리 기업생태계 내에서 이미 경쟁력을 잃은 기업인데도 법적·제도적 장벽에 부딪혀 퇴출되지 못하고 어쩔 수 없이 연명하는 기업들이 존재한다. 선별에 따른 활발한 퇴출은 기업생태계의 역동성뿐만 아니라 강건성을 확보하는 데도 매우 중요한 역할을 한다. 기업 퇴출이 원활하게 이루어지지 않으면 진입 장벽을 낮춤으로써 준비되지 않은 창업을 유발하는 부작용이 따를 수 있다. 뿐만 아니라 경제 내 자원 배분도 매우 비효율적으로 이루어지기 쉽다. 기업 퇴출 지연으로 인한 수명 연장은 경쟁이 치열해질수록 한계기업 수만 증가시키는 악순환을 초래한다. 한계기업의 구조조정 지연은 자생력 강화를 위한 노력을 게을리 하게 만들고 진입 기준을 완화시킴으로써 생태계 전반의 체력을 약화시킨다. 두 경우 모두 퇴출 시스템 마련을 통해서만 강화 피드백 루프의 방향을 선순환 구조로 전환시킬 수 있다.

혁신형 기업의 성장 활성화

한 기업생태계 내에 있는 기업들 간 협력 패턴은 주로 빈익빈 부익부의 메커니즘을 보여준다. 예를 들어 제조업의 경우, 완제품 회사와 1차 벤더, 2차 벤처 등 다양한 참여자들이 있는데, 그들의 성과는 강자가 더 많이 가져갈 수밖에 없다. 그것이 바로 빈익빈 부익부 현상이며, 양극화라고 표현하기도 한다. 이 빈익빈 부익부 메커니즘의 특징은 강자가 더 많은 권력을 지니게 되며, 이에 따라 기업생태계가 밀림의 법칙과 같이 강자 위주로 강화된다는 점이다. 이런 경우, 시스템 변화는 강자의 이니셔티브를 통해서만 가능해지며 기업 간 협력도 대기업 같은 시스템 내 강자의 역할에 초점이 맞춰진다.

그런데 이 빈익빅 부익부 시스템은 장기적으로 시스템을 불안정하게 만들 수 있다는 점에 주목해야 한다. 강자 위주의 불안정한 시스템은 외부 충격 또는 변화에 매우 취약하며 자칫하면 생태계 전체의 공멸로 이어지는 극단적인 상황도 초래할 수 있다. 따라서 이러한 시스템에서는 강자와 약자 간 성과가 연계될 수 있는 시스템의 재설계가 필요하다.

기업 간 공생을 촉진하기 위한 정책도 강자의 시혜적·규범적 변화를 강요하기보다는 공생을 위한 자발적인 행태 변화를 유도하는 방향으로 이루어져야 한다. 빈익빈 부익부 시스템을 제어하기 위한 전략이 빠지기 쉬운 함정이 빈익부 부익빈 시스템이다. 양극화 문제를 보완하기 위해 약자에게 인위적으로 더 많은 자원을 배분하고, 강자에게 더 적은 자원을 배분할 때 발생할 수 있는 함정이다. 중소기업에게 취해졌던 금융 지원이 이런 패턴을 보인 바 있다. 적절한 평가 시스템이 마련되지 않는 상태에서 한정된 재원으로 다수의 기업을 지원하다 보니, 부실한 기업이 오히려 더욱 많은 자금을 지원받고, 진정으로 투자를 필요로 하는 견실한 기업이 지원에서 소외되는 경우가 발생하는 것이다. 빈익빈 부익부 시스템에서는 생태계 내에서 창출된 부가 한쪽으로 몰리는 것이 문제라면, 빈익부 부익빈 시스템에서는 창출된 부를 오히려 까먹는 메커니즘으로 공멸을 초래한다는 점에서 경제·사회적 해악이 더 크다는 점을 유의할 필요가 있다.

지금까지의 논의를 종합하면, 한국 경제는 기업생태계의 고질적인 문제인 '성장 사다리'를 구축하는 과제에 주력해야 하는 중요한 시점에 도달했다. 이제는 어떤 한 개별 기업의 노력보다 기업생태계 자체의 경쟁력이 한 국가 경제의 성과를 결정하는 시대이기 때문이다. 한국경제가 그 당면 과제를 서둘러 해결하지 못한다면, 현재 진행 중인 기업생태계 내 과도한 출혈 경쟁이 비효율적인 경기 규칙을 조성하게 될 것이며, 이는 궁극적으로 기업생태계 자체의 경쟁력을 더욱 낮추는 위험한 상황을 초래할 수 있다. 이런 점에서 건강한 기업생태계를 만들기 위한 정책 집중은 더 이상 미룰 수 없는 긴요한 과제이며, 구체적으로 성장 사다리 구축 과제와 한계기업 퇴출 쪽으로 정책적 노력이 더욱 집중되어야 함을 시사한다.

5장

중소기업생태계 문제점 분석 및 혁신 방안

백필규

중소기업연구원 수석연구위원

중소기업생태계

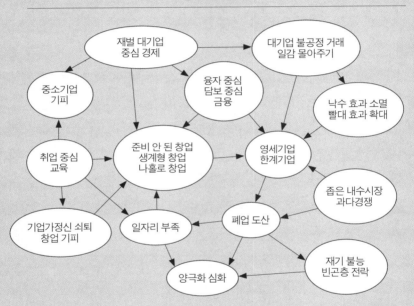

1. 현상

저성장과 양극화의 덫에 갇힌 한국 경제

한국 경제가 저성장의 덫에 갇혀 앞으로 나아가지 못하고 있다. 매년 7~8%의 고도성장을 구가하던 한국 경제는 1997년 외환위기 이후 장기 성장률이 5년마다 1%씩 하락하여 2016년 현재 2%대에 머물러 있다. 이 추세가 지속되면 수년 내에 0%대로 추락할 가능성도 배제할 수 없는 상태에 있다(김세직, 2016). 성장이 정체되면서 일자리 창출도 감소하고 있다. 또 자본 집약화와 지식 집약화가 진전되면서 성장에 따른 고용 창출 정도도 크지 않아 일자리가 크게 부족하여 실업자가 많다. 통계청(2016. 4)의 「고용 동향」 자료에 따르면, 2016년 4월 기준 공식 실업자는 107.5만 명이지만 공식 실업자 외에 시간 관련 추가 취업 가능자(고용보조지표 1) 48.7만 명, 잠재 경제 활동 인구(고용보조지표 2) 162.8만 명을 합한 실질 실업자는 319만 명에 이르고 있다.

이렇게 실업자가 많지만 중소기업은 인력난을 호소하고 있다. 고용노동부(2016. 4. 1)의 「직종별 사업체 노동력 조사 보고서」에 따르면 현재 사업체가 정상적인 경영 및 생산 활동을 위하여 더 필요한 부족 인원은 300인 미만 중소기업에서 267천 명에 이르고 있다. 구직난과 구인난이 병존하는 인력 수급의 미스매치가 심각한 상황이다.

기업 간 양극화도 심화되고 있다. 중소 제조업의 1인당 부가가치 생산성은 2014년에 대기업의 32.5% 수준이고, 중소기업 근로자의 임금 수준은 2015년에 대기업 대비 전 산업은 60.0% 수준, 제조업은

54.1% 수준에 불과하다(중소기업중앙회, 『2016년 중소기업 위상지표』). 이렇게 보상 수준이 낮다 보니 우수 인력들이 중소기업을 기피해서 중소기업의 경쟁력이 저하되었다. 그 결과 지불 능력이 약화되어 보상 수준이 낮아지고 그로 인해 우수 인력이 다시 중소기업을 기피하는 악순환이 일어나고 있다.

생태계적 접근의 필요성

이들 문제의 해결을 위해 그동안 일자리 창출 대책, 중소기업 대책, 양극화 해소 대책 등등 수많은 대책이 실행되었다. 그러나 상황은 개선되기는커녕 오히려 악화되는 경향을 보이고 있다. 그렇게 된 데는 문제의 원인들이 서로 복합적으로 연결되어 있기 때문이다. 어느 한 부분의 문제를 개선한다고 해도 그와 연결된 다른 부분의 개선이 동시에 이루어지지 않으면 다시 원상복구가 되고 마는 관성이 작용하고 있다.

이런 문제를 개선하기 위해서는 문제를 어느 한 부분만 보고 접근하는 것이 아니라 관련된 전체로 보고 접근할 필요가 있다. 중소기업 문제라면 개별 중소기업이 가진 개별 분야의 문제가 아니라 중소기업과 관련된 주체 간 관계를 시스템적으로 분석하는 기업생태계적 시각으로 접근해야 한다는 것이다.

기업생태계란 말을 최초로 기업 분석에 도입한 사람은 제임스 무어인데, 그는 기업들이 새로운 혁신을 목표로 서로 경쟁과 협력의 상호 작용을 통해 형성되는 하나의 경제적 공동체이자 경쟁의 생태계를 기업생태계로 표현하고 있다(Moore, 1993). 이런 기업생태계 개념을 적용하여 기업들이 경쟁과 협력을 통해 창업과 성장, 구조조정과 재도전을 해가는 과정을 기업의 대부분을 차지하는 중소기업을 중심으로 도식화하면 [그림 1]과 같다. 이에 따르면 기업은 창업하여 중소 벤처기업이나 소상공인으로 성장하거나 일부는 생존에 실패하는 기업이 되기도 한다. 살아남은 기업은 경쟁력을 강화하여 강소기업이나 중견기업, 글로벌기업이나 대기업으로 성장할 수도 있고, 한편으로는 경영을 잘못하여 한계기업이 될 수도 있다. 한계기업은 구조조정을 통해 퇴출되거나 좀비기업으로 남을 수도 있다. 또 실패한 기업은 재도전을 통해 성공기업이 될 수도 있다. 성공기업이 되는 관건은 1차적으로는 중소기업의 혁신 경영에 있다. 혁신 경영은 인력, 기술, 자금, 판로의 혁신과 이를 아우르는 경영자 리더십의 혁신

[그림 1] 기업생태계의 구조와 성장

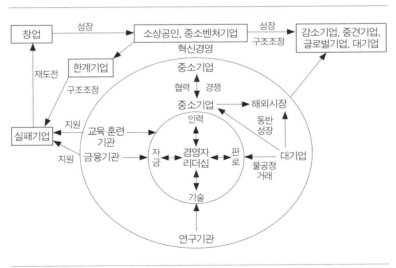

이라는 관점에서 파악할 수 있다. 인력, 기술, 자금, 판로의 혁신은 각각 기업 외부의 교육 훈련기관, 연구기관, 금융기관, 대기업이나 해외 시장 등의 유관기관과 밀접히 연동되어 있다. 기업생태계가 경쟁력을 확보하고 역동적으로 성장해가기 위해서는 기업의 혁신 경영과 이들 기업 외부의 네트워크가 유기적으로 연결되면서 경쟁과 협력이 효율적으로 이루어질 때 가능하다. 앞으로 이런 기업생태계의 구조를 염두에 두면서 논의를 전개하기로 한다.

2. 구조

공정 거래 측면

대기업 집단이 좌지우지하는 불공정한 기업생태계

2015년의 전체 기업 수는 555만 개이고 이 중 1인 기업이 80.1%, 10인 미만의 영세기업이 96.1%의 압도적 비중을 차지하고 있다. 300인 이상 대기업 비중은 0.1%에 불과하다. 종업원 수 비중으로 보면 1인 기업이 24.0%, 10인 미만이 43.6%이고 300인 이상 규모는 22.6%이다.

300인 이상 대기업 사업체 수나 종사자 수의 비중은 높지 않지만 생산액, 출하액, 부가가치 등의 비중은 50% 정도를 차지하고 있으며 1인당 부가가치 생산성(32.5%)이나 1인당 연간 급여(56.5%) 등은 대기업이 중소기업에 비해 훨씬 높게 나타난다.

우리나라 기업생태계의 특징은 단순한 대기업이 아니라 재벌이라

[표 1] 기업 수 및 종업원 수(2015, 단위: 만 명, %)

	기업 수		종업원 수	
	수치	비중	수치	비중
1인	4,450,627	80.1	4,451	24.0
2~4인	610,994	11.0	1,671	9.0
5~9인	275,685	5.0	1,778	9.6
10~49인	183,496	3.3	3,456	18.6
50~99인	18,453	0.3	1,259	6.8
100~199인	8,293	0.1	1,136	6.1
200~299인	2,520	0.0	607	3.3
300인 이상	3,496	0.1	4,195	22.6
전체	5,553,564	100.0	18,553	100.0

* 자료: 통계청, 『2015년 기준 기업생멸 행정통계 결과』

고도 불리는 대기업 집단의 비중이 매우 높다는 점이다. 우리나라는 자산 총액이 5조 원 이상인 기업 집단을 상호출자 제한기업 집단으로 지정하고 있는데 2016년 현재 65개 기업 집단이 지정되어 있고 이에 소속된 계열 회사 수는 1,736개에 이르고 있다. 공정위가 매년 내놓는 상위 10대 기업 집단(공기업 제외)의 자산과 매출액이 GDP에서 차지하는 비중을 보면, 2003년에서 2012년까지 10년간 자산은 48.4%에서 84%로, 매출액은 50.6%에서 84.1%로 크게 증가했다. 이처럼 재벌에 대한 의존도가 크게 증가한 것으로 나타났는데 특히 삼성, 현대차, SK, LG 등 4대 재벌의 편중 현상이 커지고 있다. 또 [그림 2]에 보는 것처럼 2013년 시점에서 상위 50대 기업은 전체 출하액의

[표 2] 중소기업 주요 지표 추이(제조업 5인 이상)

구분	2000	2010	2012	2013	2014
사업체 수	(99.3)	(99.5)	(99.4)	(99.4)	(99.4)
종사자 수	(74.0)	(77.1)	(76.4)	(77.1)	(77.4)
생산액	(47.4)	(47.0)	(45.7)	(46.9)	(48.3)
출하액	(47.3)	(47.0)	(45.7)	(46.8)	(48.2)
부가가치	(50.2)	(47.4)	(47.6)	(48.9)	(51.2)
1인당 부가가치 생산성	(35.4)	(26.8)	(29.9)	(30.2)	(32.5)
1인당 연간 급여	(55.5)	(46.9)	(53.6)	(54.8)	(56.5)

* 주: 사업체 수에서 부가가치까지는 중소기업 비중, 1인당 부가가치 생산성과 1인당 연간 급여는 대기업
  대비 수준
* 자료: 중소기업중앙회, 『2016년 중소기업 현황』

45.2%, 상위 100대 기업은 51.0%의 비중을 차지하고 있다.

이런 대기업(집단)으로의 경제력 집중은 다양한 문제점을 드러내

[그림 2] 출하액 기준 상위 100대(50대) 기업 점유율

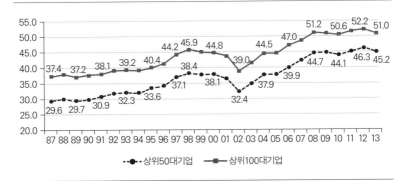

* 원자료: 통계청 KOSIS, 시장 구조 분석
* 자료: 위평량·하준, 2016

고 있다. 첫째, 대기업 집단에 대한 높은 의존도는 대기업 집단이 부실화될 경우 한국 경제에 큰 충격을 줄 가능성이 있다. 수급기업 형태로 대기업에 대한 의존도가 높은 한국 경제의 특성은 대기업 집단의 부실화 위험성을 더욱 높이고 있다.

둘째, 자본 집약적 산업 중심의 대기업 집단 중심 경제 구조하에서는 매출 성장에 비해 고용 창출이 미약하다. 중소기업중앙회의 『2016 중소기업 위상지표』에 따르면, 2009년에서 2014년까지 5년간 중소기업은 고용 증가분의 88.8%를 기여한 반면, 대기업은 11.2% 기여하는 데 그쳤다. 또 30대 그룹의 2015년 투자 증가율이 16.5%였는데 고용 인원은 오히려 0.4% 감소해 '고용 없는 투자' 현상이 심화된 것으로 나타났다. 반면 벤처기업의 고용 성과는 훨씬 양호한 것으로 나타났다. 벤처기업협회가 2014년 기준 매출 1천억 원을 돌파한 벤처기업을 조사한 결과에 따르면 벤처기업의 2014년 고용은 전년 대비 4.4% 증가하여 대기업의 1.3% 대비 3.4배 수준이다.

셋째, 높은 재벌 의존도가 강소기업 탄생의 걸림돌이 되고 있다. 우리나라 중소기업들은 대기업 의존도가 높다 보니 대기업 가격 정책에 좌우되며 제대로 된 이익 구조를 갖추기가 어렵다. 또 정부가 주로 대기업의 1·2차 협력사인 중소기업에 아무리 지원을 해도 실질적인 효과는 결국 대기업에게 돌아가는 구조다. 때문에 대기업에 발목이 잡혀 있는 현재의 국내 중견·중소업계의 산업 구조로는 독일의 히든 챔피언과 같은 글로벌 강소기업이 탄생하기가 근본적으로 어려운 구조다(한정화 중기청장 인터뷰, 《이데일리》, 2015. 6. 2).

넷째, 대기업 집단이 강화될수록 극소수의 계열사와 거래 비중이 커질 가능성이 높기 때문에 다수의 비계열사로 가는 낙수 효과는 축소될 가능성이 높다. 특히 수출 중심의 우리나라 대기업 집단의 특성상 경제의 글로벌화가 진전될수록 글로벌 아웃소싱 확대로 낙수 효과는 더욱 감소할 가능성이 있다.

이처럼 대기업 집단으로의 경제력 집중은 다양한 문제를 야기하고 있지만 이 중에서도 가장 문제가 되는 것은 경제력 집중을 이용한 거래 기업과의 불공정 거래다. 불공정 거래는 단가 후려치기, 일감 몰아주기, 기술 빼가기, 골목상권 침투, 구두 계약, 물량 축소 등 다양한 모습으로 드러난다. 중소기업중앙회(2016. 8)가 중소기업 320개사를 대상으로 실시한 「불공정행위 규제에 대한 중소기업 CEO 의견 조사」에 따르면 중소기업이 대기업과 공정하게 경쟁·거래할 수 있는 경영 환경 구조인지를 묻는 질문에 중소기업 CEO 응답자 76.9%가 '아니다'라고 답한 것으로 나타났다.

불공정 거래는 최근만의 문제는 아니다. 예전부터 있었지만 과거에는 고도성장과 함께 대기업이 국내 중소기업의 부품 공급에 대부분 의존하고 있었기 때문에 낙수 효과가 존재했다. 그러나 저성장 경제가 고착화되고 글로벌 무한경쟁 시대하에 글로벌 아웃소싱이 급속도로 진전되면서 국내 대기업과 협력기업 사이에 낙수효과는 사라졌다. 그 대신 중소기업에 대한 착취를 넘어 중소기업에 대한 정부 지원마저 거래 모기업의 이익이 되어버리는 빨대 효과가 커지고 있는 상황이다. 홍운선·홍성철(2017)의 연구에 따르면 대기업의 성과가 2차, 3차 협력업체로 내려갈수록 파급 효과가 현저히 줄어드는 것으로 나타났다. 현대자동차를 살펴보면, 원청업체인 현대자동차 매출액이 1% 증가하면 1차 협력업체 매출액은 0.43% 늘어났지만 2차에서는 0.05%, 3차는 0.004%로 매출 증가율이 크게 감소했다. 삼성전자도 역시 매출액이 1% 늘어나면 1차 협력업체의 매출액이 0.56% 증가했지만 2차 협력업체는 0.07%, 3차 협력업체는 0.005% 높아지는 데 그쳤다. 장우현·양용현·우석진(2015)은 대기업과 중소기업 간 원도급과 하도급 수직 관계는 그 자체로는 중소기업의 성과에 해가 되지 않으나, 정부의 중소기업 지원이 하도급 관계를 통해 결국 대기업 지원이 되어버리는 '빨대 효과'의 존재로 중소기업 생산성에 부정적인 영향을 미치고 있다고 주장한다.

그러다 보니 중소기업의 지불 능력은 더욱 축소되어 대기업과 중소기업 간 임금 격차가 크게 확대되고 노동시장의 이중 구조화가 심화된다. 이에 인력 수급 미스매치가 심화되어 중소기업의 경쟁력이 약화되는 악순환이 생겨난다. 대기업이 노동조합으로 인해 증가된 임금 부담을 거래 중소기업에 전가하면 중소기업의 지불 능력은 더욱 약화된다. 대기업 노사 담합이 중소기업에 부담을 전가시키는 구조인데, 여기에 중소기업 경영자가 자신의 부담을 다시 근로자에게 전가시키는 형태로 대응하면 착취의 피라미드 맨 하단에 있는 2, 3차 협력기업 근로자는 최저임금조차 받기 어려운 상황이 될 수밖에 없다.

불공정 거래의 근본 원인

불공정 거래가 심화된 원인은 무엇일까. 1차로는 경제력이 집중된 대기업 집단의 횡포에 있다. 김종인(2012)에 따르면 거대 경제 세력(재벌)으로 경제력이 집중된 한국 경제는 대기업의 탐욕으로 기술 탈취 등이 빈번히 일어나 기술력과 전문성을 갖춘 중소기업이 성장하기 어려운 구조다. 김상조(2012)도 재벌 대기업이 경제력 집중을 이용하여 돈이 될 만한 사업 분야에 총수 일가가 출자하는 새로운 회사를 차려 진출하고 여기에 계열사들이 일감을 몰아줌으로써 총수 일가가 세금 없는 부의 대물림 방식으로 불법으로 사익을 추구하고 있으며 그 바람에 독립기업은 공정한 경쟁의 기회조차 갖지 못한다고 주장한다.

대기업의 불공정 거래 행위에 대한 공정거래위원회의 제재도 불공정 거래 행위를 예방하기에는 매우 불충분하다. 2011년 3배 징벌제가 도입되고 의무고발제가 도입되었지만 실제로는 거의 시행되지 않고 있다. 이렇게 공정거래위원회가 제재에 소극적인 이유는 불공정 거래 행위 입증이 쉽지 않다는 현실적 문제점 이외에도, 퇴직 후 로펌 등에 재취업을 하기 위해 재직 기간 동안 대기업에 불리한 조치를 기피하는 개인적 이익 동기도 있다는 비판도 적지 않다.

공정거래위원회는 매년 실시하는 실태 조사 결과도 공개하지 않는다. 불공정 거래 행위에 대한 실태 정보가 담겨 있는 조사 결과조차 공개되지 않는 상황에서 불공정 거래 행위 예방이나 제재는 더욱 이루어지기 어렵다. 최정표(2015)는 1987년 공정거래법 개정으로 재벌 규제 조항이 도입되었지만 재벌들의 저항과 로비로 수없이 개정되면서 수많은 단서와 예외 조항이 신설되어 무력화되었기 때문에, 재벌 제재 효과는 거의 없어졌다고 말한다. 이민화(2013)는 불공정 거래가 사라지지 않는 이유로 공정 거래를 확립해야 할 정부가 문제 해결 의지가 없다는 점을 지적하고 있다. 문제는 노출되지 않을뿐더러 노출되어도 해결되지 않거나 덮어버리는 데 급급하다. 언론도 대기업 광고를 수주해야 하기 때문에 문제 제기에 소극적이라 중소기업들이 체념 상태에 있다는 것이다.

불공정 거래에 대기업 오너나 경영자뿐만 아니라 노조에도 일부 책임이 있다는 지적도 있다. 노동조합의 임금 인상 요구나 파업 등 노사 갈등으로 인한 비용 부담은 협력 중소기업에 전가되는 경우가 많다. 이는 중소기업 근로자 이익을 희생으로 대기업 근로자 이익을 지키는 행동이라는 점에서 노동조합도 노사 담합을 통한 불공정 거래의 한 축이라고 할 수 있다는 것이다(한국노사관계학회, 2010).

불공정 거래의 원인을 중소기업의 취약한 역량에서 찾는 논의도 있다. 한국개발연구원(2014)은 역량이 낮은 수급 사업자들은 한 원사업자에게만 공급할 경우 수익률이 낮아져 배타적 수급 관계가 불리하게 작용한다고 밝혔다. 그러나 역량이 높은 수급 사업자들이 한 원사업자와 배타적으로 거래하면 오히려 수익이 높아져 배타적 수급관계가 협상력을 줄이는 효과 이상의 효율성 증진 효과가 있음을 보여주고 있다.

기업 성장의 프로세스 측면

창업 단계의 문제점

우리나라의 창업은 일자리를 찾지 못한 청년이나 베이비부머들이 생계형 자영업으로 할 때가 많아 부가가치가 낮으며 신규 진입이

용이하여 과당 경쟁으로 기업의 생존과 성장이 어려운 경우가 많다. 초·중등학교 및 대학 교육에서 체계적인 창업 교육을 거의 받지 못한 채 창업 동아리 등에서 6개월~1년 정도의 경험을 쌓고 창업에 뛰어드는 경우도 적지 않다. 취업보다 훨씬 더 많은 준비가 필요한 창업인데도 준비 기간이 취업 준비 기간보다 훨씬 짧다 보니 생존율이 낮을 수밖에 없는 것이다. 또 현대경제연구원(2015)의 조사에서는 선호하는 창업 형태가 '단독 창업'이 대부분(86.2%)이며 '동업'을 선호한다는 응답은 13.2%에 불과한 것으로 나타났다. 「2015년 기준 기업 생멸 행정 통계 결과」에 따르면 2015년도 신생기업은 1인 규모가 전체의 88.9%를 차지했고 2014년도에 소멸한 기업은 1인 규모에서 전체의 94.2%를 차지하고 있다. 2015년도 활동기업의 구성비도 1인 기업(80.1%), 2~4인 기업(11.0%) 등의 순으로 5인 미만 기업이 전체의 91.1%를 차지하여 세계에서 영세기업 비중이 가장 높은 나라로 꼽히고 있다.

[표 3] 기준 연도별 기업 생존율(단위: %)

	1년 생존율		2년 생존율		3년 생존율		4년 생존율		5년 생존율	
2014	(2013)	62.4	(2012)	47.5	(2011)	38.8	(2010)	31.9	(2009)	27.3
2013	(2012)	60.1	(2011)	47.3	(2010)	38.2	(2009)	32.2	(2008)	29.0
2012	(2011)	59.8	(2010)	46.3	(2009)	38.0	(2008)	33.4	(2007)	30.9
2011	(2010)	60.0	(2009)	46.9	(2008)	39.7	(2007)	35.8	–	–
2010	(2009)	60.1	(2008)	48.1	(2007)	41.5	–	–	–	–

* 주: 괄호 안은 기업의 신생 연도
* 자료: 통계청, 「2015년 기준 기업 생멸 행정 통계 결과」, 2015

이렇게 우리나라의 창업은 준비 안 된 창업, 생계형 창업, 단독 창업의 성격이 강하다. 그 결과 창업 후 생존과 성장이 매우 어려운 상황에 있다. 「2015년 기준 기업 생멸 행정 통계 결과」에 따르면 2014년 활동기업의 1년 생존율(2013년도 신생기업 생존율)은 62.4%, 5년 생존율(2009년도 신생기업 생존율)은 27.3% 수준이다. 창업 후 1년 생존율은 다른 선진국들에 비해 한국이 12~23% 정도 낮고 5년 후 생존율도 30%로 10~21% 정도 낮아 다른 선진국과 비교해 가장 낮은 수준에 있다(조덕희, 2014).

성장 단계의 문제점

창업해서 살아남았다고 해도 그대로 성장하는 것이 아니다. 성장 과정에 존재하는 수많은 절벽을 넘지 못하면 영세기업에 머무는 경우가 많다. 이병기(2015)의 연구에 따르면, 2000년부터 2012년까지 300인 미만 중소기업이 1,000명 이상 대기업으로 성장한 사업체 비율은 제조업 0.0007%, 서비스업 0.0009%에 불과했고, 300인 미만의 중소기업이 300~500인 규모의 중견기업으로 성장한 비율도 제조업 0.06%, 서비스업 0.02%에 불과한 것으로 나타났다. 그 결과 우리나라의 전체 기업 수 대비 중견기업 비중은 비교 대상 주요 국가 중 최저 수준을 나타내고 있다(KOTRA, 2012; 중소기업청, 2015)

[표 4]를 보면 우리나라는 세계에서 가장 영세기업 비중이 높은 나라임을 알 수 있다. 10인 미만 사업체의 고용 비중은 이탈리아(46.4%)에 이어 우리나라(43.6%)가 OECD국 중 두 번째이고 미국(10.6%), 일본(13.9%), 독일(18.8%)에 비해 훨씬 높은 수준이다. 반면

250인 이상 사업체에 종사하는 고용 비중은 우리나라(12.8%)가 이탈리아(20.3%)보다도 낮아 OECD국 중 최저 수준으로 미국(57.2%), 일본(43.9%), 독일(37.8%)보다 크게 낮은 수준에 있다(OECD, 2016). 또 GDP 총액이 우리나라의 14배인 미국의 제조업체 수는 우리의 2배에 불과하며 우리나라의 7배인 일본의 제조업체 수는 우리의 1.6배에 불과하다(김주훈 편, 2005).

이렇게 영세기업의 비중이 높은 이유로는 중소기업의 경영 능력 혹은 혁신 노력이 부족하다는 지적이 나오고 있다. 우리나라 중소기업들은 성장을 위한 혁신 경영에서 크게 낙후된 모습을 보이고 있는데, 이것을 기업 경영의 핵심 요소인 인력, 기술, 자금, 판로와 이들 요소들을 통괄하는 경영자 리더십 측면에서 보면 다음과 같다(백필규, 2015). 인력 면에서는 사람을 키우는 경영을 통해 기업 성장에 노

[표 4] 규모별 사업체 수와 고용 비중 국제 비교(전 산업)(단위: %)

국가	1-9		10-19		20-49		50-249		250+	
	사업체 수	고용	사업체 수	고용	사업체 수	고용	사업체 수	고용	사업체 수	고용
한국	92.6	43.6	4.1	10.8	2.3	13.6	1.0	19.2	0.1	12.8
미국	79.3	10.6	10.3	7.0	6.8	10.3	3.1	14.9	0.6	57.2
일본	86.2	13.9	6.9	8.5	4.3	11.9	2.2	21.8	0.4	43.9
독일	82.1	18.8	10.0	11.1	4.9	12.2	2.5	20.2	0.5	37.8
영국	89.1	18.0	6.0	8.5	3.0	10.8	1.5	15.8	0.3	46.8
이탈리아	95.0	46.4	3.2	11.0	1.3	9.8	0.5	12.4	0.1	20.3

* 주: 각국 2013년 혹은 최신 입수 통계
* 자료: OECD, 「Entrepreneurship at a Glance」, 2016

력하기보다는 낮은 숙련이나 기술 수준에 안주하여 기술보다는 임금 경쟁력을 추구하면서 저숙련 균형low-skill equilibrium 현상을 유지하는 수준의 경영을 하고 있다. 기술 면에서는 혁신 활동 기업의 양적 저변은 확대되고 있으나 질적 수준은 아직 미흡하며, R&D 투자 규모가 작고 모방 기술 중심 경영에서 벗어나지 못하고 있다. 자금 면에서는 자금 대부분을 대출에 의존하는 채무 경영으로 인해 투자 자금 조달에 애로를 겪으며 만성적인 자금난을 호소하고 있다. 판로 면에서는 국내 대기업 의존도가 높고 해외시장을 개척하지 못한 상황에서 글로벌 아웃소싱이 급속도로 진전되어 단가와 물량이 동시에 위협받는 상황에 놓여 있다. 경영자 리더십 면에서는 불투명 경영과 나 홀로 경영으로 기업 성장에 필요한 경영자와 근로자 간의 비전 공유, 외부 자원을 활용하는 오픈 이노베이션이 원활하지 않은 상태다.

경쟁력이 취약한 중소기업은 중소기업 간 협력이 매우 중요하지만 이 부분에서도 우리나라 중소기업은 매우 취약하다. 창업 단계에서부터 동업을 기피하는 경향이 강하고 중소기업 경쟁력 강화 차원에서 중소기업 간 '협업 사업 지원 제도' 등을 시행하고 있으나 참여율이 매우 낮다. 또 중소기업협동조합으로 대표되는 중소기업 단체가 존재하지만 조직화 비율은 다른 나라에 비해 매우 낮은 편이고 활동도 정부 조달과 관련된 판로 측면에 집중되어 있어 제한적이다. 이마저도 2007년 단체수의계약 제도가 폐지되면서 활동이 위축되어 있는 상황이다.

구조조정 및 재도전 단계의 문제점

기업생태계가 제대로 기능하고 성장해가기 위해서는 부실기업이
나 한계기업의 퇴출이 원활하게 이루어지고 그 자리를 혁신기업과
성장기업이 채우는 신진대사가 활발하게 이루어져야 한다. 그렇다
면 우리나라의 기업생태계는 이러한 신진대사가 원활하게 이루어
지고 있을까. 최현경(2016)에 따르면, 한계기업[1]의 비율은 2011년부
터 2015년까지의 사이에 대기업은 9.13%에서 12.12%로 중소기업은
9.39%에서 12.83%로 증가한 것으로 나타났다. 기업생태계의 구조
조정과 신진대사가 원활하게 이루어지지 않고 있다는 것을 보여주
는 수치라고 할 수 있다. 이렇게 구조조정이 원활하지 않은 것은 대
기업은 부실화되어도 국민경제에 주는 영향이 크다는 이유로 퇴출
되기 어려운 구조이며, 중소기업도 정책 자금이나 신용보증 등에 의
존하여 연명하는 경우가 많기 때문이다.

[표 5] 연도별 대기업과 중소기업의 한계기업 비중(단위: 개, %)

	한계기업 수		한계기업 비율	
	대기업	중소기업	대기업	중소기업
2011	303	1,433	9.13	9.39
2012	346	1,568	10.43	10.28
2013	388	1,753	11.69	11.49
2014	414	1,901	12.48	12.46
2015	402	1,957	12.12	12.83

* 자료: 최현경, 「우리나라 기업 구조조정 제도의 현황과 발전 방안」, 『KIET 산업경제』, 산업연구원, 2016

재도전은 어떠한가. 우리나라 기업생태계에서는 기업 활동을 하다가 한번 실패하면 재기가 어렵다. 자금 조달이 대부분 융자 중심으로 이루어지고 이들 융자가 연대보증의 족쇄에 묶여 있기 때문이다. 그래서 실패한 기업인은 재기하지 못하고 그동안 축적한 숙련과 경험도 모두 사장되면서 예비 창업자의 기업가정신마저 꺾어버리는 '생태계의 실패'를 겪을 수밖에 없었다. 이런 문제점을 개선하기 위해 2005년 벤처기업 패자부활제가 도입되었지만 실패기업에 대한 정보 부족과 엄격한 선발 요건으로 실적이 거의 없었다. 2010년 이후 재창업 지원 자금이 확대되고 성실 실패기업에 대한 지원 기준이 마련되는 등 재도전 환경은 조금씩 개선되고 있으나 아직 실패기업의 성공 사례는 잘 보이지 않고 있다.

기업 네트워크의 측면

교육기관의 문제점

우리나라의 교육기관은 중소기업에 필요한 인력을 제대로 공급하고 있는가. 2015년 고등교육기관 졸업자는 57.6만 명이고 이 중 취업 대상자는 50.6만 명이다. 그러나 실제 취업자는 34.3만 명으로 16만 명이 넘는 청년이 취업을 못하고 있는 상태다. 매년 노동시장에 나오는 청년 인력들이 취업을 못하여 구직을 포기하거나 취업 준비자가 되고 만다. 2016년 4월 기준 15~29세 청년 공식 실업자는 48.4만 명, 구직 활동을 하지 않는 니트족 76만 명을 포함하여 122만 명 수준에 이르고 여기에 비자발적 비정규직, 그냥 쉬고 있는 청년까지 포함

한 '청년 체감 실업자'는 179.2만 명, 체감 실업률은 34.2%에 이른다는 통계도 있다.[2]

그런데 앞서 말한 것처럼 중소기업은 인력난을 호소하고 있다. 여기에서 나타나는 문제는 크게 두 가지다. 하나는 빈 일자리가 있음에도 채워지지 않은 인력 수급 미스매치의 문제와 인력 수급 미스매치 문제가 해결된다 해도 여전히 남는 일자리 부족 문제다. 교육기관은 양자 모두에서 기대되는 역할을 하지 못하고 있다.

먼저 인력 수급 미스매치 문제부터 살펴보자. 『2015년 중소기업 실태 조사』에 따르면 인력 부족의 원인은 '직무 능력을 갖춘 지원자 없음'이 63.1%이고 '취업 지원자 없음'이 32.2%로 나타나 있다. 사람은 넘치지만 기업이 필요로 하는 적합한 인력이 아니거나(숙련의 미스매치) 기업이 제시한 조건이 맞지 않아(보상의 미스매치) 중소기업을 기피하는 현상이다.

적합한 인력이 없다는 것은 교육기관이 중소기업이 필요로 하는 인력을 제대로 공급하지 못한다는 것을 보여준다. 실제로 많은 연구에서 교육기관이 공급자 중심, 스펙 중심 교육으로 중소기업의 현장 수요와 괴리된 인력을 양성하고 있다는 지적을 받고 있다. 그렇게 된 커다란 이유 중의 하나로 교육기관과 중소기업 간 협력, 즉 산학협력이 원활히 이루어지지 않고 있다는 사실을 꼽는다.

연구기관의 문제점

연구기관도 문제가 많다. 연구기관에는 크게 대학과 출연연이 있다. 대학과는 산학 협력, 출연연과는 산연 협력 관계를 맺고 있다. 연구개발 면에서 산학연 협력의 현주소는 어떠한가. 우리나라의 GDP 대비 연구개발비 비중은 세계 1위이지만 대학·연구기관의 연구개발R&D 결과물 중 15만 건 이상이 미활용(국가과학기술심의회) 상태이고, 공공 연구기관의 특허 출원 기준 기술 이전율은 17.6%로 미국(44.7%), EU(76.0%), 일본(35.3%)등에 비해 상당히 낮은 수준이다. 이렇게 기술 이전이나 사업화 성과가 낮게 나타나는 것은 기술 이전 전담 인력 부족, 정부 지원 사업 의존도가 높은 기술 이전 업무 관련 예산, 중소기업 기술 기획 역량 미흡, 기술 이전 기여자에 대한 낮은 보상 등 다양한 요인이 작용하고 있다(남태현, 2016).

「중소기업 기술 통계 조사」(2015)에 따르면, 중소기업들은 대부분(87.9%) 단독 개발에 의존하고 있으며 외부에 공동 개발(8.9%)을 하거나 위탁 개발(1.7%)을 하는 비율은 상당히 낮은 수준으로 나타나 있다. 단독 개발 비중은 2002년 54.0%, 2010년 82.4%, 2015년 87.9%로 계속 높아지고 있다. 한마디로 연구개발에서 산학 협력이나 산연 협력 등 외부 자원 활용이 매우 미흡한 상태라고 할 수 있다. 이렇게 된 가장 큰 이유는 중소기업과 대학의 목표에 차이가 있기 때문이다. 산학 협력을 통해 기업은 상업적 목적을 위한 제품 및 서비스 연구개발 성과를 가장 기대하는 반면, 학교는 교육에 가장 큰 목적을 두고 있기에 양측의 자발적 협력이 어려운 상태에 있다(국제무역연구원, 2014).

금융기관의 문제점

그렇다면 금융기관은 중소기업이 필요로 할 때 필요한 곳에 자금을 제대로 공급하고 있는가. 먼저 중소기업의 자금 조달이 어떤 방식으로 이루어지고 있는가를 살펴보자. 2016년 9월 최운열 더불어민주당 의원이 금융위원회와 금융감독원으로부터 제출받은 자료에 따르면, 시중 은행들의 중소기업 대출에서 신용 대출이 차지하는 비중은 2016년 6월 말 현재 20.7%, 담보 대출은 59%, 보증부 대출은 20.3%로 나타났다. 연도별 신용 대출 비중 추이를 보면 2012년 말 26.1%, 2013년 말 24.2%, 2014년 말 22.7%, 2015년 말 21.1%, 2016년 6월 말 20.7%로 하락 추세다. 중소기업의 기술력을 평가해 대출을 실시하는 제도로 정부가 2014년 도입한 기술 금융도 담보·보증 없이 기술 평가만으로 대출을 받은 비중은 23%에 그쳤다. 담보 중심으로 대출이 이루어지면 신용 평가의 필요성이 작아지고 기업에 대한 정보를 축적할 동기가 약화된다. 우리나라에서 정보를 축적하여 컨설팅과 자금을 제공하는 관계형 금융이 형성되지 못한 이유다.

중소기업에 대한 금융 지원에 성과가 있었다는 연구(김준기 외, 2006; 최세경 외, 2014)도 많지만 지원 규모 대비 성과가 크지 않다는 비판적 연구도 적지 않다. 여기서는 그런 비판적 연구들을 중심으로 중소기업 금융 지원 정책의 문제점이 무엇인지를 살펴보기로 한다.

장우현·양용현·우석진(2013)은 정책 금융 지원에서 재무적 성과가 양호하면서 업력이 긴 기업에 지원한 정책 자금은 업력 초기 기업에 지원했을 경우보다 상대적으로 그 효과성이 더 낮다는 분석 결과를 보여준다. 또 장우현·양용현·우석진(2015)은 중소기업 지원이 하도급 관계를 통해 결국 대기업 지원이 되어버리는 '빨대 효과'를 주장한다. 제조업과 광업에서 대기업과 중소기업 간 원도급과 하도급 수직 관계는 그 자체적으로는 중소기업 성과에 해가 되지 않지만 정부의 인위적인 중소기업 지원 정책이 존재할 경우에는 수직 관계에 의해 그 성과가 대기업으로 빨려 올라가는 빨대 효과로 인해 중소기업의 생산성에 부정적인 영향을 미치고 있다는 것이다. 최정표(2015)도 대기업과 중소기업은 공존·공생하는 구조가 아니라 대기업 쪽에서만 일방적으로 빨 수 있는 빨대 구조로, 중소기업 지원책도 결국 대기업 지원책이 되어버리기 때문에 중소기업 문제는 문제의 원인이 대기업에 있으므로 대기업 쪽에서 해결책을 찾아야 한다고 말한다. 국회예산정책처(2014)는 중소기업 지원 R&D 사업 성과 분석 결과, 업력 5년 미만 창업 초기 기업의 특허, 사업화 및 고용 성과가 우수하게 나타난 반면, 재정 지원의 87%가 업력 5년 이상 기업에 집중되어 R&D 투자 전략의 전환이 필요하다고 주장한다. 금융연구원(2015)도 정보 비대칭으로 인한 신용 할당 문제가 상대적으로 심각하지 않은 업력 10년 이상의 중소기업에 대한 정책 금융 지원 비중이 2014년 기준 50% 수준으로 매우 높고 한계기업에 대한 금융 지원은 해당 기업의 퇴출을 지연시켜 자체적으로 자원 배분의 효율성을 저해할 뿐 아니라 동일한 산업에 속하는 정상기업에도 부정적인 영향을 미치고 있다고 말한다. 또 장우현(2016)은 중소기업 정책 금융이 지원기업의 생존율을 증가시켰으나 해당 기업들의 생산성 향상은 상대적으로 낮게 나타났다는 실증 분석 결과에 입각하여, 중소기업 지원 정책의 성과를 개선하기 위해서는 지원 정책의 목표를 '어려운 기업'을 돕는 생존성 제고에서 '성장하는 기업'을 돕는 생산성 향상으로 전환할 것을 제안한다.

3. 생태계

'기울어진 운동장'의 혁신

역동적이고 경쟁력 있는 기업생태계를 구축하기 위해서는 불공정 거래가 이루어지는 '기울어진 운동장'을 공정하게 경쟁이 이루어지는 '평평한 운동장'으로 바꾸어야 한다. 김종인(2012)은 대규모 경제 세력(재벌)이 경제력 집중으로 골목상권까지 침투하는 탐욕을 부리면서 중소 상인들이 영세민으로 전락하고 일자리가 파괴되면서 양극화가 심화되고 있는 현재의 상황을 개선하기 위해서는 '경제 민주화'가 필요하다고 주장한다. '경제 민주화는 다양한 내용을 갖지만 핵심은 경제력 집중을 억제하고 절제된 시장경제'를 만들기 위한 기업 지배 구조의 개혁이다. 구체적인 방법으로는 이사회가 민주적이고 투명한 감시 체제를 갖추어 기업의 의사결정에 대한 통제를 할 수 있어야 한다고 한다. 유종일(2011)은 극히 작은 지분으로 다수의 기업을 지배하고 있는 총수의 전제적 지배 체제와 그 대물림은 총수의 이익을 위해서 기업 경영 결정이 왜곡되는 리스크가 큰 만큼 계열사 출자를 규제해야 한다고 주장한다. 또 재벌 그룹들의 일감 몰아주기가 중소기업들의 기회를 박탈할 뿐만 아니라 중소 상인의 사업 영역까지 초토화시키면서 공정한 경쟁을 해치고 지배 주주 일가에게 부당한 이득을 안겨주고 있는 만큼 상법, 공정거래법, 조세법, 형법까지 총동원한 철저하고 포괄적인 대책으로 완전히 근절해야 한다고 주장한다.

최정표(2015)는 재벌의 투명 경영을 위한 감시 기능 강화와 사전 예방 조치의 중요성을 강조한다. 투명성이 높지 않으면 권력자가 전횡을 부리고 이해관계의 조정이 공정해지지 않는다. 재벌의 황제 경영은 투명성이 낮아 견제를 받지 않는다는 것이다. 투명 경영을 강화하는 방법으로는 이사회의 집행 기능과 감시 기능을 분리하여 집행 임원인 최고경영자가 이사회에 참여하지 않도록 하고 이사회는 감시 감독에 충실하도록 한다. 또 책임은 지지 않으면서 권한만 행사하면 회사 이익보다 개인 이익 우선으로 경영권을 행사할 가능성이 높은 만큼 총수들을 등기이사로 등재하여 법적 경영자가 되도록 한다. 불공정하고 시장을 파괴하는 내부 거래 형태를 근절시키기 위해서는 친인척 계열사에 대해 수익률과 성장률을 매년 직권 조사하는 제도를 입법화하여 몰아주기 거래와 지원성 거래를 원천적으로 차단해야 한다고 말한다.

이상의 논의는 불공정 거래의 해법을 대기업 집단의 소유 구조나 지배 구조라는 원인 측면에서 찾는 것이다. 이보다는 결과로서 불공정 행태에 대한 제재를 강화하는 것이 좀 더 중요하다는 견해들도 있다. 김종인(2016)은 공정거래위원회의 전속고발권을 폐지해 대기업 횡포에 대한 견제 장치를 늘려야 한다고 주장한다. 전속고발권이란 불공정 거래에 대해 공정위가 검찰 고발 여부를 결정하는 권한으로, 공정위가 전속고발권을 소극적으로 행사해오면서 불공정한 거래 관행을 제대로 규제하지 못한다는 비판을 받고 있기 때문이다. 김기식 외(2013)는 공정위의 제재 권한을 대폭 강화하여 영장청구권을 비롯해 강제조사권을 주어야 한다고 주장한다. 공정위가 조사를 할 때 조사 대상 조직이 물리력을 동원해 이를 방해하거나 자료 제

출을 하지 않아도 그에 대한 제재 수단이 별로 없어서 한계가 있기 때문이다

사후 제재보다는 사전 예방을 강조하는 견해도 있다. 최정표(2015)는 하도급 거래에서 강자와 약자의 거래 관계를 사후에 교정하겠다는 것은 불가능하고 구제 조치도 미미한 정도에 그치기 때문에, 사전 예방 장치와 정부의 의지만이 하도급 거래를 실질적으로 개선할 수 있다고 말한다. 예컨대 원청업체와 하청업체의 영업 이익률이 과도하게 차이가 나면 하청업체의 신고 없이도 정부가 선제적으로 조사에 나서는 장치 등을 마련해야 한다는 것이다.

이와 함께 불공정 거래 행위와 관련된 정보 공개와 활용도 매우 중요하다. 김상조(2012)는 하도급 거래 구조의 현실에 대해 더욱 정확한 정보를 축적하고 공개하는 시스템이 필요하다고 주장한다.[3] 모기업의 자산 규모가 일정 기준을 초과하고 하도급 거래의 규모와 지속 기간 등이 일정 요건을 충족하면 모기업과 그 하도급 기업의 명단 및 거래의 기본 내역을 공시하도록 하는 규정을 하도급법에 도입하자는 것이다. 공정거래위원회가 1999년부터 매년 상당한 예산을 들여 약 10만 개의 기업을 조사하는 하도급 거래 서면 실태 조사 결과도 전면적으로 공개할 필요가 있다고 말한다. 개별 기업 자료를 공개하는 것이 아니라 분석 자료 형태로 제시하여 실태만 제대로 파악해도 문제 해결에는 도움이 되기 때문이다.

김상조(2012)는 중소기업 발전을 위해서는 대중소기업 간 수직적 네트워크를 공정하게 만드는 것 못지않게 중소기업 상호 간 수평적 네트워크를 활성화하는 것이 중요하다고 말한다. 중소기업은 협상력

의 격차로 일대일 관계에서는 대기업과 공정한 계약을 맺기 어려운 만큼, 다수의 중소기업이 공동으로 대기업과 협상할 수 있도록 해야 한다는 것이다.

기업생태계 프로세스의 혁신

창업 단계의 혁신

중소 벤처기업의 첫 출발인 창업 단계의 혁신은 그동안 우리나라 창업의 문제점으로 지적된 준비 안 된 창업, 생계형 창업, 나 홀로 창업을 준비된 창업, 기술형 창업, 협업 창업으로 바꾸는 것이다. 그럼 이런 창업이 되기 위해서는 어떤 노력과 지원이 필요할까.

먼저 준비된 창업을 위해서는 창업 이전에 충실한 교육과 훈련이 이루어져야 한다. 창업에 성공하기 위해서는 최소한 취업 준비 이상의 창업 준비가 필요하다. 이를 위해 대학교는 물론이고 초, 중, 고교에서 창업 교육을 일정 시간 의무적으로 이수하는 방안을 검토할 필요가 있다. 또 기업 현장 경험과 사업에 필요한 네트워크 구축도 창업 성공의 중요한 한 요인이다. 따라서 학교 졸업 후 바로 창업하기보다는 기업에서 일정 기간 현장 경험을 쌓은 후 창업하는 것이 바람직하다. 이런 경력형 창업을 활성화하기 위해 취업 이후의 창업 훈련에도 체계적인 플랜을 만들 필요가 있다. 예컨대 일정 기간의 현장 경험과 소정의 창업 훈련을 이수한 사람에게 창업 마이스터 자격을 부여하고 이들에게 창업 지원을 집중함으로써 성공 모델을 만드는 방안 등을 생각해볼 수 있다. 이런 경력형 창업은 높은 생애 보상과 미래 비전을 줄 수 있다는 점에서 낮은 보상 수준으로 취업 기피와 인력난을 겪고 있는 중소기업에게 인력 문제의 해법이 될 수 있다.

둘째, 기술형 창업을 위해서는 기술 창업에 대한 인센티브는 획기적으로 확대하고 리스크는 최소화해야 한다. 이를 위해 먼저 기술 창업 인력의 가장 큰 인센티브이고 2000년대 벤처 붐의 핵심 동력이었던 스톡옵션 제도에 대한 규제를 대폭 완화해야 한다. 스톡옵션에 대한 규제 완화는 인센티브 제도 변화만으로 다수의 혁신기업과 일자리를 만들어낼 수 있다는 점에서 자금 지원 방식보다 훨씬 효율적이다.

기술 창업기업에 대한 자금 지원 방식도 융자에서 투자로 바뀌어야 한다. 이를 위해 크라우드펀딩에 대한 인센티브와 규제 시스템도 전면적으로 혁신해야 한다. 그리하여 자금 여력이 있는 베이비부머들이 레드오션의 생계형 창업 대신 혁신 창업기업에 투자할 수 있게 된다면 생계형 창업은 줄어들고 기술형 창업은 활성화되는 일석이조의 효과를 거둘 수 있다.

아울러 기업도 외부 투자자들과 함께 성장하겠다는 마인드와 비전으로 투명 경영과 열린 경영으로 경영 패러다임을 전면적으로 혁신해야 한다. 기술 창업기업 성공의 핵심 관건인 M&A의 활성화도 투명 경영과 열린 경영이 필수 전제 조건이다.

셋째, 협업 창업의 활성화를 위해서는 개인 창업이 아닌 협업 창업의 경험 축적과 이를 지원하는 방향으로의 정책 패러다임 전환이 필요하다. 이를 위해 개인 간 경쟁 중심의 교육 패러다임부터 협력 중심으로 전면 전환할 필요가 있다. 개인 창업보다 공동 창업, 독자

개발 R&D보다 오픈 이노베이션 R&D에 대한 지원 비중 대폭 확대, 협동조합의 활성화 등도 협업 창업의 인프라 구축에 크게 도움이 될 것이다. 아울러 미국의 실리콘밸리나 중국의 중관촌이나 심천에서 보는 것처럼 아이디어와 기술만 있으면 다른 경영 요소는 쉽게 조달하거나 지원받을 수 있는 플랫폼 창업의 인프라를 구축하는 것도 매우 중요하다.

이렇게 준비된 창업, 기술형 창업, 협업형 창업을 위한 핵심 과제를 제시했지만 이런 과제들이 실현되기 위해서는 그 전제 조건으로 기존의 취업 중심 패러다임을 창업 중심 패러다임으로 전면 전환하는 인식의 전환이 필수불가결하다. 창업 중심 패러다임로의 전환이 필요한 이유는 다음과 같다.

첫째, 일자리의 부족이다. 고용노동부의 『직종별 사업체 노동력 조사』에 따르면 2016년 4월 기준 중소기업의 인력 부족 인원은 26.7만 명, 구인 노력 대비 미충원 인원은 8.5만 명으로, 일자리가 없는 실업자는 공식 실업자만 107.5만 명(2016년 4월 고용 동향)이고 사실상 실업자 수는 거의 300만 명에 이르고 있기 때문이다.4 이렇게 일자리가 절대 부족한 상황에서는 누군가가 창업하지 않으면 취업할 수 없는 만큼 창업 중심 패러다임으로의 전환은 매우 절박한 과제다.

둘째, 고령화 진전에 따라 100세 시대가 도래하면서 일해야 할 기간이 훨씬 길어졌다. 60세 정년을 채워도 남은 기간을 살아가려면 수입을 얻을 수 있는 일자리가 필요하다. 이런 일자리를 누군가가 만들어주지 않는다면 창업을 통해 스스로 만들 수밖에 없다.

셋째, 인공지능 등 기술 발전에 따라 일자리가 사라지거나 적어도 기존 직무의 급격한 변동이 일어날 것이 분명한 상황에서 창업은 새로운 일자리나 직무를 만드는 수단으로서, 이제 더 이상 선택 사항이 아니라 누구나 필수적으로 해야 할 상황이 도래하고 있기 때문이다. 언제 기존 직장에서 떠나더라도 살아남기 위해서는 창업 훈련이 필수적이다.

넷째, 중소기업의 인력 수급 미스매치 문제를 해소하기 위해서도 창업 패러다임이 유용하다. 구직난과 구인난이 병존하는 인력 수급 미스매치 문제는 구직자가 기대하는 만큼의 보상을 중소기업이 주지 못하는 데서 기인한 부분이 크다. 이때 기대 보상을 당장 받는 급여가 아닌 미래 보상으로 제공할 수 있다면 우수 인력의 중소기업 기피 현상이 개선될 수 있다. 중소기업에서 일정 기간 경험을 쌓은 후 창업을 통해 높은 생애 보상을 기대할 수 있다면 중소기업 기피 현상이 개선되는 것은 물론이고 창업 정신을 가진 우수 인력 유입으로 중소기업 경쟁력도 제고되면서 중소기업과 근로자의 동반 성장이 이루어질 것이다.

성장 단계의 혁신

중소기업이 강소기업이나 중견기업, 대기업으로 성장하기 위해서는 어떤 경영 능력이나 혁신 노력이 요구되는가. 이것을 혁신 경영의 5요소인 인력, 기술, 자금, 판로, 경영자 리더십의 측면에서 살펴보면 다음과 같다. 먼저 인력 면에서는 저임금에 의존하는 경영이 아닌 인적 자원 관리HRM와 인재 육성HRD을 통해 인재 경쟁력을 중시하는 경영을 해야 한다. 기술에서는 인재 경영과 R&D 투자를 통해 모방

기술이 아닌 도약 기술로 핵심 역량을 확보하는 기술 경영을 해야 한다. 자금 면에서는 융자나 정부 지원에 의존하는 경영이 아닌 투자 방식 자금 조달을 중시하는 경영으로 전환하도록 노력이 필요하다. 판로 면에서는 국내 대기업 의존에서 벗어나 독립 기업화와 글로벌시장을 중시하는 경영이 필요하다. 경영자 리더십에서는 투명 경영에 입각한 비전 공유와 외부 협업을 중시하는 오픈 경영이 필요하다. 이런 혁신 경영은 우리나라가 추격형 경제에서 도약형 경제, 혹은 선도형 경제로 이행하기 위한 경영 모델이라고 할 수 있다. 이런 혁신 경영 모델의 확산과 정착을 위해 정책 패러다임도 다음과 같이 전면 전환할 필요가 있다.

첫째, 혁신 경영을 인증하는 혁신형 중소기업 인증 기준의 재검토가 필요하다. 현재 혁신형 중소기업은 기술을 중시하는 지표 중심으로 되어 있다. 앞에서 살펴본 것처럼 혁신 경영은 기술로만 되는 것이 아니라 인력, 기술, 자금, 판로, 경영자 리더십 등 전방위적 혁신이 요구된다. 이 중에서도 특히 기술을 뒷받침하는 인재 경영과 비전을 제시하고 외부와 협업하는 오픈 경영을 할 수 있는 경영자 리더십이 매우 중요함에도 불구하고 현재의 혁신형 중소기업 인증 기준에서는 이 부분에 대한 관심이 크지 않다. 따라서 이에 대한 보완이 필요하다.

둘째, 혁신 경영의 성과 지표에서도 개선이 필요하다. 일반적으로 기업 입장에서는 매출액 성장이나 이익 증대가 기업 성과의 지표로 간주되지만 정책 관점에서는 매출액 성장이나 이익 증대보다 고용 창출이 더 중요한 지표일 수 있다. 물론 매출액 성장이 이루어지면 파생적으로 고용 창출이 이루어진다는 생각도 있을 것이다. 그러나 최근에는 매출액 성장이 바로 고용 창출로 이어지지 않는 경우도 많기 때문에 정책 지원 기준으로서 고용 창출을 최우선적으로 강조할 필요가 있다.

셋째, 한정된 지원 예산으로 기업 성장과 고용 창출 성과를 극대화할 수 있는 지원 기준이 무엇인지 근본적인 재검토가 필요하다. 중소기업 지원 정책 성과에서 대기업에 전속된 업력이 긴 기업보다 독립적인 창업 초기 기업의 지원 성과가 높을 때가 많았다는 연구 결과에 비추어보면, 정책 지원 기준을 규모보다는 혁신과 업력 중심으로 전환하는 방안에 대한 검토가 필요하다. 업력 10년이면 어느 정도 생존이 검증됐다고 볼 수 있을 것이다. 기업도 인간의 성장과 유사하게 일정 연령에 이르면 독립하는 방식이므로, 합리적이고 기준이 명확하기 때문에 미리 충분히 대비가 가능하다. 또 혁신성 기준에서 보면, 종업원이나 매출액과 같은 산업화 시대의 중소기업 구분 기준으로는 스피드와 혁신이 중시되는 4차 산업혁명 시대를 따라잡기 어렵기 때문에 혁신성을 기준으로 지원 대상을 결정해야 한다.

넷째, 이상의 문제의식을 담아 정부 주도의 벤처기업 확인 제도를 민간 주도로 바꾸고 벤처기업, 이노비즈, 경영 혁신형 중소기업으로 나뉘어 있는 현재의 혁신형 중소기업 제도를 하나로 통합할 필요가 있다. 아울러 여기서 논의하는 기업생태계적 관점을 전면 도입하여 '벤처기업지원특별법'을 '벤처생태계육성법'으로 개편하는 방안도 검토할 필요가 있다.

구조조정 및 재도전 단계의 혁신

　기업생태계가 건강하기 위해서는 부실기업이나 좀비기업 퇴출도 원활하게 이루어져야 한다. 먼저 부실 대기업의 구조조정이 필요하다. 부실 대기업 구조조정을 반대하는 사람들의 논리는 이렇다. 대기업이 망하면 거기에 딸려 있는 협력기업과 근로자들도 망하고 기업에 대출해준 금융기관과 지역 경제도 부실해지기 때문에 지원이 불가피하다는 것이다. 또 오랫동안 축적한 기술과 숙련은 매우 소중한 자산이며, 일시적인 불황만 잘 견뎌내면 다시 호황이 도래했을 때 경쟁력을 회복할 수 있다는 논리를 든다.

　그러나 세계 경제가 공급 과잉과 구조적인 저성장기로 들어서고 경쟁 상대인 중국의 경쟁력이 우리를 턱밑까지 압박하고 있는 상황에서 낙하산 경영자와 강성 노조가 자신의 이익만을 추구하는 기업에 국민의 혈세로 천문학적인 지원을 하는 것은 '밑 빠진 독에 물 붓기' 식의 수렁에 빠질 가능성이 높다. 합리적 상식에 어긋나는 이런 일들이 나라 경제를 살린다는 명분으로 거리낌 없이 행해지는 것은 우리가 아직도 대기업 중심 경제 구조의 패러다임에서 전혀 벗어나지 못하고 있음을 보여주는 것이라 할 만하다.

　대기업을 망하게 놔두면 협력기업, 근로자, 금융기관, 지역 경제 모두가 정말 부실해질까. 대기업 중심의 기업생태계 시각으로 보면 그럴 수 있다. 그러나 중소 벤처기업 중심의 기업생태계 시각으로 보면 전혀 다른 모습이 그려질 수 있다. 망한 기업에서 시장으로 밀려나온 숙련 기술자들은 살아남기 위해 창업을 할 것이다. 노조에 안주했던 근로자들도 생계유지를 위해 더 이상 노조의 버팀목이 없는 기업에서 땀을 흘릴 것이다. 이들의 노력으로 기업가정신을 회복한 지역 경제는 다시 활기를 띠게 될 것이다. 살아남기 위해 전력투구하는 이 과정에서 아무리 외쳐도 실현되지 않았던 경영 개혁, 노동 개혁은 자연스럽게 부산물로 얻어질 것이다. 이는 공상의 이야기가 아니다. 실제로 핀란드 경제를 좌지우지했던 노키아가 스마트폰 혁명에 제대로 대응하지 못하여 망한 이후 핀란드에서 실제로 일어났던 일들이다. 대기업도 부실하면 언제든 망하게 하고 그 빈자리를 실력 있는 혁신 강소기업이 채워가도록 패러다임과 시스템을 바꾸어가는 노력이 그 어느 때보다 절박한 시점에 와 있다.

한계 중소기업에 대한 구조조정 노력도 필요하다. 한계 중소기업은 부동산 담보를 매개로 한 융자나 신용 보증 등의 정책 지원 형태로 연명하는 경우가 적지 않다. 따라서 먼저 정책 지원 대상을 정비할 필요가 있다. 기본적으로 업력 10년 이상의 중소기업은 스스로 생존하고 성장해나가도록 정책 지원을 대폭 축소하여 생존이 불투명한 한계기업을 퇴출시키고 그 재원을 업력 10년 미만의 성장 가능 혁신기업에 지원할 필요가 있다.

실패 기업인에 대한 사회안전망 구축과 재도전 기회 부여도 중요하다. 창업은 실패율이 높기 때문에 실패에 대한 부담이 너무 크면 창업 자체를 기피하게 된다. 우리나라는 융자 중심의 창업 지원과 연대 보증 때문에 실패 시 재기 불가능한 신용 불량자가 되는 경우가 적지 않은 만큼 실패 부담을 최소화하기 위해서는 투자 중심의 창업 지원과 연대보증 폐지가 필요하다. 아울러 실패 요인 개선을 위한 재창업 훈련, 정보에 입각한 성실 실패자 재도전 지원 강화 등 재도전을 용이하게 만드는 지원 제도 구축도 필요하다.

물론 재도전 정책 지원 역시 창업 지원 정책과 마찬가지로 정보에 입각한 지원이 필요하다. 실패자에 대한 온정주의적 지원이 아니라 정보에 입각하여 부족한 부분은 보완하고 필요한 부분은 성공할 때까지 지원하는 '선택과 집중' 전략에 충실할 필요가 있다. 100킬로미터 사막을 자동차로 건너는데 30킬로미터 갈 수 있는 분량만 주유를 받고 출발한다면 아무리 뛰어난 운전자라도 데스 밸리Death Valley에서 멈출 수밖에 없기 때문이다.

기업생태계 네트워크 혁신

교육 훈련기관의 혁신

중소 벤처기업은 인력난에 직면하고 있다. 이런 인력난을 겪는 이유의 하나로 우리나라 교육기관에서 이루어지는 교육이 대기업이나 공공기관 일자리에 맞추어져 있다는 점이 지적되고 있다. 근로자의 88%가 중소 벤처기업에 근무하고 있는 것에서 알 수 있는 것처럼 현실적으로 학생 대부분이 중소 벤처기업에 취업할 수밖에 없다면 교육기관 교육도 중소 벤처기업 취업에 맞추어져야 한다. 중소 벤처기업 취업에 맞춘다는 것은 교육기관이 상시적이고 체계적인 산학 협력을 통해 중소 벤처기업이 필요로 하는 인력을 육성하고 이 육성된 인력이 자신의 희망에 맞으면서도 능력을 가장 잘 발휘할 수 있는 유망 중소 벤처기업을 발굴하여 취업하도록 노력하는 것을 의미한다.

그런데 현실의 중소 벤처기업은 보상 수준이 낮아 우수 인력이 기피한다는 딜레마를 안고 있다. 이런 딜레마를 해결하기 위해서는 미래 비전을 통해 높은 생애 보상에 대한 기대를 줄 필요가 있다. 그런 생애 보상의 한 방법으로 중소 벤처기업에서 일정 기간 근속한 후 창업하는 것이 대안으로 제시되고 있다. 특히 미래에는 기존 일자리를 대체하는 인공지능과 일자리를 필요로 하는 기간이 늘어나는 100세 시대의 도래로 창업이 선택이 아니라 필수가 되어가고 있다. 이때 준비된 창업을 위해서는 교육 훈련기관의 역할이 매우 중요하다. 이를 위해 창업선도대학, 창업사관학교 등 기존의 창업 관련 교육 훈련 사업의 지원 범위와 규모를 대폭 확대하고 교육 훈련 프로그램의 내실을 기할 필요가 있다. 나아가 현재의 취업 중심 대학을 창업 중심 대학으로 전환시키고 초·중등·대학교에서 창업 교육을 의무화하는 수준으로까지 나갈 필요가 있다. 여기서 창업 교육의 의무화는 억지로 강제한다고 해서 되는 것이 아니기 때문에 기업의 채용 전략과 연동하여 실시할 필요가 있다. 기업이 창업 훈련이나 경험을 채용 기준으로 하면 학교는 자연스럽게 바뀔 수밖에 없는 만큼, 기업이 요구하는 스펙이나 인재상을 창업 훈련이나 창업 경험을 중시하는 방향으로 유도할 필요가 있다. 이와 연동하여 취업 인턴도 창업 인턴제로 전환하고 창업 인턴 프로그램의 내실화를 기하기 위해 창업 인턴제를 실시하는 중소기업에 대한 지원도 크게 확대할 필요가 있다. 요컨대 기업생태계의 첫 출발인 창업을 준비된 창업이 되도록 하기 위해서는 교육, 기업 경영, 정책 이 모든 면에서 패러다임을 취업에서 창업으로 전면 전환하자는 것이다.

연구기관의 혁신

대학이나 출연연 등 연구기관의 R&D가 중소기업에 실질적으로 도움이 되려면 어떤 혁신이 필요한가.

첫째, 대학이나 출연연 등 연구기관에서 개발된 기술이 중소기업에 이전되어 사업화될 수 있어야 한다. 이런 문제를 개선하기 위해 다양한 제언이 이루어지고 있다. 그러나 가장 중요한 것은 이전 기술 사업화 조직을 독립시켜 독립 채산제 영리 조직으로 하고 기술 사업화 전문 인력을 배치하여 실행 능력과 인센티브를 높이는 것이다.

둘째, 연구기관 자체가 R&D를 바탕으로 준비된 창업과 기술 창업의 기지가 되어야 한다. 현재 우리나라 대학이나 출연연은 기술 창업이나 벤처 창업을 할 수 있는 고급 인력이 집중되어 있어 고성장 기업을 만들어낼 수 있는 상당한 잠재력을 갖고 있다. 하지만 창업으로 연결되는 R&D보다는 고용 안정성과 논문을 위한 R&D에만 관심을 쏟고 있다는 지적을 받고 있다. 이는 미국의 고급 인력들이 대학 교수가 되기보다는 벤처 창업을 선호하고 독일 정부연구소의 고급 인력들이 고용 보장이 안 돼 스핀오프 창업의 모험을 선택하는 것과 대비된다. 대학이나 출연연의 고급 인력을 창업 자원으로 활용할 수 있다면 성공 확률이 높고 고용 창출이나 성장 기여도가 높은 기술형 창업이 크게 활성화될 수 있을 것이다. 이를 위해 대학 기업이나 연구소 기업을 전면 활성화하고 대학이나 출연연 지원에서도 창업을 최우선시하는 방향으로 인센티브 체계를 획기적으로 혁신할 필요가 있다.

금융기관의 혁신

중소기업생태계를 발전시키기 위해서는 금융기관의 혁신도 필요하다. 첫째, 담보 중심 금융에서 정보 중심 금융으로 전환이 필요하다. 기업 내용이 부실해도 담보만 있으면 대출해주는 금융으로는 중소기업의 혁신을 유도하기 어렵다. 또 금융기관 입장에서는 고성장 기업을 발굴하여 지원해야만 수익을 확보하고 함께 성장할 수 있다. 그런데 그런 기업들은 담보만으로는 파악하기 어렵고 기업 내용에 대한 심층 정보가 필요하다. 특히 부동산 가격 하락으로 담보 가치가 하락하고 핀테크 발전으로 빅데이터 활용이 가능해진 상황에서는 금융기관 스스로 살아남기 위해서도 정보 중심 금융으로 전환해야 한다. 중소기업에 대한 축적된 정보가 있으면 컨설팅도 가능하고 관계형 금융으로 발전할 수 있어 지원 효율성을 높일 수 있다.

둘째, 기술 금융에서 혁신 경영 금융으로의 전환이 필요하다. 담보 금융의 대안으로 제시된 기술 금융은 기술의 발전 속도가 너무 빨라 기술 자체의 평가도 어려울 뿐만 아니라 기술만으로 기업의 미래를 알 수 없다는 문제점이 있다. 금융기관이 담보에 대신하여 중소기업의 미래에 투자한다고 한다면 지금까지 논의한 것처럼 기술만이 아니라 인력, 자금, 판로, 경영자 리더십까지를 포함한 혁신 경영 5요소에 대한 정보 축적이 필요하다.

셋째, 융자 중심 경영에서 투자 중심 경영으로 전환이 필요하다. 정보 금융과 혁신 경영 금융을 통해 기업 정보가 충분히 축적되고 투명하게 공개되면 해당 기업이 앞으로 성장 가능성이 있다고 판단될 때 수익을 추구하는 자금이 몰리면서 금리 부담이 있는 융자 대신 투자형 금융이 주목을 받는다. 이미 시작되었으며 멀지 않은 미래에 대세가 될 이런 새로운 자금 조달 방식에 기업생태계의 중소기업과 금융기관은 대비할 필요가 있다.

기업 간 협력의 혁신

기업생태계 발전을 위해서는 경쟁과 더불어 협력도 중요하다. 앞서 논의한 산학 협력, 산연 협력, 산금 협력과 함께, 대기업과 중소기업 간 협력, 중소기업과 중소기업 간 협력도 매우 중요하다.

대기업과 중소기업의 관계는 앞서 논의한 공정 거래가 제일 중요하지만 이것만으로는 부족하다. 공정 거래는 시장질서의 기본을 지키는 것이지만 공정 거래하에서도 시장 거래의 참가 주체가 자신의 이익만을 극대화하는 전략을 택하면 참가 주체들이 생산하는 전체 파이가 '죄수의 딜레마'에 의해 작아질 수 있기 때문이다(Poundstone, 1992). '죄수의 딜레마'를 극복하기 위해서는 참가 주체들의 거래 관계에서 딜레마를 극복할 수 있는 제도 설계가 필요하다. 이는 흔히 대기업과 중소기업의 동반 성장이라고 부르는데, 초과 이익 공유제, 중소기업 적합 업종, 성과 공유제, 대중소기업 동반 해외 진출, 대기업의 벤처기업 M&A 등이 논의되거나 실행되고 있다. 이런 동반 성장 방식 중에서 시행착오를 통해 효과가 검증된 방식의 정착과 확산이 필요하다.

중소기업 간 협력도 중소기업의 자원 제약을 극복할 수 있는 중요한 수단 중의 하나이다. 중소기업 간 협력은 사안별로 협력하는 방식과 중소기업협동조합 등의 단체를 통해 상시적으로 협력하는 방식으로 나눌 수 있다. 사안별로 협력하는 방식은 협력 당사자의 의지와 노력이 가장 중요하지만 중소기업 간 공동 사업이 활성화되기 위해서는 공동 사업을 저해하는 법 규정 정비도 필요하다. 현행 공정거래법 제19조 제1항은 공정한 경쟁을 저해하는 담합을 우려하여 부당한 공동 행위를 금지하면서 제2항에서 ① 산업 합리화, ② 연구 기술 개발, ③ 불황의 극복, ④ 산업 구조의 조정, ⑤ 거래 조건의 합리화, ⑥ 중소기업의 경쟁력 향상 등에 대해서는 예외적으로 카르텔을 허용하되, 공정위의 인가를 받도록 하고 있다. 이처럼 현행 공정거래법에도 예외적으로 공동 행위를 인정하고는 있지만 인가 요건과 절차가 너무 엄격하여 이를 적용한 사례가 거의 없는 상황이다. 따라서 중소기업 간 공동 사업을 활성화하기 위해서는 공동 행위 허용의 인가 요건과 절차를 대폭 완화할 필요가 있다.

그런데 기업 간 협업 경험이 많지 않고 대기업의 영향력이 압도적으로 강한 우리나라의 현실에서는 중소기업협동조합과 같은 단체의 활성화가 매우 중요하다. 협동조합의 양적 확대와 질적 혁신을 통해 강화된 역량으로 대기업과의 교섭력 격차를 줄이고 공정한 조건으로 거래가 이루어지는 시장질서를 구축해야 한다. 조합 역량이 강화되면 조합을 통해 개별 중소기업으로서는 어려운 대기업의 불공정 거래 행위 신고도 가능하고 집단적 교섭을 통해 거래 조건 향상도 꾀할 수 있으므로 공정 거래와 동반 성장의 기반이 구축될 수 있다.

6장

산업생태계의 정체 현상과 개선을 위한 제언

김도훈

경희대학교 국제대학원 특임교수, 전 산업연구원 원장

한국의 단절된 산업생태계

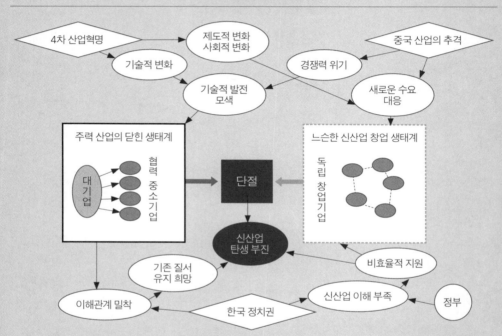

1. 현상

'추격형' 산업생태계의 형성과 변천 과정

과거 작동했던 추격형 산업생태계에서는 물론 산업을 생성하고 키워나가는 주역으로서 기업의 역할도 중요했다. 하지만 이들 기업의 산업생태계 참여를 이끌고 이들 기업이 산업을 일으키는 데 필요한 모든 소요 자원들을 지원해주는 기관들을 설립하고 그 활동을 지원하는 역할까지 담당한 정부야말로 매우 중요한 역할을 해왔다. 당시 우리나라 정부는 선진국에서 이미 발전을 이루고 있는 유망 산업을 찾아내고 이를 우리나라에서도 육성할 수 있다고 판단, 이런 산업에 대한 기업 투자를 이끌어내는 결정적인 역할을 했던 셈이다. 더욱이 이들 기업이 산업을 일으키고 키워나가는 데 절대적으로 필요한 소요 자원들, 즉, 자금, 인력, 기술 등을 원활하게 공급해주기 위해 금융기관, 공업고등학교 및 대학, 국책 연구기관 등을 설립했으며 여기서 만들어내는 소요 자원들이 기업들에 잘 연결될 수 있게끔 윤활유 역할도 했다.

더욱 결정적인 것은 외국에서 성공하고 있는 산업들을 제로베이스에서 모방하여 산업으로 키워내야 했던 한국 기업들에게 당시 절대적으로 필요했던 선진 기술들을 도입하는 과정에서도 정부가 중요한 역할을 했다는 점이다. 때로는 선진 기업들을 설득하는 역할부터 우리 기업들과 연결시키는 역할에 이르기까지 그 당시 정부는 산업 촉매제로서 톡톡히 역할을 했던 것이다. 또한 중화학공업과 같이 초기 투자 자금이 많이 필요한 경우에는 국내에서는 턱없이 모자라

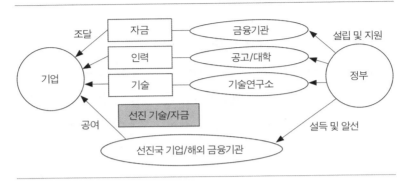

[그림 1] 추격형 산업생태계의 작동 원리

- 조달
- 자금 — 금융기관 — 설립 및 지원
- 인력 — 공고/대학
- 기술 — 기술연구소
- 기업
- 정부
- 선진 기술/자금
- 공여
- 선진국 기업/해외 금융기관
- 설득 및 알선

는 자금을 확충하기 위해 외국 자본을 들여오는 과정에도 정부가 중
요한 역할을 했다.[1]

결국 추격형 산업생태계 속에서는 기업과 정부가 양대 축으로 역
할하면서 산업을 일으키고 키워나가기 위해 필요한 모든 자원들을
조달하는 시스템을 만들어갔다고 할 수 있을 것이다([그림 1] 참조).

이런 추격형 산업생태계는 우리나라 산업 발전 초기(산업 태동기)
를 지나 산업의 성장기에 이르러서도 비교적 잘 작동했다. 이 시기가
되면서 이미 성공해서 상당한 기술력과 자금 동원 능력을 갖춘 기존
기업들과 (이 글에서는 이들을 선배기업이라고 부르기로 한다) 산업 태동기
에 절대적으로 의존관계에 놓여 있던 정부 사이의 관계가 조금씩 변
화하기 시작했다. 즉, 산업을 일으키기 위해서 모든 소요 자원을 전
적으로 정부가 설립한 각종 자원 공여기관들(금융기관, 인력 양성기관,
연구기관 등)로부터 조달하는 데 의존했던 관계에서 벗어나 스스로
소요 자원을 조달할 수 있는 능력을 키워나가기 시작했다. 즉, 선배

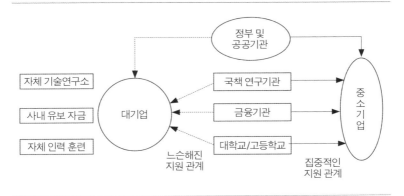

[그림 2] 추격형 산업생태계의 변천

기업들은 스스로의 자금 조달 능력을 키워나갔고 (사내 유보 자금의 축적, 해외 자본시장에서의 기채, 국내 금융기관과의 관계에서도 대등한 관계 형성 등), 스스로 기술력을 키워나가기 위해 기술연구소들을 설립하여 자신들이 필요한 자금과 기술을 자신들 내부에서 조달하기 시작했다. 고등학교에서나 대학교에서 양성해준 인력들도 이들 선배기업은 자신들이 활용하기에 적합한 인력으로 양성하기 위한 내부 인력 양성기관들을 만들어 인력의 질을 높이는 데 진력했고 일부 성공한 것으로 판단된다. 뿐만 아니라 내부 기술력이나 투자 능력을 키운 선배기업들은 더 이상 해외 선진기업에게 선진기술이나 자금을 의존하지 않게 되었다. 물론 필요한 선진기술은 그 이후에도 다시 나타나는 것이 보통이었지만 이때도 더는 정부의 알선이나 지원에 의존하지 않고 선배기업 스스로 선진기업들과 필요한 기술들을 상업적 베이스에서 이전받는 형태로 바뀌게 된 것이다.

따라서 이들 선배기업이 과거와 같이 정부에 절대적으로 의존하던 관계는 변화하기 시작했다. 정부도 산업생태계를 육성하고 지원하는 역할에서 이런 선배기업들보다는 중소기업이나 창업기업을 목표로 삼아 산업 정책을 운용하고 지원기관들도 후자의 기업에 집중하도록 유도하기 시작했다([그림 2] 참조).

변형된 추격형 산업생태계의 비효율

이 과정에서 여러 가지 형태로 상당한 비효율이 일어나기 시작했다. 먼저, 산업생태계를 지원하는 주요 지원기관들이 공여하는 자원들은 역시 후자의 기업들보다는 선배기업들에게 향하고자 했다. 금융기관들이 공여하는 자금도 신용도가 낮은 중소기업이나 창업기업보다는 선배 대기업들을 향해서 공여되는 것이 안정적이라고 판단되었으며, 대학교를 졸업한 산업 인력들도 압도적으로 선배 대기업들을 선호했기 때문이다. 더욱이 기업들 스스로가 실용적 연구를 전담하다시피 하는 가운데, 과거에는 산업에 필요한 기술을 제공하는 입장에 놓여 있던 정부 출연 기술 연구기관들이나 각 대학교 공과대학들이 기업이 산업을 일으키고 성장시키는 과정에 직접적으로 필요한 실용적 연구보다는 오히려 공공적 성격을 띤 더 큰 기술적 과제들을 연구하는 데 역량을 집중하기 시작하면서 과거보다 선배기업들과의 관계가 느슨해지기 시작했다.

이렇게 변화한 산업생태계는 선배기업들의 입장에서는 그다지 중요하게 받아들여지는 큰 변화로 느껴지지 않았을 수도 있다. 그러나 선배기업들과 협력 관계를 형성한 중소·중견기업들을 제외한 다른 독립적인 중소·중견기업들이나 새로운 창업기업들에게는 결과적으로 산업을 일으키기 용이하지 않은 환경으로 변화한 것으로 매우 불리한 환경이 된 것이다.

우선 정부의 산업 정책은 중요한 미래 산업들에 (특히 기술 지향적인) 집중되어 있었으므로 선배기업들이 경쟁력을 보이고 있지 않은 니치 마켓을 공략하려는 중소·중견기업들이나 아직 산업의 형태가 보이지 않는 창업기업들에게는 과거 산업생태계에서 효율적으로 조달되던 자원들의 조달 창구가 비효율적으로 작용하는 결과를 낳았다. 정부가 자원 조달기관들에게 중소·중견기업들에게 자원을 조달하고 지원할 것을 독려해도 자원 조달기관들은 선배기업들과 협력 관계를 형성하고 있는 중소·중견기업들을 선호하면서 독립적인 중소·중견기업들에 대한 자원 조달은 소홀히 하는 경향을 보였다. 이런 경향은 특히 금융기관들에게서 더욱 뚜렷이 나타났다. 금융기관들이 독립적인 중소·중견기업들이나 창업기업들에게 담보를 요구하는 것이 관행으로 자리 잡았고, 이런 관행에 따라 독립적인 중소·중견기업들이나 창업기업들은 선배 대기업과 협력 관계를 형성하고 있는 중소·중견기업들에 비해 차별적인 대우를 받게 되었다. 따라서 한국의 산업생태계는 기존 산업에서 성공한 선배기업들, 그리고 이들과 협력 관계를 형성하고 있는 중소·중견기업 위주로 운용되는 구조로 바뀌어나갔다. 그러다 보니 새롭게 산업생태계에 진입하는 기업들, 즉, 새로운 산업을 만들어가려고 하는 기업들에게는 매우 불리한 산업생태계로 변화하게 되었다.

이렇게 다소 폐쇄적인 형태로 운영되는 선배 대기업 위주의 산업

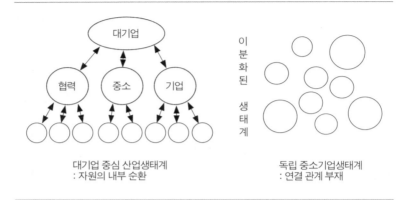

[그림 3] 이분화된 한국의 산업생태계

대기업 중심 산업생태계
: 자원의 내부 순환

독립 중소기업생태계
: 연결 관계 부재

생태계는 스스로의 이익집단들을 형성함으로써 더욱 폐쇄적인 성격을 공고히 하는 경향을 보여왔다. 대부분 자신들의 이익을 대변하는 산업별 단체를 형성하고 그 단체의 수장으로 그 분야 정부 정책을 담당하던 퇴직 공무원들을 영입함으로써 강력한 이익단체로서 역할할 수 있었다. 이런 이익단체들은 새로운 기업이나 산업의 등장에 그다지 호의적인 자세를 보이지 않았다. 더욱이 이들 단체들은 새로운 산업도 항상 기존 산업에서 새로운 기술을 도입하여 발전시키고자 하는 보수적인 태도를 견지하게 되었다. 이런 산업별 단체에 속하지 않는 새로운 산업을 탄생시키려는 기업들은 기존 산업들을 우군으로 활용하기가 매우 힘든 환경에 놓였다. 결국 한국의 산업생태계는 기존 거대 기업들이 창업기업들과 협업하며 새로운 산업을 적극적으로 만들어내는 실리콘밸리와는 완전히 다른 모습을 보이고 있는 것이다([그림 3] 참조).

나빠진 산업생태계 밖의 환경

우리나라 산업생태계가 이렇게 기존 선배기업들과 협력기업들 위주로 운용되고 있는 현상이 나타나면서 이런 산업생태계에 부정적인 시각을 가지는 집단들이 등장한다. 이들은 시민단체와 정치집단으로, 근본적으로 산업생태계 자체에 대해 비판적인 시각을 가지는 세력이 되었다. 이들은 다방면에서 한국의 기존 산업생태계 운용 방식에 제동을 걸기 시작했다. 때로는 대기업과 중소기업 혹은 창업기업들 사이의 불공정한 경쟁 환경과 산업생태계 자체가 가지는 환경 저해를 비판하기도 하며, 때로는 산업생태계 안에 있는 노동조합들과 연계하여 산업생태계를 비판하기도 하고 있다. 더 심각한 문제는 종종 이들 시민단체들과 정치집단들이 이른바 산업생태계에서 약자라고 간주되는 특수 이익단체들의 (중소 상인, 전문 자격사 집단 등) 이익을 대변하면서 실질적으로 다른 약자 집단인 창업기업들이 새로운 산업을 일으키는 데 반대하는 입장을 보인다는 점이다. 새로운 산업이 태어나게 되면 겪을, 이른바 기존 산업생태계 질서가 파괴되는 현상에 대해 매우 부정적인 시각을 드러내는 경향이 있다.

다른 한편으로 기존 선배 대기업들 혹은 다수의 중소·중견기업들이 형성한 이익 단체들인 전국 경제인연합회, 상공회의소, 무역협회, 중소기업중앙회, 경총 등의 경제단체들은 기존 산업생태계가 제대로 운용되도록 하는 이익집단 역할을 한다. 따라서 근본적으로 새로운 산업들이 태어나는 데 적극적이지 않다. 즉, 과거와 같이 새로운 산업을 열어나가는 데 앞장서서 정치집단을 설득하고 정부 지원을 이끌어내는 역할을 하는 데 한계를 보이고 있는 것이다.

2. 구조

주력 산업의 노쇠 현상과 산업 구조의 정체

주력 산업의 노쇠 현상을 본격적으로 다루기 전에 먼저 한국 경제가 주력 산업에 지나치게 크게 의존하고 있다는 점을 거론하지 않을 수 없다. 주력 산업의 중요도가 대단히 크고 경제 전체가 이들 산업에 크게 의존하고 있다는 점 자체가 산업생태계의 정체 현상 및 주력 산업 자체의 노쇠 현상을 더욱 우려하게 만드는 요인이기 때문이다.

우리나라를 대표하는 산업이라는 의미에서 주력 산업으로 부르는 12대 제조업(기계, 자동차, 조선, 철강, 석유화학, 정유, 섬유, 식품, 반도체, 무선통신기기, LCD, 가전 등)이 우리나라 총 수출에서 차지하는 비중이 80% 전후를 보이고 있는 기간은 거의 20년 가까이 지속되고 있다. 이 기간 동안 우리나라 산업 구조에서는 변화를 찾아보기가 힘들다.[2] 우리나라 10대 수출 제품 구성을 보더라도 이런 현상은 쉽게 발견할 수 있다.[3]

다행히 이들 산업은 상당한 경쟁력을 보이고 있다. 세계시장 점유율을 살펴보면 일부 산업은 20~30%대를 차지하고 있으며 나머지 산업들도 3~5% 정도를 차지하고 있다. 이런 주력 산업의 높은 국제 경쟁력은 잘 알려진 대로 우리나라 무역 수지 흑자 기조 지속의 중요한 요인이 되고 있다.

그렇지만 이들 주력 산업이 세계시장에서 차지하는 시장 점유율은 더 이상 늘어나지 않고 있다. 최근에는 오히려 줄어드는 모습마저 보이고 있는 것이 현실이다. 우리나라 주력 산업들이 성장의 한계에 다다랐다는 판단이 드는 이유다. 주력 산업들의 성장 정체 현상을 재촉하고 있는 것은 역시 중국 산업의 추격이라 할 것이다. 더 정확하게 말한다면, 우리나라 주력 산업들이 세계시장에서 누리고 있던 경쟁력 우위와 그에 따른 높은 시장 점유율을 중·저가 제품을 중심으로 중국 제품이 빠르게 잠식하고 있는 것이다. 우리나라가 주력 산업 위주로 산업 구조를 오랫동안 유지하고 있는 사이에 중국 산업들은 우리 주력 산업들이 산업 발전을 이룬 것과 똑같은 방식으로 빠르게 발전을 이루어냈고 더 나아가 지속적으로 그 경쟁력을 높이고 있는 상황인 것이다.

냉정히 평가한다면 우리나라 산업과 중국 산업이 세계시장에서 벌이고 있는 양적인 시장 점유율 싸움은 무의미하다고 하는 것이 옳을 것이다. 일반적으로 중국 산업의 힘은 막대한 자체 내수시장과 거기서 비롯되는 막대한 자금력 축적으로 인해 비교할 수 없이 큰 투자 여력 등에서 나온다고 인식된다.

그러나 이런 막대한 '규모의 경제'에만 주목하는 사이에 중국이 쌓아온 거대한 인재 풀과 중국 산업의 발 빠른 전략적 제휴 능력 등은 간과해온 것이 사실이다. 이미 미국에서 가장 중요한 공학 분야 박사 학위 취득자들을 보면 외국 출신 대부분이 중국계이며 중국의 주요 기업들이 경영에 어려움을 겪고 있는 선진국 기업들을 인수하는 일이 다반사다.

주력 산업의 정체 현상이 나타나는 상황을 더욱 악화시키고 있는 점은 산업계, 정부, 국민 모두가 지금까지의 성공 스토리에 지나치게 익숙해져 있으며 이런 산업들이 노쇠해가고 있다는 점을 제대로 인식하지 못하고 있다는 사실일지도 모른다. 세계 각지에서 만날 수 있는 한국 브랜드 제품은 우리 산업의 힘을 실감하게 만들고 우리 국민의 마음을 안심시키는 효과가 있다. 오랫동안 이들 산업이 우리 경제의 중요한 위치를 점해왔던 만큼 국민 인식 속에 영원히 혹은 적어도 장기간 변함없이 한국 경제를 지탱하는 버팀목으로 남아 있을 것이라 기대하는 심리가 자리 잡았는지도 모른다.

그러나 국민들의 일반적인 인식을 넘어서서, 산업계와 정부 부처들조차 지금의 산업 구조 속에서 주요 산업들에만 정책이나 기업 전략의 초점을 맞추고 있다는 점을 지적하지 않을 수 없다. 산업계의 미래 비전도 주력 산업의 범주를 벗어나지 못하고 있으며 정부 조직도 기존 산업들의 관리 육성에만 초점을 맞추고 있기 때문이다.

신산업 탄생을 가로막는 주력 산업

다음으로 우리나라 산업생태계의 문제점으로 지적해야 할 점은 새로운 산업이 태어날 수 있는 여건이 잘 갖추어져 있지 않다는 점이다.

우선 위에서 언급한 우리나라 주력 산업들은 일종의 기득권을 누리며 새로운 '신인들의 등장'을 원하지 않는다. 어쩌면 지금의 상황을 조금이라도 더 누리고자 하는 욕심인지도 모른다.

이렇게 대기업들이 새로운 기업의 성장을 가로막고 있다는 지적은 자주 제기되고 있다. 그러나 상대적으로 부각되지 않았으나 그보다 더욱 심각한 문제가 있다. 바로 노쇠한 혹은 거의 생명이 다한 기업들이 정부 지원 등으로 생명 부지를 하면서 자신들의 입지를 지키려고 애쓰고 있으며, 그것이 정치적으로 이용되면서 이런 기업들이 퇴출되지 않아 신산업 혹은 신산업을 산업화하려는 기업의 등장을 가로막는 요인이 되고 있다는 것이다. 이런 현상은 오히려 중소·중견기업들에게서 더욱 자주 나타나고 있지만 앞에서 언급했듯이 정치적 지원을 등에 업고 있기에 좀처럼 고치기 힘들다. 경쟁력을 잃었으면서도 산업생태계에서 퇴출되지 않는 좀비기업들이 새로운 산업의 출현을 막고 있는 현상이 나타나는 것이다. 기업의 퇴출이 원활하지 않은 현상이 지속되면서 중대한 구조조정이 대두될 때마다 강조되는 '시장의 힘에 의한 자연스럽고 원활한 구조조정'이 어려워지고 있는 것이다.

한국 경제에서 차지하는 중대성 때문에 기존 주력 산업들이 새로운 산업이 태어나야 하는 중요한 관문마다 기득권으로서 기존에 있던 주력 산업 위주의 질서 유지 세력으로 작용하고 있는 것이다. 기존 산업의 틀에서 이익을 향유하고 있는 층은 자신들의 질서를 위협할지 모르는 새로운 산업의 등장을 두려워하며 이를 가로막는 정치적 세력으로 작용하고 있다. 더욱이 새로운 산업이 등장하는 과정에서 핵심적인 역할을 해야 할 기술 개발 담당자인 공학자들조차 기존 주력 산업과 함께 일하고자 한다. 이런 경향으로 보아 신산업 출현의 중요한 응원군 노릇조차 제대로 하지 못하는 것으로 판단된다.

신산업 탄생에 불리한 사회적 분위기

마지막으로 우리나라는 '새로운 산업을 태어나게 하는 사회적 분위기'가 매우 취약하다는 사실을 지적하지 않을 수 없다. 이미 언론에서 많이 지적되고 있지만 우리나라는 '실패를 용인하지 않는 분위기'가 이런 사회적 분위기의 근간을 이루고 있다. 새로운 산업이란 수없는 실패를 겪으면서 탄생한다는 것을 신산업이 계속 등장하고 있는 미국이나 독일 등의 선진국은 일반적인 사실로 받아들인다. 그러나 우리나라 산업의 성공 스토리는 선진국들이 개발하여 성장시켜놓은 산업들을 '빠르게 모방하여 그 산업의 효율성을 높이는 데 성공하는 공식'에 입각해 있었다. 이런 방식으로 대부분의 개발도상국이 부러워할 만한 산업 발전에 성공해왔기 때문에, 여기에 젖어 있는 산업계와 정부, 국민 모두는 '도전과 그에 따른 실패, 그 과정에서 얻어지는 기술 축적'이라는 개념을 이해 못하는 상황에 빠져 있는 것이다. 성공에 익숙한 국회와 국민 모두 실패하는 사례들을 이해할 수 없게 되었고, 특히 정부나 공공 부문이 하는 일이라면 더욱 조금의 실패도 용인하지 않는 분위기를 만들어낸 것이다. 따라서 정부의 기술 정책과 산업 정책도 항상 '실패하지 않는 길'에 초점이 맞추어질 수밖에 없고 그 길은 이미 선진국들이 한 번 가 본 길일 수밖에 없다. 즉, 남들이 가지 않은 길에서 '정말로 새로운 산업'을 일구어내려는 사람들은 기술 개발 세력, 금융기관, 나아가 정부 및 공공기관으로부터 외면받는 것이 당연해진 것이다.

서울대학교 공과대학 교수들이 편찬한 『축적의 시간』에서 지적한 것처럼 우리나라는 산업계, 기술계, 정부, 그 어느 곳도 '축적의 시간'을 용납하지 않는다. 오랜 시간 동안 자금과 인력을 투자해서 불확실한 미래를 준비한다는 것, 즉, 어떤 것을 달성하기 위해 이것저것 시도해보고 실패를 반복하면서 실력을 쌓아간다는 것에 대한 가치 부여가 전혀 없다는 것이 어쩌면 가장 근본적으로 새로운 산업 출현의 걸림돌이 되고 있는지도 모른다.[4]

'축적의 시간'과 관련하여 공학자들이 지적하는 우리 산업계의 자세 전환의 필요성도 주목할 만하다. 즉, 산업계는 항상 공학자들의 연구 영역이 실용성이 떨어진다는 이유로 지원하려고 하지 않으며, 드물게 실용성이 있는 연구 결과를 채택해서 사갈 때도 그 연구 결과를 얻어내는 마지막 단계의 연구 과정에만 비용을 지불하려 할 뿐, 실용적인 연구 결과에 이르기까지 투입한 수많은 '기술 축적을 위한 단계적 연구 과정'에 들어간 비용에는 전혀 주의를 기울이지 않는다. 다시 말해 이런 장기적인 연구 과정에는 전혀 투자하려 들지 않는다는 것이다. 우리나라 정부 및 산업계의 '즉각적인 성공 가능성'을 추구하는 자세와 실용성이 검증되지 않은 연구개발 과정의 필요성을 주장하는 공학자 및 기술 연구자들의 자세는 서로를 이해하지 못하는 간극을 만들었고 그 과정 속에서 '연구개발 따로 산업화 따로'라는 인식이 깊숙이 자리 잡게 된 것으로 보인다. 때로는 국내의 훌륭한 연구개발 과정에 그 중요성을 인정하는 선진국 기업들이 많은 투자를 해주었고, 그 결과 국내의 우수한 연구 결과가 외국 기업들에서 활용되고 있는 경우도 지적되고 있다.

기술 개발과 산업화가 간극을 가지고 있다는 사실은 이른바 '새로운 아이디어 창안자'와 기존 기업들과의 관계에서는 더욱 악화된 형태로 나타나고 있다. 새로운 산업을 열 만한 획기적인 아이디어를 가진 사람이 우리나라에서 이를 실현하기 위해 필요한 응원군을 만나

[그림 4] 창조형 산업 발전에 필요한 산업생태계

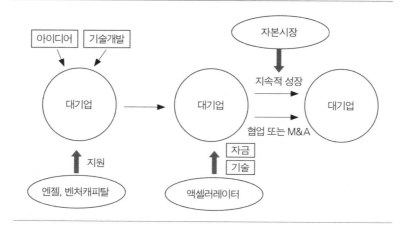

기가 참으로 어려워지고 있다. 아이디어를 구체적으로 구현하기 위해 필요한 기술개발 과정에 소요되는 자금을 지원할 만한 자본시장도 형성되어 있지 않은 데다, 설사 기술개발에 성공하더라도 그 성공 가능성이 증명되지 못하면 기존 산업계에서 받아들여질 가능성이 희박하기 때문이다. 이런 문제 때문에 제법 획기적인 아이디어를 가지고 출발한 많은 IT 서비스 관련 비즈니스들이 우리나라에서 큰 산업으로 성장하지 못했으며, 오히려 미국 실리콘밸리에 가서 그 원형 아이디어를 더욱 발전시켜 큰 산업으로 (혹은 큰 비즈니스로) 성장시키는 사례들이 종종 지적되고 있는 것이다.

3. 생태계

선진 산업생태계로서 미국과 독일의 예

전문화의 길 vs 협업의 길[5]

실리콘밸리 방식이 그야말로 세계 모든 곳의 탤런트들을 결합하여 새로운 산업을 열어가는, 이른바 '협업'의 방식이라면 히든챔피언 방식은 자신이 강점을 가지는 분야의 기술력을 끊임없이 향상하여 세계 최고 수준의 기술 경쟁력을 갖추어 나가려는, 이른바 '전문화'의 방식이라 전략적으로는 거의 상반된 방식이다.

그렇다면 우리 산업의 미래를 개척하기 위해서는 어떤 방식이 더 적합할 것인가. 이웃나라 일본을 보면 아무래도 독일의 히든챔피언 방식을 따르는 기업들이 새로운 산업 영역을 구축해나가는 모습을 보인다. 특히 핵심 소재, 부품 등의 분야에서 그런 기업들이 많다는 사실은 우리 산업들이 새로운 제품을 내놓을 때마다 그런 기업들의 핵심 소재, 부품을 사용하고 있다는 점에서도 잘 알 수 있다. 우리나라 중견, 중소기업들 중에서도 이런 전문화의 길을 걸어 일정 정도의 성공 스토리를 써가는 경우도 종종 있지만 이런 사례가 오히려 예외로 꼽히는 듯하다.

그러나 우리나라 산업의 주류를 차지하고 있는 대부분의 대기업이나 그들과 함께 주력 산업의 경쟁력을 만들어가는 협력업체로서 존재하는 많은 중소, 중견기업들이 과연 이런 방식의 전문화의 길을 걸을 수 있을지 의구심이 든다. 이들 대부분은 지금까지 시대의 흐름을 따라 적절한 영역에서 적절한 수준의 기술력을 갖춘 후 세계적으로 경쟁력을 가진 제품을 함께 만들어내는 방식으로 산업을 키워왔기 때문이다. 새로운 제품을 만들어야 하는 명제가 나오면 각자가 맡은 분야에서 적절한 기술력을 갖추기 위해 상당 수준의 R&D를 추진해왔으며, 그것이 지금까지는 잘 맞아떨어져온 셈이다.

이런 방식으로 산업을 일구어온 대부분의 우리 기업에게 몇 가지 특정 분야에서만 지속적으로 자신의 기술력을 키워나가는 히든챔피언 방식의 변신을 요구하기는 어려워 보인다. 그때그때 일정 정도의 성공을 거두어온 우리 산업으로서는 오랜 시간이 걸리는 전문화의 길은 아무래도 적성에 맞지 않을 것으로 보이기 때문이다.

그렇다면 남은 변화의 방식은 협업의 길이다. 어쩌면 우리나라 대기업과 협력업체인 중소, 중견기업들이 서로 일하는 방식도 협력이라고 부르고 있는 만큼, 우리 기업들도 새로운 협업 방식에 적용할 수 있지 않을까 하는 생각도 든다. 그렇지만 실리콘밸리 방식의 협업 방식과 우리 기업들 사이의 협력 방식 간 결정적인 차이는 기업들의 개방성일 것이다. 실리콘밸리의 기업들이 끊임없이 새로운 탤런트를 가진 기업들과 협력하려고 애쓰는 데 비해 우리 기업들은 계속 함께 일해온 협력업체들과 거의 배타적으로 가족처럼 일하는 데 익숙하기 때문이다. 새로운 파트너들을 맞아들이는 데 매우 소극적이라는 점에서 실리콘밸리 기업들과는 다른 문화를 가지고 있는 셈이다.

실리콘밸리 벤치마킹하기의 문제점[6]

새로운 산업을 창출해내는, 이른바 '산업생태계'의 벤치마킹 대상은 역시 실리콘밸리다. 잘 알려진 대로 우리나라만이 아니라 세계 곳곳에서 실리콘밸리를 모방하려고 갖가지 노력을 하고 있다. 실리콘밸리에서 발달한 수많은 엔젤투자가, 액셀러레이터, 벤처캐피탈을 만들어내고자 하는 노력은 세계 곳곳에서 이루어지고 있다. 반면에 실리콘밸리의 주역들 중에서 잘 모방하기 어려운 존재들이 스탠퍼드, 버클리와 같이 좋은 인재를 배출하는 대학들과 구글, 애플, 페이스북처럼 세상을 이끌어가는 창의적인 거대 기업들일지도 모른다. 이들의 명성에 걸맞은 수준의 대학이나 기업들을 만들어내기는 어렵지만, 그만큼 눈에 잘 띄는 요소라서인지 각국에서는 대학을 지원하고 좋은 기업을 유치하려는 노력을 추진하고 있다.

더 중요한 요소로서, 이것이 원인인지 결과인지는 모르겠으나 미국은 물론이고 세계 곳곳의 뛰어난 인재들이 그들의 꿈과 이상을 펼칠 수 있는 곳으로 실리콘밸리를 선택하고 있다는 사실을 꼽을 수 있다. 이는 어쨌든 실리콘밸리의 장래를 더욱 밝게 만드는 요인이다. 그래서 인재를 모셔가려는 각국의 전쟁도 볼 만하다. 그 중에서도 중국이 가장 적극적이다 못해 공격적이라는 점도 잘 알려져 있다. '농담 반 진담 반' 수준으로 언급되는 실리콘밸리의 좋은 날씨를 제외한다면 이 모든 것들을 어느 정도는 벤치마킹할 수 있다고 생각하는 나라가 많은 것 같다.

그렇지만 이런 주역들을 잘 모방하여 옮겨 놓는다고 해도 과연 다른 나라에서 실리콘밸리처럼 신산업의 요람이 되고 있는 '산업생태계'를 만들 수 있을까. 오늘의 실리콘밸리가 왜 캘리포니아에서 태어나게 되었는지 그 가장 기초가 되는 원리를 한번 짚어볼 필요가 있다.

오늘날 거대 기업이 된 당시의 스타트업들이 이미 기초적인 IT 기업으로서 IBM, 휴렛패커드, 인텔 등이 터를 잡은 동부나 중부가 아닌 서부 캘리포니아를 선택한 근본적 이유로 먼저 당시의 캘리포니아법을 꼽을 수 있다. '기존에 일하던 회사에서 나온 엔지니어들이 그곳에서 습득한 기술을 가지고 사업을 시작하는 것을 허용했다'는 점이 매우 중요한 출발점이 되었던 것이다. 즉, 동부나 중부에서는 당시에 유행하던, 이른바 스핀오프가 매우 어려웠지만 캘리포니아에서는 상대적으로 쉬웠다는 것이다. 과연 우리나라에서도 대기업 임직원들이 이런 스핀오프를 자유롭게 할 수 있을 것인지 의문이 든다. 우리나라에서는 이런 행위를 기술 유출이나 기업 비밀 도용 등으로 받아들일 것이기 때문이다.

다음으로 1970년대 말 캘리포니아에서 당시 전국적으로 형성되어 있던 펜션 펀드pension fund들로 하여금 매우 위험도가 높은 새로운 사업에 투자할 수 있는 길을 열어주는 법을 통과시킨 것도 매우 중요한 요소로 언급되고 있다. 우리나라에서 이와 비슷한 정신의 법이 통과될 수 있을지 역시 의문이 든다. 공공성을 띤 자금의 일부라도 '위험한 창업 분야'에 투자했다가 실패하면 감사원, 국회 등의 질책을 피할 수 없을뿐더러 이를 결정한 사람은 자리를 내놓아야 되기 때문이다.

독일식 히든챔피언 생태계 벤치마킹하기

독일식 히든챔피언이 커가는 산업생태계는 독일이 전통적으로 다져온 제조업 경쟁력의 강점을 지속적으로 키워가는 산업생태계인 만큼, 상대적으로 제조업이 강한 우리나라에게도 좋은 벤치마킹의 대상이다. 그럼에도 우리나라의 벤치마킹 방식은 여기서도 많은 문제점을 드러내고 있다. 우리나라가 독일식 산업생태계에서 받아들이고자 하는 부분은 역시 우리가 해볼 만하다고 여겨지는 '성공적인 히든챔피언 육성하기'로 집약된다. 즉, 세계시장에 나가도 경쟁력을 가질 수 있는 중소기업들에게 기술개발, 마케팅 방면 등의 지원을 해서 이들이 한 분야에서 지속적으로 경쟁력을 유지하고 발전시키는 능력을 가진 '히든챔피언'이 되도록 키워내겠다는 발상인 것이다. 그렇지만 여기서도 우리나라는 독일 산업생태계 저변에 흐르는 정신을 배우고 이를 우리나라 산업생태계가 지닌 부족한 부분을 고쳐 나가는 데 활용하기에는 실패하고 있는 것 같다.

독일식 히든챔피언 산업생태계를 한마디로 요약한다면 '꾸준히 한 분야의 전문성을 키워서 새로운 산업을 키워내는 산업생태계'라고 할 수 있을 것이다. 즉, 기업의 크기와 상관없이 전문 기업들끼리 협업을 이루어가는 산업생태계인 셈이다. 세계적으로 영업력을 갖춘 대기업들도 국내에서 전문성을 갖춘 작은 기업, 즉 히든챔피언들과 협업하는 생태계를 이루고 있는 것이다. 때로는 대기업들이 자신들이 갖춘 글로벌 판매망도 히든챔피언들이 활용할 수 있도록 열어주는 협업이 이상적으로 이루어지고 있는 것이다. 결국 독일의 중소기업들은 자신의 전문성만 키우는 데 몰두해도 살아남을 수 있는 산업생태계가 이루어져 있다. 우리나라에서 대기업과 중소기업이 이른바 '협력업체'라는 이름하에 대기업과 일종의 절대적인 의존 관계를 (기술적으로나 자금 면에서나) 형성하고 있는 것과는 질적으로 다른 것이다. 독일의 대기업과 독립적인 히든챔피언들은 서로의 강점과 전문성을 인정하고 그 강점과 전문성을 상호 활용할지언정 절대적인 의존 관계에 빠지지 않는다. 그럼으로써 각자의 전문성이 더욱 발전되고 발휘될 수 있도록 도와주는 생태계를 이루고 있는 것이다.[7]

이런 기업들 사이의 협업 관계는 이미 잘 알려진 대로 독일만의 전통 있는 전문가 양성 체계인 '마이스터와 도제' 제도에서 시작되고 있는 듯 보인다. 독일의 마이스터와 도제는 독일의 산업계와 학계가 함께 키워나가는 뛰어난 엔지니어 인재들이다. 이들은 각자의 분야에서 미리 '시도와 실패'를 지속적으로 경험하면서 자신들의 전문성을 키워가고 있다. 미래에 필요한 인력들을 양성해내는 인재 양성 생태계를 갖추고 있는 것이다. 결국 이렇게 성장한 마이스터들은 경험 있는 전문 인력과 기초 원천 기술에 기반을 두고 있으면서도 기존 산업의 기술 발전이나 새로운 산업의 탄생에 응용할 수 있는 R&D 분야를 찾아내는 능력을 키워가고 있다.

독일의 기업 간 협력, 그리고 인재들 사이의 협력 관계를 매개하는 역할은 프라운호퍼와 상공회의소가 담당하고 있는 것으로 알려져 있다. 독일 상공회의소는 독일의 공공 분야 기업 지원 수단을 직접 집행하는 역할을 담당하면서 마케팅, 기술개발 등에서 자문 역할도 담당하고 있다. 독일의 공공 연구기관으로 알려져 있는 프라운호퍼는 예산의 30%를 기업 수탁을 받아서 충당하고, 거기에 정부 예산을 매칭하는 구조를 가지고 있기 때문에 처음부터 산학 협력을 기반으로 한 연구 추진 구조를 갖추고 있다.[8] 특히 프라운호퍼는 독일에서 가장 우수한 대학 바로 옆에 설립되어 있다. 교수와 연구진 사이의 상호 교류가 빈번해지면서, 여기서 독일 산업에 필요한 기초 원천 기술과 응용 기술의 연구개발 방향을 논의하고 추진하기 쉬운 구조를 갖추게 된 것으로 보인다.

이질적 산업·기업들끼리의 협업이 진정한 신산업의 원천

우리나라 기업들은 비슷한 성질을 가진 기업들끼리의 만남을 선호하는 듯 보인다. 같은 크기의 기업들끼리 모이기 쉽고 같은 업종에서 일하는 기업들끼리는 더욱 결속력이 커진다. 그러나 산업생태계가 지금보다 한 단계 더 건강하게 발전해나가려면, 즉, 오래되어 활력이 떨어진 산업이나 기업들이 순조롭게 시장에서 퇴출하고 새롭고 경쟁력 있는 산업이나 기업들이 잘 태어나도록 하려면 다르게 생각해야 한다. 비슷한 (혹은 동종) 기업들끼리의 결속은 오히려 자연스런 시장 퇴출을 가로막는 장벽 구실을 하기 십상이다. 가능하다면 종종 다른 일을 하거나 다른 생각을 가진 사람들과 기업들이 만날 수 있어야 새로운 아이디어가 나올 수 있고 새로운 비즈니스도 만들어질 수 있다. 아마도 실리콘밸리가 가장 활력 있는 산업생태계로서 주목받고 있는 이유도 바로 그런 환경을 만들어내고 있기 때문일 것이다. 실리콘밸리에는 미국 기업만이 아니라 세계의 모든 기업들이 모여들고 있다. 또한 이미 거대 기업이 되어버린 기업들과 정말 이제 막 시작하는 스타트업들이 함께 있다.

우리나라 산업생태계는 그런 의미에서 정말로 안이한 '유유상종'의 세계에 너무 오랫동안 머물러온 것은 아닌가 하는 생각이 든다. 그런 유유상종의 세계는 '뛰어난' 지식인들이 주로 함께 결정해나간다는 의미에서 정치, 경제 모든 결정 과정에서 포착되고 있다. 기업들 끼리도 같은 일을 하는 사람들끼리만 자주 만나고, 더 나아가 기업 내부의 의사결정 과정조차 비슷한 생각을 하는 사람들이 독점하고 있는 구조이기 때문이다. 이런 집단들은 엉뚱하고 새로운 존재들을 쉽게 받아들이지 않기 때문에, 대부분의 새로운 기업들은 자신들의 세계를 우리나라의 기존 산업생태계와는 별개로 만들어가고 있는 것 같다. 많은 IT 서비스 기업들이 이렇게 자신들의 세계를 형성해가고 있으며 최근에 다수 등장한 문화 서비스 기업들 또한 역시 별도의 산업생태계를 만들어가고 있다.

우리나라에서도 몇 년 전부터 융합이라는 용어가 유행했다. 미국의 실리콘밸리를 목도한 정책 결정권자들이 그 필요성을 체감했기 때문인 것 같다. 그렇지만 우리나라에서 융합은 아무래도 반쪽에만 머무르고 있는 것 같다. 가장 중요한 한계는 바로 '기술적 융합'만 강조하는 분위기일 것이다. 산업 간 융합, 특히 IT와 다른 산업(그것도 주로 제조업) 간 융합은 강조하면서도 그것을 넘어서는 서비스 산업, 문화 산업과의 융합까지는 생각하지 못하는 듯 보인다. 혹시 생각이 미친다 하더라도 이런 융합은 추진하기가 어렵다. 하는 일이 나누어져 있는 정부 부처들끼리 힘을 합치는 것이 쉽지 않기 때문이다. 그래서 우리나라 역대 정부에서는 차세대 성장 동력 산업, 미래 성장 동력 산업 등을 거론할 때 주로 기술적 융합을 염두에 둔 산업들이 그 대상이 되어왔다.

그렇지만 전혀 새롭게 태어나는 산업들이나 기업들은 이런 기술적 융합보다는 이질적인 업종 간 만남에서 나타나는 경우가 더 많다. 공유 경제의 두 총아로 꼽히는 우버와 에어비엔비 등은 IT 기술과 전혀 새로운 서비스 세계의 아이디어가 만나 태어난 산업이다. 세상을 놀라게 한 알리바바의 세계도 첨단 기술들이 만나서 만들어진 것과는 거리가 멀다. 오히려 중소기업들의 유통 세계를 혁신하고 IT와 금융의 아이디어를 결합하여 전혀 독특한 산업을 만들어냈고, 그 산업이 다시 새로운 산업들을 만들어내는 산업생태계 구실을 하고 있는 것이다.

이런 이업종 간 융합을 통해 새로운 산업을 만들어가는 산업생태계에서 제외되는 부분이 우리나라에서는 바로 기술을 강조하고 있는 기존 제조업 세계가 아닐까 싶다. 우리나라가 산업 강국의 이미지를 가질 수 있도록 발전해온 제조업들은 그들의 세계에 갇혀 다른 세계를 보지 못하는 함정에 빠져 있다고 해도 과언이 아니다. 반대로 산업이나 기업의 크기는 상대적으로 작지만 포털, 게임, SNS를 필두로 IT 서비스를 중심으로 한 산업생태계는 오히려 새로운 스타트업들이 속속 등장하며 제법 활발한 산업생태계로 커가고 있기 때문이다.

우리 제조업들은 주로 선진국에서 이미 이루어놓은 산업 영역들을 벤치마킹하여 그 산업의 효율성과 기술력을 높이는 데 크게 기여하면서 세계 속에서 경쟁력 높은 기업들로 성장했다. 그래서 그다지 크지 않은 우리 경제의 덩치를 감안하면 놀라울 정도로 세계시장에서 점유율을 차지하고 있는 산업들도 제법 많다. 반면에 상대적으로 서비스 분야, 문화 분야 등 다른 산업 영역에서는 우리 제조업들이 이루어 놓은 성과에 비견할 만한 수준으로 성장한 기업을 찾아보기 힘들다. 물론 IT 서비스 분야에서 제법 경쟁력을 갖춘 기업들이 나타나고는 있지만 세계시장에서 겨룰 만한 경쟁력을 갖추었다고 보기는 힘들다. 그래서인지 우리나라 제조업 기업들은 이런 분야의 기업들을 자신들과 함께 일할 수 있는 파트너로 생각하지 않는 듯 보인다. 크기도 그렇고 기술적 수준도 그렇고 자신들과는 너무나 차이가 나는 작은 존재들로 보기 때문일 것이다.

이와 관련하여 세계의 기업들은 자신들과 협업을 하는 파트너 기업의 기술적 수준이나 크기 등에는 주목하지 않는 것 같다. 그저 그 세계에서 최고의 전문성을 가지고 있다면 이들을 대등한 파트너로서 존중하면서 그 전문성을 활용하는 데만 집중하는 것이다. 구글과 아마존은 자신들이 쌓아온 업적들을 이른바 플랫폼으로 만들어놓은 뒤, 아무리 작은 아이디어라도 이 플랫폼을 활용하게 함으로써 새로운 될성부른 떡잎들을 찾아낸다. 그리고 이들이 사업성 있는 기업으로 성장할 것으로 판단되면 스스럼없이 M&A를 통해 자기편으로 만드는 것도 이와 같은 같은 맥락이라고 하겠다.

산업생태계 정체 현상 속 주요 기업들의 전략적 고민

기존 산업 생산 네트워크를 운영하는 대기업의 입장

지금까지 우리나라 조립 가공을 주로 하는 대기업들은 국내에서 이른바 '인하우스' 방식 혹은 '콤비나트'⁹ 방식의 생산 네트워크를 구성해서 제조업의 경쟁력을 끌어올렸다. 조립 가공 대기업이 정점에 있고, 그 이후로 부품 소재업체부터 시작해서 1차, 2차, 3차의 협력업체(벤더)들이 선단을 이루어 하나의 생산 네트워크를 형성한 셈이다. 이것이 우리 산업 경쟁력의 원천으로 작용했다. 특히 캐치업 단계에서는 일단 목표가 정해지면 빠른 의사결정 속도와 일사불란한 추진, 상하식 품질 관리까지 모든 면에서 강점을 보여왔다.

다만 모든 의사결정을 가장 정점에 있는 조립 가공업체들이 담당하고 있다 보니, 아래 단계의 협력업체들은 조립 가공업체들이 결정한 것을 성실하게 실행하는 역할만을 수행할 뿐, 의사결정 권한이 없어서 새로운 기술을 계속 발전시키는 노력을 독자적으로 추진하기가 어려운 구조에 놓여 있었다. 또한 대기업 내의 의사결정 구조 역시 새로운 창의적 아이디어가 생성되고 논의되기에 어려운 구조를 가지고 있다. 많은 중간 결정권자들의 존재가 창의적 아이디어들이 최종 의사결정 과정에 이르는 것을 방해하는 요인으로 작용하기 때문이다.

따라서 우리나라의 기존 산업생태계에서는 새로운 창의적 아이디어가 발현되기 어렵고, 이들이 외부의 독립적인 창의적 기업들과 협력하기도 어려운 구조를 이루고 있다. 따라서 기존의 한국식 생산 네트워크 구조를 중심으로 한 산업생태계 구조에서는 새로운 산업을 만들어가기 매우 어려워 보인다.

과연 우리나라 조립 가공 대기업들이 글로벌 차원에서 새로운 생산 네트워크를 형성하는, 이른바 '글로벌 밸류체인의 설계자' 역할을 할 수 있을지가 과제로 부각된다. 이제 우리 대기업들도 해외의 경쟁력 있는 기업들과 협력을 추진해야 하는, 매우 낯선 영역으로 들어서게 된 것이다. 새롭게 들어선 미국 트럼프 행정부가 표방하는 자국 산업 경쟁력 제고 전략이 세계적으로 확산된다면 우리나라 대기업들이 구축해온 다소 폐쇄적인 형태의 글로벌 밸류체인 설계자 전략은 커다란 위협을 받게 될 가능성이 크다. 즉, 자신들이 구축한 산업생태계 밖에 있는 다른 기업들과 협업을 해야 하는 국제적 환경이 형성될 가능성이 크기 때문이다.

기존 산업 생산 네트워크 속 중소기업의 고민

지금까지 우리나라 대부분의 (적어도 제조업 분야) 중소기업들은 대기업들이 설계한 국내의 닫힌 산업 생산 네트워크 속으로 들어가거나 아니면 그 네트워크 밖에서 험난한 자생의 길을 걷는 수밖에 없었다.

위에서 언급했듯이 대기업이 형성한 산업 생산 네트워크에 참여하게 되면 창의적이고 미래 지향적인 전문성을 키워나가기 어려운 여건에 처하게 된다. 대기업이 요구하는 기술적, 품질적 수준을 맞추기 위한 연구개발에만 매진해야 하기 때문이다.[10] 더욱이 이런 네트워크에 속한 중소기업들은 다른 대기업들이 형성하고 있는 다른 네트워크와 접하는 것이 거의 불가능했다. 따라서 사업 규모를 키워가는 것도 절대적으로 대기업들의 의사결정에 의존해왔던 셈이다. 물론 이런 종속적 상황은 최근 상당히 개선되는 경향을 나타내는 것으로 평가되고 있다. 그러나 국내의 닫힌 생산 네트워크에 참여하고 있는 한 자생적으로 창의적인 미래 산업을 열어가기는 매우 지난해 보인다는 것은 변함이 없는 듯하다.

위에서 언급한 글로벌 밸류체인이 심화되어가는 가운데 네트워크

속 국내 중소기업들도 새로운 도전을 받고 있다. 자신의 분야에서 지속적인 성장의 길을 모색하기 위해서는 중국 등 신흥 산업 강국 대기업들이 형성하는 생산 네트워크에도 참여할 수 있어야 한다. 그러나 과연 국내 대기업들과의 협력 관계를 유지하면서 이런 길도 모색할 수 있을지 중대한 기로에 놓여 있다.[11]

독립적인 기업, 전문화된 기업으로의 생존 전략

위와 같은 대기업들이 형성한 생산 네트워크에서 소외된 기업들은 앞서 언급했듯이 국내에서는 기술개발 단계에서 절대적으로 필요한 자금을 구하기 어려운 환경을 극복해야 하고, 이런 과정을 거쳐 기술개발에 성공하더라도 이후 산업으로서의 '스케일업' 과정에서 함께하거나 이끌어줄 파트너가 없는 상황에 처하게 된다. 이 모든 것을 스스로가 헤쳐 나가야 하기 때문에 해외에서 흔한 '공학계 교수들의 벤처 창업'을 우리나라에서는 찾아보기 힘든 것이다. 더욱이 우리나라는 한번 실패하면 모든 가능성이 닫혀버리는 사회적 특성을 가지고 있기 때문에 모험적인 창의적 산업을 만들어가기가 더욱 어려워진다. 이렇게 모든 면에서 매우 험난한 길을 걸어가야만 하지만, 어쩌면 이런 기업들이야말로 독일의 히든챔피언처럼 독자적인 전문성을 키워나갈 수 있다는 장점을 가졌는지도 모른다.

독립적인 창의적 기업들은 대기업들이 선점해 놓은 산업 생산 네트워크에 들어가지 않았기 때문에 ① 자신이 스스로 새로운 생산 네트워크를 형성하거나(부품 소재 기업의 확보, 판매망 형성 등) ② 부품, 소재기업이라면 해외 납품처를 스스로 확보하여 글로벌 밸류체인에 흡수되거나, ③ 최고의 경쟁력 있는 제품을 만들어(히든챔피언이 되어) 국내 대기업이든 해외 대기업이든 고객이 찾아오게 만들거나 하는 식의 선택을 해야 한다. 이 모든 것이 기술력 하나로 창업하는 기업들에게는 매우 넘기 어려운 산과 바다가 되는 것이다.[12]

거기다 이들 독립적 창업기업은 항상 대기업의 시장 진입에 주의해야 한다. 즉, 시장 규모가 충분히 커지거나, 이익률이 높아지거나 또는 제품이 요구하는 기술력이 그다지 특수하지 않다면 언제든 기존 대기업들이 시장에 진입할 수 있다는 가능성을 염두에 두어야 하는 것이다.

협업을 재촉하는 4차 산업혁명

사람들은 대부분 미래의 세상이 4차 산업혁명으로 향하고 있다고 생각한다. 우리나라도 4차 산업혁명과 관련한 많은 논의가 벌어지고 있으며, 정부와 기업, 학계에서도 대응책을 마련하기 위해 부심하고 있다. 그러나 이런 논의와 대응책들은 주로 4차 산업혁명이 가져올 기술적 변화에만 초점이 맞춰져 있어서, 실제로 4차 산업혁명이 가져올 변화에 우리 경제나 사회가 대응해야 할 방향을 제시하기에는 부족하다는 아쉬움이 있다.

2016년 다보스 포럼에서 이 문제를 주창한 클라우스 슈밥Klaus Schwab은 4차 산업혁명을 맞아 지도자들이 주의를 기울여야 할 네 가지 원리 중 첫 번째로, 기술보다는 시스템(제도와 체제라고 해석 가능)에 더 초점을 맞추어야 한다고 주장한 바 있다. 그는 4차 산업혁명이 가져올 기업, 사회, 정치 전반에 걸친 변화에 주목해야 한다고 강조하면서, 세 번째로 제시한 원리를 통해 모든 참여자들의 협업의 중요성을 강조하고, 이런 협업이야말로 앞으로 다가오는 기술적 변화를 수용하는 데 결정적 열쇠가 될 것이라고 주장했다.

슈왑은 4차 산업혁명의 모든 기술들이 전 세계의 모든 사람들과 기업, 정부, 그리고 모든 사물들까지 연결시키는 '초연결사회'를 예견하면서, 이런 변화를 개별적인 참여자 수준에서 해결하려 하는 데는 한계가 있다고 지적했다. 이런 초연결사회 속에서는 모든 경제적 주체들이 협업을 추구하는 것이 핵심이라는 것이다. 이렇게 연결과 협업에 익숙하지 않은 우리나라 산업생태계는 4차 산업혁명 대비에 매우 미흡한 상태에 놓여 있는 것으로 판단되므로 그 문제가 크다고 하겠다.

4차 산업혁명의 초연결사회를 불러올 핵심 기술로서 거론되는 사물인터넷, 빅데이터, 인공지능, 로봇, 드론 등은 기실 들여다보면 이미 잘 알려진 기술이며 많은 기업들이 이미 활용하기 시작한 기술이다. 기술 자체가 중요하다기보다는 이 기술들을 잘 결합하여 어떤 새로운 제품과 서비스를 만들어 초연결사회에서 살아갈 사람들을 고객으로 만들 것인지가 미래 세계에서 새로운 산업으로 커가는 데 가장 중요한 열쇠가 될 것이다.

이런 제품이나 서비스는 이 방면의 뛰어난 기술만으로 운명이 좌우되지는 않을 것이다. 기실 인공지능을 제외한다면 이미 잘 알려진 이 기술들은 이를 가진 기업들과 협업만 잘하면 거의 누구나 활용할 수 있을 것이다. 그렇기에 어쩌면 세상의 변화를 읽는 능력, 소비자들의 마음을 읽는 능력, 젊은이의 취향을 알아내는 능력 등에서 뛰어난 감각을 발휘하는 사람들의 가치가 더욱 빛날 가능성이 크다. 스티브 잡스가 기술자가 아니면서도 세상의 변화를 읽고 주도해나갈 수 있었던 것과 같은 맥락이다. 그가 늘 말해왔듯이 자꾸만 '다르게 생각하는' 사람들이 나타나야만 세상의 변화를 읽어내고 심지어는 그 변화를 주도할 수 있을 것이다.

활력 있는 산업생태계 구축을 위한 제언

이질적 파트너와 협업을 추구하는 기업 문화 형성

앞에서 언급한 대로 우리나라 각층의 기업들이 이른바 '한국식 폐쇄적 산업 생산 네트워크'를 고집해서는 우리나라에서 새로운 산업이 활발하게 생성되는 건강한 산업생태계가 작동하기는 매우 힘들다. 일차적으로는 물론 폐쇄적인 '인하우스' 생산 네트워크 속에서 그들만의 경쟁력을 추구하고 있는 조립 가공 대기업들과 이들과 협력하는 중소·중견기업들에게 책임이 있을 것이다. 그러나 기존 기업들과는 협력 관계를 적극적으로 고려하지 않은 폐쇄적 생산 네트워크 밖의 독립적 기업들에게도 책임이 없지 않다. 즉, 모든 형태의 한국 기업들이 '기업 간 협업'을 전제로 하는 개방형 산업생태계를 형성하려 하기보다는 자신들만의 폐쇄적인 네트워크를 추구하는 경향을 보였기 때문이다.

이렇게 한국 기업들이 협업에 미숙한 상황에서 세계의 글로벌 기업들과의 협업, 혹은 세계의 뛰어난 창업기업들과 손을 잡는 일에 적극 나설 수 있을 것인가는 우리 기업들이 넘어야 할 큰 과제다. 이미 실리콘밸리에 진출해서 세계적인 창업기업들을 파트너로 찾고 있는 우리나라 기업들도 있는 만큼 이 과제는 꼭 넘어야 할 과제라 하겠다.

우리나라 기업 문화에서 지금까지 잘 자리 잡지 못한 점이 바로 '이질적인 파트너'들과 함께 일하는 협업 정신일 것이다. 이질적인 파트너는 다른 산업 분야에서 나타날 수도 있고, 상대가 안 될 정도로 작은 기업일 수도 있으며, 전혀 다른 문화에서 생겨난 다른 나라 기업일 수도 있다. 구글과 같은 실리콘밸리의 기업들은 이들 재능 있는 이질적인 파트너들을 맞아들이는 데 열심일 뿐 아니라 오히려 이런 협업을 성장 전략의 핵심으로 삼고 있다. 그러나 우리나라 기업들은 함께할 파트너들을 가능한 한 자기 기업 내로 들여오려고만 했다. 그러다 보니 말이 잘 통하는 우리나라 기업을 선호하는 경향을 보였고 이런 닫힌 기업 문화를 유지하면서 실리콘밸리의 기업들과 미래의 새로운 분야에서 경쟁하기는 힘들 것이다. 우리 기업들도 크고 작은 뛰어난 글로벌 기업들과 함께 일하려는 개방형 기업 문화를 만들어 가는 일이 급선무라고 느껴진다.

신산업을 추구하는 산학 협력

다음으로는 지금까지의 산업계와 학계(특히 한국 공학대학 및 연구기관)의 기술개발과 이 결과를 산업화하는 과정에서 나타나는 시각차, 그리고 이를 지원하는 정부 지원 체계의 겉돌기 현상을 해결해야 한다.

일반적으로 산업계는 이들 학계, 혹은 기술계가 '산업화에 쓰일 수 있는 유용한 연구는 하지 않으려 한다'고 생각한다. 나아가 '그 유용성에 비해 콧대는 지나치게 높다'는 시선까지 형성되고 있는 것 같다. 그러다 보니 우리나라 기업들은 산학 협력에 그다지 적극적이지 못하며, 실용적인 연구 즉, 산업화에 즉각 쓰일 수 있는 연구는 역시 '인하우스' 방식의 추진을 선호하고 있다.

정부도 이런 기업들의 시각에 동의하면서, 흔히 학계나 공공 연구 기관에서 개발된 원천 기술과 기초 기술의 산업화 과정을 지원해주 겠다는 시각으로 접근한다. 따라서 정책적 초점도 이 부분에 모아지고 있다.

반면 앞에서 언급한 대로 학계는 기초적인 기술 혹은 연구개발 초기 과정에 우리 기업들이 전혀 관심을 두고 있지 않으며 이에 대한 투자가 너무 인색하다는 입장이다. 양쪽의 시각차가 큰 것이다. 정부 출연 연구기관들의 연구도 기업들로부터 수탁을 받는 과제보다는 공공의 혹은 국가 차원에서 필요한 과제를 추진하는 것이 더 가치가 있다는 시각이 우세해 보인다.[13]

이런 현격한 시각차가 있는 가운데 정부가 겨우 양쪽이 연결될 수 있는 작은 부분을 찾아 그곳을 지원하겠다는 것은 역시 근본적인 해결책이 될 수 없다. 기업들과 학계, 연구계가 만날 수 있는 장, 즉, 더 장기적인 시각에서 우리나라의 기술개발 여건을 개선하는 작업이 이루어져야 할 것이다. 물론 기업들의 시각이 더 장기적으로 바뀌어야 한다는 것도 필수다.

산업계와 연구계가 이렇게 서로의 자세를 바꾸지 않는다면 앞서 언급한 대로 우리나라 학계와 연구계는 오히려 열린 기업 문화를 가진 글로벌 기업들의 파트너가 되어 그들을 위해 신산업을 창출하는 역할을 담당할 가능성이 커질 것이다.

기업 간 협업을 가능하게 만드는 정부 정책과 제도의 전환

우리나라 기업들의 기업 간 협업에 대한 지식 부족, 경험 부족, 혹은 극단적으로는 일종의 거부감이 형성된 이유로는 기업들 자신의 자세에서도 찾을 수 있지만, 위에서 살펴본 대로 정부와 정치권의 책임도 없지 않다. 과거 추격형 산업생태계를 통해 우리나라 산업을 이만큼 성장시키는 데 성공했다는 경험 때문에 우리 정부나 정치권은 유망하다고 생각하는 산업들을 선정해서 정부와 기업들이 상당한 자금과 노력을 투입하면 새로운 산업을 만들어낼 수 있다고 생각하는 것 같다. 그래서 기존 산업 지원기관들을 동원하여 성공한 기업들에게 투자를 이끌어내고자 노력하고 있다.

그러나 이런 방식은 위에서 살펴본 대로 새롭고 창의적인 생각을 가진(현재 우리나라 상황에서는 다소 이질적인 존재라고 보일 수도 있는), 이른바 지금 성공하고 있는 산업생태계 밖에 있는 창의적 요소를 배제하기 쉽다는 약점을 안고 있다. 즉, 새로운 산업의 아이디어를 만들어낼 주체들의 참여를 배제해버리기 쉽다는 것이다. 더욱이 이런 기존 산업생태계 주체들을 중심으로 한 신산업 육성 정책은 종종 과거의 산업생태계에서 제외되어 불이익을 받아왔다고 생각하는 그룹들-노동조합, 시민단체 등의 정치적 세력도 포함되지만, 소상공인, 서비스 산업, 문화 산업 종사자 등도 포함-로부터 비판 혹은 저항을 불러올 수 있다. 결국 정부도 새로운 산업이 태어나는 새로운 산업생태계 속에 더 많은 이해 당사자들과 더 넓은 범위의 기업들과 산업들이 참여하도록 유도하는 데 힘을 기울여야 할 것이다.

더욱이 정부와 정치권이 기존 산업에 포획되어 있어서는 우리나라에서 신산업이 태어나기 힘들다. 특히 기존 산업들이 퇴출되는 과정에서 많은 근로자들의 실직 문제가 대두되거나 다수의 자영업자들이 자신들이 영위하는 산업에 위협이 온다며 저항하는 것으로 정치권을 움직여 새로운 산업이 태어나는 것을 가로막는 경향이 있다. 초기 단계의 새로운 산업은 기존 산업에 비해 그 생산 규모나 고용 규모가 비교할 수 없는 만큼, 정치 세력화되기가 더 쉽고 이런 경향은 더욱 고착화될 가능성이 크다. 따라서 신산업이 태어나는 초기에는 기존 산업들에 대한 정치적 배려를 강구하되, 신산업의 태동 자체는 막지 않도록 정책적 설계를 추구하는 것이 긴요할 것이다.

정부의 전통적 정책이나 제도 중에 기업 간 협업을 저해하는 기조를 기업 간 협업을 원활하게 만드는 기조로 바꾸어야 한다. 경쟁 정책, 기업 간 인수·합병, 상법 등에서 정책적 기조 전환이 절대적으로 필요하다고 판단한다.

7장

과학기술 혁신의
생태계 진단

이정원

과학기술정책연구원 부원장

과학기술 혁신생태계의 문제 체계

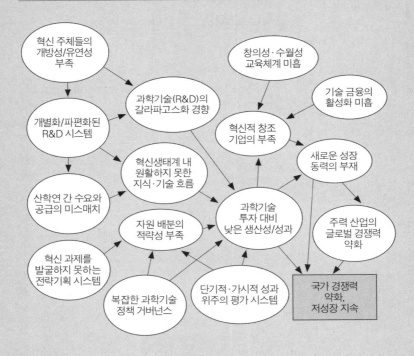

1. 현상

한국 경제의 위기와 과학기술

한국의 잠재 성장률은 2001년에서 2005년까지 4.8~5.2%를 기록한 뒤 2011년에서 2014년까지 3.2~3.4% 수준으로 하락했다. 더구나 한국은행은 2015년부터 2018년까지 3.0~3.2% 수준으로 하락할 것으로 전망하고 있어 경기 회복의 기미가 보이지 않고 있다(강환구 외, 2016). 최근 발표된 OECD의 경제 전망 자료에서도 우리나라의 2017년 및 2018년의 경제 성장률을 각각 2.6%와 3.0%로 당초보다 낮추어 전망하고 있다(OECD, 2016). 2011년부터 4년간 총요소 생산성 기여도는 2006년 이후 4년간 기록했던 1.4%p에 비해 0.6%p

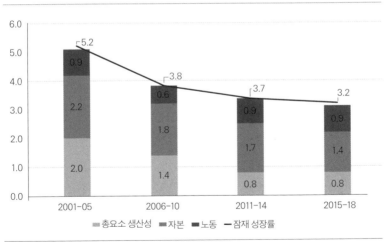

[그림 1] 잠재 성장률 요인별 기여도 (단위: %, %p)

<small>■ 총요소 생산성 ■ 자본 ■ 노동 — 잠재 성장률</small>

* 자료: 강환구 외, 2016

하락한 0.8%p 수준이다. 2015년부터 4년간 총요소 생산성 기여도는 0.8%p로 직전 추정 기간과 동일한 수준으로 추정된다(강환구 외, 2016).

일반적으로 총요소 생산성 하락은 기술 진보의 둔화를 반영한다고 볼 수 있다. 끊임없는 기술 발전과 혁신 없이 새로운 제품으로 글로벌시장을 창출하는 것은 불가능하다. 실제로 주요 수출국의 주력 품목과 수출시장 변화를 비교·분석한 결과에 따르면, 한국의 2015년 10대 수출 품목은 2005년과 같은 것으로 조사됐다. 차량과 기계류 등의 일부 순위가 조금 변했을 뿐, 전기기기와 기계, 자동차,

[표 1] 10대 수출 상품 비교: 2005년과 2015년

순위	2005년	2015년
1	전기기기와 부품	전기기기와 부품
2	원자로 등 기계류	차량 및 부품
3	차량 및 부품	원자로 등 기계류
4	선박과 수상구조물	선박과 수상구조물
5	광물성 연료·광물유	광물성 연료·광물유
6	플라스틱 제품	광학기기
7	철강	플라스틱 제품
8	광학기기	철강
9	유기 화학품	유기 화학품
10	철강 제품	철강 제품

* 자료:《한국경제》, 2016. 3. 25

선박, 플라스틱, 철강, 광학기기 등의 품목은 10년째 변함이 없었다. 지난 10년간 10대 수출 품목이 전체 수출에서 차지하는 비중도 일본(85.7%→81.7%), 독일(71.6%→70.6%), 대만(83.9%→82.3%) 등이 낮아진 데 비해 한국은 85.6%에서 85.7%로 높아졌다(《한국경제》, 2016. 3. 25). 더구나 수출 주도 제품들의 글로벌시장에서 점유율이 하락하고 있고 일본과 중국 사이에서 신新 넛크래커 현상을 겪고 있다. 이는 지난 10년 이상 혁신 기술에 기반을 둔 새로운 성장 동력을 발굴하지 못하고 있음을 의미한다.

우리나라의 과학기술 분야는 그동안 높은 투자 증가율에도 불구하고 우리 경제가 위기에서 벗어날 수 있도록 새로운 성장을 이끄는 신성장 동력 발굴에는 기여하지 못하고 있다. 그 원인에 대한 분석을 위해서는 현재의 현상을 초래할 수밖에 없는 필연적인 환경 요인과 그 요인들의 관계 구조를 파악하는 생태론적 접근이 필요하다. 따라서 이번 연구에서는 과학기술 혁신 정책에 대해 생태계적 접근을 통해 구조적 원인을 분석하고 과학기술을 통해 새로운 성장 모멘텀을 확보하기 위한 활로를 찾고자 한다.

과학기술 혁신의 생태계

일반적 용어로서 생태계는 상호 작용하는 유기체들과 또 그들과 서로 영향을 주고받는 주변의 무생물 환경을 의미한다(위키백과, ko.wikipedia.org). 같은 곳에 살면서 서로 의존하는 유기체 집단이 완전히 독립된 체계를 이루면 이를 '생태계'라고 부를 수 있는 것이다. 이 말은 곧 상호 의존성과 완결성이 하나의 생태계를 이루는 데 꼭 필요한 요소라는 뜻이기도 하다. 일반적으로 자연생태계는 생산자(식물), 소비자(동물), 분해자(곰팡이)로 먹이사슬이 형성되어 있으며 이런 연관 관계가 자연생태계를 유지시키는 중요한 요인이다. 과학기술 혁신생태계에서 생산자는 새로운 과학기술 지식을 창출하는 집단이며 주로 기업, 대학, 혹은 연구기관이 이에 해당된다. 과학기술 지식의 일차적 소비자는 기업이라 할 수 있으며 최종 소비자는 일반 국민도 가능하다. 과학기술 혁신생태계는 결국 우리나라 경제 생태계의 한 부분 혹은 인접 생태계라 할 수 있다. 과학기술 혁신생태계 관점에서 보면 경제 시스템은 새로운 혁신 제품이 시장에 도입되어 성장하고 쇠퇴 및 소멸하는 과정을 규정하는 상위 생태계로도

[그림 2] 과학기술 혁신생태계의 예시

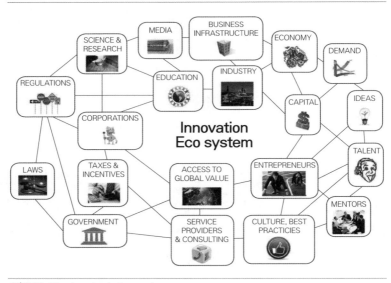

* 자료: Worldbusinessincubation.wordpress.com

[그림 3] 과학기술 혁신생태계를 구성하는 국가 혁신 시스템

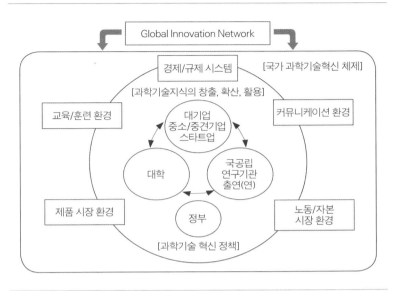

Global Innovation Network

경제/규제 시스템 [국가 과학기술혁신 체제]

[과학기술지식의 창출, 확산, 활용]

교육/훈련 환경

커뮤니케이션 환경

대기업
중소/중견기업
스타트업

대학

국공립
연구기관
출연(연)

제품 시장 환경

정부

노동/자본
시장 환경

[과학기술 혁신 정책]

* 자료: OECD, 『Managing National Innovation System』, 1999(일부 수정)

볼 수 있다.

자연생태계와 마찬가지로 과학기술 혁신생태계를 활성화시키려면 각 혁신의 주체가 건강해야 하며 혁신 주체들의 다양성이 필요하고 이들 간의 원활한 협력과 연계가 중요하다. 특히 혁신 주체들 간의 지식, 자금, 인력의 흐름이 활성화되어야 하며 이를 위해서는 생태계의 역동성이 필요하다. 이번 장에서는 이런 관점에서 과학기술 혁신생태계가 얼마나 원활히 작동하고 있는지를 분석하고자 한다.

과학기술 혁신생태계란 혁신 과정이 핵심 요소로서 기업과 관련 기관, 사람들 간의 정보와 기술의 흐름으로 이루어진다. 이 생태계

내에서 아이디어를 시장에서의 공정, 제품, 서비스로 전환하기 위해 필요한 상호 작용들이 일어난다. 과학기술 혁신생태계의 특성을 나타내는 가장 적절한 단어 중 하나는 역동성이다. 여기에는 주체들 간의 복잡한 환류 체계, 인과관계, 플로우, 스톡 등이 포함된다. 각 주체들의 영향 관계는 복잡하기 때문에 생태계가 어떤 모습으로 움직일지 예측하는 것은 쉽지 않다. 또한 생태계 내의 환류 체계는 긍정적 순환 체계와 부정적 순환 체계 모두 존재한다.

과학기술 혁신생태계를 구성하는 요소는 다음과 같다.

- ·국가혁신 시스템
- ·지역혁신 시스템
- ·산업혁신 시스템
- ·교육 시스템
- ·거시경제 시스템
- ·창업 시스템
- ·혁신관리 시스템
- ·클러스터 혹은 사이언스파크

2. 구조

국내 및 해외의 한국 과학기술 혁신생태계 진단

한국의 과학기술 혁신 시스템 변화를 투입과 성과 측면에서 개략적으로 보면, 투입 측면에서 총 연구개발비는 총액 규모 및 GDP 대비 비중에서도 지속적으로 성장 추세를 보이고 있다. 특히 2000년대 이후 급속한 투자 확대가 이루어졌으며 이로 인해 현재 GDP 대비 연구개발 투자 비중은 세계 1위 수준에까지 도달해 있다. 반면, 논문과 특허를 통해 본 과학기술의 성과는 2000년대 초반까지는 연구개발 투자의 증가와 함께 성장세를 보이다가 이후에는 정체된 추세를 보이고 있다. 물론 논문과 특허가 과학기술 투자에 대한 성과를 모두 보여주는 것은 아니다. 또 일정 수준 이상 도달하면 연구개발 투자와 비례적으로 증가하기 어려운 것도 사실이다. 그럼에도 불구하고 이런 현상은 현재 우리나라 과학기술 혁신 시스템을 되돌아보고 새로운 전환을 모색해야 할 시기라는 시그널을 제공하고 있음이 분명하다.

국내외에서 바라본 한국의 혁신생태계에 대한 분석과 평가를 종합해볼 때 대체적으로 다음과 같은 강점이 공통적으로 제시되고 있

[그림 4] 연구개발비 추세

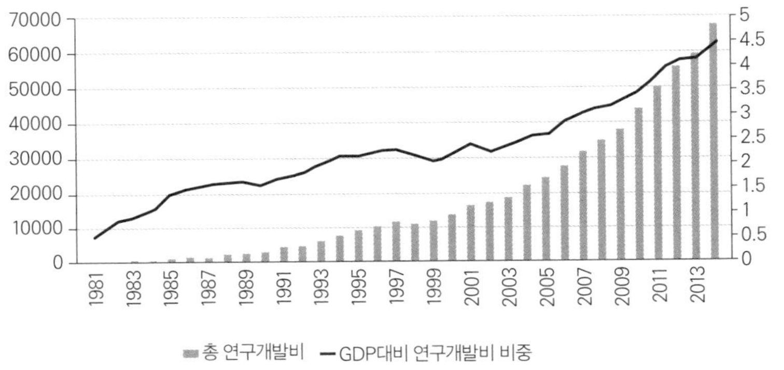

■ 총 연구개발비　— GDP대비 연구개발비 비중

* 자료: 국가과학기술지식정보서비스(NTIS)

[그림 5] 과학기술 성과 추세(논문 발표)

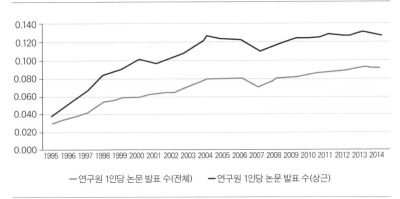

* 자료: 국가과학기술지식정보서비스(NTIS)

[그림 5] 과학기술 성과 추세(연구개발비 대비 논문 수)

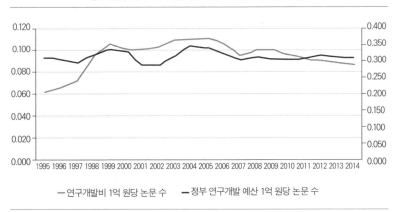

* 자료: 국가과학기술지식정보서비스(NTIS)

다(Lee, 2014; 신태영 등, 2012; UNESCO, 2010; OECD, 2014).

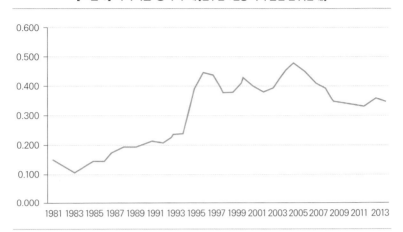

[그림 5] 과학기술 성과 추세 [연구원 1인당 특허 출원 건수(전체)]

* 자료: 국가과학기술지식정보서비스(NTIS)

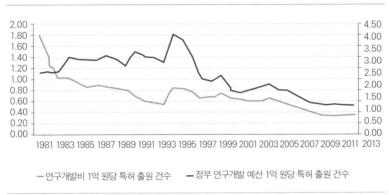

[그림 5] 과학기술 성과 추세 (연구개발비 대비 특허 출원 수)

— 연구개발비 1억 원당 특허 출원 건수   — 정부 연구개발 예산 1억 원당 특허 출원 건수

* 자료: 국가과학기술지식정보서비스(NTIS)

- 지속적으로 연구개발 투자를 확대해왔으며 특히 민간 기업의 연구개발 투자가 급속히 증가하고 있다.

- 높은 교육열과 국민 문화에 기반을 둔 우수한 고급 과학기술 인력을 보유하고 있다.
- 질적 수준에서는 아직 개선할 부분이 있지만 최소한 양적으로는 연구개발 성과가 증가하고 있다.
- 혁신 시스템 발전에 정부의 역할이 효과적으로 이루어져왔다.

반면, 지속적인 노력에도 여전히 한국 혁신 시스템의 취약점으로 지적되고 있는 내용들은 다음과 같다(Lee, 2014; 신태영 등, 2012; UNESCO, 2010; OECD, 2014).

- 국내 혁신 주체들 간의 칸막이로 인해 협업을 통한 지식 창출, 지식 확산, 인력 이동 등 연계 활동이 제대로 이루어지지 않고 있다.
- 우수한 과학기술 인력을 보유하고는 있으나 여전히 입시 위주의 교육 시스템과 융합형 교육 체제 미비 등으로 인해 창의적인 인력 양성에는 어려움을 겪고 있다.
- 추격형에서 선도형 혁신으로 전환하기 위한 기초과학과 원천 기술에 대한 연구 역량이 아직 부족하다.
- 전반적인 중소기업의 기술 혁신 역량이 아직 낮은 수준이고 기술 기반의 새로운 창업이 활발하지 못하다.

통계로 본 우리나라 과학기술 혁신생태계

지식의 창출 및 연계 관점

우리나라 과학기술 혁신생태계의 특징을 지식 창출 측면과 지식의 연계 및 활용 측면으로 구분하여 관련 통계와 지표들을 조사했다. 지식 창출을 위한 투입 규모를 나타내는 연구개발 투자 면에서 우리나라는 최근 수년간 세계 최고 수준(GDP 대비 연구개발 투자 규모 4.29%)을 유지하고 있다. 지식 창출의 주체인 연구개발 인력 규모도 꾸준히 증가했으며 박사 인력 수는 OECD에서도 상위권에 속한다.

과학기술 혁신을 위한 투자 규모 측면에서 이렇듯 높은 수준에 이르렀으나 투자의 밸런스 혹은 포트폴리오 측면에서는 아직 균형적인 모습을 갖추고 있지 못하다. 기업의 연구개발 투자는 대부분 대기업이 수행하고 있으며, 투자 분야에서도 제조업에 대한 연구개발 투자 비중이 90%에 가까운 반면, 서비스 부문에 대한 투자 비중은 10% 미만으로, 산업 구조와는 매치되지 않는 투자 포트폴리오를 구성하고 있다. 그리고 지역 간 연구개발 투자 편차도 커서 수도권과 대전에 집중되어 있다.

연구개발 투자를 통한 지식의 성과 측면을 보면, 삼극특허 건수에서 우리나라는 일본, 미국, 독일 등에 이어 상위권 수준이며 SCI 논문 건수에서도 절대 수치로는 아직 선두권 국가들과 상당한 차이가 있으나 세계 12위 수준을 보이고 있다. 그러나 논문의 질적 수준을 볼 수 있는 피인용 횟수로는 세계 31위로 낮은 수준에 머무르고 있다. 더구나 최근 연구개발 투자의 증가세에 비해 논문과 특허 등의

[표 2] 우리나라 과학기술 혁신 지표: 지식 창출과 연계 관점

구분		상황(2014년 기준)

지식
창출
	투자
	규모
		· 전체 R&D 투자 규모: GDP의 4.29%(1995년: 2.2%)
		  − 세계 최고 수준
		· 연구 인력 수의 꾸준한 증가
		  (박사 인력 1995년: 35K → 2014년: 92K)
		  − OECD 5위 수준

		· 전체 연구개발비 중 기업의 연구개발 투자 비중:
		  75.3%(1995년: 73%)
		  − 다른 주요국보다 높은 수준
		· 민간 연구개발비 중 대기업의 연구개발 투자 비중:
		  77.5%(1995년: 89%)
		  − 상위 10대 기업 집중도: 52.1% → 상위 기업 집중도가
		    높아지는 추세

	분야	· 기초연구비 비중: 18%(1995년:12%) · 제조업 중심(제조업 비중: 88.9%, 서비스 부문: 8.3%) · 서비스업에 대한 투자 미흡 (2011년 기준, OECD 국가 중 최하위) · 경기(48.7%), 서울(15.1%), 대전(9.9%)에 집중

	지식
	성과
		· 삼극특허 수: 3,107건(2013년)
		  − 미국(14,211건), 일본(16,197건), 독일(5,525건)에 비해
		    낮으나 상위권 수준
		· SCI 논문 발표 수 54,691건
		  − 전 세계 2.8%, 세계 순위 12위
		· (5년 주기 논문 1편당) 피인용 횟수 낮음:
		  4.86, 전 세계 31위
		· 단위 연구개발비당 특허 수 및 논문 수 정체 혹은 감소 추세

지식
연계
및
활용
	공동
	연구
	활동
		· 정부 연구개발비 중 민간 투자 비중: 2.8%(2000: 9.5%)
		  − 2000년 9.5% 이후 감소 추세
		· 민간 연구개발비 중 정부 투자 비중: 5.1%
		  − 2000년 7.0% 이후 감소 추세
		· 대학 연구개발비 중 민간 투자 비중: 11.2%
		  (2000년: 15.9%)
		  − 2000년 15.9% 이후 감소하여 최근 11% 내외 유지

	국제 협력 활동	· 전체 연구개발비 중 해외 자금 비중 미미: 0.7% (EU 평균 10.2%) · 연구자들의 글로벌 이동성 낮음 · 해외 연구자와의 공동 연구 부족

	기술
	이전
		· 공공 연구소 기술 이전율 39.3%, 대학 기술 이전율 25.4%
		  − 미국과 일본에 비해 낮음. 대학은 증가 추세
		· 정부 출연 연구기관 연구 생산성:
		  2012년 4.3% → 2014년 3.3% 하락
		· 대학의 연구개발 생산성: 0.92%
		  − 미국 대학의 3.38%, 일본 대학의 1.06%보다 낮은 수준

* 자료: 홍성주·이정원 외, 2014(내용 재작성)
* 원자료: OECD, http://sts.ntis.go.kr/ntisStats.jsp, 2016

지식 성과는 정체 혹은 감소 추세를 보이고 있어 R&D 투자의 생산성 혹은 효율성에 대한 논의가 혁신생태계에서 핵심 이슈로 부각되고 있다.

우리나라 과학기술 혁신생태계에서 자주 지적되는 문제 중 하나는 혁신 주체들 간의 연계가 부족하고 글로벌 혁신 활동에 적극적인 참여가 이루어지지 않는다는 것이다. 이로 인해 과학기술 혁신생태계가 갈라파고스화되는 경향을 보이고 있다는 지적도 나오고 있다. 혁신 활동의 주체들 간에 협력이 미흡하면 혁신의 성과가 경제적 가치로 창출되는 것에 영향을 미치게 된다. 실제로 대학이나 공공연구기관에서 기업에 기술이 이전되어 사업화되는 비율이 다른 국가들에 비해 낮은 수준이다. 국내 혁신 주체들 간의 연계가 부족한 것 이상으로 국내 주체들이 글로벌 혁신 활동에 참여하는 것 역시 매우 미흡한 수준이다(홍성주·이정원 외, 2014).

생태계 관점에서의 우리나라 과학기술 혁신 역량

과학기술정책연구원에서는 자연생태계를 확장한 모형에 기인하여 생태계 기반의 과학기술 혁신 역량 지표 체계를 구성, 조사한 바 있다(김기국·강희종, 2015). 이 조사에서는 생태계 구성 요소를 주체, 환경, 활동, 시장, 조정 등으로 구분하고 생태계 특성은 건강성, 다양성, 역동성으로 구분하여 진단했다.

과학기술 혁신생태계의 구성 요소 지표로서 주체 역량은 혁신생태계 내 핵심 주체인 대학, 정부 연구기관, 기업의 건강성과 함께 다양성, 역동성을 평가한 것으로, 2013년 기준 미국, 중국, 독일이 각각

1, 2, 3위, 한국은 10위로 평가되었다. 활동 역량은 생태계 핵심 주체들의 혁신 유형, 혁신 과정, 혁신 성과의 건강성과 함께 활동의 다양성, 역동성을 평가한 지표로, 1위는 룩셈부르크, 2위는 스위스, 3위는 캐나다이며 한국은 26위이다. 인력 조달, 기술 조달, 자금 조달의 건강성과 함께 환경의 다양성과 역동성을 평가한 환경 역량 지표에서는 1위 싱가포르, 2위 핀란드, 3위 미국이며 한국은 16위 수준이다. 시장 역량 지표는 시장 규모와 시장 특성의 건강성과 함께 시장의 다양성과 역동성을 평가한 것으로, 미국, 중국, 스위스가 상위 3개국이며 한국은 13위로 조사되었다. 정부 지원의 건강성과 함께 조정의 다양성과 역동성을 종합하여 산출한 조정 역량에서는 1위 싱가포르, 2위 핀란드, 3위 스웨덴이며 한국은 25위다.

과학기술 혁신생태계의 특성을 나타내는 건강성(현재 역량) 지수를 보면 2013년 기준으로 1위는 미국, 2위는 핀란드, 3위 스위스 순이며, 한국은 21위로 평가되었다. 다양성(지속 가능 역량) 순위는 1위 미국, 2위 독일, 3위 영국이며 한국은 16위 수준이다. 역동성(발전 가능 역량) 분야에서 국가별 순위는 1위 룩셈부르크, 2위 중국, 3위 브라질 순이며 한국은 10위로 조사되었다(김기국·강희종, 2015).

우리나라 과학기술 혁신생태계 문제 체계

우리나라 과학기술 혁신생태계는 지난 1970년대 이후 30년 가까이 급속한 경제 성장을 이끌어왔다고 해도 과언이 아닐 만큼 중요한 역할을 수행해왔다. 그러나 2000년대 이후 국가 경쟁력이 약화되고 성장률이 떨어지면서 과학기술이 이를 극복할 수 있는 계기를 마련하지 못하고 있다는 비판을 받고 있다. 직접적으로는 기존 주력 산업의 글로벌 경쟁력을 유지하고 강화할 수 있는 신기술 개발이 부진하고 혁신적 기술에 기반을 둔 새로운 성장 동력을 발굴해내지 못하고 있다는 것이 주요 원인이다. 물론 여기에는 혁신적 창업 문화의 부족과 활성화되지 못한 기술 금융 제도, 교육 체계의 문제 등 다른 환경적 요소들도 복합적으로 얽혀 있다. 과학기술계의 시각에서는 이런 문제점들이 상당 기간 높은 성장률을 보인 과학기술 투자에 비해 탁월한 성과를 창출하지 못하고 있다는 인식으로 이어진다.

[그림 6] 우리나라 과학기술 혁신생태계의 문제 체계

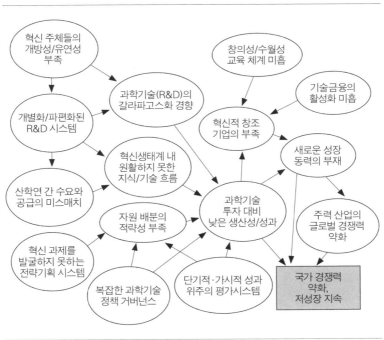

과학기술 혁신 정책의 측면에서 우리나라 과학기술 혁신생태계 문제들의 근본적 원인은 다음의 두 가지로 볼 수 있다(홍성주·이정원 외(2015)).

- 혁신 주체들의 개방성 및 유연성 부족에 따른 갈라파고스화 경향
- 추격형 성장 이후 과학기술 혁신의 전략 부재

갈라파고스화 경향은 국내 행위자들 사이에서의 협력과 네트워크가 취약한 문제와 국내 과학기술 혁신 행위자들이 국내적 조건에 안주한다는 문제다. 이는 혁신생태계에서 지식과 기술의 확산과 흐름이 원활하지 못한 문제와 연결되며, 연구개발 투자의 효율성을 떨어뜨리는 원인으로 작용한다. 갈라파고스화의 주된 이유는 대학, 출연연 등의 혁신 주체들이 공고한 이익집단화되는 경향과 정부 예산 및 정책 시스템으로 인한 과학기술계의 파편화 등으로 보인다.

한편, 모방형 혁신 이후 창조형 혁신 전략이 필요하다는 대전제가 형성되어 있으나, 실행 차원에서 새로운 과학기술 혁신 전략은 여전히 명확하지 않은 상황이다. 실제로 창조형 전략으로 발표되는 정책들이 대부분 탁상적 대안이거나 모방형 전략의 재탕일 때가 많다. 창조의 주체인 시장의 자율성과 생명력을 전제하지 않고 개발 시대와 같은 공급자(정부) 중심의 개혁을 시도하는 것이 문제로 지적되고 있다. 창조형 전략의 이름 아래 정부 부처 간 유사한 정책 사업이 중복되고 행정 절차가 복잡화되어 오히려 창조적 전환을 저해한다

[표 3] 한국 과학기술 혁신생태계의 문제

1. 혁신 주체들의 개방성/유연성 부족
- 국내 연구개발 주체들의 국내 안주, 국제적 고립성
- 과학기술계가 내부적으로 연구 공동체로 기능하지 못하고, 예산과 정책에 의해 파편화
- 정부 R&D와 민간 R&D의 상보성 취약
- 대학과 출연연의 이익집단화로 대개의 구조 개혁 시도가 미봉책에 그침
- 기술 혁신의 토대인 벤처 창업기업 중심의 정책과 제도가 시장이 아닌 정부를 위해 운용
- 과학기술 경쟁력과 산업 경쟁력의 격차 문제가 존재하나 이를 무시하고 시스템 운영

2. 추격형 성장 이후 과학기술 혁신 전략의 부재
- 20세기형 과학기술 시스템으로 21세기를 개척한다는 것은 필패의 전략
- 추격형 패러다임에 최적화된 과학기술 투자 및 평가 제도
- 정부와 과학기술계가 개혁을 외치면서도 캐치업 중심의 시스템에 안주하려는 경향
- 연구자를 계량화되고 정형화된 연구 공장 생산자로 전락시키는 정책과 정치 시스템
- 안전, 인구 감소, 고령화, 기후 변화 등 새롭게 등장하는 이슈에 연구개발의 기여가 미흡
- 과학기술에 대한 사회적 기대 및 수요에 동떨어진 과학기술 연구개발 활동
- 과학기술 정책 의사결정에서 전문성보다는 폴리페서, 폴리서처의 학벌, 인맥 영향력 중심

* 자료 : 홍성주·이정원 외, 2015(수정)

는 의견도 제기되고 있다. 국가 전략 수립 과정에서는 과학기술계와의 절차적 합의 과정이 누락되거나 또는 최소 형식화되어 정부의 창조적 전략에 대한 신뢰와 동의를 확보하기 어려운 상황이다. 국가 전략 내용 면에서도 우리의 경제 사회 및 과학기술 시스템이 발전하고 성장해왔으며 새로운 변화가 필요한 시기에 무엇을 선택하고 집중할 것인가에 대한 전략이 제대로 세워지지 않은 실정이다.

기업의 과학기술 혁신생태계 문제

기업은 혁신을 통해 신성장 동력을 창출하고 신제품을 통해 새로

[그림 7] 우리나라 기업의 과학기술 혁신생태계 문제

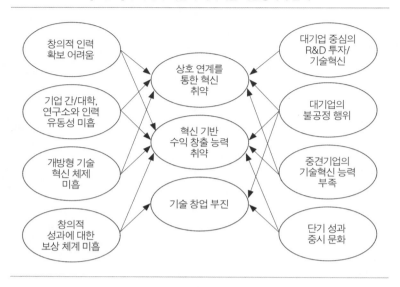

운 시장을 개척하는 것이 혁신생태계에서 해야 할 역할이다. 그러나 우리나라는 대기업 중심의 기술 혁신과 중소·중견기업의 혁신 능력 부족, 개방성, 유연성 부족, 중소·중견기업의 기술 혁신 성과에 대한 대기업의 불공정 행위 등으로 건전한 생태계 조성이 되지 않고 있다.

정부 연구개발생태계 문제

정부의 연구개발생태계와 관련하여 지적되는 문제 중 하나는 중장기 국가 전략에 따른 연구개발 투자가 미흡하다는 것이다. 대외 환경 및 이슈 발생에 따라 단기적으로 전략 투자 영역에 대한 투자가 이루어짐에 따라 중장기적인 국가 자원의 총체적 동원이 어렵고, 전

[그림 8] 정부 R&D 재정 흐름별 현황

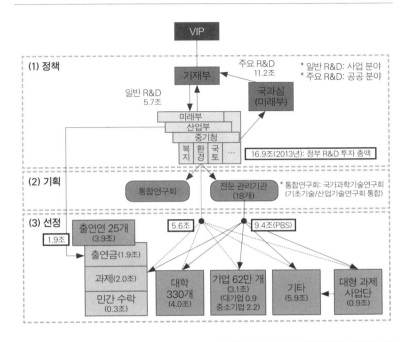

* 자료: 기획재정부·과학기술정책연구원, 『R&D 사업군 심층 평가: 총괄 평가』, 2015

략 투자 영역이 유지되지 못하는 문제가 발생하고 있다. 또한 부처별
로 칸막이 예산 편성을 함으로써 연구개발 투자의 효율성을 저해하
고 있다는 점도 지적되고 있다. 이는 부처별 경쟁 체제로 인해 정부
간 혹은 정부와 민간이 유망 R&D 영역에서 중복적 투자가 확대될
우려가 있다는 점에서 개선되어야 할 사항이다. 연구개발 투자와 관
련한 또 다른 이슈는 정부 투자로 인한 좀비기업 확대 우려, 정부 투
자와 민간 투자 간 대체 효과가 커지는 영역 확대 우려 등이다.

과학기술 혁신생태계 종합 진단: 인재, 지식, 자금의 흐름

지금까지 다양한 시각에서 우리나라의 과학기술 혁신생태계를 들여다보았다. 종합적으로 볼 때 우리의 혁신생태계는 건강하고 활기찬 혁신 시스템을 유지하게 하는 인재, 지식, 자금의 흐름이 원활하지 못함으로써 앞에서 진단한 여러 가지 문제들이 나타나고 있는 것으로 볼 수 있다.

과학기술 혁신 시스템이 성과를 창출하는 가장 핵심적 동력은 지식의 창조와 순환이다. 특히 창조적 혁신에 기반을 둔 성장 전략을 추구하기 위해서는 생태계 내에서 끊임없이 창조적 지식이 창출되

[그림 9] 과학기술 혁신생태계의 흐름

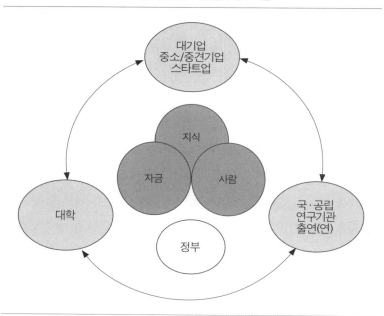

고 또 이 지식이 다양한 경로를 통해 다른 혁신 주체들에게 흘러들어가고 활용되어 경제·사회 발전으로 연결되어야 한다. 지식의 흐름은 혁신 주체 간뿐 아니라 지역 간 혹은 글로벌 네트워크 차원에서 국가 간에도 원활하게 순환이 이루어져야 한다.

과학기술 혁신생태계 내에서 지식의 흐름은 다양한 경로와 방법을 통해 순환되지만 가장 효과적인 경로는 지식을 가진 사람이 이동하는 것이다. 따라서 과학기술 인력의 원활한 흐름은 생태계 내에서 지식의 창출과 활용을 증가시킨다. 실제로 많은 혁신 국가에서는 혁신 시스템 내 지식과 기술 이전·사업화를 촉진하고 경제·사회적 성과를 높이기 위해 주체 간 인력의 이동 및 협력과 연계의 증가를 주요 정책 수단으로 추진하고 있다. 글로벌 인력의 흐름에서도 기존에는 해외로 우수한 과학기술 인력이 유출되는 인력 유출을 심각한 국가 혁신 역량의 손실로 인식하고 이를 막기 위한 정책들을 다양하게 추진했다. 그러나 글로벌 혁신생태계 관점에서 보면, 인력의 글로벌 유동성 증가, 즉 인력 순환은 오히려 연구의 질적 수준 향상, 글로벌 경쟁력 강화 등으로 이어져 국가 경제·사회 발전에 도움을 준다는 측면으로 볼 수도 있는 것이다(교육과학기술부, 2010).

그러나 불행히도 우리나라는 과학기술 혁신생태계에서 혁신 주체들 간의 인력 유동성이 높지 않고 상호 협력 활동도 많지 않은 것이 취약점으로 지적되고 있다. 특히 인력 이동이 한쪽, 즉 대학으로 쏠리는 현상도 나타나고 있다.

과학기술 혁신생태계 내에서의 원활한 인력 순환은 국내 주체들 간뿐 아니라 글로벌 혁신 주체들과의 협력에서도 필수적이다. 우리나라는 과학기술 인력의 글로벌 모빌리티 면에서도 OECD 국가들 중에서 낮은 수준에 머물러 있다. 글로벌 지식의 흐름을 볼 수 있는 국제 공동 연구 차원에서도 우리나라는 활발하지 못하다. 논문 공동 저자나 특허 공동 발명자를 기준으로 우리나라의 국제 공동 연구 활동을 보면 특허는 최하위 수준이며 논문도 낮은 수준이다 (OECD, 2013).

건강하고 생산적인 과학기술 혁신생태계를 구성하는 또 하나의 중요한 흐름은 자금이다. 과학기술혁신을 위한 자금은 인력과 지식의 원활한 순환을 뒷받침하기 위한 중요한 수단이다. 과학기술 투자에서 정부 R&D와 민간 R&D가 따로 논다는 의견들이 있다. 이는 정부 R&D와 민간 R&D 간의 상호연계와 상보성이 취약하다는 것이다. 물론 연구개발 활동에서 정부와 민간의 역할은 다르기 때문에 정부가 같은 목적으로 같은 분야에 민간과 같이 투자할 필요는 없다. 그러나 전체 혁신생태계 차원에서 보면 정부와 민간 부문의 연구개발 투자는 전략적으로 연계되어 활발한 지식의 흐름과 인력 순환을 일으켜야 탁월한 성과를 창출할 수 있는 것이다.

그러나 앞에서도 지적했듯이, 우리나라 과학기술 혁신생태계에서 정부와 민간 부문의 연구개발 투자 교류는 활발하지 않으며 OECD 내 다른 국가들과 비교해봐도 낮은 수준이다. 글로벌 차원에서도 연구 자금의 교류는 활발하지 않으며, 특히 국내 과학기술 혁신 활동에서 해외 자금을 활용하는 경우는 매우 낮은 수준이다.

지금까지 살펴본 바와 같이 우리나라 과학기술 혁신생태계는 구성 주체인 대학과 공공 연구기관, 기업 간의 인력, 지식, 자금의 흐름이 활발하지 못하며, 이로 인해 건강하고 뛰어난 성과를 창출하는 생태계가 되지 못하고 있다. 생태계 내에서 혁신 주체 사이의 협력과 원활한 순환을 저해하는 여러 요인이 협력의 효과를 상쇄하고 있는 상황으로 진단된다. 여러 요인들 중에서 특히 주체들 사이의 높은 벽, 그리고 각 구성 주체들 내에서도 주력 집단이 갖고 있는 기득권에 대한 방어심리와 집단 내 구성원들 간의 암묵적인 담합 등도 중요한 영향을 미치고 있는 것으로 판단된다. 예를 들어, 민간 부문 내에서도 대기업과 중소기업 간 관계, 공공 부문에서 출연(연)의 역할과 지위, 과학기술 분야별 이기주의, 연구개발 투자의 지역 편중 현상 등이다. 환경·제도적으로는 협력이나 융합 자체를 목적으로 삼는 정부 프로그램, 혁신 주체 간 협력의 동기를 부여할 정보 부족 문제가 심각한 것으로 제기되고 있다.

3. 생태계

새로운 과학기술 혁신생태계 구축 방향

새로운 과학기술 혁신생태계를 구축하기 위해 우리가 가장 먼저 공유해야 할 것은 혁신을 통해 지향하고자 하는 가치다. 국가 차원에서 혁신을 통해 달성하고자 하는 궁극적 가치는 경제 발전과 잘사는 나라를 만드는 것이었다. 최근에는 이보다 좀 더 포괄적인 의미로 "지속 가능한 성장"을 국가가 지향하는 가치로 제시하기도 한다. "지속 가능한 성장"을 위해서는 경제적으로 지속 가능한 성장, 환경적으로 지속 가능한 성장, 사회적으로 지속 가능한 성장이 일어나야

[표 4] 과학기술 혁신생태계 구축을 위한 새로운 관점

구 분	As Is	To Be
관점과 범위	• 기계적/구조적 접근 • 혁신 트라이앵글(대학, 출연연, 기업) 중심의 정책 영역 설정	• 생태계적/생물학적 접근 • 경제 사회로부터의 상호 작용 관계를 고려한 정책 영역 설정
혁신 환경 인식	• 외부에서 주어진 변수로서의 혁신 환경 인식 • 경제 성장이라는 단일 환경에 대한 해석과 적응 노력 중심	• 적극 대응하고 적응해야 할 변수로서 혁신 환경 인식 • 다각화되고 불확실성이 높아진 혁신 환경에 대한 적극적이며 선제적 대응 필요
혁신 시스템 작동	• 개별 혁신 행위자의 능력 미흡 해소 • 혁신 역량 향상에 포커스	• 연구개발로부터 가치 있는 혁신의 창출로 이르도록 지식과 인재의 흐름 활성화 • 혁신 행위자/행위 간의 연결과 소통 증대를 통한 가치 창출에 포커스

* 자료: 홍성주·이정원 외, 『혁신 정책의 변화와 한국형 혁신 시스템』, 2014(수정)

한다. 경제적 지속 가능성은 저성장 경제를 극복하고 고용을 창출할 수 있는 새로운 성장 동력을 통해 가능하며, 환경적 지속 가능성은 맑고 깨끗한 지구를 지켜나가는 것을 말한다. 사회적 지속 가능성은 고령화나 양극화 같은 사회적 갈등 구조가 해소될 수 있는 사회를 말하며 이를 위해서는 지금까지 별개의 주제였던 과학과 사회가 서로 융합되어 사회 속의 과학이 되어야 한다(Lee, 2014; 이정원, 2016).

한국의 과학기술 혁신생태계가 지향하는 지속 가능한 성장이 가능한 사회의 모습은 글로벌 사회, 지속 가능한 사회, 조화로운 사회다. 창조적 혁신을 위한 혁신 정책이 지향하는 기본 방향은 글로벌 사회를 위한 개방성, 지속 가능한 사회를 위한 유연성, 조화로운 사회를 위한 균형성이라 할 수 있다.

개방성을 갖추기 위한 미래 혁신 정책은 기업, 대학, 공공 연구기

관 등 혁신 활동을 수행하는 주체들 간에 지식, 사람, 연구비의 흐름이 원활한 네트워크를 구축하는 것이다. 그리고 국내뿐 아니라 해외 혁신 활동에 적극 참여하여 글로벌 혁신네트워크의 중요한 일원으로 역할을 수행해야 한다. 또 기술 혁신형 창업기업이 국내 및 글로벌시장을 대상으로 활발하게 창출되고, 불필요하거나 저해 요소가 되는 규제나 제도들도 개선되어야 한다.

유연한 혁신생태계가 되기 위한 정책은 혁신의 핵심인 연구 인력들이 유연한 사고를 갖출 수 있도록 어릴 때부터 창의적 사고를 위한 교육은 물론이고 고등교육과정에서 학문 간 융합을 촉진할 수 있는 다학제적 교육 시스템을 갖추는 것이다. 정부 출연 연구기관과 같은 공공 연구 조직은 가능하면 작지만 강한 조직으로 운영하는 것이 유연성을 갖추는 방법이다. 연구자들이 조직의 벽을 넘어서 자유롭게 이동하면서 연구할 수 있는 제도적 환경이 마련되어야 한다. 민간

[그림 10] 한국 과학기술 혁신생태계의 구축 방향

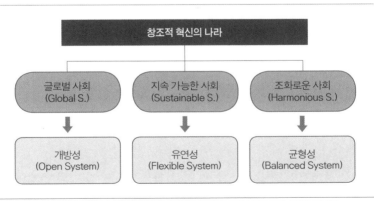

* 자료: 이정원, 「한국 STI 평가와 당면 과제」, 한국 경제 미래 전략 세미나 발표 자료, 2014. 12. 23

부문에서는 중소기업들의 혁신 활동이 활발해져야 전체 혁신 시스템의 유연성이 높아질 수 있다.

조화로운 사회를 위한 혁신 정책의 균형성은 혁신을 위한 투자 목적, 투자 분야, 지역 간, 기업 간 균형성을 갖추는 것이다. 연구개발 투자에서 경제 발전을 위한 투자와 사회 문제 해결을 위한 투자 간 균형이 필요하다. 기초 연구와 개발 혹은 실용화를 위한 연구 간의 균형을 고려해야 하며, 지역적으로 균형 있는 혁신 능력을 갖출 수 있도록 정책이 수립되어야 한다. 민간 부문에서는 대기업과 중소기업 간 혁신 활동의 균형이 필요하다.

새로운 과학기술 혁신생태계 구축을 위한 제언

혁신생태계와 경제·사회생태계 연계를 통한 혁신 친화성 강화

과학기술 혁신생태계는 다양한 요소로 구성되어 있으며 그 자체가 하나의 독자적인 생태계이지만 생태계가 활동하는 과정에서 필연적으로 경제생태계 혹은 산업생태계, 사회생태계 등 주변 생태계와 유기적인 연계 활동을 수행하게 된다. 따라서 건전하고 활기찬 혁신생태계를 조성하기 위해서는 경제 및 사회생태계와의 원활한 연결이 필수적이다. 과학기술 혁신생태계 내에서의 지식과 사람, 자금의 흐름이 경제 및 사회생태계 등 관련 생태계와도 이어질 수 있어야 하는 것이다.

경제생태계와 관련해서 우선 혁신 친화적 시장 환경의 조성이 필요하다. 혁신적 기술과 지식에 대한 가치 평가 체계를 확립하고 기술과 지식에 대한 거래시장을 활성화해야 한다. 기술 및 지식의 거래에서 과도한 규제를 개선하고 제도를 혁신 친화적으로 정비하여야 한다. 무엇보다도 시장 시스템 내에 혁신적 아이디어를 적극 수용하는 창의적 문화가 조성되어야 한다.

금융 환경 또한 혁신 친화적으로 조성되어야 한다. 무엇보다도 합리적 기술 가치 평가에 기반을 둔 기술 금융과 IP 금융 시스템을 구축해야 한다. 그리고 혁신의 속성상 실패해도 다시 도전할 수 있는 금융 시스템이 지원될 수 있어야 창의적 혁신에 근거한 창업이 활발해질 수 있다. 투자 문화에서도 단기 매출 실적보다는 기술 혁신성에 기반을 둔 투자가 확대되어야 한다.

사회적으로는 조직 보상 체계나 교육 시스템의 변화가 필요하다. 혁신 친화적인 조직 경영 체제로 전환되기 위해서는 온정주의 혹은 평등주의가 아닌 성과 위주의 보상 체계가 운영되어야 한다. 기업에서 직무 발명과 연구 성과에 대한 보상 체계도 강화되어야 한다. 혁신 친화적 교육 제도 도입을 위해서는 개인의 창의성 및 수월성을 살릴 수 있는 교육 체계가 확립되어야 하며, 과학기술 혁신 트렌드를 반영한 교육 프로그램 개발이 필요하다. 현재 일부 대학에서 도입되고 있기는 하지만, 과학기술 혁신 교육이 특별 프로그램이 아닌 정규 프로그램으로 기획되어 도입될 필요가 있다. 특히 초·중등교육부터 기업가정신에 대한 교육이 도입되어야 한다.

혁신생태계 구성 주체들의 개방성·유연성 강화

새로운 과학기술 혁신생태계로 전환하는 과정에서 가장 중요한 변화가 요구되는 것은 역시 혁신의 주체들이다. 앞서 과학기술 혁신 생태계에 대한 진단에서도 언급되었듯이 우리나라 혁신 주체들에게 가장 취약한 부분 중 하나로 지적되는 것이 바로 개방성 부족이다. 혁신 주체들의 개방성이 부족하면 결국 생태계 내의 지식, 인력, 자금의 원활한 흐름을 저해하며 혁신 시스템의 성과를 떨어뜨리는 결과를 낳는다.

과학기술 혁신생태계 내에서 개방형 혁신을 활성화하는 데 기업의 폐쇄성이 생태계 내 지식 흐름을 방해하는 주요 요인이 되고 있다. 기업이 새로운 기술 개발이나 제품 개발을 위해서는 기업 내부에서 생산되는 지식뿐만 아니라 시장에 존재하는 다른 혁신 주체를 통해 생산되는 지식 활용이 중요하다. 혁신 시스템 내에서 주체들 간의 협력과 연계가 부족한 것은 각 주체들이 해야 할 역할과 기능이 분명하지 않고 전문화되지 않은 것도 그 원인이 된다. 각 혁신 주체들이 갖고 있는 장점은 살리고 단점을 보완하여 상호 시너지 효과를 창출할 수 있어야 생태계 내 연계 활동이 활발해질 수 있다. 정부 R&D 자금을 받기 위한 산학연 간의 경쟁은 지양되어야 하며, 과학기술생태계 내에서 같이 발전하는 모습을 갖춰야 할 것이다.

그런데 이런 개방과 협력의 중요성을 잘 인지하면서도 정작 혁신 활동 실행 과정에서는 정보가 부족하여 연계가 이루어지지 않을 때도 있다. 이럴 때는 정부 차원에서 제도적 장치를 마련해야 한다. 생태계 내 상호 협력과 정보·지식의 흐름을 원활히 하기 위해 수요와 공급에 대한 정보를 제공하고 협력을 지원하는 중개기관 활성화도 필요하다. 즉, 산학연 협력을 위한 전문 중개기관을 설립하거나, 정보를 제공해주는 플랫폼을 구축하는 것이다.

생태계 내에서 혁신 주체들이 개방성을 확대하기 위해서는 유연한 상호 협력 시스템으로 전환되어야 한다. 즉, 생태계 구성 요소들이 폐쇄적인 이익집단화가 되는 것을 방지하기 위해서 유연한 조직 운영과 제도가 필요하다. 기존의 혁신 주체 간 상호 협력 방식은 정부 정책이나 사업에 의해 혁신 주체들이 수동적으로 협력하는 형태가 다수다. 이런 협력 시스템 아래에서는 빠르게 변화하는 혁신 환경에 효과적으로 대처하기 어렵고, 새로운 문제 해결을 위해 혁신 주체들이 유기적으로 협력하기보다 정부에 의해서 정해진 문제만 주로 해결하게 된다. 유기적이고 유연한 상호 협력 시스템으로 전환하기 위해서는 혁신 주체들의 혁신 역량 강화, 정보 플랫폼 구축, 혁신 주체들이 자발적으로 참여할 수 있는 환경 조성 등이 선행되어야 한다.

글로벌 혁신 네트워크, 글로벌 가치사슬에 적극 참여

과학기술혁신과 관련된 변화 중 하나는 과학기술 공급 중심 Technology Push의 생태계에서 산업 및 시장 수요 중심Market Pull의 생태계로 전환되고 있다는 것이다. 이에 따라 글로벌시장에서의 수요를 인식하고 이에 대응할 수 있는 과학기술 혁신 전략이 중요하다. 특히 우리나라와 같이 국내시장 규모가 크지 않아 혁신의 성과를 통해 최대한의 이익을 창출하기가 쉽지 않은 여건을 감안할 때 글로벌시장을 목표로 하는 혁신 전략이 필요하다. 민간 부문에서의 글로벌 혁신 활동과 함께 혁신생태계를 위한 정부 정책도 국제 간 협력과 네트워킹을 위한 정책으로 확대되어야 한다. 글로벌 가치사슬에 기반을 둔 혁신 활동을 지원할 수 있는 정책이 뒷받침되어야 하며, 특히, 중소·중견기업의 글로벌 혁신 네트워크 참여를 지원하는 정책과 해외 네트워크를 이용한 창업 지원 정책 등이 확대되어야 한다.

혁신생태계의 선순환을 위한 문화적 요소

새로운 과학기술 혁신생태계의 기반이 되는 것은 사회에 전반적으로 깔려 있는 인식과 문화다. OECD 14개국에 대한 창의성 지수를 조사한 결과를 보면 우리나라는 11위로 중하위권으로 평가되었으며, 스웨덴, 스위스, 핀란드 등의 국가가 높은 순위를 보이는 것으로 나타났다(송치웅, 2010). 창의성은 교육 과정을 통해 개발되거나 향상시킬 수 있는 부분도 있다. 그러나 그보다 더 중요한 것은 지금까지와 다른 행동 및 가치에 대한 수용성이며 이는 사회문화적 요소이다. 또 하나 혁신생태계에서 중요한 문화적 요소는 바로 사회적 자본, 특히 신뢰다. 독일의 노동연구위원회IZA: Institute for the Study of Labor는 사회적 자본이 경제 성장에 영향을 미칠 수 있는 여러 경로 중에 기술 혁신이 가장 중요한 경로임을 조사, 분석한 바 있다. 기술 혁신 프로세스는 일반적으로 높은 금융적 위험을 초래하는데, 축적된 사회적 자본이 풍부할수록 이런 금융적 위험이 감소한다. 사회적 자본 중에서도 '신뢰'의 형성 정도는 기술 혁신의 위험과 비용을 감소시킬 수 있는 중요한 요소다. 기술 혁신은 자체로 불확실성이 높은 활동으로, 벤처 투자가나 연구자들 간에 서로 신뢰하지 않으면 활성화될 수 없다. 과학기술 혁신생태계 관점에서 보면 우리 사회에서 창의적 혁신을 저해하는 또 하나의 문화적 요소는 다양성이 부족하고 다양성을 잘 인정하지 않는 사회라는 점이다. 생태계 내에 지식과 노하우, 전문성의 다양성이 높을수록 새로운 기회를 발견하고 창의성과 혁신성을 높이는 데 훨씬 효과적이다.

8장

복지 체제와 연금 체제의 생태적 구조

최병호

KDI 국제정책대학원 교수

한국의 복지생태계 분석

1. 현상

세계대전 후에 평화가 정착되면서 각국은 경제 발전에 매진했다. 급속한 경제 성장이 이루어지면서 미래에 대한 낙관과 희망으로 출산율은 높게 유지되었다([그림 1]). 반면 소득 수준 향상과 영양 상태 개선, 의학 발전으로 사망률은 급격히 떨어졌다. 높은 출산율은 시장에 대량의 생산 인구를 공급했으며 풍부한 노동력 투입은 경제 성장을 촉진했다. 기업은 노동력을 쉽게 확보하면서 대량 생산 체제를 구축했고, 빠르게 증가하는 인구는 상품의 구매 계층이 되었다. 기업은 대량 생산과 대량 소비에 힘입어 이윤을 창출하게 되고, 이윤은 생산 자본에 투자되었다. 이와 함께 생산성을 획기적으로 개선하는

[그림 1] 출산율과 사망률, 총인구의 역사적 변화

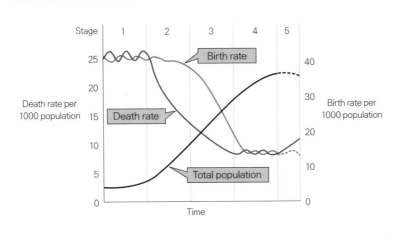

* 자료: http://en.wikipedia.org/wiki/Demographic_transition

과학기술의 발전으로 유럽 제국과 미국의 경제 성장이 본격화되는 황금기를 구가했다. 모든 것이 선순환의 생태계를 형성했다.

경제 성장을 바탕으로 복지 제도 확충을 위한 재원은 충분히 뒷받침되었다. 성장의 초기 단계에서 가장 먼저 도입된 것은 산업 재해 보상이었다. 산업 재해 다음으로 질병에 대한 보장이 따랐고 시장에서 은퇴하는 노인에게는 연금을 지급했다. 일시적인 실업 상태에 빠지면 실업급여를 지원했다. 극빈층, 장애인 등 사회적 취약 계층에는 별도의 공적 부조 제도와 사회 서비스 제도를 통해 보호하는 장치를 마련했다. 인구가 늘어나고 자원이 풍족한 상황이 계속되면서 복지 재원은 충분히 뒷받침되었다. 선진 각국은 '복지 국가'라는 이상향을 경쟁적으로 실현하고자 했다.

그러나 복지 국가는 지속적으로 유지되기 어렵다는 사실을 깨닫기 시작했다. 경제 성장이 복지를 계속 뒷받침하기 위해서는 성장이 지속적으로 이루어지는 생태계의 순환이 필요했다. 사람들의 생활 수준이 향상되면서 수명이 연장되었기 때문이다. 소득 수준 향상과 더불어 여성의 교육 수준이 신장되면서 아이에 대한 교육 투자가 증가했고 여성의 사회 진출이 활발해지면서 결혼율이 하락하고 출산율도 떨어지는 현상이 나타났다. 출산율이 떨어지면서 생산 인구는 줄어들었고 노인의 수명이 늘어나면서 인구 구조는 고령화되고 있다.[1]

유럽 선진국들은 1980년대 중반을 넘어서면서 경제적 침체를 겪기 시작했고 고용 상황이 어려워지면서 비정형 근로자들이 증가했다. 이에 따라 계층 간 불평등이 지속적으로 심화되었다. 인구 고령화가 진행되면서 연금 수급자는 늘어나고 여러 분야에서 복지 수요의 압력은 커져갔다. 이런 복지 수요를 기존의 관대해진 복지 제도로 담아내려고 하니 많은 재정 소요가 필요해졌다. 재원 조달의 한계에 부닥치면서 정부 부채도 늘어났다. 복지 제도의 수혜 계층은 시간이 갈수록 기득 계층으로 고착되고 정치 세력화되었다. 정치인들 역시 표를 의식하게 되면서 복지 포퓰리즘에 빠지게 되었다.

그런데 복지 부담은 국가별 경제적 역량에 따라 달리 나타났다. 경제생태계가 건실한 국가들은 복지 부담을 수용할 수 있었으나, 경제생태계가 허약하고 정치적으로도 부패한 국가들은 복지 부담을 이겨낼 수 없었다. 국가별 상황에 맞추어 복지 제도는 유연하게 변화되어야 했다. 그러나 복지 제도로부터 얻은 기득권을 고수하려고 하면 국가적인 위기를 초래하게 된다. 제도는 시대의 환경 변화에 따라 탄력적으로 적응해야 한다. 제도가 노화되면 소멸할 수밖에 없다. 이에 유럽 각국은 환경 변화에 적응하는 복지 제도 개혁에 나섰으며, 국가별로 그 대응 방식은 달리 나타났다.

환경 변화에 따라 새로운 복지 수요가 나타나면서 복지 제도는 다양화되고 복잡해지고 전문화되어갔다. 문제는 과거의 패러다임에 토대를 둔 복지 제도가 계속 확장되어가면서 비효율과 낭비를 초래하고 복지 수요자에게 적합한 복지를 제공하지 못하는 비효과성을 나타냈다는 점이다. 과거의 패러다임을 탈피하여 개혁을 서두른 국가들은 지속 가능한 복지 제도를 구축하게 되었지만, 과거의 패러다임에 안주하여 개혁에 실패한 국가들은 상당한 고통을 안을 수밖에 없다. 최근 그리스가 연금 개혁을 미루다가 연금액이 강제적으로 삭

감되는 불행한 사태까지 겪고 있다. 이처럼 복지 제도 역시 생성, 성장, 노화, 소멸의 부단한 과정을 끊임없이 되풀이해야 새롭게 태어날수 있다. 복지생태계 내의 개별 제도뿐만 아니라 총체적인 패러다임이 역동적으로 변화되어나가야 하는 이유다.[2]

2. 구조

복지생태계는 총체적인 경제 사회생태계의 하부 구조에 속한다. 현재 우리나라의 경제생태계는 상당한 난관에 처해 있는 가운데 복지 수요의 압박이 큰 상황이다. 경제 상황이 어려울수록 복지 수요는 증가할 수밖에 없는 반면, 복지 재원 조달은 어려워진다. 따라서 생태계 안정과 원활한 순환을 위한 경제와 복지 간 균형을 어떻게 구현해내느냐에 초미의 관심이 집중된다.[3]

저성장 시대의 복지생태계

경제의 저성장 기조가 복지생태계에 미치는 영향은 [그림 2]와 같다. 한국 경제가 저성장 기조에 진입하면서 가계와 기업, 정부 재정에 순차적으로 영향을 미치고 있다. 저성장이 지속되고 미래의 성장 전망도 낙관적이지 않으면 기업은 투자를 주저하게 되면서 사내 유보를 늘려왔다. 정부는 사내 유보에 과세를 강화함으로써 투자를 이끌어내려 하지만 기업은 좀체 반응하지 않았다. 사내 유보에 대한 과세가 별 실효성을 거두지 못하고 있는 것이다. 기업 투자 억제는 내수 침체로 이어진다. 저성장기에 임금 인상은 억제되고 가계 소득은 둔화된다. 특히 기업은 노동 소득에 대한 분배(임금 인상)보다는 기업 소득의 몫을 더 많이 챙기기 때문에 가계 소득은 더욱 둔화된다. 가계 살림이 어려워지면서 가계 빚에 대한 원리금 상환 부담이 커져 빚에 쪼들리게 되고 가계 소비는 위축될 수밖에 없다.

가계 소비 위축과 더불어 가계 저축도 위축되는 양상을 보였다. 가계 저축률은 2001년 이후 5% 미만으로 떨어져 OECD 국가 중 최하위였다. 그러나 흥미롭게도 2013년 이후 가계 저축률은 다시 상승하여 2016년에 8.66%로 OECD 국가 중 5위를 기록했다.[4] 가계 살림에 여유가 있어서 저축을 하는 게 아니라 경기 침체가 이어지면서 소득 고갈에 대한 불안감에 따른 예비적 저축이라는 분석이 지배적이다.

[그림 2] 경제 성장 둔화가 복지생태계에 미치는 영향

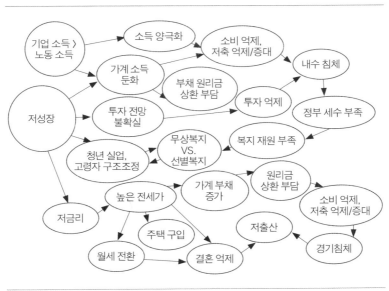

또한 저금리하에서 이자 부담은 적어지는 대신 원금 상환 부담이 크게 늘어나 저축을 늘린 것이라는 분석도 있다. 저축할 여유가 없는 집단과 저축을 늘려나가는(혹은 할 수밖에 없는) 집단이 혼재하지만 전체적으로 저축이 증가하여 평균적인 가계 저축률은 상승하고 있다는 것이다. 이는 곧 내수 침체로 이어진다.[5] 저성장 기조와 더불어 임금 소득 분배율이 줄어들게 되면서 저임금 근로자가 상대적으로 큰 피해를 입게 된다. 기업은 기업 소득분을 되도록 많이 확보하면서 노동 소득분을 줄이는 과정에서 임금을 조정하기 어려운 정규직 근로자보다는 비정규직 근로자 임금을 줄이려고 한다. 정규직 근로 집단 역시 비정규직 근로 집단의 희생으로 자신의 임금 수준을 유지하려고 한다. 특히 정규직 노동조합이 단단하게 자리 잡은 기업일수록 비정규직의 임금을 줄이거나 하청업체의 희생을 강요하게 된다. 이런 기업과 근로자의 행태로 인해 임금 소득의 양극화가 진행되고 노동시장 전체적으로 가계 소득의 양극화로 이어진다. 소득의 양극화로 소비 성향이 높은 저소득층의 소비가 줄어들면서 내수 침체로 이어진다. 고소득층의 소비 성향은 상대적으로 낮을 뿐 아니라 국내 소비보다는 해외 소비를 선호하는 경향이 있으므로 더욱 내수에 도움이 되지 않는 방향으로 이행된다.

가계 소득 둔화와 총체적인 내수 침체는 정부의 세수 부족으로 이어지게 된다. 세수 부족은 늘어나는 재정 지출을 충당하기에 어려워진다. 재정 지출 가운데 복지 재정 지출 비중이 꾸준히 증가하면서 복지 제도를 어떻게 끌고 갈 것인지 고민에 빠질 수밖에 없다.[6] 공적 연금을 비롯한 기존의 복지 지출이 일반적인 재정 지출보다 빠르게 늘어나고 있는 데다, 복지 공약 사항인 기초연금, 보편보육, 반값 등록금 등에 추가로 소요되는 지출을 감당하기에 버거워진다. 보편 보육과 기초연금이 시행되면서 지방자치단체나 지방 교육청이 분담해야 하는 복지 지출이 늘어났다. 지방자치단체가 국가 공약은 중앙 정부가 전액 부담할 것을 요구하면서 중앙과 지방 간 재원 분담 갈등이 첨예하게 대립하고 있다.

한편 저성장은 일자리를 충분히 창출하지 못함을 의미한다. 더구나 고용 없는 성장 현상이 지속되면서 노동시장에서 일자리 부족은 더욱 심화되고 있다. 노동시장에 새로이 진입하는 청년층의 일자리 부족이 가장 심각한 사회 문제가 되고 있다. 이미 노동시장에 진입해 있는 근로자 중에서는 생산성이 떨어지는 고령 근로자에 대한 구조조정이 지속적으로 진행되고 있다. 그러나 근래에 임금피크제가 공공기관을 중심으로 시행되고 있고 2017년부터 60세 정년제가 도입됨으로써 고령 근로자에 대한 고용 보호를 강화하고 있다. 현실적으로 고용 보호를 받는 고령 근로자들은 대부분 공공 부문 종사자나 금융기업 등 안정된 대기업 종사자들에 한정되는 경향이 있다. 고령자든 청년이든 실직 상태가 되었을 때 실업급여가 생활 안정의 대안이 될 수 없다는 데 문제가 있다. 때문에 퇴직 후 생계 대책이 별달리 없는 베이비붐 세대들이 자영업에 뛰어들고 있다. 자영업시장 또한 포화 상태로 생존율이 낮음에도 불구하고 자영업에 뛰어드는 무모함이 계속되고 있는 것이다.

대부분의 선진국처럼 저성장 기조는 저금리와 함께 간다. 투자 수요가 둔화되면서 자금 수요도 줄어들고 금리는 하락한다. 경기 침체에 따라 정부가 의도적으로 금리를 낮추어 투자를 유도하려는 것도 금리 하락의 원인이 된다. 금리 인하에도 투자가 활성화되지 않으면 금리를 또 내리게 된다. 가계의 금융 부채가 증가하면서 이자 부담이 커지기 때문에 금리를 낮게 유지하려는 정책적 측면도 고려되었다. 금리가 낮으니 가계는 큰 부담 없이 다시 대출을 받는다. 이런 과정이 되풀이되면 결국 가계 빚은 계속 늘어난다. 가계의 주택 마련을 위한 주택 담보 대출이 활성화되어야 주택 경기가 죽지 않기 때문에 금리를 낮게 유지하는 측면도 있다. 저금리하에서는 전세금이 높게 형성될 수밖에 없다. 세입자는 높은 전세금 부담을 계속 안고 가기보다는 차라리 주택을 구입하려 하는 만큼, 정부는 주택 구매를 유도하기 위해 주택 담보 대출 금리를 낮춰주어야 했다. 가계 빚이 늘어나면서 원리금의 상환 부담이 커지고 이런 원리금 상환 부담은 소비를 억제해서 내수 침체로 이어진다. 한편으로 높은 전세금을 마련하지 못해 월세로 전환하거나 반전세-반월세로 전환하는 비율도 점차 커지고 있다.[7] 월세 부담은 곧 소비를 위축시키고 저축을 어렵게 한다. 결국 저금리 기조에서 빚어지는 주거 비용의 압박은 결혼의 커다란 걸림돌로 작용하고 이는 저출산의 원인으로 작용한다.

노동시장의 이중 구조와 복지생태계

노동시장의 이중 구조가 복지 및 연금생태계에 미치는 영향은 [그림 3]과 같이 정리해볼 수 있다. 노동시장의 인력 구조는 정규직과 비정규직, 혹은 원청기업 소속과 하청기업 소속으로 양분화되었으며, 이에 따라 임금 소득의 격차가 심화되었다. 더구나 비정규직과 영세사업장 근로자들 중 상당수는 사회보험 제도에서 배제되는 경향이 있다. 고용주는 근로자에 대한 사회보험료 부담을 회피하고 싶어 하고 근로자 입장에서도 사회보험료만큼 임금이 줄어들기 때문에 가입을 원치 않는 경우가 발생한다. 국민연금에 가입되지 못해 노후에 연금을 받을 기회를 잃어버린 탓에 노후 빈곤에 빠질 가능성이 크다. 실직과 산재 발생에 따른 보장을 받지 못해 생계 위험에 빠질 수 있다.[8] 노동시장에 진입하는 청년층이 비정규직으로 출발하게 되고, 비정규직으로 일하는 기간이 길어지면서 장래에 대한 불안으로 연애와 결혼을 꺼리게 된다. 이는 출산율 하락으로 이어진다. 사업주의 인건비 부담을 완화시키는 수단으로 비정규직이 활성화되면서, 정규직에서 퇴직한 고령 근로자들은 낮은 임금의 비정규직 일자리를 찾게 되었다. 비정규직 일자리를 찾는 사람들이 많아지면서 정규직보다는 비정규직 일자리 공급이 늘어났다. 낮은 임금으로 고용할 수 있기 때문에 고용주로서는 쉬운 선택을 할 수 있는 것이다. 아웃

[그림 3] 노동시장의 이중 구조가 복지 및 연금생태계에 미치는 영향

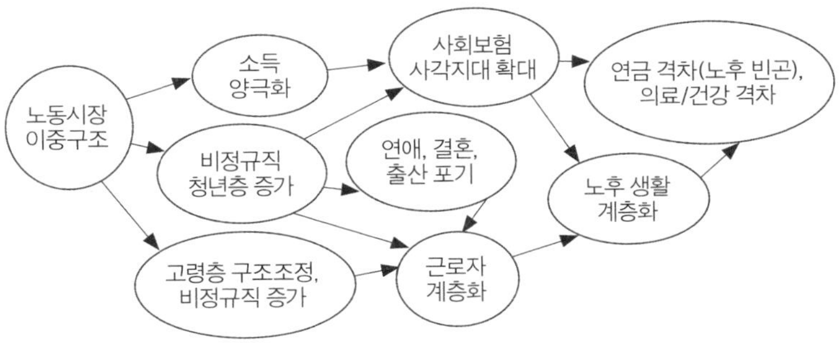

소싱 형태의 비정규직이 늘어나는 것도 고용주의 이익과 합치되는 것이었다. 임금을 아낄 수 있을 뿐 아니라 사업장 공간을 줄일 수 있고 근로자를 관리하는 간접 비용도 절약할 수 있기 때문이다. 이에 따라 신분이 확고하게 보장된 정규직 근로자와 다양한 형태의 비정규직 근로자로 분화되면서 근로자 집단은 계층화되는 양상을 보이고 있다. 근로자의 계층화는 퇴직 이후 노인 계층화로 연결된다. 노후 생활의 격차는 노후 빈곤 및 취약 계층을 양산하게 된다.

인구 고령화와 복지생태계

인구 고령화가 복지 및 연금생태계에 미치는 영향은 [그림 4]와 같다. 인구 고령화가 진행되면서 근로자 계층의 구조적인 고령화가 진행되었고, 상위 직급으로 승진이 제약되고 생산성이 떨어지는 고령 근로자에 대한 구조조정이 자연스럽게 진행되었다. 정년 이전에 조기퇴직을 하게 되면서 가정 내 가장의 위치도 흔들렸다. 조기에 퇴직하면서 연금을 수령하지 못하거나, 55세부터 수령하는 조기연금은 연금 급여액이 적어 퇴직 후 생계도 불안정해진다. 조기 연금 수급자가 지나치게 늘어나면 연금 재정 지출이 증가하여 연금 재정을 압박하게 된다.[9] 그나마 조기연금만으로는 생계를 유지하기 어렵기 때문에 저임금 일자리라도 마다하지 않고 찾게 되고, 조기연금마저도 못 받는 근로자들도 많다. 저임금 일자리마저 쉽게 구하기 어려워지고 자식의 결혼비용이나 노부모 부양까지 떠맡으면 빈곤의 나락으로 빠지는 것은 명약관화하다. 가장의 조기퇴직은 자식이 졸업하고 직장을 잡고 결혼할 때까지 지원하기 어려워진다. 사회에서 안

[그림 4] 고령화가 복지 및 연금생태계에 미치는 영향

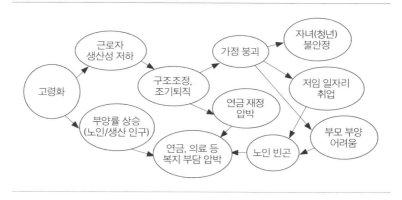

정된 직장을 잡기 어려워지는 청년들은 연애도 결혼도 연기하게 된다. 쏟아지는 베이비붐 퇴직 근로자들은 고령의 부모를 부양해야 하는 책임까지 떠안으면서 부모와 자식 사이에서 자신을 희생해야 하는 처지에 내몰린다. 고령화가 진행되면서 노인 인구는 증가하고 생산 인구는 적어져 생산 인구의 연금 및 의료 비용 부담은 더욱 커진다. 연금 수급권이 없거나 연금 수급액이 적은 빈곤 노인이 증가하면 연금 재정에 대한 압박은 줄어들지만 노인에 대한 기초보장 수급액이나 기초연금, 노인을 위한 돌봄 서비스 비용이 증가하게 된다. 노인의 건강 악화로 질병 비용이 증가하고 장기 요양비용도 증가하게 된다. 이런 비용 측면에서뿐만 아니라 노인이 건강하지 않고 행복하지도 않는 사회가 된다면 더 큰 사회적 비용을 치러야 할지도 모르는 상황인 것이다.

인구 구조 변화와 연금생태계

인구 고령화에 따른 연금 체제의 생태계를 좀 더 구체적으로 봐야 한다([그림 5]). 우리나라의 공적 연금은 적립 방식과 부과 방식이 혼재된 형태이다. 가입자의 소득 수준과 가입 기간에 비례하여 연금액이 결정된다는 점에서 적립 방식으로 보이지만, 가입자의 보험료 납입 총액과 이식 수입을 합산한 적립금은 은퇴 후에 받는 연금급여 총액을 충당하기에 부족하다는 점에서 부과 방식의 요소를 일부 갖추고 있다. 공무원·사학·군인연금이나 국민연금 모두 수익비가 1.0을 초과한다. 그 초과분은 현 세대의 국민 세금으로 보전하거나 미래 세대가 부담해야 한다. 인구 구조가 피라미드형이 유지된다면 은퇴 인구에 비해 생산 인구가 많기 때문에 생산 인구가 지는 부담은 크지 않다. 그러나 저출산·고령화 시대로 전환하면서 현재의 연금 제도는 지속 가능하지 않은 제도가 되고 있다. 연금 수급자가 계속 쏟아져 나오는 공무원연금의 경우 이미 적자 상태라 국고로 부족분을 메우고 있다.[10] 군인과 공무원연금 적자를 메우는 예산 규모가 복지 예산에서 차지하는 비중은 계속 커지고 있다. 그 적자분을 계속 국고로 메운다면 현 세대 국민의 세금이나 미래 세대 국민의 세금으로 전가된다.

여기서 유의해야할 점은 공무원과 군인의 봉급과 연금보험료 모두가 국민의 부담이라는 것이다. 공무원연금 개혁을 위해 보험료를 인상하면 공무원의 부담이 늘어나는 듯 보이지만 공무원 봉급을 인하하지 않는 한 사실상 모두 국민의 부담이다. 국민연금은 연금기금이 적립된 상황이지만 2044년에 적자 상태에 접어들고, 2060년에

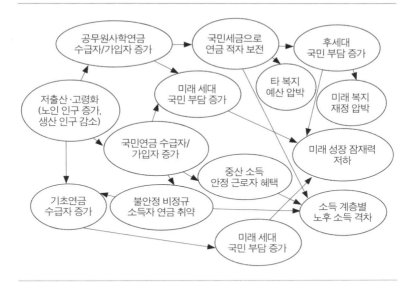

[그림 5] 연금 체제의 생태계

공무원사학연금
수급자/가입자 증가

국민세금으로
연금 적자 보전

후세대
국민 부담 증가

저출산·고령화
(노인 인구 증가,
생산 인구 감소)

미래 세대
국민 부담 증가

타 복지
예산 압박

미래 복지
재정 압박

국민연금 수급자/
가입자 증가

미래 성장 잠재력
저하

중산 소득
안정 근로자 혜택

기초연금
수급자 증가

불안정 비정규
소득자 연금 취약

소득 계층별
노후 소득 격차

미래 세대
국민 부담 증가

기금이 고갈될 것으로 전망된다. 국민연금의 적자를 메우기 위해서는 향후 보험료를 인상할 수밖에 없는데, 그 보험료 부담은 결국 미래 세대의 부담이 된다. 만약 세금으로 일부 메운다면 국민연금의 혜택이 없는 집단의 세금 부담이 늘어나는 불공평이 발생한다. 특히 국민연금 수급자들은 대부분 상시적이고 안정적인 근로자 계층이고 비정규직이면서 불안정한 근로자 및 자영자들은 국민연금에서 배제되거나 가입하더라도 가입 기간이 짧아 연금 혜택에서 소외되기 쉽다. 이러한 결과, 미래의 노인들의 연금 수급액에서 상당한 격차가 발생하게 되어 있다. 국민연금 수급이 취약한 계층이 많아질수록 기초연금의 부담은 늘어나 미래 세대의 국고 부담이 가중된다. 따라서 공무원·군인·사학뿐 아니라 국민연금까지 미래 세대의 보험료 혹은 세금의 부담으로 늘어날 수밖에 없다. 이는 미래의 성장 잠재력에 상당히 부정적인 영향을 미치게 되고 미래의 복지 재정에 커다란 압박 요인이 된다. 그럼에도 불구하고 은퇴 노인들의 계층 간 연금 소득 격차는 심화될 것이다.

복지 포퓰리즘과 복지생태계

복지 포퓰리즘이 복지생태계에 미치는 영향은 [그림 6]과 같다. 복지 제도 확대에 따라 복지 수급 대상자가 점차 증가한다. 복지 수급자들이나 복지 사업에 종사하는 복지 서비스 공급자들은 복지 축소에 저항하게 된다. 이런 현상은 총선과 대선, 심지어는 지방자치단체장 선거 때마다 나타난다. 보수정당이나 진보정당 모두 선거 공약을 통해서 복지 확대를 약속한다. 특히 새로운 복지 제도 창설이나 복지 수급 대상자 확대를 약속함으로써 지지를 획득하려 한다. 일단 선거에 이기는 것이 목적이다. 근래의 무상보육이나 기초연금제 도입, 반값 등록금의 약속 등이 대표적이다. 과거의 무상의료도 대표적인 인기 영합적인 복지 공약이다. 선거에서 표를 얻기 위해서는 선별적인 복지보다는 보편적이고 무상의 복지를 약속해야 한다. 한정된 재원으로 보편 복지를 하면 많은 사람들에게 복지 혜택은 돌아가겠지만 꼭 필요한 사람들에게 충분한 복지 혜택이 주어지지 않는다. 이에 따라 취약 계층은 여전히 취약한 상태에서 벗어나기 어렵다. 더구나 현재의 복지 제도는 중상 소득 계층이 주로 혜택을 많이 받는 구조로 되어 있다. 이 상황에서 다시 보편적인 복지 프로그램이 신설되

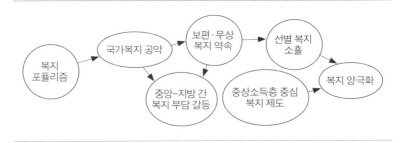

[그림 6] 복지 포퓰리즘이 복지생태계에 미치는 영향

면 복지 혜택의 소득 계층별 불균형 구조는 계속 유지될 수밖에 없다. 한편 어떤 정당이든 선거에서 이기면 복지 공약을 실현하기 위한 재원 조달에서 난관을 맞게 마련이다. 세금이나 사회보험료를 인상하게 될 때 부딪치는 저항을 극복하기가 만만치 않다. 만약 세금이나 사회보험료를 인상하지 않으면 다음 정부 또는 다음 세대에게 부담을 전가한다. 미래에 부담을 전가하는 것이 손쉬운 방법이기 때문이다. 중앙정부에 재정적 압박이 주어지면서 정부는 지방자치단체의 분담을 더 많이 요구한다. 그러나 지방자치단체는 복지 공약에 소요되는 재원은 중앙정부가 부담해야 한다는 입장을 고수한다. 중앙과 지방 간 복지 부담을 둘러싼 줄다리기 끝에 지방채 발행으로 귀결되는 경우가 많다. 그러나 지방채는 곧 미래의 지방자치단체가 떠안을 부담이기 때문에 지방정부는 파산할 위험성에 놓일 수밖에 없고, 따라서 중앙에 지방채 보증을 요구하게 된다.

복지생태계의 활력을 저해하는 장애 요인들

복지생태계는 국가의 경제·사회생태계의 하부 체제이며, 경제가 성장하고 활력을 유지할 때 복지생태계도 건강하게 유지된다. 근원적으로 경제 침체와 노동시장의 불안정성이 복지생태계를 위협하는 가장 큰 장애 요인이다. 경제가 침체되고 활력을 잃게 될 때 시장에서 소외되는 계층이 발생하고, 이들에 대한 복지 수요가 증가한다. '복지'를 통한 생활 안정은 시장이 활력을 되찾을 때까지 버틸 수 있는 기반이 된다. 그러나 다른 견해도 있다. 복지는 한번 확대되면 복지 혜택의 기득권층이 생성되기 때문에 다시 축소하기 어려운 불가역적인 성격이 있으므로 어렵더라도 섣불리 확대해서는 안 된다는 입장이다. 이런 입장 차이 때문에 경제적 불황기에 복지를 확대할지 선택 여부를 놓고 갈등이 표출된다. 복지 확대를 주장하는 진영과 복지 확대를 경계하는 진영 간 다툼 속에서 어정쩡한 정책적 조합이 도출된다. 이것이 복지생태계에 크게 도움이 되지 않으면서 경제적으로도 혼란스러운 결과를 초래한다.

복지생태계가 경제·사회적 상황 변화에 유연하게 적응하기 어렵게 하는 몇 가지 걸림돌이 있다. 먼저 복지 혜택을 이미 누리고 있는 기득권 집단이 개혁의 가장 큰 장애 요인이다. 근래에 공무원연금 개혁 파동에서 보았듯이 공무원, 군인, 교직원 등 국가 엘리트 집단은 공고한 연금 기득권을 양보하려 들지 않는다. 이들 계층은 정부 정책 결정 및 집행에 직·간접적으로 영향력을 행사하기 때문에 더더욱 개혁을 어렵게 한다. 엘리트 집단은 국가 복지에 대해 고부담-고복지의 위험성을 경고하면서도 자신들의 복지 혜택에는 침묵하거나 적극적으로 지키려 한다. 즉, 고부담-고연금을 고수하려는 이중성을 보였다.[11] 복지 기득권 문제는 공무원 집단에 한정되지는 않는다. 복지 제도별로 기득권을 가진 집단이 존재하고 있다. 이들 집단은 복지 개혁에서 한 치도 양보할 생각이 없다. 이들 집단은 복지 수요자로 구성된 단체뿐 아니라 복지 서비스를 공급하는 공급자 단체로 구성된다. 예를 들어, 장애인단체(장애 유형별로 각종 단체들이 따로 구성), 보육단체(어린이집연합회 등), 학부모협의회, 요양병원협의회, 요양시설협의회, 의사협회와 병원협회 등 각종 의료인단체들, 환자단체, 노동조합, 제약협회, 다국적의약산업협회, 의료기기협회, 민간 건강보험회사, 민영 개인연금회사 등 매우 다양하다. 이들 집단들은 이미 시장에서 공고하게 자리를 잡고 있다. 이들 이익단체의 대표자뿐 아니라 그 단체에 종사하는 인력들 역시 그들의 이익에 반하는 복지 정책의 변화에 저항하게 된다. 이들 기득권 집단 혹은 이해집단들은 정치적으로는 강력한 유권자집단을 형성한다. 여·야당을 가리지 않고 정치적인 영향력을 행사하여 자신들에게 유리한 입법이나 정책이 결정되도록, 혹은 자신들의 이익을 침해하는 정책이나 법안이 성안되지 않도록 로비하고 투쟁한다.[12]

복지 정책을 결정하는 관료 집단 역시 기득권자 및 이해관계자로서의 행태를 보이는 경향이 있다. 정부 부처 간 복지 업무의 관장 범위와 예산 확보를 놓고 부처의 세력을 확대하려는 다툼을 벌인다. 반면, 최근 가습기 피해 사례에서 보듯이 관할권을 회피하려는 행태도 보인다. 정부 부처는 자신들의 입장을 지지하고 옹호하도록 전문가들과 담합 구조를 형성하려는 행태도 보인다. 정부가 운영하는 각종 위원회에 부처의 입장을 잘 대변해줄 수 있는 전문가들을 참여시키고자 하고, 정부의 용역 보고서를 발주하면서 부처의 입장을 잘 이해하는 전문가들을 섭외하고자 한다. 전문가들 역시 정부 부처 위원회나 연구에 참여해야 최신 정보를 획득할 수 있고 정부의 정책 결정에 자신의 생각을 반영할 수 있기 때문에 적극 참여하기를 원한다. 그 과정에서 자신의 학문적 가치관과 정부의 입장이 충돌하면 전자보다는 후자에 치우치는 경우가 발생한다. 정부의 힘이 강할수록 정부는 전문가뿐 아니라 이해집단들까지도 포섭하고 적절한 담합을 형성하려 한다. 이해집단도 정부와의 원만한 협조를 해야 유리하다는 것을 체득할 때 적절한 타협을 하게 된다.

3. 생태계

복지생태계의 바람직한 순환을 위한 방안

복지생태계는 그 자체로 독립적인 생태계로서 존재할 수 없다. 정치, 사회, 경제, 문화 등 여러 분야의 생태계와 부단한 교류 속에 자리 잡을 수밖에 없다. 복지생태계의 바람직한 모습은 시장경제 체제 속의 공정한 경쟁에서 탈락하는 사람들을 포용해서 치유하고 경쟁력을 길러 다시 시장경제 체제 속으로 되돌려놓는 것이다. 불공정한 경쟁에서 탈락하는 사람들을 포용하고 억울함을 치유해야 한다. 시장경제 체제에서 경쟁력이 없거나 생존하기 어려운 사람들을 보듬어 안아야 한다. 이와 같은 복지생태계가 작동하지 않으면 가정이 불안정해지고 사회의 근간이 흔들리게 되어 경제생태계마저 위협하게 된다. 전통적으로는 대가족으로 구성된 가정이 복지의 짐을 떠안았으나, 소가족화가 진행되면서 가정이 짐을 떠안기 어려운 상황이 되었다. 따라서 사회가 가정의 짐을 떠안는 방향으로 나아간 것은 선진국들이 경험한 역사다. 노인 돌봄과 아이 돌봄을 과거의 전통에 따라 가정이 담당하도록 내버려둘 수 없어졌다. 이처럼 복지생태계는 시대의 상황에 따라 변화할 수밖에 없다. 그러나 국가가 나서서 모든 복지 문제를 떠안을 수는 없다는 데 고민이 있다. 국가와 지방자치단체, 기업과 지역 공동체, 가정과 사회단체 등 여러 단위들이 복지생태계를 구성하면서 참여하고 나누는 생태계를 조성해야 한다. 이에 복지생태계의 원활한 순환을 저해하는 부문들을 지적하고, 그곳에서 막힌 부분을 해소하기 위한 몇 가지 제안을 하고자 한다.

첫째, 복지생태계에 다양한 주체들이 참여하고 역할을 나누어야 한다

복지생태계에는 다양한 참여자들이 존재한다. 제공자와 수혜자, 부담자와 수혜자, 배분을 결정하는 자와 집행하는 자, 공공 제공자와 민간 제공자, 공공과 민간의 중간 형태인 제3섹터 등 다양한 주체들로 구성된다. 근래에는 공공 부문에서 중앙과 지방 간 역할 분담에 대한 갈등이 첨예해졌다. 2012년 대선에서 공약으로 내세운 보편보육 실행을 위해 지방자치단체가 부담하는 재원의 분담을 둘러싼 갈등이다.13 중앙과 지방 간 역할 분담 문제는 보육뿐 아니라 기초연금, 기초생활보장급여 및 지방에 이양한 다양한 복지 사업들에서 나타나고 있다. 이런 중앙-지방 간 분담 갈등을 미시적으로 접근하기보다는 차제에 큰 틀에서 정리해야 한다. 중앙정부가 전적으로 재원을 조달하고 사업을 지자체에 위탁하는 경우, 중앙과 지방이 재원을 분담하고 사업을 지자체에게 위탁하는 경우, 지자체 자체적인 재원으로 사업을 수행하는 경우로 나누어야 한다. 지자체의 부담이 반드시 필요한 복지 사업은 앞으로 대선에서 무리하게 공약을 하지 않는 것이 좋을 것이다. 중앙-지방-교육청 간 협의체를 구성하고 협의체에 전문가와 시민이 참여하여 분명한 분담 규칙을 합의해야 한다. 또는 국회 내 복지 사업의 재정조정특위를 운영하는 방안도 검토해야 한다.

복지 사업은 반드시 국가와 지자체만이 해야 하는 것은 아니다. 중앙정부에서 광역 자치단체로, 광역 자치단체에서 기초 자치단체로, 기초 자치단체에서 마을 공동체로, 마을 공동체에서 가정으로 되돌리는 노력을 해야 한다. 중앙정부는 복지 제도의 기획과 정보의 수집과 제공, 복지 사업자에 대한 감독, 지방자치단체 간 재정력 격차를 조정하는 역할을 강화해야 한다. 지방자치단체와 마을 공동체 역할에 대한 협의 기전을 마련해야 한다. 이러한 대전환을 위한 사회적인 합의가 필요하고, 정치인들 간에 공통의 문제인식이 있어야 한다. 특히 복지에 대한 종교단체 참여는 적극 권장되어야 한다. 시민단체나 기업이 복지의 사회적 역할을 담당할 수 있다. 정부는 기업과 사회단체, 종교계, 자원봉사단체의 사회적 역할을 적극 권장하고 참여를 유도하기 위한 기획과 정책, 제도를 설계하는 데 힘을 쏟아야 한다. 정부가 동원할 수 있는 예산에는 한계가 있기 때문이다. 적은 예산으로 민간 자원을 동원하는 방안을 연구해야 한다. 계층 간 생활 격차나 위험 보장 격차를 보완하는 역할을 누가 잘할 수 있는지에 대한 근본적인 성찰이 필요하다. 생활 복지의 영역에 따라 국가,

자치단체, 종교단체, 시민단체, 기업, 마을 공동체 중에서 누구의 역할이 가장 효과적인지 검토하여 복지 사업의 주체와 재원 부담 방안을 찾아내야 한다.

둘째, 복지 제도와 재정에 거시적 규율과 유연 안정성이 필요하다

복지 제도는 복잡하고, 복지 수혜 대상자도 매우 다양하다. 복지 수혜는 기득권으로 인식된다. 그 기득권이 작으면 작은 대로, 크면 큰 대로 복지 수급 대상자들은 자신이 받는 혜택이 계속될 것이라 기대한다. 각종 공적 연금이나 생계 급여, 장애인연금과 같이 매달 지급되는 현금 급여는 매달 받는 월급으로 인식될 수 있다. 매달 사용하는 보육 바우처 카드도 매달 월급이 입금되는 신용카드로 인식될 수 있다. 이런 혜택은 줄어들 것이라 생각하지 않는다. 복지 프로그램 하나하나를 들여다보면 어떤 프로그램이든 부족해 보이고 수급 자격을 완화하여 수급 대상자를 늘리고 급여 수준도 높여야 할 것으로 느껴진다. 이렇게 세부적인 복지 급여 하나하나의 적절성을 따진다면 각각의 프로그램을 강화하거나 추가적인 프로그램을 신설해야 할 것이다. 부분의 합이 바람직한 전체가 된다는 보장도 없다. 요구되는 복지 지출의 총합은 국가의 재정 운용 관점에서 보면 과도할 것이고 다른 부문을 희생해야 한다. 자원 배분의 효율성 면에서 바람직하지 않은 결과를 초래할 것이다.

한편 복지 프로그램별 예산을 책정하는 과정에서 득표력을 가진 거대 집단이나 정치적으로 강력한 소수 집단의 복지는 존속되거나 확대되는 경향이 있다. 반면에 힘없는 집단의 복지는 관심에서 멀어지기 쉽다. 이런 문제를 해결하기 위해서는 복지 지출 총액을 국가 전체 자원 배분의 효율성 면에서 거시적으로 결정한 뒤에 복지 지출 총액을 복지 부문별로, 미시적인 프로그램별로 배분해나가야 것이다. 배분된 재원의 한도 내에서 가장 효율적이고 형평한 급여 방안을 찾아내어야 한다.

복지 지출을 부문별로 배분할 때 우선순위에 대해 사회적 합의가 필요하다. 우선순위와 배분의 기준은 객관성이 담보되어야 한다. 강한 포식자들의 손에 맡겨두면 안 된다. 공정성을 갖춘 전문가들이 만들되, 국민이 참여하여 의견을 제시해야 한다. 엄밀하고 객관적인 정보와 식견을 갖춘 전문가의 제안과 대중의 상식이 결합한 토대 위에 정부가 최종안을 마련해야 할 것이다. 정부 최종안을 중심으로 국회에서 특별위원회를 운영하여 각 정당, 정부, 전문가, 이해관계자 및 시민이 참여하여 최종적인 합의안을 도출해야 할 것이다.

한편 생태계는 환경 변화에 유연하게 대처하는 특징이 있다. 경직되면 생태계의 존속은 어려워진다. 사회보장이란 어려운 상황에 처하더라도 서로 나누고 연대하여 극복해나가는 장치이다. 사회를 지탱해나갈 수 있게 하는 완충 장치이다. 비유를 하면, 밥 한 솥과 국한 솥으로 나누어 먹을 수 있는 사람의 수는 딱히 정해져 있지 않다. 이와 같이 복지 제도는 유연하면서도 안정성을 가져야 한다. 인구 구조가 역피라미드형으로 전환되면 과거의 복지 패러다임은 지속 가능하지 않다. 인류가 처한 새로운 상황에 적응하기 위해 복지 제도의 변화는 필연이다. 그 핵심은 '유연 안정성'이다. 제도와 법에 보장된 복지 수급의 기득권을 유연하게 조정할 수밖에 없다. 복지 수급액을 고정하지 않고 유연하게 조정하는 기전을 법에 규정해야 한다. 매년 수급 대상자와 급여액을 정하는 경우에는 비교적 유연하게 대처할 수 있지만, 생애에 걸친 부담과 급여를 제도화하는 연금은 유연하게 조정하기가 쉽지는 않다. 부과 방식으로 운영할 경우에는 매년 발생할 연금 지급 총액을 보험료나 세금으로 조달하면 되니 비교적 유연하게 조정이 가능하다. 즉, 재원 부담 능력과 연금 급여 수준의 적절성 사이에서 조정하면 된다. 완전한 적립 방식으로 운영할 때는 자신의 적립액으로 연금을 지급하면 되니 비교적 쉽다. 다만, 정부의 지급 보증이 있을 경우 정부가 재정적인 지원이 불가피할 때 유연성을 발휘하면 된다. 앞서 말한 바와 같이 복지 재정의 거시적 규율을 통해 복지 재정 지출의 총액이 결정되면 복지 지출을 부문별로 배분하게 되는데, 부문 내에서 복지 수급액이 유연하게 조정되고 대상자들에게 형평하게 분배되어야 할 것이다.

셋째, 복지 정책은 노동시장과 연계되어야 한다

복지 재원은 그것이 세금이든 보험료이든 대부분 노동시장에서 조달된다. 복지 급여는 노동시장에서 놓인 지위에 따라 부여된다. 따라서 노동시장이 완전 고용 상태가 되고 자영업이 활황을 띠면 사회보장에 대한 요구는 줄어들게 된다. 은퇴 후의 소득 보장과 건강 보장, 중증 질환 보장, 노동시장에 진입하기 어려운 취약한 계층에 대한 사회보장만 요청될 뿐이다. 근본적으로 노동시장에서 수요와 공급이 안정화되어야 사회보장 제도도 안정적으로 운영된다. 노동시장의 생태계는 복지생태계와 직접적으로 연결되어 있다.

작금의 노동시장은 상당히 불완전하고 불안정적인 상태를 지속하고 있다. 전체적으로 노동 수요가 부족한 상황이고, 구조적으로 노동 수급의 미스매치 현상이 지속되고 있다. 노동 수요가 부족한 상황, 즉 노동 공급이 초과하는 상황에서는 고용주는 선별적으로 고용하게 된다. 기본적으로 필요한 만큼의 근로자를 정규직으로 고용하고 나머지는 다양한 형태의 비정규직으로 고용하거나 하청을 준다. 고용주는 인건비 총액을 줄이면서 생산성을 최대화하려 할 것이다. 비정규직을 늘려나가는 것은 고용주 입장에서는 당연한 시장의 논리에 따르는 것이다. 만약 경기가 활황이고 기업 매출이 꾸준히 안정적일 것이라고 전망되면 높은 임금을 주더라도 정규직 근로자를 안정적으로 보유하려 할 것이다.

현재의 노동 공급 초과 상황에서 노동시장에 가능한 한 많은 근로자들을 고용하기 위해서는 비정규직 형태이더라도 고용이 활발하게 일어나야 한다. 결과적으로는 고용률과 고용의 질 간에는 상반관계trade-off가 형성된다. 고용률도 높이고 고용의 질(해고할 수 없는 정규직 고용)도 높이려면 경제 활황으로 노동 수요가 공급을 초과해야 한다. 결국 고용과 복지에서 궁극적인 해결책은 경제 활성화에 있다.

비정규직이 활성화될수록 고용률을 끌어올릴 것이고 그만큼 복지 수요의 압력은 완화될 것이다. 문제는 비정규직의 고용 안정성을 어느 정도 담보하고 임금 수준도 적절한 수준이 되도록 보장할 수 있는 방안을 모색해나가는가다.[14] 생각건대, 비정규직의 임금 수준은 정규직과 비교하여 동일 업무-동일 임금 원칙이 지켜지는 것이 바람직하다. 이를 위해서는 정규직은 과도한 연공급 임금을 다소 양보

해야 한다. 임금 구조가 연공급에서 성과급으로 전환되어야 한다. 그리고 성과에 무관하게 정규직이 정년 때까지 고용을 보장받는 방식에 변화가 필요하다. 즉, 고용 유연성이 필요할 것이다. 정규직이 대승적으로 양보하는 사회적 합의가 이루어지는 대가로 기업도 기업 소득으로 축적하는 부분을 양보하여 노동 소득에 대한 분배를 늘려야한다. 비정규직의 고용을 늘리고 임금 수준을 현실화하는 데 합의해야 한다.

궁극적으로 정규직과 비정규직 고용의 유연성, 연봉의 유연성이 이루어질 때 고용주의 인건비 압박은 줄어들게 된다. 인건비 절감분으로 고령 근로자들의 정년 연장과 새로운 청년 고용을 늘려야 한다. 이렇게 정규직과 비정규직, 연봉, 정년 연장과 청년 고용 등 3자가 균형을 맞추는 사회적 대타협이 필요하다. 이 과정에서 파생되는 생계 불안정을 보완하기 위한 사회보장 제도 개편도 동시에 이루어져야 한다.

넷째, 미래 복지와 현재 복지 사이에서 적절한 균형을 찾아야 한다

생태계에서 동물들은 우기와 건기의 반복을 알고 먹이를 따라 이동한다. 즉, 가까운 미래에 닥칠 변화를 예상하고 준비한다. 그러나 현재의 생존도 중시한다. 현재가 있어야 미래도 있기 때문이다. 현재를 얼마나 희생해야 미래의 생존을 담보할 수 있을 것인지 적절한 균형을 찾아낸다. 복지 문제 면에서는 미래의 인구 고령화를 전망하고 현재의 복지 제도가 지속되면 미래에 지속 가능할 수 없다는 점을 미리 경고하며 복지 제도 확대를 우려한다. 그럼에도 불구하고 현재 체감하는 복지 수준은 여전히 미흡하다. OECD 국가 중에서 최고의 자살률, 최고의 노인 빈곤율 지표 등이 우리나라 사회안전망의 취약함을 상징적으로 드러낸다. 그래서 현재의 사회안전망을 공고하게 구축하여 위기 계층을 구제하는 것이 중요하다. 현재가 건강하고 튼튼해야 미래에 버틸 수 있다. 이를 위해 필요한 재원이 투입되어야 한다. 다만, 일각에서 우려하는 바와 같이 복지 혜택에 안주하여 벗어나지 않으려 하는 도덕적 해이가 발생하지 않도록 복지 제도를 잘 설계해야 한다. 도덕적 해이가 만연하면 현재의 복지도 미래의 복지도 지속 가능할 수 없다. 개인과 가정의 책임, 기업의 사회적 책임, 공동체의 연대와 책임을 유발해내는 것이 복지 정책의 과제다. 복지 전문가들의 숙제이기도 하다. 현재의 복지와 미래의 생존(복지)을 조화시키고 균형점을 찾아내는 지혜를 발휘하는 것이 우리 사회의 책무가 된다. 현재의 복지를 강화하고 구조조정을 해나가는 과정에서 기존의 기득권에 변화를 요구할 수밖에 없을 것이다.

다섯째, 사회보장 제도는 단순화되고 수요자가 쉽게 접근해야 한다

생물체가 열악한 환경에서 생존하려면 단순하고 가볍고 강해야 한다. 복잡하고 무겁고 약하면 생존에 불리하다. 생존에 필요한 조건들이 매우 많아지기 때문에 조건을 충족시키지 못하면 소멸한다. 사회보장 제도도 마찬가지다. 산업혁명을 거치면서 도입되기 시작한 복지 제도는 시대의 변화에 따라 출현하는 복지 욕구들을 반영했다. 그때마다 조직도 갖추어졌다. 사회보장 제도는 그야말로 방대하고 복잡한 제도와 조직을 갖추게 되었다. 유럽 국가들에서 사실상 정부 재정의 역할은 대부분 보건과 사회보장에 집중되어 있다.

　사회보장 제도에서 사회적 위험에 대처하는 방식은 사회보험, 사회서비스, 공공 부조로 나뉜다. 그러나 어떤 위험은 어떤 방식으로 보장되어야 한다는 규칙은 없다. 예를 들어, 장기 요양은 사회보험 제도나 사회 서비스 제도로 보장할 수 있다. 혹은 빈곤한 노인에 한정하여 서비스를 제공하거나 비용을 지원하는 공공 부조 제도로 지원할 수도 있다. 이처럼 각각의 위험에 대하여 보장하는 방식은 다양할 수 있다. 사회보장 제도가 보장하는 위험은 소득 중단이나 상실, 질병, 장애, 사고 등이다. 이런 사회적 위험 하나하나에 대해 각각의 분절적인 제도에서 보장하기보다는 여러 위험을 통합적으로 보장하는 시스템이 수요자의 입장에서 편리할 것이다. 개인이나 가정이 가장 최일선의 수요자다. 위험이 발생할 때마다 특정 기관을 방문해야 한다면 많은 시간과 비용을 낭비하게 될 것이다. 여러 기관들에서 받는 도움들이 중복될 수 있고, 때로는 필요한 도움을 받지 못할 수도 있다. 따라서 사회보장 제도가 통합되고 일원화되고 행정 조직도 통합 일원화가 되는 것이 가장 바람직할 것이다. 주민들이 가장 가까이에서 편리하게 접근할 수 있어야 한다. 우리나라는 읍면동사무소가 최일선의 접점이 된다. 읍면동사무소는 주민자치센터로 명칭을 바꾸었는데 명실공히 주민들의 자치적인 조직으로서 기능하지 못했다. 최근에 행정복지센터('행복센터')로 다시 명칭을 전환하려고 한다. 향후 행복센터 한 곳을 방문하면 복지 업무 대부분이 처리될 수 있어야 한다. 각 공단으로 나뉘어져 있는 사회보험 업무도 행복센터에서 위탁받아 처리할 수 있어야 한다. 사회 서비스나 공공 부조는 읍면동사무소에 신청하고 급여가 결정되는 경우가 많다. 사회보험도 행복센터에 신청하고 급여가 결정되면 바람직할 것이다. 행복센터라는 일선 조직을 통해서 모든 사회보장 급여가 통합적으로 처리될 수 있도록 사회보장 관련 조직들이 다시 재편되어야 할 것이다. 행복센터라는 일선 조직의 규모가 커지고 인력이 늘어나야 하고 상위에 있는 다른 조직은 축소되어야 한다. 또한 행복센터는 지역 내 사회 서비스 공급자들, 민간이 운영하는 사회복지관, 지역 내 자원봉사단체와 시민단체, 종교단체 등과 연계하여 지역 내 자치적인 복지 시스템을 운영해나가야 한다. 이런 복지 조직 대개편은 사회보장의 공급 시스템을 획기적으로 개혁하는 것이며, 사회보장 시스템을 일종의 사회간접자본soc으로 구축하는 것이다.

여섯째, 공적연금 제도는 미래에 지속 가능해야 한다

연금은 은퇴 후의 생계를 안전하게 보장하는 제도이기 때문에 생애 주기적인 관점에서 안정성이 담보되어야 한다. 현재 시점에서 대부분 고령화가 심화된다는 예측을 내놓고 있다. 고령화의 심화로 은퇴 인구는 늘어나고 생산 인구는 줄어들게 되어 생산 인구 부양 부담은 계속 늘어날 수밖에 없다. 이에 해결책은 크게 두 가지 가닥으로 나누어볼 수 있다. 하나는 공적연금의 재정 방식을 부과 방식으로 전환하는 것이다. 그때그때 생산 인구의 부담 능력 범위 내에서 은퇴 인구를 부양하는 것이다. 가능하면 은퇴 연령을 연장하여 은퇴 인구 규모를 줄여나가야 한다. 생산 인구의 생산성을 높이는 새로운 산업혁명이 일어나거나, 은퇴할 때까지 생산 활동에 계속 참여할 수 있는 노동시장의 개혁이 필요하다. 다른 하나는 적립 방식으로 전환하는 것이다. 각자가 생애 근로 기간 중에 보험료를 적립하고 은퇴 후에 적립금을 연금으로 분할하여 지급받는 것이다. 이때는 생산 인구가 은퇴 인구를 부양하지 않아도 되므로 고령화 리스크를 회피할 수 있다. 그러나 은퇴 후의 기대 여명이 예상보다 길어지는 장수 리스크에 봉착하게 된다. 기대 수명 연장이 예상될 때 경제 활동 기간을 연장하고 적립금을 더 쌓아야 할 것이다. 상기 두 가지 방향의 연금 개혁 중 어느 쪽을 선택할지 고민하게 된다. 부과 방식과 적립 방식의 적절한 조합이 현실적인 선택이 될지도 모른다. 장수 리스크가 예상보다 빠르게 진행될 가능성을 염두에 두면 적립 방식을 원칙으로 하되, 부족한 부분은 부과 방식을 일부 도입하고 적립식 연금의 부족분을 다양한 방식으로 해결해나가는 방안을 모색해볼 수도 있다. 앞서 밝힌 것처럼 공적연금 제도는 국민연금 제도로 일원화해나가는 방향으로 개혁을 추진해나가야 한다. 공무원연금을 비롯한 공적연금을 적립식 연금으로 전환하되, 연금 급여 수준의 안정성을 담보하는 공적 책임성을 강화해야 한다. 특히 국민연금기금 등과 같은 공적연금기금, 그리고 계속 적립되어 규모가 커지고 있는 퇴직연금 자산을 정부는 철저히 감독해야 한다. 정부는 연기금을 운영하는 금융기관을 감독하고, 더불어 연금의 원리금에 대한 지불 보증 책임을 져야 한다. 그래야 국민연금 이외의 퇴직연금에 근로자들이 안심하고 가입할 수 있다.

전 국민을 대상으로 한 1층은 기초연금, 2층은 국민연금, 3층은 근로자에 대한 기업퇴직연금과 공무원 등 공적 직역을 위한 직역퇴직연금 등으로 다원화되어야 한다. 1층의 기초연금은 부과 방식의 연금이며 최소한의 노후 생계를 보장할 수 있도록 해야 한다. 기초연금은 극빈 노인층을 위한 기초생활 보장 급여 등 이전 급여와 연계하여 적절한 수준의 소득 보장이 이루어지도록 해야 한다. 현재 극빈층에 비해 상대적으로 사회보장이 취약한 차상위 노인층 등에 기초연금이 적절한 노후 생계 보장 수단이 되도록 해야 한다. 그 밖에 개인연금과 주택연금 활성화를 통해 노후 소득을 보충해야 한다. 특수한 직역(공무원, 사립 교직원 등)과 기업은 부가적인 연금 제도를 운영해볼 수 있다. 한편 산업재해보상보험 제도상의 산재연금은 다른 공적연금에 비해 과도한 수준이다. 국민연금 제도에 통합하는 것이 합당하다. 국민연금 이외에 산재 장애자에 대한 보충적인 연금이 더 필요하면 그만큼 부가적인 산재연금을 지급하면 될 것이다.

일곱째, 정부가 모든 사회 서비스 부담을 떠안을 수 없다

사회 서비스는 근래에 급격히 그 규모가 커지고 있다. 전통적으로 가정 내에서 돌봄이 이루어지던 노인 돌봄과 아이 돌봄이 장기요양보험 제도와 보육 제도로 사회화되었다. 장애인 역시 과거에는 가정 내에서 돌봐야 했으나 점차 장애인 시설에서 돌보거나 장애인 활동 보조인을 통한 돌봄으로 사회화되고 있다. 따지고 보면, 건강보험 제도도 질병 위험에 대해 의료기관에서 의료 서비스를 제공하는 사회 서비스로 볼 수 있다.

사회 서비스는 세 가지 관점에서 접근해볼 수 있다. 첫째는 급여의 형태다. 서비스로 제공하는 것이 대부분이지만 현금으로 제공하는 방안도 고려해볼 수 있다. 서비스 제공은 직접적인 제공과 바우처를 통한 간접적인 제공으로 나눌 수 있다. 일부 국가에서는 서비스 대신에 현금으로 지급하고 있다. 예를 들어 독일의 장기요양보험에서는 대상자가 서비스 제공 비용의 절반에 해당하는 현금 급여를 선택할 수 있다. 한편 보육 서비스도 부모에게 보육 바우처를 제공하는 대신에 양육 수당을 선택하도록 할 수 있다. 현금 급여는 대체로 서비스 급여에 비해 비용을 절감할 수 있다는 장점이 있는 반면에, 수급자가 현금 급여를 부적절하게 사용할 위험를 안고 있다. 둘째는 서비스 제공 방식에 대한 것이다. 정부(중앙 혹은 지방자치체)가 직접 서비스 제공 조직을 설립하여 제공하는 방식과 민간 사업자를 통하여 제공하는 방식으로 나뉜다. 전자의 경우, 정부는 방대한 조직을 관리해야 하므로 공무원을 더 많이 충원해야 한다. 서비스 조직들이 관료화됨으로써 경직적으로 운영되고 서비스 제공의 비효율을 초래하기도 한다. 후자의 경우, 그런 효율성 측면에서는 장점이 있으나 공공성보다는 이윤 동기를 앞세워 서비스 부실을 초래할 수 있다. 셋째는 사회 서비스를 보편적으로 제공할 것인지, 선별적으로 제공할 것인지에 대한 것이다. 취약 계층을 중심으로 선별적으로 지원되다가 보편적인 제도로 전환되는 것이 통상적인 경험이다. 우리나라는 현금 지원의 부정적인 측면을 염려하여 서비스 형태로 제공하되, 정부가 직접 제공하기보다는 바우처를 통해 민간 사업자들에 의해 서비스가 제공되도록 하고 있다. 또는 사회보험 방식을 통해 민간 사업자들이 서비스를 제공하도록 하고 있다. 이런 방식에 비판이 제기되고 있으나, 사회 서비스의 대상자 확대와 수준의 제고, 질적 향상 같은 이슈가 더 중요하게 다루어지고 있다.

사회 서비스는 가정 내에서 이루어지던 돌봄이 사회화된 것이다. 가정이 소규모화되고 여성이 경제 활동에 참여하면서 가정 내에서 돌볼 여건이 되지 않았다. 이런 변화를 겪으면서 국가가 개입하는 방식으로 전환되고 있다. 특히 총선과 대선을 거치면서 국가가 책임을 지겠다고 나섰다. 국가의 개입이 시작되면서 가정 내 돌봄의 책임은 재빨리 국가로 전가되었다. 가정은 돌봄의 부담에서 해방되기를 원했다. 우리나라에서 사회 서비스는 지난 10년에 걸쳐 획기적으로 확대되었다. 돌봄의 사회적 책임을 가정으로 다시 돌리기는 점차 어려워지고 있다. 그러나 돌봄을 국가 재정 투입으로 모두 해결하는 것은 바람직하지 않다. 국가 재정이 어려워지면서 지방자치단체의 부담으로 전가하려 하면서 중앙정부와 지방자치단체 간의 갈등은 고조되었다. 사회 서비스를 가정과 지역 사회로 되돌리는 노력을 시작해야 한다. 정책 당국자는 세금이나 보험료를 거두는 방법을 치열하게 고민하기보다는 다른 방식을 고민해야 한다. 가정에서 아이 돌봄이 가능하도록 충분히 장기간의 육아휴직을 허용하거나 파트타임 근무를 통해 일과 육아의 병행이 가능할 수 있는 방안을 개발해야 하는 것이다. 노인 돌봄 역시 돌봄이 가능한 형태의 탄력적인 근로 방식을 개발하거나, 노인들 스스로의 자조적인 상부상조를 통한 공동체 돌봄 시스템을 고안해볼 수 있다.

여덟째, 복지생태계가 정치화되지 않도록 해야 한다

복지는 정치와 경제의 종속 변수다. 복지생태계는 정치와 경제생태계의 변화에 영향을 받을 수밖에 없다. 그러나 선거철이 다가오면 복지 공약이 정치와 경제의 발목을 잡는 경우가 비일비재하다. 경기 침체기에 취약 계층이 나락에 떨어질 때 복지생태계가 가장 활발하게 움직여야 하는데, 오히려 선거철에 복지생태계가 가장 활발하게 살아 움직인다. 복지와 정치 경제는 상황에 따라 지배적인 위치가 바뀌고 상호 영향을 주고받는 내생적 관계에 있다. 따라서 복지생태계가 건강성을 유지할 수 있도록 현재의 거버넌스 구조를 바꾸어야한다. 낡고 경직된 복지 시스템을 헐고 재건축을 하기 위한 사회적 합의 기구가 필요하다. 합의 기구에는 국회, 정부, 노사, 시민, 전문가들이 참여해야 한다. 이 협의체가 전문적이고 실무적인 지원을 받기 위해서는 국책 연구기관들로 구성된 지원단을 운영해야 한다. 건실한 복지생태계를 조성하기 위해서 '복지 정치' 혹은 '정치 복지'는 배제되어야 한다.

총선과 대선에서 복지 공약은 각 정당의 복지 이념이나 복지 정책 비전에 한정하도록 하고 구체적인 공약은 하지 않도록 각 정당이 정치적인 합의를 해야 한다. 대선에서 구체적인 복지 급여 대상자나 급여액을 약속하면 5년 내내 공약에 기속되게 마련이다. 대선이 가까이 다가올수록 보수와 진보로 분열된 옹호집단들 간에 복지에 대한 주장이 충돌한다. 옹호집단들은 진영 논리에 따라 규범적인 논쟁을 하게 되고, 여기에서 설익은 공약들이 파생된다. 국민을 위한 복지보다는 선거에 이기기 위한 복지에 모든 것을 걸게 된다. 복지 포퓰리즘으로 흐를 수밖에 없다. 대선 캠프에 참여한 학자나 전문가들에게서 이성을 기대하기 어려울지 모른다. 따라서 옹호집단 간 '경쟁과 갈등'보다는 '경쟁과 협력'으로 방향을 선회하도록 지혜를 모아야 한다. 이들이 모두 참여하는 사회적 합의 기구를 구성하여 현재와 미래를 준비하는 합리적인 결정이 내려져야 한다.

인접 생태계와의 관계

복지는 거대한 사회생태계의 한 부분을 차지하고 있으면서 다른 생태계와 서로 영향을 주고받으면서 생장한다. 복지생태계는 큰 생태계에 속해 있기도 하고 다른 생태계와 인접해 있기도 하고, 다른 생태계와 분리되지 않고 혼합되어 있기도 하다.

첫째, 경제생태계 내에서 복지는 거대한 내수시장과 일자리시장을 형성하고 있다. 2015년 기준으로 총체적인 복지 지출은 170조 원에 달한다. 여기에는 중앙정부의 복지 지출과 지방자치단체의 복지 지출 순계, 그리고 건강보험 및 장기요양보험 지출, 기업의 의무적 복지 지출인 퇴직금, 복지 관련 조세 지출이 포함된다. 2015년 국내 총생산 1,560조 원의 10%를 상회하는 규모다. 복지 제도가 갖는 내수시장에서의 중요성은 복지 급여와 복지 서비스를 제공하는 공급자들이 많은 인력을 고용하게 만드는 고용 창출의 역할이다. 그런데 유의해야 할 점은 복지를 줄이면 복지에 의해 창출되었던 내수시장 및 고용시장이 사라지는 것은 아니라는 점이다. 대신 다른 시장이 부분적으로 대체하게 된다. 사회가 담당하던 돌봄을 가정이 직접 담당하면 분명 고용시장은 위축된다. 그러나 사회보장이 축소되는 자리에 민영 보험회사 혹은 민간 사업자들이 대체하거나 보완하는 역할을 담당하게 될 것이다. 그러나 공공의 복지 제도에 비하면 훨씬 시장은 위축될 것이다. 그렇게 되면 민영 서비스를 구매할 능력 여부에 따라 계층 간 격차가 발생할 것이다.

둘째, 의료시장 및 보건 산업생태계와도 깊은 관련을 맺는다. 건강 보장 제도는 전 국민을 대상으로 한다. 건강보장 제도는 의료시장의 독점적인 구매자라는 지위를 갖고 있기 때문에 의료 서비스시장뿐 아니라 제약 및 의료 기기, 의료 재료 등 보건 산업에 심대한 영향을 미치게 된다. 노인장기요양보험 제도 역시 장기 요양 시설과 재가 요양 사업자들로 구성된 중소 영세 요양시장에서 독점적인 수요자 지위를 행사하고 있다. 따라서 정부는 의료 및 장기 요양시장생태계를 지배하고 있다.

셋째, 금융시장생태계와도 깊게 연관되어 있다. 국민연금기금 운용 규모는 2015년 말에 500조 원을 초과했고 앞으로도 계속 증가할 것이다. 기금 자산의 투자 배분이 금융시장에 대한 심대한 지배력을 행사한다. 국내 금융시장에 투자하기에는 국내시장이 너무 좁고, 국민 연금의 금융시장 지배력이 지나칠 우려가 점증한다. 국민연금기금은 세계 금융시장으로 진출할 수밖에 없다. 연금 기금의 해외 투자를 국민연금공단이 직접 할 것인지, 혹은 독립된 연금공사를 설립하여 할 것인지, 국내 자산 운용사를 통할 것인지, 해외 자산 운용사를 활용할 것인지에 따라서도 금융생태계에 미치는 영향이 크다. 또한 퇴직연금의 적립금 규모는 2005년 16조에 불과했으나 2010년 29조, 2015년 말에 126조로 시장의 규모가 갈수록 커지게 되면서 연기금 자산이 금융시장에서 차지하는 비중은 갈수록 중요해지고 있다. 국민연금 외에도 사회보험 제도에서 적립금으로 운용되는 기금이 금융시장에 심대한 영향을 미치고 있다.

넷째, 노동시장생태계와는 상호 직접적인 영향을 주고받는다. 복지 수급 대상자 대부분이 노동시장에 참여하고 있거나 노동시장에 진입하기 위해 준비하고 있다. 노동시장의 상황에 따라서 복지 수요는 가변적이다. 복지생태계에 참여하는 인력은 노동시장에서 상당 부분을 차지하고 있다. 복지가 수혜자에게 전달되는 과정에서 많은 고용이 이루어진다. 현금 급여보다는 서비스 급여에서 많은 인력이 필요하다. 건강보험 급여의 대부분은 의사, 간호사 등 의료 인력이 직접 제공한다. 장기 요양 급여나 장애인, 보육 등 사회서비스에 많은 사업자와 인력이 참여한다.

다섯째, 선진국들의 복지생태계는 우리나라의 복지생태계와 직접적으로 연결되어 있지는 못하지만, 선진 외국의 복지생태계 근간을 이루는 이념이나 제도는 그동안 상당한 영향을 미쳐왔다. 학자와 전문가들뿐만 아니라, 정치인들도 외국의 복지 제도를 선망하고 우리나라 복지가 나아가야 할 전범으로 여기기도 한다. 외국의 복지 유형을 스칸디나비아형, 유럽 대륙형, 남부 유럽형, 영미형 등으로 분류하고, 우리나라는 이 중에서 어떤 복지 유형을 따르는 것이 바람직한지에 대한 많은 논쟁이 있었다. 스칸디나비아식 복지 국가(특히 스웨덴)를 이상향으로 많이 선망했고, 근래에는 독일을 모델로 삼자는 주장도 힘을 얻었다. 스칸디나비아 복지 실현은 국민이 이에 동의하고 대단한 부담을 각오한다면, 그리고 성장 잠재력을 훼손하지 않고 지속 가능한 발전이 가능하다면 당연히 그 길을 가야 할 것이다. 그러나 근래에 들어서 서구 사회에서 스칸디나비아식 복지에 대한 비판적인 시각도 등장하고 있다.[15] 스웨덴은 유럽 제국 내에서 1870~1936년간 가장 높은 성장률을 기록했다가 1936~2008년에는 그 성장률이 유럽 28개국 중 13위에 머물렀다. 스웨덴식 급진적 사회민주주의 시대는 1970년대 초에서 1990년대 초까지만 유효했다는 분석이다. 시대 변화에 따라 생태계는 끊임없이 변화할 수밖에 없다. 따라서 어떤 특정 국가나 복지 국가 유형이 항상 바람직한 모습을 유지할 수는 없다. 우리나라 복지생태계는 우리 고유의 발전 모델을 만들어나가야 한다. 우리나라는 군사·외교적으로 미국, 중국, 일본, 러시아와 같은 강국에 둘러싸여 있고 남북이 대치하고 있는 불안한 지정학적 위치에 놓여 있다. 이들 열강들과는 경제적인 이익과도 밀접한 관련을 맺고 있다. 외교적으로도 경제적으로도 글로벌한 개방 체제 속에서 생존하고 발전을 모색해나가야 하는 우리나라의 처지에서는 우리 나름의 복지생태계에 대한 깊은 고민과 사회적 합의가 필요하다.

9장

한국의
인구생태계

이삼식

한양대학교 교수

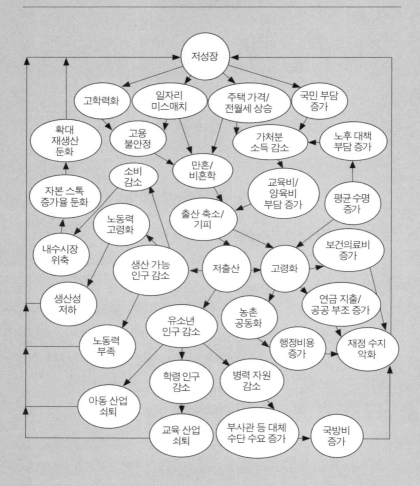

1. 현상

저사망–저출산 단계로 급속한 이전

한국의 인구생태계는 다른 국가와 마찬가지로 출산, 사망, 국제 이동 등 인구 동태 사건 간 상호 작용을 통해 순환하고 있다. 20세기 초만 하더라도 한국의 인구생태계는 인구 변천 이론상 '고사망-고출산' 단계에서 다소 안정적(이른바 전기 균형 상태)으로 순환했다. 그러나 해방과 미군정 시기를 거치면서 선진 의료 기술이 도입되고 보건 수준이 향상됨에 따라 사망률이 빠르게 감소하여 '저사망-고출산' 단계로 진입했다. 더욱이 일제 강점기에 망명했던 재외 동포의 대거 귀국과 한국전쟁(1950~1953) 직후에 발생한 베이비붐 현상은 인구를 폭발적으로 증가시키는 작용을 했다. 이로 인해 1945~1960년 사이 한국의 인구생태계는 불안정 상태에 놓이게 되었다.

이에 정부는 대외적으로는 유엔의 세계 인구 프로그램의 일환이자 대내적으로 당시 낮은 경제 성장을 잠식했던 높은 인구 증가율을 낮추기 위해 가족 계획 사업을 중심으로 한 인구 증가 억제 정책을 제1차 경제 개발 5개년 계획(1962~1966)에 통합하여 추진했다. 인구 증가 억제 정책과 경제·사회 발전 등의 영향으로 출산율은 빠르게 감소했다. 1960년 6.0명에 이르렀던 합계 출산율은 23년 만인 1983년에 인구 대체 수준 미만으로 떨어졌다. 그 후에도 합계 출산율은 더욱 낮아져, 이른바 2차 인구 전환기가 시작되었으며, 이로써 한국의 인구생태계는 '저사망-저출산' 단계에 본격적으로 진입했다.

'저사망-저출산' 단계로 전환된 것은 전 세계적인 현상임에도 불구하고, 한국의 저출산 현상은 유럽 국가 등의 경험과는 다른 독특한 특징을 보이고 있다. 구체적으로 한국의 합계 출산율은 1960년 6.0명의 매우 높은 수준에서 2005년 1.08명으로 단기간에 매우 낮은 수준까지 감소했다. 또 이런 낮은 수준의 출산율이 장기화되고 있다. 유럽 국가들에서 합계 출산율이 4.0명에서 1.6명으로 감소하는 데는 약 100년이 걸렸다. 그러나 한국에서는 불과 13년(1973~1986) 만에 같은 현상이 일어났다. OECD 국가 중 초저출산 현상을 1년 이상 경험한 국가들은 13개국(한국, 일본, 독일, 이탈리아, 스페인, 그리스, 체코, 에스토니아, 포르투갈, 헝가리, 폴란드, 슬로바키아, 슬로베니아)에 불과하다. 특히 2014년 기준 합계 출산율이 1.3명 미만인 국가는 한국, 폴란드, 스페인밖에 없다(OECD, 2015). 초저출산 현상의 지속 기간도 일본

[그림 1] OECD 국가의 합계 출산율 변동 추이(1960~2014)

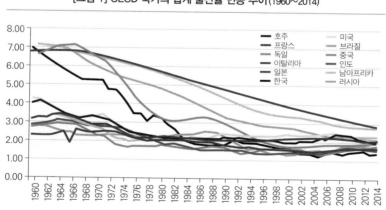

* 자료: OECD, Family Database, 2017. 1. 9(반출)

3년, 독일 4년, 폴란드 6년, 그리스 9년 등으로 비교적 짧은 기간에 끝났다. 하지만 한국에서는 2001년 이래 2015년까지 15년간 초저출산 현상이 이어지고 있으며 이는 앞으로도 지속될 것으로 예상되고 있다.

한국은 사망률에서도 다른 국가에서 그 사례를 쉽게 찾아볼 수 없을 정도로 급격한 변화를 경험하고 있다. 경제 발전에 따른 소득 수준 상승으로 인한 영양 상태 개선, 보건 위생 수준 향상, 선진 의료 기술 도입, 개인 건강에 대한 관심 증가에 따른 생활 습관 개선과 조기 검진 등에 힘입어 평균 수명은 지속적으로 상승하고 있다. 한국인의 평균 수명(0세에서의 기대 수명)은 1970년만 해도 61.9세(남성 58.7세, 여성 65.6세)로 낮았다. 그러다 2008년에 80세대로 진입했으며, 2015년에는 82.1세(남성 79.0세, 여성 85.2세)로 높아졌다(통계청, KOSIS). 이에 따라 한국인의 평균 수명은 1970년대만 해도 OECD 국가들의 평균 수준에 비해 거의 10세 정도 낮았으나, 2007년을 기점으로 OECD 국가 평균 수준을 상회하기 시작했다. 최근에도 빠르게 상승하여 최장수 국가인 일본과 스웨덴 수준에 근접하고 있다.

이처럼 한국에서는 사망률과 출산율 모두 빠르게 감소했다. 또 다른 인구 지표로서 조사망률(인구 1,000명당 사망자 수)은 1970년 8.0명에서 2015년 5.4명으로 낮아졌으며, 조출산율(인구 1,000명당 출생아 수)은 같은 기간에 31.2명에서 8.6명으로 낮아졌다. 조출산율과 조사망률 간 차이인 인구의 자연 증가율(인구 1,000명당)은 1970년 23.2명에서 3.2명로 무려 20명 정도가 감소했다.

한국 인구생태계의 변천은 어느 아시아 국가에 비해서도 아주 빠

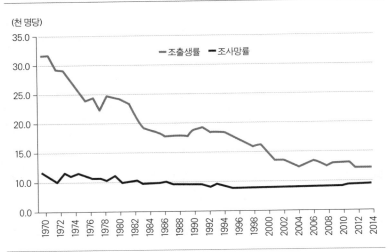

[그림 2] 한국의 조출산율과 조사망률 변동 추이 (1970~2015)

(천 명당)

범례: ━ 조출생률 ━ 조사망률

* 자료: 통계청 국가통계 포털(KOSIS)

르게 진행되었다. 일본이 한국에 앞서 인구 변천을 이행했으나, 경제 발전 속도가 상대적으로 빠르게 진행된 아시아 4소룡 국가인 싱가포르, 대만, 홍콩은 한국과 유사한 속도로 인구 변천을 경험했다. 그러나 인도, 태국 등 다른 아시아 국가들은 가족 계획 사업을 한국과 유사한 시기에 도입했음에도 '저사망-고출산' 단계에서 '저사망-저출산' 단계로 넘어가는 이행이 상대적으로 더디게 진행되고 있다.

인구 이동의 특이점

국내 인구 이동도 매우 독특한 변화 양상을 보여왔다. 1960년대에는 높은 출산율로 농촌 지역의 인구가 과잉 상태였으나, 경제 발전 과정에서 농촌 지역 인구가 노동력 수요가 집중되었던 도시로 대규모로 이동하면서 이에 따라 도시화가 빠르게 진행되었다. 그 결과 2016년 현재 전체 인구의 1/2 수준(49.5%)이 수도권(서울, 인천, 경기)에 집중되는 등 인구 분포가 그 어느 국가에서도 찾아볼 수 없을 정도로 왜곡되어 있다.

국제 인구 이동도 최근으로 올수록 활발해지고 있다. 1960년대와 1970년대만 해도 외국으로 이민 나간 한국인의 규모가 국내로 들어온 외국인의 규모보다 더 컸다. 당시 인구 증가 억제 정책의 일환으로 국외 취업을 장려했으며 유학도 꾸준히 증가했기 때문이다.

그러다 1980년대 말 생산직 인력 부족이 본격화되면서 전문 기술 인력 취업 허용, 단순 기능 인력 투입을 위한 외국인 산업 기술 연수 제도 도입(1991), 안정적 외국 인력 수급을 위한 외국인 고용 허가제 시행(2004) 등을 통해 외국인의 국내 유입이 지속적으로 증가했다. 재외동포법 개정(1990, 2004)을 통한 재외동포 출입국 편의 도모와 방문 취업제 도입(2007) 등으로 재외 동포 출입도 증가했다. 그러나 2008년 글로벌 금융위기 이후에는 내국인의 고용 보호를 위해 외국인 근로자와 국외 동포의 제한을 30만 명으로 동결하여 국내 노동 시장 진입을 규제하기도 했다.

한편, 국제 결혼은 1990년대 중반부터 증가했으나, 2000년대 중반 이후부터 그 증가세가 둔화되었다(이삼식 외, 2011b). 결과적으로 2000년 이후 입국자 수와 출국자 수 모두 증가했는데, 국제 순이동자 수(입국자수-출국자수)는 2005년을 기점으로 순유출에서 순유입으로 전환했다(통계청, 2011).

구체적으로 순이동자 수는 2000~2005년 기간 동안 연평균 −2만

6,000명에서 2005~2010년 기간 연평균 +3만 1,000명으로 나타났다. 특히, 2009년 세계 금융위기의 영향 등으로 순유입자 수가 2만 명으로 감소했으나, 이후 2010년에는 8만 2,000명까지 증가했다.

내·외국인별로 보면, 내국인은 순유출이 2000년부터 지속적으로 증가했으나, 2005년 이후에는 그 규모가 감소했다. 외국인은 2005년 순유출 1만 1,000명, 2007년 순유입 14만 8,000명 등 외국인 정책 등의 영향으로 불규칙하게 변동하고 있다.

저출산 고령화의 사회 불안정성 심화

이와 같이 한국의 인구 구조는 세계적으로도 그 사례를 찾아볼 수 없을 정도로 급격하게 변화했으며, 이에 따라 내부 불안정성이 반복적으로 나타나고 있다. 대표적으로 1950년 한국전쟁 이후 베이비붐 현상에 따라 거대한 베이비붐 세대(1955~1974)가 형성되었다. 다른 한편으로, 1983년 이래 합계 출산율이 인구 대체 수준 미만에서 지속되고 있으며 특히 2001년부터는 초저출산 현상(합계 출산율 1.3명 미만)이 지속되고 있다. 이들 두 인구생태계의 불안정성은 인구의 고유한 속성으로 인하여 과거와 현재뿐만 아니라 미래에도 중대한 영향을 미칠 것이다.

구체적으로 인구 규모는 2015년 5,062만 명에서 2030년 5,294만 명까지 증가한 후 감소세로 전환, 2065년에 4,302만 명으로 감소할 전망이다. 유소년 인구(0~14세)는 1970년대 초 이래 계속해서 감소하고 있으며, 노동력 공급원으로서 생산 가능 인구(15~64세)는 2016년을 정점으로 감소세로 전환할 전망이다.

반면, 베이비붐 세대가 2020년부터 노년층(65세 이상)에 진입하면서 노인 인구(65세 이상)가 급격하게 증가할 전망이다. 이에 따라 인구 고령화가 급속하게 진행될 것이다. 총 인구 중 노인 인구가 차지하는 비중은 1960년에 2.9%에 불과했으나 2000년에 7%를 넘었으며(고령화사회, Ageing society), 2018년에 14%(고령사회, Aged society), 2025년에 20%(초고령사회, Hyper aged society)를 넘어설 전망이다. 특히 2017년부터 노인 인구 규모가 유소년 인구 규모를 상회하는 이른바 '인구 역전 현상'의 발생이 예상된다.

노인 인구는 증가하지만 이들을 부양해야 할 생산 가능 인구가 급격히 줄어들어 부양비가 빠르게 증가할 전망이다. 유소년 부양비(생산 가능 인구 100명당 유소년 인구 규모)는 1960년 77.3에서 2015년

[그림 3] 총 인구 및 인구 고령화 변동 추이와 전망(1960~2065)

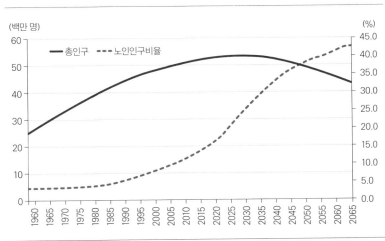

* 주: 통계청, 「2016 장래 인구 추계」 중위추계 결과
* 자료: 통계청 국가통계포털(KOSIS), 2016. 1. 9(인출)

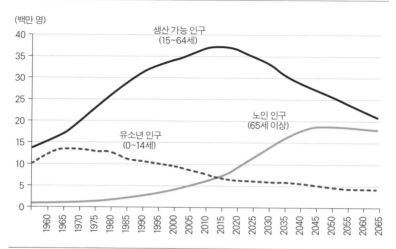

[그림 4] 유소년 인구, 생산 가능 인구 및 노인 인구 변동 추이와 전망 (1960~2065)

* 주: 통계청, 「2016 장래 인구 추계」 중위추계 결과
* 자료: 통계청 국가통계포털(KOSIS). 인구·가구–장래 인구 추계(2016. 1. 9. 인출)

18.8로 낮아졌으며, 2065년에는 20.0으로 거의 비슷한 수준을 유지하리라 전망되는 만큼, 유소년 인구 부양 부담은 크지 않을 것이다. 반면, 노년 부양비(생산 가능 인구 100명 당 노인 인구 규모)는 1960년 5.3에서 2015년 17.5로 높아졌으며, 2065년에는 88.6까지 높아질 전망이다. 총 부양비(유소년 부양비+노년 부양비)는 1960년 82.6에서 2015년 36.2로 낮아졌으나, 이후 노년 부양비 급증으로 2065년에는 108.7까지 높아질 전망이다.

이와 같이 한국 인구생태계는 다른 국가들에 비해 인구 변천을 단기간에 압축적으로 경험했으며, 그 결과 미래에는 생산 가능 인구 감소와 인구 고령화가 급속하게 진행될 전망이다. 따라서 미래 인구

[그림 5] 유소년 부양비, 노년 부양비 및 총부양비 변동 추이와 전망(1960~2065)

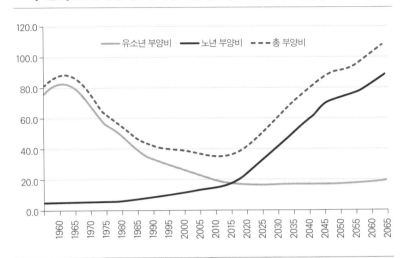

* 주: 통계청, 「2016 장래 인구 추계」 중위추계 결과
* 자료: 통계청 국가통계포털(KOSIS). 인구·가구−장래 인구 추계(2016. 1. 9. 인출)

생태계의 불안정성은 극도로 커질 것이며, 이는 필연적으로 사회 전반에 심각한 부정적인 영향을 미칠 것이다. 일본의 경우, 장기간 지속된 저출산 현상으로 인구 고령화와 이에 따른 '잃어버린 20년'을 경험하고 있다.

또한 한국 인구생태계는 출산율 변화의 탄력성이 아주 적다. 스웨덴의 경우, 출산율이 경기 변동과 유사한 패턴으로 변화하는 경향을 보인다. 즉, 경제위기로 출산율이 낮아지기는 하지만 경기 회복 시에는 출산율이 이전 수준으로 빠르게 회복하고 있다. 이와 달리, 한국의 출산율은 IMF 외환위기 등 경제위기가 발생하면서 급격하게 낮아졌는데, 이후 경기가 회복되어도 출산율이 이전 수준으로 회복되지 못하고 있다. 이러한 경향성은 정책 투입에도 불구하고, 출산율이 회복되지 못한 것과 동일한 맥락으로 설명될 수 있다. 이러한 출산율의 비탄력성으로 인하여 한국의 인구생태계는 루츠가 가설로 설정한 '저출산의 덫'에 빠져 초저출산 현상이 더 장기화될 것이라는 우려를 낳고 있다.

2. 구조

인구 정태 요소와 인구 동태 사건의 이중 구조

한 국가를 구성하는 인구는 인구 정태 요소로서, 규모, 구조, 분포 등 세 가지 차원에서 변화하며 외부 환경과 영향 관계를 갖는다. 인구 규모는 개인의 총합으로 국가의 크기로 간주되기도 한다. 인구 구조는 성, 연령, 학력, 소득 수준, 경제 활동 상태 등의 특성을 기준으로 인구가 어떻게 구성되어 있는가를 의미한다. 이들 기준 중 연령은 가장 대표적인 것으로 연령별 인구 구성은 인구 고령화를 나타낸다. 인구 분포는 인구가 지역 간에 어떻게 분산되어 있는가를 의미하는데, 여기서 지역 단위는 시·도, 시·군·구, 읍·면·동 등 다양하게 적용할 수 있다.

인구 변화는 인구 정태 요소의 변화를 의미하는데, 그런 변화를 결정하는 모멘텀은 출생, 사망, 이동 등 인구 동태 사건들이다. 인구 규모는 출생에 의해 증가하고 사망에 의해 감소한다. 국제 인구 이동의 결과로서 이입-이출 간 차이가 인구 규모에 영향을 미친다. 국내 인구 이동도 전입-전출 간 차이가 지역의 인구 규모에 영향을 미친다. 인구 구조는 출생이 증가하면 젊어지고, 반대로 출생이 감소하면 고령화된다. 사망은 어느 연령층에서 더 많이 발생하는가에 따라 인구 구조에 영향을 미친다. 저연령층 인구의 사망률이 더 빠르게 감소하면 인구 구조가 젊어지지만 고연령층 인구의 사망률이 더 빠르게 감소하면 인구 구조는 고령화된다.

인구 이동 역시 어느 연령층에서 어떤 방향으로 발생하는가에 따라 국가나 지역의 인구 구조에 영향을 미친다. 일반적으로 고연령층 인구의 이동률은 아주 낮기 때문에, 주로 저연령층 인구의 이동률이 인구 구조에 중요한 영향을 미친다. 즉, 저연령층 인구의 유출(이출)이 유입(이입)보다 많으면 인구 구조가 고령화되고, 저연령층 인구의 유입(이입)이 유출(이출)보다 많아지면 인구 구조가 상대적으로 젊어지는 것이다. 인구 분포는 궁극적으로 지역 간 인구 규모의 차이로, 출

[그림 6] 인구생태계 내부 구조

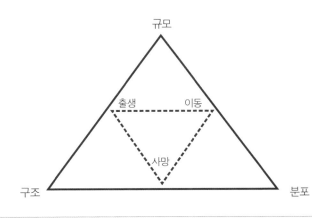

생과 사망 및 이동의 세 모멘텀으로 결정된다.

이와 같이 인구생태계는 외형으로서 인구 정태 요소(규모, 구조, 분포)와 내형으로서 인구 동태 사건(출생, 사망, 이동)으로 구성되는 이중적인 구조를 가진다. 결국 인구생태계는 인구 동태 사건들이 정상적으로 작동하면 그 결과로 인구 정태 요소들도 정상적으로 작동하여 균형 있게 순환될 것이다.

안정 인구의 조건

인구생태계가 지향하는 균형 상태는 안정 인구 또는 적정 인구로 설정할 수 있다. 안정 인구는 사망과 이동이 일정 수준에서 유지되는 상황에서 출산율이 인구 대체 수준[1]에서 장기적으로 지속될 경우 규모와 구조가 안정적으로 유지되는 인구를 의미한다. 적정 인구는 특정한 상태 또는 목표에 도달하기 위하여 필요한 인구를 의미한다. 기존 연구들에 따르면, 국가 또는 사회가 지향하는 상태 또는 목표는 경제 성장, 노동력 수급 균형, 환경 보존, 복지 후생 등을 포함한다(이삼식 외, 2011a).

안정 인구는 이론적으로 출생 등 인구 동태 사건들의 변화에 대한 가정만으로 추정이 가능하나, 현실적으로 그런 가정이 실현되기 위해서는 사회 모든 영역에서 조건들이 충족되어야 한다. 적정 인구는 사회, 경제 또는 환경 차원에서 일정한 상태에 도달하기 위하여 인구생태계와 사회 모든 영역과의 유기적인 상호 작용이 필요하다는 것을 전제하고 있다. 요컨대, 인구생태계는 내부 구조의 힘으로만 건강하게 순환될 수 없다는 특성을 가지고 있다.

내부 구조의 불안정화

인구생태계 내부 구조는 인구 동태 사건의 발생률(출산율, 사망률, 이동률로 이하에서는 인구 동태율로 칭함)이 어떠한 수준에서 어느 방향으로 변화하는지, 그리고 인구 동태율 간 상호 작용이 어느 정도 균형적인지 등에 따라 그 순환의 상태가 달라질 것이다.

인구 동태 사건 중 출산에 대한 인위적인 조정은 신맬서스주의자들이 피임법을 개발하고, 이것을 여성해방론자들이 20세기 초에 보급하기 시작하면서 가능해졌다. 효과적인 피임법을 도입한 시기는 국가마다 상이하다. 한국을 포함한 개발도상국 대부분은 1950년대와 1960년대에 국제연합의 원조로 가족 계획 사업을 통해 현대적인 피임법을 본격적으로 보급하기 시작했다. 이 시기를 기점으로 한국 등 일부 국가에서는 출산율이 급격하게 감소하기 시작했다. 이는 피임법의 발전으로 개인의 선택이 가능해진 상황에서 사회·경제적 환경에 따라 출산에 대한 개인의 가치관이 변화했기 때문이다.

베커와 톰즈의 '자녀의 수와 질quantity-quality' 가설에 따르면, 부모는 자녀의 양적 측면뿐만 아니라 자녀의 질에 대한 수요를 가지고 있으며, 소득 상승에 따라 자녀수에 대한 수요보다 자녀의 질에 대한 수요가 더 빨리 상승한다(Becker & Tomes, 1976).

이스털린의 '상대적 소득가설Relative Income'에 따르면, 젊은 세대의 노동시장 진입, 가족 형성, 결혼, 출산 등 생활 형태에 관한 선호는 자신의 수입 능력에 따라 달라진다(Easterlin, 1987). 이런 선호는 형제, 또래 친구 및 직장 동료, 거주 지역, 사회·경제적 참조 집단 등 많은 요인들의 영향을 받는데, 특히 원가족(특히 부모 세대)에서 경험한 생활 수준이 중요한 영향을 미친다.

또 다른 인구 동태율로 사망률은 보건 의료 기술의 발달, 규칙적 운동, 금연, 절주 등 생활 습관 개선 등에 힘입어 계속 감소했으며, 그 결과 평균 수명이 빠르게 상승하고 있다. 국제 인구 이동은 국제 협약이나 개별 국가정책 등으로 어느 정도 조절이 가능하지만, 국가 간 이동의 자유화, 불법 이민자 증가, 난민 증가 등으로 그 규모가 커질 수 있다.

이렇게 인구 동태의 변화는 인근 생태계들과의 상호 작용을 통해 인구생태계의 불안정화를 가져온다. '고사망-고출산' 단계는 보건 의료 발달 등에 따른 사망률 감소로 '저사망-고출산' 단계로 이행하면서 인구생태계를 급격하게 불안정하게 만든다. 이 과정에서 인구가 폭발적으로 증가하면서 식량, 주택, 학교, 보건의료 서비스 등 기초 인프라 부족 문제 등이 발생하게 된다. 이후 산업화와 현대화에 따른 도시화, 고학력화, 여성 경제 활동 참가 증가 등으로 자녀의 기회비용이 상승하면서 출산율이 급격하게 감소하여 '저사망-저출산' 단계로 이행하게 된다.

역사적으로 1960년대와 1970년대 유럽과 북아메리카에서는 산업화 과정에서 여성의 지위와 교육 수준이 향상되면서 여성의 임금이 급격하게 상승했다. 그리고 그로 인하여 여성의 경제 활동 참가율이 증가하고 여성의 임금이 상대적으로 중시되면서 출산율이 인구 대체 수준 미만으로 낮아지는 저출산 현상이 시작되었다. 뒤이어 일본에서는 1970년대 중반부터, 한국에서는 1980년대 중반부터 저출산 현상이 본격화되었다. 이처럼 사망률에 이어 출산율이 아주 낮은 수준에서 지속되면서 인구 구조가 급격하게 고령화되는 등 '저사망-고출산' 단계에서와는 다른 방향으로 인구생태계의 불안정성이 증가하고 있다.

인구 변천 과정으로 간주할 수 없는 특정 사건들에 따라서도 인구생태계가 불안정해지기도 한다. 전쟁 직후의 베이비붐 현상이나, 독일의 사례와 같이 통일 이후에 발생한 급격한 출산율 감소 등이 인구생태계의 안정성에 부정적인 영향을 미칠 수도 있다. 경제위기(불경기)는 청년층의 결혼 연기, 이혼 등과 같은 가족 해체 증가, 부부의 출산 축소 등을 야기하는데, 그로 인한 출산율 급락도 인구생태계의 불안정성을 높이는 역할을 한다. 경제위기는 사망률 상승과 국제 이동 증가 등을 야기하여 인구생태계 안정성에 부정적인 영향을 미치기도 한다. 인접 국가의 내전 등으로 난민들이 대량으로 유입되거나 전후에 외국 망명자들이 일시적으로 대거 귀국하는 경우에도 인구생태계는 불안정해진다. 즉, 인구 동태 사건 중 어느 하나라도 적정 수준에서 크게 벗어나거나 단기간에 갑자기 큰 폭으로 변화하면 인구 규모와 인구 구조, 인구 분포에 부정적인 영향을 미쳐 전체 인구생태계가 불안정한 상태에 놓이게 된다.

3. 생태계

주된 장애 요인

앞서 논의한 바와 같이 한국 인구생태계의 불안정성은 주로 고출산 시대 베이비붐 현상과 현재 진행 중인 초저출산 현상에 기인한다.

베이비붐 세대가 노년층에 진입하면서 미래 노인 인구가 급격하게 증가할 것이다. 현재 진행 중인 초저출산 현상은 유소년 인구와 함께 미래 생산 가능 인구를 급격하게 감소시킬 것이다. 이들 두 현상의 접점으로 인구 고령화가 가속화되어 미래 인구생태계를 큰 혼돈에 빠지게 할 것이다. 이에 미래 인구생태계는 내부 구조의 인구학적인 문제를 초월하여 미래 사회 전반에 심각한 부정적인 영향을 미칠 것이다.

이러한 측면에서 미래 인구생태계의 불안정성을 줄이기 위한 노력은 매우 중요하다. 인구생태계의 내부 구조를 구성하는 인구 동태 사건 중 하나로서 사망률 개선은 평균 수명을 연장시키는 효과는 있다. 그러나 미래 인구생태계 문제인 생산 가능 인구 감소와 인구 고령화를 완화시키는 데는 거의 효과가 없을뿐더러 오히려 더 악화시킬 가능성마저 있다. 국제 인구 이동의 경우, 단기간 내에 구조적인 노동력 부족을 해소하는 데 중요한 기여를 할 수는 있지만, 이민자의 대거 유입은 장기적으로 인구 구조 개선에 효과가 미미하다.[2] 또 오히려 사회 갈등이나 불안정성을 높이는 요인으로 작용할 가능성도 배제할 수 없다.[3]

결국 과거와 현재의 인구생태계가 보이는 불안정성이 미래 인구생태계와 사회 전반에 미칠 부정적인 영향을 최소화하기 위해서는 출산율을 빠른 시기에 인구 대체 수준으로 회복시키는 것이 가장 중요하다. 출산율 회복을 통해 미래에 찾아올 생산 가능 인구의 감소세를 억제할 수 있다면 베이비붐 세대가 노년층에 진입하더라도 인구 고령화는 상대적으로 느린 속도로 낮은 수준에서 진행될 것이기 때문이다. 이런 관점에서 많은 서구 국가들은 이미 오래전부터 출산율을 조절하여 인구생태계를 안정화시키는 노력을 해왔으며, 실제로 프랑스, 스웨덴, 영국 등은 출산율을 인구 대체 수준에서 유지하고 있다.

한국 정부도 2005년 저출산고령사회기본법을 제정하고, 이를 토대로 5년마다 저출산고령사회 기본 계획을 수립하여 출산율 제고를 위한 정책적 노력을 경주하고 있다.[4] 그러나 정책적 노력에도 불구하고, 합계 출산율은 여전히 1.3명 미만에서 벗어나지 못하고 있다. 한국 사회에서 초저출산 현상이 지속되고 있는 근본적인 이유로는 결혼, 출산 및 자녀 양육에 걸리는 많은 장애 요인들이 해소되지 못하고 있기 때문이다. 저출산의 인구학적 원인을 분석한 결과에 따르면, 만혼화(비혼화)의 기여도가 점점 높아지고 있고 기혼 부부의 자녀수 축소도 여전히 중요한 기여를 하고 있다(이삼식 외, 2014).

구체적으로 한국 사회에서 평균 초혼 연령은 남성은 1990년 27.8세에서 2015년 32.6세로 높아졌으며, 여성은 동기간 24.8세에서 30.0세로 상승했다. 만혼화가 출산에 부정적인 영향을 미치는 이유는 한국 사회가 법률혼 이후에 출산을 시작하는 관습이 매우 강하기 때문이다.[5] 또한, 결혼이 늦어질수록 후천성 불임 등으로 인하여 가임 능력이 급격하게 낮아져 출산을 축소시키고 있다.

청년층이 결혼을 늦추거나 포기하는 경향이 높아지고 있는 이유는 결혼을 위한 여건들이 악화되고 있기 때문이다. 졸업 후 취업이 어려워 실업 상태(또는 잠재적 실업 상태)에 있거나, 취업을 하더라도 비정규직 등으로 고용이 불안정한 실정이다. 주택 구입비나 전·월세금 등 주거비용이 지속적으로 상승하여 신혼집 마련이 더욱 곤란해지고 있다. 결혼식장, 혼수 등 결혼비용도 청년층에게 크게 부담이 되고 있다. 여기에 더해 고학력화, 경제 활동 참가 증가 등으로 결혼에 대한 기회비용이 증가하고 개인주의 확산 등으로 결혼을 '필수적'[6]이라기보다 하나의 선택으로서 간주하는 가치관이 증가하고 있다.

기혼 부부의 출산 결정에도 수많은 장애 요인들이 존재하고 있다. 한국은 자녀를 양육하는 데 비용이 많이 소요되는 사회 구조를 가지고 있다. 노동시장에서 만연되어 있는 강한 학력주의와 학벌주의는 교육 단계와 취업 준비 단계에서 사교육을 받도록 강요하고 있다. 부모 입장에서는 자녀가 졸업 후에 고용과 소득 안정 등을 보장받을 수 있도록 학령기 전반에 걸쳐 사교육을 이용할 수밖에 없고, 이는 그대로 과도한 양육비 지출로 이어진다. 결국, 부모는 양육비 부담을 고려하여 자녀수를 축소하는 방향으로 의사결정을 할 수밖에 없다. 또한 한국 사회는 가부장적인 유교주의와 개발 시대[7]의 영향으로 출산에 대한 기회비용이 큰 사회·문화적 특성을 가지고 있다. 가족 내에서는 "남성은 밖에서 수입이 있는 일을 하고, 여성은 집에서 육아와 가사만을 전담하는", 이른바 성 분업적 역할관이 현대에 들어서도 강하게 유지되고 있다. 사회(직장)에서는 결혼과 출산 시 해고(경력단절)되거나 인사상 불이익이 발생하는 등 근로자의 모성 보호나 자녀 양육을 배려하지 않은 고용 문화가 유지되고 있다. 제도적으로도 출산 전후 휴가와 육아 휴직 이용은 공무원과 고용보험 가입자에 한정되어 있으며, 고용보험 비가입 사업장 근로자와 자영업자, 더 나아가 학생 부모를 포함한 실업자는 제외되어 있다. 또한 이들 제도를 이용할 수 있어도 육아 휴직 급여의 임금 대체 수준이 낮기 때문에, 특히나 남성의 경우 현실적으로 이용이 어렵다. 결국, 여성의 고학력화, 자녀 양육비용 부담 등으로 인하여 일인 생계 부양자 가구에서 이인 생계 부양자 가구(맞벌이 가구)로 빠르게 전환하고 있기 때문에, 부부는 출산을 늦추고 자녀수를 축소하거나 심지어는 결혼을 연기 또는 포기하는 경향으로 이어지고 있다.

자녀를 안심하고 맡길 수 있는 육아 인프라의 양적 부족 및 질적 미흡도 중요한 장애 요인이 되고 있다. 정부가 2013년부터 모든 미취학 아동에게 무상보육을 제공하고 있으나, 여전히 어린이집 등 육아 인프라의 질적 수준이 미흡한 실정이다. 보육 시간과 직장 근무 시간 간 연계가 원활하지 않은 등 여전히 사각지대도 존재한다. 이는 맞벌이 부부 등의 (추가) 출산에 대한 의사결정에 부정적인 영향을 미치게 된다.

회복 전략

미래 인구생태계의 안정성을 유지하기 위해서는 적정 인구 또는 안정 인구를 달성할 수 있는 수준까지 출산율을 높이려는 노력이 시급하다. 기본 전략으로 결혼과 출산에 대한 의사결정과 이행에 장애가 되는 요인들을 제거하고, 동시에 가족 친화적인 사회 환경과 분위기를 조성할 필요가 있다. 세부적인 실천 전략으로 미시-거시 통합적 접근에 기반을 둔 생애 주기별 맞춤형 전략들을 다음과 같이 제시할 수 있다.

우선, 청년층의 결혼 행위가 현실적으로 가능하도록 결혼 여건 형성을 위한 지원을 강화하고, 사회 문화를 결혼 친화적으로 개선하도록 한다. 구체적으로 교육-취업 간 연계를 강화하여 고용 문제(실업, 비정규직 등 고용 불안정)를 해소하도록 한다. 교육 기간이 지나치게 길어지지 않도록 진로 지도, 고졸자 취업 할당제 도입, 학력 차별 금지법 제정, 일-학습 병행 후진학 체계 구축 등을 적극적으로 추진하고, 교육-직업 간 연계를 위한 수단으로 대학 교육과 산업 요구 간 정합성 제고, 대학 도제 제도, 직무 능력 개발형 인턴제 등을 정착시키도록 한다. 이러한 기반하에 실제 청년층들이 취업을 할 수 있도록 공공 부문에서는 일자리를 확충하고, 민간 부문에서는 직무 공유 등을 통해 일자리를 늘리도록 한다. 청년 비정규직에 대해 일정 기간이 지나면 자동적으로 심사 대상이 되어 정규직으로 우선 채용할 수 있는 제도를 마련하여 정착시키도록 한다. 청년들이 안정적으로 창업을 할 수 있도록 실험 기간 동안 기반 마련을 지원하고, 정착한 뒤에는 자립을 할 수 있도록 단계적 접근을 시도하도록 한다. 신혼부부가 신혼집을 부담 없이 마련할 수 있도록 공공 임대주택 공급을 확대하고, 주택 구입 또는 전세를 위한 자금을 초저리 장기 상환으로 융자받을 수 있도록 국가가 직접 지원하도록 한다. 교육과 홍보를 이용한 인식 개선을 통해 '저비용, 의미 있는 결혼식' 문화를 확산하도록 한다.

부부의 (추가) 출산에 대한 의사결정과 이행에 실질적인 도움이 될 수 있도록 생식 건강과 생식 권리를 증진시킨다. 자녀 양육의 경제적 부담을 경감시키고 일-가정 양립을 제고하여 돌봄 부담을 완화시킨다. 또한 다양한 가족에 대한 제도적 및 사회·문화적 수용성을 높이도록 한다. 생식 권리를 증진시키기 위하여 난임에 대한 통합적 지원(경제적 지원, 상담 지원 등)을 강화하고, 인공 임신 중절 예방 관련 교육·홍보를 실시하며 임신 부모를 대상으로 상담 프로그램을 제공하도록 한다.

자녀 양육의 경제적 부담을 실질적으로 경감하기 위해서는 아동 수당과 교육 수당을 전격적으로 도입하고, 출산 순위에 따른 조세 감면 혜택을 대폭 확대하도록 한다. 중장기적으로는 노동시장에서 학력 간 혹은 학벌 간 고용 기회와 고용 안정성, 임금 수준 등에 차별을 철폐하고, 학교 교육에서도 공교육 성과를 기준으로 상급 학교 진학이 결정될 수 있도록 과감하게 커리큘럼을 조정하고 수행 능력 평가 방식 등을 개선하도록 한다.

근로 형태에 관계없이 일하는 부·모 모두의 일-가정 양립을 제고하기 위해서는 '부모 보험 제도'를 도입하여 자영업자, 비정규직 등 사각지대를 해소하는 동시에 육아 휴직 급여를 현실화하도록 한다. 누구도 회사나 동료의 눈치를 보지 않고 자유스럽게 육아 휴직 등의 제도를 이용할 수 있는 직장 문화를 조성하는 노력도 매우 중요하다. 이를 위해 직장에서 근로자의 결혼, 임신, 출산 및 양육을 적극적으로 지원할 수 있도록 가족 친화 기업 경영 교육 정례화, 가족 친화 경영을 위한 기업별 헌장·강령 발표, 유연근무제 등 일-가정 양립 제도 도입 의무화 등을 제도화하도록 한다. 남성들이 육아와 가사에 적극적으로 참여하는 양성 평등적인 가족 문화를 조성하는 노력도 중요하며, 이와 관련해서 인식 개선을 위한 학교 교육과 사회 교육을 강화하도록 한다.

돌봄 부담을 실질적으로 해소하기 위하여 돌봄 수요가 상대적으로 큰 집단에 대해 더 많은 지원을 하는 맞춤형 보육을 조기에 정착시키도록 한다. 현실적으로 취업 여성들의 경력이 단절되고 있는 시기는 출산 직후와 자녀들이 초등학교 입학한 직후다. 이와 같이 초등학교 저학년 자녀들도 방과 후에 일정한 돌봄이 필요하다는 점에서 초등 돌봄 교실과 같은 방과 후 보육을 확충할 필요가 있다. 또한, 근로자의 근로 시간과 보육(초등 돌봄 포함) 서비스 제공 시간이 원활하게 연계될 수 있도록 돌봄 제도와 일-가정 양립 제도를 동시에 개선하도록 한다. 더 나아가 가구나 아동의 특성에 따라 자녀 양육 방식(보육 시설 이용, 수당 수급, 육아 휴직)에 대한 부모의 선택권을 강화하기 위하여, 이들 제도 간 균형적인 발달(개선)을 도모하도록 한다.

법률혼이 아닌 사실혼 관계 등으로 형성된 다양한 가족들에 대한 사회·문화적 및 제도적 수용성을 높이는 노력이 긴요하다. 즉, 출산이라는 행위가 반드시 법률혼을 전제하지 않아도 가능하도록 사회 문화를 변화시킬 필요가 있다. 이를 위하여 동거 부부 등에도 법률혼 부부에게 적용하는 동일한 법적 의무와 권리를 부여하는 동시에 각종 인센티브를 동일하게 제공할 필요가 있다. 무엇보다 학교 교육과 사회 교육을 강화할 필요가 있다.

미래에 출산율이 인구 대체 수준보다 아주 낮은 수준으로 유지된다면, 한국 사회는 이민자를 적극적으로 받아들일 필요가 있을 것이다. 이때도 인구생태계가 장기적으로 안정적으로 순환되기 위해서는 사회 구성원의 다양성을 인정하여 포용성을 높여야 한다. 그래야 진정한 사회 통합이 가능해지고 이를 통해 인구생태계 역시 긍정적인 영향을 받을 것이다. 이 또한 지속적인 학교교육과 사회교육을 매개로 가능할 것이다.

인접 생태계와의 관계

한국 인구생태계를 구성하는 가장 핵심적인 인구 동태 사건은 출산이며, 혼외 출산 수준이 극히 낮은 상황에서 대부분 출산은 결혼을 통해 이루어진다. 결혼과 출산에 대한 개인(부부)의 의사결정 및 이행은 무엇보다도 가정생태계의 영향을 받으며, 이와 동시에 사회구조적인 영역으로서 교육, 고용, 주택, 보건, 복지, 문화 등의 전반적인 생태계의 영향을 받고 있다. 이러한 생태계들은 다른 인구 동태 사건인 사망과 인구 이동에도 직·간접적으로 영향을 미치고 있다. 가정생태계는 가족 구조, 가족 관계, 가족 구성원의 역할 등을 포괄하는 개념으로 설정할 수 있다. 가족 구조는 결혼 등에 의한 가족 형성기, 출산 등을 통한 가족 확대기, 자녀 분가로 인한 가족 축소기, 사별 등에 의한 가족 해체기 등 가족 주기에 따라 변화한다. 가족 주기는 가정생태계를 순환시키는 실질적인 기제로, 어느 한 시기에 장애가 발생하면 이후 모든 주기에 영향을 미치게 된다. 예를 들어 출산에 장애가 발생하면 가족 규모가 축소될 수 있다. 가족 관계는 부부 관계와 자녀-부모 관계로 세분화될 수 있는데, 가령 부부 관계가 원만하지 않으면 가정 불화, 더 나아가 이혼으로 이어져 출산 이행이 중단되며, 이미 태어난 자녀들 양육 등과 관련하여 복지 수요가 발생한다. 또한 부모-자녀 관계는 피부양-부양 관계를 형성하는데, 자녀 양육에 장애가 발생하면 인적 자원의 질적 수준과 복지 수준 등에 문제가 발생하게 된다. 다른 한편으로 부모 능력에 비해 자녀 양육 부담이 지나치게 커지면 추가 출산이 억제되는 효과가 발생한다.[8]

　가족 구성원의 역할은 주로 부부 간의 역할 분담을 중심으로 설명될 수 있다. 과거에는 가정 내에서 남성은 경제적 수입을 책임지고 여성은 육아와 가사를 수행하는 일인 생계 부양자 가구가 일반적이었다. 그러나 산업화에 따라 도시화와 핵가족화가 촉진되면서 노부모 부양 의식이 약화되고, 생활비용이 증가하기도 했다. 이러한 상황에서 여성의 고학력화와 사회 진출 욕구 증가 등으로 여성도 경제적 수입이 있는 활동을 하는 이인 생계 부양자 가구가 점차 증가하게 되었다. 이와 같이 맞벌이 가구가 증가하고 있음에도, 남성은 여전히 가정 내 역할 즉, 육아와 가사 관련 역할을 기피하고 있으며, 그 결과 여성들은 경제 활동과 육아·가사의 이중적인 부담으로 출산을 축소하고 심지어는 결혼을 기피하는 현상이 나타나고 있는 것이다. 남성의 가정 내 역할은 가치관 등에 따른 자발적인 선택일 수도 있지만, 노동시장(근로 시간 등 노동 강도, 고용 안정 등) 등 외부 환경의 영향도 받는다.

　이와 같이 가정생태계의 순환이 제대로 이루어지지 않으면 만혼화·비혼화, 저출산 등 인구생태계에 직접적으로 영향을 미치게 된다. 즉, 가정생태계는 노동시장 등 다른 생태계들과 밀접한 연관성을 가지고 있으며, 인구생태계는 가정생태계를 매개로 다른 생태계들과 연관성을 갖는 것으로 간주할 수 있다. 결국 인구생태계는 인접한 다른 부문의 생태계들이 제대로 순환되지 못하면 그 균형 상태가 파괴되어 사회는 물론이고 가족과 개인에게 많은 문제들을 발생시킬 것이다. 즉, 현재 진행 중인 초저출산 현상은 인접한 다른 부문의 생태계들이 원활하게 순환되지 못한 결과로도 간주할 수 있다.

　동일한 맥락으로 인구생태계에 순환상 불균형이 발생하면 다른 사회·경제 부문의 생태계에도 부정적인 영향을 미치게 된다. 예를 들어 저출산 현상으로 인한 생산 가능 인구 감소와 인구 고령화는 복지생태계에 부정적인 영향을 미칠 것이다. 인구 고령화로 보건 의료비 지출이 증가하고 연금 등 사회보험 수급자가 증가하는 반면, 이를 지급해야 할 노동 세대는 줄어들어 사회보장 부담이 증가하며, 이는 재정 수지의 악화로 이어지게 된다.

　인구생태계의 불균형적 순환은 경제생태계에도 지대한 영향을 미칠 것이다. 구체적으로 베이비붐 세대의 본격적인 은퇴와 더불어 저출산 현상으로 인한 신규 노동력 감소로 노동력 부족이 심화될 것이며, 노동력 고령화로 노동 생산성이 낮아질 것이다. 이에 국내 소비가 감소하여 내수시장이 위축되고 경제 성장이 크게 둔화될 가능성이 있다(한국개발연구원, 2004; 김용하 편, 2011; 이삼식·최효진 편, 2014).

　인구생태계의 불균형적 순환이 교육생태계에 미치는 영향의 실제 사례로, 학령 인구가 빠르게 감소하여 초등학교가 매년 수백 개씩 통·폐합되고 있으며 많은 대학교에서 대학 정원보다 지원 학생이 적어 대학 인프라(학교, 교직원)의 공급이 수요를 초과하는 문제가 발생하고 있다. 인구생태계에서 지속적인 출생아 수 감소는 병력 자원 부족으로 이어져 국방생태계에도 부정적인 영향을 미치게 될 것이다.[9] 요컨대, 인구생태계는 인접한 다른 부문의 생태계들과 함께 상호 영향 관계를 토대로 전체 생태계를 형성하고 있으며, 이에 따라 어느 한 생태계의 불안정성은 나머지 생태계들에 부정적인 영향을 미치게 된다.

이런 맥락에서 현재 진행 중인 인구생태계의 불균형적 순환을 치유하기 위해서는 다른 부문의 생태계에서 발생하는 문제들도 함께 치유되어야 할 것이다. 교육생태계에서는 결혼의 용이성 제고와 자녀 양육의 경제적 부담 경감 차원에서 교육-직업 간 연계 강화, 공교육 정상화, 사교육 억제 등의 역할을 강화하여야 할 것이다. 가치관 형성기인 학령기부터 성인기에 이르기까지 가족 및 자녀의 중요성을 강조하고, 이를 위하여 학교 교육을 통해 관련 교과목 내용 강화 및 수업 시간 증가, 육아 체험 프로그램 운영, 교원 훈련 프로그램 강화 등이 이루어져야 할 것이다. 다양한 가족에 대한 사회적 수용성을 제고하기 위한 학교 교육을 강화할 필요가 있다. 경제생태계에서는 청년층을 위한 일자리 확충, 비정규직의 정규직화 등 고용 안정, 청년 창업 기반 조성 등의 노력이 중요하다. 모든 유형의 직장에서 종사자의 결혼, 임신, 출산, 양육을 전면적으로 지원하는 가족 친화적 직장 문화를 조성해야 할 것이다. 주택생태계에서는 주택 매매 가격을 비롯해 전월세금이 적정 수준에서 유지될 수 있도록 주택시장의 자율적인 조정 기능을 강화할 필요가 있다. 문화생태계에서는 호화 예식 등 허례허식을 줄이는 결혼 다이어트 문화를 조성하고, 간단하고 검소한 양식의 '미니 결혼식' 모형을 개발하고 확산하는 등의 노력이 강화되어야 할 것이다. 가족의 소중함과 더불어 가족 존중에 대해 인식을 개선하는 노력도 기울어야 한다. 종교계 등을 통해 인공 임신 중절 예방을 위한 생명 존중 의식을 높여야 할 것이다.

다양한 가족에 대한 사회·문화적 수용성을 높이는 노력도 긴요하다. 복지생태계에서 자녀 양육을 위한 가처분 소득을 증가시키기 위해서는 자녀수에 따른 자녀 양육 복지를 확대할 필요가 있다. 또한 한부모 등 열악한 환경에 처해 있는 다양한 가족들에게 기초생활 보장을 포함한 다양한 복지 서비스를 제공할 수 있도록 해야 할 것이다. 이런 노력의 결과로 인구생태계가 정상적으로 순환된다면 다른 부문의 생태계들도 장기적으로 정상적으로 순환될 수 있을 것이다. 이는 결과적으로 전체 생태계의 지속 가능성을 담보할 것이다.

10장

교육생태계의 현황과 과제

최상덕

한국교육개발원 연구위원

교육생태계 문제의 시스템 분석

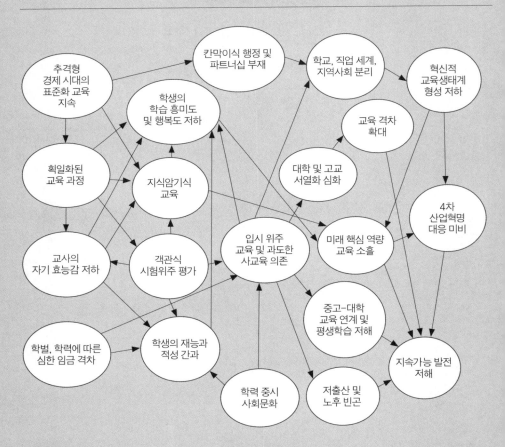

1. 현상

4차 산업혁명과 교육

최근 들어 디지털 혁명의 시대를 넘어 다양한 과학기술의 융합과 혁신을 특징으로 하는 '4차 산업혁명'의 도래가 논의되면서 지속 가능한 사회와 경제 발전을 위해 교육 시스템의 개혁 필요성이 커지고 있다. 그러나 그동안 교육 개혁을 위해 많은 교육 정책들이 시도되었음에도, 기대와는 달리 문제점들은 개선되지 않고 있다. 예를 들면, 과도한 사교육비 부담과 교육 격차 문제가 지속적으로 제기되고 이를 해결하기 위한 많은 교육 정책들이 시행되었음에도 상황은 오히려 악화되어왔다. 왜 그럴까. 이에 대해서는 다양한 의견이 있을 수 있지만 이 장에서는 기존의 논란을 반복하기보다는 그동안 시도되지 않았던 생태학적 관점에서 분석하고 대안을 제시하고자 한다.

그동안 정부가 바뀔 때마다 대학 입시의 문제점들을 개선하기 위해 새로운 대입 정책들을 시행했지만 단기적이고 일면적인 접근 때문에 예상하지 못한 부작용들로 인해 왜곡되거나 지속되지 못하는 사례가 반복되었다. 특히 대학 입시 문제는 다른 교육 문제들은 물론이고 경제, 정치, 사회 문제들과도 깊게 연관되어 있어서 복잡한 이해관계를 반영하게 된다는 점이 충분히 고려되어야 한다. 이런 맥락에서 현재의 교육 문제를 분석하고 해결책을 찾기 위해서는 교육 개혁에 대한 경제·사회적 요구가 무엇인지를 잘 살펴야 할 것이다. 우리나라는 선진국을 모방해서 빠른 속도로 따라잡고자 했던 추격형 경제 단계에서 벗어나 선진국과 경쟁해야 하는 선도형 경제 단계로 전환되는 상황에서 경제 및 사회 시스템의 혁신이 요구되고 있다. 이를 위해서는 추격형 경제 단계에서 확대되었던 정부 주도의 획일적 교육에서 벗어나 선도형 경제 단계에 부합하는 창의적 인재를 키우는 교육이 중요해진다. 또한 빠른 속도의 저출산·고령화 추세로 인해 생산 활동 인구의 감소가 본격적으로 시작됨에 따라 학령기 학생만이 아닌 누구나 생애 주기에 따라 필요한 지식과 기술을 습득할 수 있는 평생학습의 중요성이 커진다.

그런데 이 과정에서 1990년 말 외환위기 이후 사회적 격차가 심해지면서 사교육시장의 확대가 교육 격차를 심화하는 촉매제 역할을 하게 되었다. 동시에 과도한 사교육비의 부담은 교육 양극화뿐만 아니라 출산율 저하, 가계 부채 증가, 노년 빈곤 등을 초래하는 원인이 되고 있다. 따라서 교육 문제를 해결하기 위해서는 교육을 둘러싸고 유기적으로 연계된 교육생태계의 생성, 성장, 노화, 소멸 과정을 분석하고 경제, 사회생태계와의 상호 작용 속에서 이해할 필요가 있다.

4차 산업혁명의 도래를 주창한 슈밥은 사회가 복잡해지고 문제 해결이 어려워질수록 칸막이식 행정 시스템을 극복하고 "공공 분야와 민간 분야를 아울러 모든 이해관계자들을 고려하는, 협력적인 유연한 구조를 구축"하는 것이 중요함을 강조한다(Schwab, 2016: 259). 이는 제4차 산업혁명 시대에 필요한 창의적 인재를 양성하기 위해서는 정부 주도의 획일적 교육에서 벗어나 다양한 교육 이해 당사자들이 연계되고 협력할 수 있는 교육생태계 형성이 요청됨을 시사한다. 따라서 우리나라 교육생태계의 생성 및 성장 과정과 현황을 분석하고 향후 발전 방향을 살펴보고자 한다.

교육생태계의 생성과 성장

생태계 개념은 사전적 의미로는 "특정 지역의 생물과 그를 둘러싼 환경이 상호 작용하는 체계"라고 정의할 수 있다. 이런 생태계 개념은 점차 다양한 분야에서 "다양한 요소들이 복잡하게 연계되고 상호 작용하는 체계"의 의미로 폭넓게 사용되어왔다. 생태학 원리를 교육에 적용한 대표적 학자인 브론펜브레너에 따르면, 인간의 심리적 발달 과정은 인간을 둘러싼 여러 수준의 환경들과의 상호 작용을 통해 이루어지게 된다(Bronfenbrenner, 1979; 최상덕 외, 2014). 즉, 교육생태계는 학습자에 직접 영향을 미치는 가족, 또래, 학교, 이웃과 같은 미시 체계부터 공간적 확대에 따라 간접 영향을 미치는 중간 체계, 외부 체계, 거시 체계에 이르기까지 다양한 환경을 포함한다(최상덕 외, 2014). 또한 교육은 점차 특정 학령기만이 아닌 평생에 걸쳐 이루어지는 과정으로 확대, 발전해옴으로써 유아교육, 초·중등교육, 고등교육, 성인교육을 포함한다. 따라서 교육생태계는 교육을 둘러싼 다양한 요소들과 여러 교육 단계들이 복잡하게 연계되고 상호 작용함으로써 생성, 성장, 소멸 혹은 진화의 순환 과정을 거친다. 이런 관점에서 교육생태계를 "교육과 관련된 개인, 가정, 학교, 사회 기관 등을 포함한 다양한 이해관계자들 간에 교육을 매개로 상호 의존적 관계를 형성하고 유지되는 관계망"이라고 정의할 수 있다.

우리나라는 특히 1960년대부터 1990년대 초반까지 정부 주도로 '추격형' 경제 발전 계획을 수립하고 이에 필요한 인력을 양성할 목적으로 정부 주도의 '추격형' 교육 체제를 구축했다(최상덕, 2010). 그리고 이 시기에 형성된 교육 체제는 문민정부 수립 이후 계속된 정치적, 경제적 변화 과정 속에서 많은 교육 개혁 시도가 이루어졌고 그로 인해 적지 않은 변화를 겪었다. 이와 같이 교육은 사회 전반의 변화, 즉 빈부 격차, 주거 환경, 정신 건강, 빈곤 정도 등에 많은 영향을 받고 또한 영향을 미치기도 한다(Pearson, 2012). 따라서 교육생태계가 어떻게 생성되고 성장해왔는가를 분석하기 위해서는 교육 제도가 정치, 사회, 경제적 상황 속에서 어떻게 형성되고 변화해왔는가를 살펴볼 필요가 있다.

정부 주도에 의한 교육생태계의 생성 및 성장

현재의 교육생태계는 주로 1960년대부터 시작된 국가 주도의 경제 개발 5개년 계획 추진으로 교육에 대한 경제, 사회적 수요가 급증하면서 빠른 속도로 생성, 성장했다. 이런 교육생태계의 형성 및 확대 과정은 경제·사회 발전과 연계하여 4단계로 구분하여 살펴볼 수 있다(최상덕, 2010).

1단계는 해방 이후부터 1960년까지의 '교육 기본 체제의 정립기'로, 교육법, 학제 등 교육의 기본 체제가 확립되었다. 또 대중적 문맹 퇴치 운동이 사회적으로 추진되고 초등교육의 보편화가 달성되었다.

2단계는 1960년대부터 1970년대까지의 '중등교육의 양적 확대기'로, 경공업 및 중화학공업 육성에 필요한 산업 인력 양성을 위해 국가 주도의 '추격형 교육'이 본격 추진되었다(Choi, S. 2004). 추격형 교육은 선진국의 지식을 수입해 빠르게 따라 배울 수 있는 표준화된 교육을 특징으로 하며 평준화 정책을 통해 단기간에 확대되었다.

3단계는 1980년대부터 1990년대 초반까지의 '고등교육의 양적 확대기'로, 중등교육이 급속히 확대되고 기술 집약 및 첨단 산업 육성이 추진되면서 고등교육이 확대되었다. 이 단계까지 계획 경제가 시행되면서 산업 수요에 기반을 둔 인력 양성 계획에 따라 인문계와 실업계 비율, 대학 입학 정원 조정 등이 이루어졌다.

4단계는 1990년대 중반부터 현재까지의 '고등교육의 보편화 및 평생교육의 확대기'로 고등교육이 빠른 속도로 보편화되었고 산업 구조 및 인구 구조의 급속한 변화에 부응하기 위한 평생교육이 확대되었다. 특히 계획 경제에 의한 인력 양성 정책 대신에 시장 친화적 정책이 추진되는 추세 속에서 1990년대 중반에 대학설립준칙주의에 의해 대학 설립에 관한 규제가 대폭 완화됨에 따라 대학 수가 급증했다. 또 1990년대 말 외환위기 이후 노동시장의 유연화가 급속히 추진되고 기술의 발전 속도가 가속화되면서 실업자가 늘고 비정규직의 비중이 급증함에 따라 사회안전망 차원에서 평생교육에 대한 수요가 증가하고 있다.

이상에서 보듯이 교육 제도의 확대 과정은 대체로 압축적 경제 성장에 따른 산업 인력 수요의 확대와 연관되어 있다. 즉, 교육생태계의 생성 및 성장은 경제생태계의 생성 및 성장과 연계되어 있다.

정부 주도 교육생태계의 특징

교육생태계는 특히 1960년대 이후 정부 주도의 압축적 경제 성장에 필요한 산업 인력 양성을 목적으로, 선진국의 지식과 기술을 적은 비용으로 빠르게 배우기 위한 과정에서 급속히 확대되었다. 우리나라 추격형 교육 모델은 중앙 정부 주도의 급속한 확대, 표준화된 국가 교육 과정과 국정 교과서, 강의식 교수 학습 방법, 획일적 평가 방법 등을 특징으로 했다. 그 결과 교육부가 교육 과정 제정 및 개정, 교사 양성 및 연수, 교사 및 학생 평가, 입시 제도에 이르는 거의 모든 부문에서 정책 결정, 집행, 평가에 이르기까지 주도적 역할을 수행하면서 권한이 집중되었다. 이런 정책이 하향식으로 추진되면서 학교 및 교사의 자율성은 억제되었고, 학부모를 포함한 이해 당사자들 간의 파트너십 형성이 제한되었다. 이와 같이 중앙 부처의 권한이 강화되고 부처 및 부서 간, 학교와 사회 간에 칸막이가 만들어지면서 횡적인 소통이나 연계를 가로막았고 학연, 혈연, 지연에 의한 담합 구조가 형성되기 쉬워졌다. 여기에 학부모의 계층 상승 욕구와 교육열, 학력 중시의 사회 풍토가 더해지면서 입시 위주의 교육과 사교육 확대가 가속화되었다.

당시 산업 인력 수요의 확대에 부응하기 위해 학교교육을 급속히 확대하고 관리하는 데는 표준화된 교육이 효과적인 측면도 있었다. 즉, 정부 주도로 표준화된 교육 과정을 정하고 교과서를 만들어 교사들이 교과서 위주로 가르치고 선다형 시험으로 평가하도록 하여 상대적으로 적은 예산으로 많은 학생들을 가르칠 수 있었기 때문이다. 그러나 표준화되고 획일적인 교육이 지속되고 정부의 통제가 강화되면서 학교 차원의 다양성 및 특성화는 물론이고 학생 개인 차원의 관심과 적성, 특기 등이 간과되었다.

그러나 1990년대 문민정부 수립 이후에는 국내외적으로 세계화와 정보화, 민주화의 흐름이 거세지면서 정부 주도의 계획 경제를 접으면서 이런 추세에 부응할 수 있는 교육생태계로의 진화가 요청되었다. 그 결과 표준화되고 획일적인 학교 교육을 다양화하고 학교의 자율성을 높이기 위한 교육 개혁 정책들이 도입되었다. 특히 새 정부가 들어설 때마다 과도한 입시 경쟁과 사교육비 부담을 줄이기 위해 대학 입시 제도 개선을 시도했다. 하지만 기대와는 달리 잦은 입시 제도의 변화로 오히려 입시 사교육이 확대되면서 대학 서열화가 심화되고 교육 격차는 더욱 확대되었다. 이는 정부 주도의 단기적 입시 제도 개혁 정책의 한계를 드러낸 것이다. 따라서 공교육의 질을 높여 학생의 창의성을 함양할 수 있도록 학교의 자율성과 전문성을 향상시킬 수 있는 새로운 교육생태계로의 진화가 요청된다.

한편 1991년에 교육 자치제가 30년 만에 부활되고 2006년에 교육감 직선제가 도입되었으나 「지방 교육 자치에 관한 법률」에 정한 "국가 행정 사무의 위임" 여부를 둘러싸고 교육부와 교육청 간에 논란이 끊이지 않고 있다. 2015년 이후 자립형 사립고의 재지정 권한을 둘러싼 교육부와 서울시 교육청 간의 갈등이 단적인 사례다. 또한 교육 자치와 행정 자치가 분리된 상태에서 교육청과 지자체 간의 파트너십 형성이 어렵고 지역 사회의 학교교육 참여가 미약하다. 이에 교육 정책을 추진하는 데 가정, 학교, 지역 사회가 협력할 수 있도록 교육생태계의 특성이 중요하게 고려될 필요가 있다.

2. 구조

4차 산업혁명으로 표현되는 급변하는 교육 내외의 환경 속에서 시대적으로 요청되는 창의적 인재를 양성하기 위해서는 교육생태계 현황에 대한 올바른 분석이 전제되어야 할 것이다. 지속 가능한 교육 생태계가 활성화되기 위해서는 ① 건강성, ② 다양성, ③ 연계성, ④ 역동성, ⑤ 유연성의 요소들을 필요로 한다. 따라서 현재의 교육생 태계가 지속 가능한가를 살펴보기 위해서는 교육생태계 현황을 이 다섯 가지 요소에 비추어 분석할 필요가 있다.

건강성

학생의 건강 측면에서는 학습 흥미도와 학업 스트레스 정도를, 교육 제도의 건강성 측면에서는 사교육 의존도를 분석할 수 있다.

학생 건강성을 해치는 학업 흥미도 저조 및 과도한 공부 스트레스

우리나라 16세 학생들은 OECD의 PISA 즉, 국제학업성취도 평가 에서 계속 최상위 그룹에 속하는 성과를 내고 있다. 반면에 학생들 은 학습 흥미도와 행복도는 OECD 국가들 가운데 최하위 수준에 머물고 있다. 이는 입시 위주의 암기식 교육과 공부 스트레스가 주요 원인으로 볼 수 있다. 4차 산업혁명 시대에 중요해지는 학생의 자기 주도적 학습과 창의성을 함양하기 위해서는 학습에 대한 흥미와 몰 입이 요청된다는 점에서 심각한 문제라고 할 수 있다.

OECD의 2015년 PISA 결과에 따르면, 우리나라의 만 15세 학생 들의 성적은 OECD 회원국(35개국) 중 읽기 3~8위, 수학 1~4위, 과 학 5~8위로 나타났다(교육부, 2016). 이는 2012년 PISA 결과 우리 학 생들이 OECD 회원국(34개국) 중 수학 1위, 읽기 1~2위, 과학 성적 2~4위였다는 점과 비교하면 다소 하락했으나 여전히 참가국 중 상위권이라고 할 수 있다(OECD, 2014). 그러나 중요한 문제는 2015년 PISA 결과에서 우리 학생들의 과학 흥미도가 전체 참가국 70개국 중 61위로 최하위 수준이었다는 것이다. 이는 2012년 PISA 결과에서 수학 흥미도가 전체 참가국 65개국 중 58위였던 것과 유사하다.

이처럼 낮은 학습 흥미도는 교육생태계의 건강성에 적신호가 켜진 것으로 볼 수 있다. 수학과 과학의 성적이 최상위권임에도 불구하고 흥미도가 최하위권인 것은 수학이나 과학 원리에 대한 이해나 실험보다는 문제 풀이 위주로 배우는 우리 교육의 문제점을 드러낸 것이다. 또한 평생학습이 요구되면서 학교생활을 통해 학습에 흥미와 열의를 갖는 평생학습자로 성장하는 것이 무엇보다 중요하다는 점에서 생태계의 건강성이 우려되는 결과이다.

이와 같이 학습 흥미도가 낮은 상태에서 장시간 공부하느라 제대로 운동도 못하다 보니 공부 스트레스가 심하고 정신 건강도 위험한 상태라고 할 수 있다. 한국청소년정책연구원(2010)의 「청소년 건강 실태 국제 비교 조사」에 따르면, 한, 미, 중, 일 4개국의 고교생들 가운데 한국 청소년들의 운동 시간이 가장 적고, 공부 스트레스는 가장 높은 것으로 나타났다. 구체적으로 '최근 일주일 동안 몸에 땀이 날 정도로 신체 활동을 30분 이상 한 날'을 묻는 질문에 한국은 '없다'고 응답한 비율이 30.5%로 미국(18.1%), 일본(14.3%), 중국(10.8%)에 비해 크게 높았다(한국청소년정책연구원, 2010: 11). 또한 '최근 1년간 스트레스를 느꼈던 빈도'에 대해서도 한국 청소년들의 응답 비율이 가장 높았을 뿐만 아니라, 스트레스 원인을 묻는 질문에 '공부 문제'라고 응답한 한국 청소년의 비율이 72.6%로 미국(54.2%), 일본(44.7%), 중국(59.2)에 비해 크게 높았다.

몸을 많이 움직여야 할 청소년 시기에 공부 부담 때문에 제대로 운동도 못하니 공부 스트레스가 높아지고 행복 지수가 낮은 것은 어쩌면 당연하다. 그러다 보니 정신 건강에도 부정적 영향을 미치는 것으로 나타난다. 안민석 의원실에서 2016년에 발표한 「학생 정서 행동 특성 검사 결과 및 조치 현황」 자료에 따르면, 2016년 학생 정서 행동 특성 검사를 받은 초·중·고교생 191만 8,278명 중 3.2%인 6만 558명이 '관심군'으로 분류됐다. 관심군 중 지속적인 관리와 전문 기관에 검사 의뢰가 필요한 '우선 관리군' 학생의 비율이 61.9%(3만 7,478명)에 이르렀고, 자살 위험 수준의 학생도 9,624명이나 되었다.

사회적 건강성에 부정적인 영향을 주는 과도한 사교육 의존도

사교육 의존도가 높아지면서 공교육에 대한 신뢰가 저하되고 과도한 사교육비로 인한 사회적 부담이 커지고 있다. 교육부와 통계청이 공동 발표한 「2015년 사교육비 조사」 결과에 따르면, 2015년 초·중·고교 학생의 사교육비 총액이 약 17조 8천억 원으로 초등학교 7조 5천억 원, 중학교 5조 2천억 원, 고등학교 5조 1천억 원인 것으로 나타났다(통계청, 2016). 이는 정부의 공식 통계이지만, 2016년 교육부의 유아 및 초·중등교육 분야 예산 총액이 41조 5,119억 원이라는 점을 고려하면 매년 사교육에 지출하는 금액이 얼마나 많은지를 잘 보여준다. 더 큰 문제는 사교육을 많이 받을수록 사회적으로 사교육 의존도가 심화되어 개별적으로 경제적 부담이 커도 줄이기가 쉽지 않다는 점이다. [그림 1]에서 보듯이, 사교육비 총액은 전년

[그림 1] 학생 사교육비 총액 규모 및 학생 수

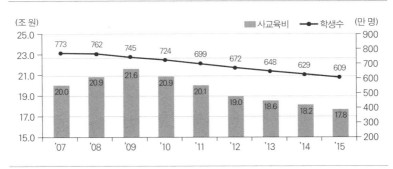

* 자료: 통계청, p.3, 2015

의 18조 2천억 원에 비해 2.2% 감소했으나, 전년 대비 학생수가 3% 감소한 것을 고려하면 오히려 증가했다.

특히 학령 인구의 급격한 감소로 전년 대비 초등학교와 중학교 사교육비 총액은 감소했지만, 고등학교 사교육비 총액은 비슷한 수준을 유지해 대입을 위한 사교육비 부담이 여전히 가중되고 있음을 보여준다. 이는 입시 사교육 의존도가 심화되고 있음을 나타내는 것으로 공교육에 대한 신뢰를 더욱 저하시키는 요소로 작용하고 있다. 나아가 과도한 사교육비 부담은 심각한 사회 문제인 저출산의 요인이 되고 은퇴 및 노후를 위한 경제적 대비를 부실하게 하는 원인이 되어 경제 및 사회생태계의 건강성에 부정적 영향을 미치고 있다.

다양성

교육 내용 측면에서는 교육 과정, 수업, 평가 방법의 다양성을, 교육기관 측면에서는 학교의 다양성을 분석할 수 있다.

학생의 재능과 적성 간과

우리나라는 1960년대 이후 추격형 교육 모델에 따라 표준화된 교육이 압축적으로 이루어졌다. 학생들은 시험 점수를 높이기 위해 교과서를 경전 암기하듯이 공부하며, 교사들 또한 많은 양의 교과서 진도 나가기에 주력했고 선다형 시험을 통한 교과 지식 평가에 익숙했다. 학생들 개개인의 교과에 대한 흥미 여부나 학습 속도 차이는 무시되었으며 교사가 일방적으로 가르치는 강의식 교육이 팽배했다. 교실 수업에서 학생의 다양성은 간과된 채 동일한 교과 커리큘럼의 내용을 교사가 전달하는 방식으로 배우고 같은 시험을 치르게 된다. 이런 학교 교육은 다양한 학생들에게 획일적인 교육을 시키고 같은 결과를 기대한다는 점에서 '공장식 교육'에 비유할 수 있다. 공장식 교육에서는 개인의 다양성 존중은 전체 교육의 생산성을 저해시키는 요소로 인식된다. 그러다 보니 대학 진학을 결정하는 데도 학생들의 재능과 적성, 특기는 무시된 채 학생의 최종 성적이 나오면 수능 점수에 맞춰 서열화된 대학 배치표에 따라 대학과 학과를 선택하는 것이 일반화되었다.

그러나 1990년대에 문민정부가 수립된 후 국내외적으로 세계화와 정보화, 민주화의 흐름이 거세지면서 정부 주도의 계획 경제를 포기하고 사회 각 분야의 자율성을 중요시하면서 이런 공장식 교육의 문제와 한계점이 드러나기 시작했다. 소품종 대량 생산 체제의 산업 시대에 부합한 '표준화' 교육에서 다품종 소량 생산 체제의 후기 산업 시대에 부합할 수 있는 '다양화' 교육으로 나아갈 것을 요구받게 된 것이다. 그 결과 표준화되고 획일적인 학교교육을 다양화하고 학교의 자율성을 높이기 위한 다양한 교육 개혁 정책들이 도입되었다. 그럼에도 여전히 학생 개개인의 재능과 적성에 따른 선택 기회를 극도로 제한하는 표준화된 교육 과정이 운영되고 있으며 획일적인 강의식 수업과 선다형 평가가 주류를 이루고 있다. 공장식 교육에 부합하도록 형성된 교육생태계의 전반적 변화보다는 교육 과정, 수업 방법, 입시 제도 등 일부 변화를 위한 정책들이 산발적으로 시행되었기 때문이다. 학생의 다양성과 창의성을 존중하는 '개인 맞춤식 교육'이 뿌리내리기 위해서는 그에 부합하는 교육생태계 형성이 요청된다.

학교 유형의 다양화가 학교 서열화로 귀결

1990년대 중반 이후 학생과 학부모의 선택권 확대 차원에서 다양한 대안학교의 설립이 허용되고 중·고등학교 유형의 다양화를 촉진하기 위한 정책이 계속 추진되었다. 그러나 학생의 적성보다는 시험 성적 위주의 학생 선발로 인해 입시 교육이 강화되면서 학생들의 다양성을 존중하고 학교별 특성화를 촉진하기보다는 학교 유형 간 서열화를 초래하는 결과를 낳았다. 이로 인해 학부모가 자녀의 학교를 선택할 때 학생의 재능과 적성을 고려하기보다는 대학 입시에 유리한지 그 여부를 중심으로 결정하는 경향이 강화되었다. 그러다 보니 외국어 교육을 특화해야 할 외고에서 명문대 입학률을 높이기 위해 이과반을 별도로 운영한 사례들도 발생했다. 또 이명박 정부 시기에 고교 다양화를 명분으로 자립형 사립고가 확대되었으나, 학교 특성을 살린 다양한 교육 프로그램을 운영하기보다는 입시 명문고가 되기 위한 경쟁이 심해지는 경향이 나타났다.

결국 특목고나 자사고 진학을 위해서 입시 사교육에 의존하고 성적 우수 학생들이 특목고, 자사고로 몰리면서 특목고, 자사고, 특성화고, 일반고 간의 수직적 서열화가 심화되고 일반고가 공동화되는 현상이 초래되었다. 그 결과 특목고나 자사고 졸업생의 이른바 명문대 진학률이 일반고 졸업생에 비해 압도적으로 높은 것으로 나타난다. 예를 들면, 유은혜 의원실(2016)이 발표한 「2016년도 서울대 합격자 현황 분석」에 의하면, 서울대 합격자 수가 많은 상위권 45개 고교가 전체 합격자의 37.4%를 차지했고, 그중 특목고와 자사고가 31개교로 전체의 30.8%를 차지했다. 또한 2006년에 일반고 출신 합격자가 79.9%(기회 균형 전형 포함)이었으나 2016년에는 이 비율이 49.7%로 크게 감소한 것으로 나타났다. 서울대 합격자 중 절대 다수가 소수의 특목고와 자사고 출신들로 집중되는 현상이 심화되고 있음을 보여준다.

이는 대학 입시 제도에 의한 대학 서열화가 고착화된 상황에서 일부 유형의 고등학교에만 학생 선발의 특혜를 부여하면 학교 특성에 따른 수평적 다양화보다는 입학 성적에 따른 수직적 서열화를 초래할 가능성이 크다는 것을 보여준다. 따라서 고등학교가 학생의 다양성을 키우고 학교 특성을 살린 질 높은 교육 프로그램을 운영하도록 촉진하기 위해서는 수능 성적보다는 고등학교에서 운영한 교육 프로그램을 중요하게 평가하는 대학 입시 제도로 변화해야 한다. 또 학생 누구나 자신의 재능과 특성을 살려 자기 주도적이며 창의적인 인재로 성장할 수 있도록 교육 과정의 다양화를 비롯해 개별화된 교수

학습 방법과 그에 부합하는 평가 방법, 학생의 다양성을 존중하는 학교 문화가 요청된다. 그래야 학생들이 학교생활뿐만 아니라 진로를 선택하는 데 자신의 재능과 적성을 존중하면서 다양한 관점을 키워나갈 수 있다.

연계성

초·중등·고등교육 제도 간의 종적인 연계 측면과 함께 교육과 직업 세계, 지역 사회 간의 횡적인 연계 측면을 분석할 수 있다.

초·중등·고등 제도 간의 종적인 연계 미비

우리나라의 교육 제도는 해방 이후 빠른 속도로 확대되어왔다. 이에 교육생태계는 유아교육부터 초·중등교육, 고등교육, 평생교육에 이르기까지 다양한 교육 영역을 포괄하게 되었다. 급속한 경제 및 사회 변화와 관련하여 이들 여러 교육 영역 간의 연계를 통해 창의적 인재 양성 및 생애 주기별 교육의 중요성이 갈수록 커지고 있다. 그럼에도 여전히 교육에 대한 관심이 주로 입시 제도에 집중되다 보니 상대적으로 여러 교육 영역 간의 연계를 통해 교육 전반의 시너지 효과를 높이기 위한 정책들은 간과되고 있다.

우리나라는 대학 진학률이 거의 80%에 이른다는 점에서 중등교육과 대학교육의 연계가 매우 중요하다. 특히 대학 입시 제도가 중등교육은 물론이고 초등교육에까지 큰 영향을 미치는 상황에서 대입 전형은 중등교육과 대학교육의 연계를 촉진함으로써 중등교육의 변화를 유도할 수 있는 중요한 방안이다. 그러나 그동안 선다형 시험 위주의 대입 전형은 대체로 교과 지식을 얼마나 많이 알고 있는가에 초점을 맞췄을 뿐, 교과 지식을 활용해 무엇을 할 수 있는지는 간과해왔다. 그 결과 교과 지식에 초점을 맞춘 시험을 위해 많은 시간을 쏟고 과도한 사교육비를 부담해야 할 뿐만 아니라, 대학교육과 사회생활을 위해 꼭 필요한 핵심 역량을 함양할 중요한 시기를 놓치게 되었다. 따라서 고교교육을 통해 대학교육이나 사회생활에 필요한 역량을 함양하기 위해서는 대입 전형에서 학생 선발의 주요 판단 기준을 배운 지식을 활용해 무엇을 할 수 있는가에 두어야 할 것이다. 즉, 고교교육 과정과의 연계를 고려하되 고교교육 과정을 통해 대학교육에 필요한 역량을 얼마나 갖추었는가를 기준으로 해야 한다는 것이다. 최근 대입 전형에서 중요도가 커지는 학생부 전형도 이런 관점에서 문제점과 한계들을 보완해나갈 필요가 있다.

이를 위해서는 대입 전형에서 '고교교육 과정을 통해 어떤 역량을 갖추었는가'와 '성공적인 대학생활을 위해서는 어떤 역량을 갖추어야 하는가'가 연계되도록 해야 할 것이다. 성공적인 대학생활을 위해서는 비판적 사고력·분석적 사고력·문제 해결력, 호기심·흥미, 비판적인 피드백 수용 능력, 실패에 대한 개방성, 글·말을 통한 의사 표현 능력, 다양한 정보의 중요성과 신뢰성 분별 능력, 추론 및 결론 도출 능력 등이 필요하다(Conley, 2005: 최상덕 외, 2015). 이런 요소들은 교과 지식 자체보다는 그 지식을 활용해 창의적으로 사고하고 문제를 해결할 수 있는 핵심 역량들이라고 할 수 있다. 고교 학생들이 교과 수업 시간에 토론, 실험, 프로젝트 등을 통해 적극 참여하면서 교과에 대해 흥미를 갖고 이런 핵심 역량을 함양할 수 있다면 대학교육의 질을 높이는 데도 크게 기여할 것이다. 따라서 대학은 신입생들을 이와 같은 핵심 역량을 위주로 선발하기 위한 전형 방안을 제시하여 학생들이 고교교육을 통해 이런 핵심 역량을 함양하도록 하는 촉매제 역할을 해야 할 것이다.

교육과 직업 세계, 지역 사회 간의 연계 미비

초·중등생들은 교과 지식을 반복해서 배우기 위해 하루 대부분을 학교와 학원에서 보내느라 정작 미래 사회에서 필요로 하는 지식과 역량을 습득할 기회를 놓치고 있다. 대학생들 또한 대학에서 키우는 능력과 직업 세계 및 사회에서 요구하는 능력 간의 불일치로 인해 별도로 취업 준비를 위해 소위 '스펙'을 쌓느라 많은 시간과 경제적 비용을 부담하고 있다. 이런 현상들은 교육기관과 기업 또는 지역 사회 간 연계가 미비함을 나타낸다. 최근 졸업을 앞두고 대학생들 중 취업 준비를 위해 인턴십과 같은 현장 경험을 희망하는 수가 증가하고 있다. 인턴십은 대학에서 배운 역량을 실제로 적용해보고 산업 현장에서 요구되는 역량을 직접 배울 수 있는 기회를 제공할 뿐만 아니라 취업 기회를 높일 수 있다. 그러나 학생들이 취업하고 싶은 분야의 직종에서 인턴십을 할 수 있는 기회를 찾기가 쉽지 않다. 이를 위해서는 교육기관들과 산업계 및 지역 사회가 서로 정보를 교류하고 협력할 수 있는 교육생태계 구축이 요청된다(최상덕 외, 2015). 구체적으로 대학 측에서는 학생들이 대학교육을 통해 어떤 역량을 갖추었으며 원하는 인턴십 분야와 기간 등을 소개하고 기업 측에서는 어떤 인턴을 원하며 인턴십을 통해 경험할 수 있는 일과 근무 조건 등을 제시할 수 있는 플랫폼이 필요하다. 이를 위해 대학은 인턴십을 지원하고 평가할 수 있는 주요 기준을 마련하며, 기업 및 지역사회와의 협력을 통해 대학 교육 및 인턴십의 질을 제고하기 위한 노력을 지속적으로 해나가야 할 것이다.

역동성

부모의 경제력이 교육에 미치는 정도와 함께 교육이 계층 이동의 사다리 역할을 하는지 분석할 수 있다.

부모 소득의 영향력 확대에 따른 교육 격차 심화

사교육의 영향력이 확대됨에 따라 부모 소득에 의한 교육 격차가 심화되면서 공교육의 역할이 축소되고 있다. 소득에 따른 사교육 차별화가 심화되고 사교육에 의한 교육 격차가 확대될수록 교육이 계층 이동의 사다리 역할을 하기보다는 오히려 계층 간 격차를 확대하는 데 기여하기 때문이다. 특히 소득에 따라 사교육비 지출과 참여율에 큰 차이를 보이는 것은 부모의 경제력에 따른 불공정한 경쟁이 이루어지는 것을 나타내는 것으로 공교육에 대한 불신을 심화시키는 요인이 되고 있다.

[그림 2]는 소득 수준별 학생 1인당 월평균 사교육비와 참여율이다. 그림에서 보듯이, 월 소득 700만 원 이상 가구의 학생 1인당 월 사교육비가 42만 원에 참여율이 82.8%인데 비해, 월 소득 100만 원 미만 가구의 학생 1인당 월 사교육비는 6만 6천 원에 참여율은 32.1%이다. 사교육시장이 소득에 따라 차별화되면서 부모 소득에

[그림 2] 가구 소득 수준별 학생 1인당 월평균 사교육비 및 참여율

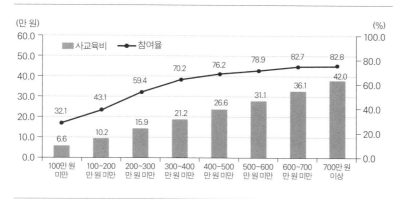

* 자료: 통계청, p.5, 2015

의한 교육비 투자 격차가 확대되고 있음을 나타낸다. 이런 사교육시장의 확대와 차별화는 현 입시 제도 아래에서 고소득층 자녀들이 비싼 사교육을 통해 주로 특목고나 자사고 진학을 거쳐 상위권 대학에 진학하는 것이 유리하다는 것을 반증한다. 따라서 소득에 따른 사교육비 격차의 확대는 학생 간 불공정한 경쟁을 유도함으로써 점차 학생들의 자발적인 학습 의욕을 저하시키고 교육생태계의 역동성을 약화시킬 수 있다는 점에서 심각한 문제다. 이런 상황에서 학교교육이 사교육에 의한 불공정 경쟁을 해소하지 못하고 사교육에 밀리는 모습을 보이면서 공교육에 대한 신뢰가 추락하게 되었다. 단적으로 많은 학생들이 밤 늦게까지 학원에서 공부하고 학원 숙제를 하느라 정작 학교에 와서는 피곤해 자는데도, 학교는 뚜렷한 대안을 찾지 못하고 안타까워 할 뿐이다. 이는 사교육이 공교육을 보완하는 수준을 넘어 공교육을 무력화시키고 대체해가는 상황이라고 할 수

있다. 더 큰 문제는 이와 같이 과도하게 팽창한 사교육시장은 끊임없이 학교교육에 대한 학부모와 학생의 불안감을 조장하여 공교육의 위기를 더욱 증폭시킬 우려가 있다는 점이다.

대학 서열화 고착으로 인한 계층 이동의 사다리 역할 후퇴

고교 서열화가 심화되고 대학 서열화가 더욱 고착화될수록 교육이 계층 이동의 사다리 역할을 못한다는 비판의 목소리가 커지고 있다. 단적인 예로 앞에서 살펴보았듯이, 2006년에는 서울대학교 합격자 중 일반고 출신이 79.9%(기회 균형 전형 포함)를 차지했으나 2016년에는 이 비율이 49.7%로 크게 감소한 대신, 소수의 특목고와 자사고 출신들로 채워졌다. 이런 흐름 속에서 정부의 국고 지원 또한 소수의 상위권 대학에 집중되면서 상위권 대학들과 타 대학들 간 교육 격차가 확대되고 있다. 정진후 의원실(2014)이 발표한 「2013년 대학별 고등교육 재정 지원 분석」에 따르면, 고등교육기관 442개 전체에 분배된 국비 지원액 총액 약 10조 5천억 원 중 서울대, 고려대, 연세대 3개 대학에 10%인 1조 5천억 원이 지원된 것으로 나타났다. 특히 지방 국립대의 역할이나 비중이 축소되고 있다. 이처럼 상위권 대학들에 대한 정부의 국비 지원이 편중되고 대학 서열화가 고착화될수록 대학들은 입학한 학생들을 잘 가르치고 대학을 특성화하려는 노력보다는 성적이 우수한 학생들을 선발하기 위한 경쟁에 주력하게 된다. 또한 사회적으로 학벌이 중요해질수록 수도권에 위치한 상위권 대학 출신들이 전문직·고소득 직종 취업에 유리해지면서 상위권 대학을 향한 입시 경쟁은 더욱 치열해진다. 학령기 학생 수 감소로 적지 않은 대학들이 신입생 확보에 어려움을 겪고 있음에도, 상위권 대학을 진학하기 위한 입시 경쟁이 더 치열해지는 것은 이 때문이다. 그럴수록 많은 학생들은 대학을 진학할 때 학문적 관심과 적성을 고려하기보다는 대학 서열 순위만 보고 결정한다. 그러고는 진학 후에 전공 공부에 흥미를 느끼지 못하고 결국 뒤늦게 전공을 바꾸는 경우도 늘어난다. 교육이 계층 이동의 사다리가 아니라 오히려 과도한 사회적 비용을 야기하는 요인으로 지적되는 이유다.

이와 같이 사교육의 영향이 큰 상황에서 비싼 사교육을 통해 상위권 대학에 진학한 학생들에게 정부의 혜택이 집중된다면 교육은 오히려 사회적 계층 이동을 제약하고 사회 불평등을 심화시킨다. 특히 1990년대 말 외환위기 이후 경제적 소득 격차가 심화되는 상황에서 부모 소득에 따른 사교육의 영향력이 커지면서 대학 서열화가 고교 서열화로 확대되고 교육 전반의 역동성이 감소하는 결과를 낳고 말았다.

유연성

학생 개인 맞춤형의 유연한 교육을 위한 교사의 자기 효능감 측면과 미래 사회의 요구에 부응할 수 있는 학생의 미래 핵심 역량 측면을 분석할 수 있다.

획일적 교육 시스템과 교사의 자기 효능감 부족

미래 사회에서 요구하는 창의적 인재를 양성하기 위해서는 획일적인 교육에서 벗어나 개인의 재능과 적성을 고려한 개별화된 교육이 가능해야 할 것이다. 다시 말해 개인 맞춤형 교육을 통해 학생 개개인이 가진 창의적 잠재력을 최대한 발휘할 수 있도록 해야 한다.

그동안 학교교육이 사회 변화에도 불구하고 학생 개개인에 대한 관심과 배려보다는 표준화된 교육 과정 운영과 획일적인 수업 방법을 고수하다 보니 공교육에 대한 사회적 불만이 축적되어왔다. 한편에서는 획일적 학교교육을 탈피하기 위해 대안교육 형태의 다양한 교육 개혁 흐름이 이어졌으나 학교교육의 흐름을 바꾸기에는 역부족이었다. 이와 같이 획일적 학교교육을 지속시키는 데는 선다형 수학능력시험 제도와 학교 시험이 크게 작용하고 있다. 모든 수험생을 대상으로 치러지는 선다형 수능 시험은 학교에서 획일적 수업과 시험을 지속시키는 요인이라고 할 수 있다. 학생들은 하루 종일 학교와 학원을 전전하며 장시간을 공부하는데도 정작 스스로 하고 싶은 공부를 선택하고 자발적으로 참여할 수 있는 기회는 거의 없다. 예를 들어, 핀란드와 한국은 OECD 학업성취도평가PISA에서 둘 다 상위권에 속하지만 핀란드 교육이 학생들에게 여유를 주고 유연한 반면, 한국 교육은 학생들에게 시험 부담이 크며 교육 과정이 경직되고 암기식으로 배운다는 큰 차이가 있다(Pearson, 2012). 그 결과 핀란드 학생들은 우리나라 학생들에 비해 사교육에 의존하지 않을 뿐만 아니라 훨씬 적은 시간을 공부하고도 거의 비슷한 학업 성취도를 보이고 있다.

이처럼 시험의 압박이 크고 경직된 교육 속에서는 학생들이 공부에 흥미를 느끼고 창의성을 키울 여유를 갖기가 어렵다. 이런 교육생태계의 혁신 없이 일부 국가 교육 과정을 유연화하거나 입학사정관 제도를 도입하는 등 단편적 개선 방안들이 시행되었지만 의도한 성과를 거두기보다는 오히려 사교육의 급속한 팽창을 초래하는 부작용의 여파가 컸다. 따라서 창의적 인재를 양성하기 위해서는 학생들이 배움의 즐거움을 경험하고 스스로 관심 있는 분야에 몰입할 수 있는 내실 있고 유연한 교육을 지원할 수 있는 교육생태계의 조성이 무엇보다 중요하다.

학생들의 학습 흥미를 이끌어내고 자기 주도 학습 능력을 함양하는 데 매우 중요한 지표가 바로 교사들의 자기 효능감self-efficacy일 것이다. OECD에 따르면 교사의 자기 효능감은 '교사가 학생의 학습 동기, 학업 성취 등에 긍정적으로 영향을 줄 수 있다는 자신의 능력에 대한 믿음'으로 정의된다(김갑성 외, 2011). 교사의 자기 효능감이 높을수록 학생을 성공적으로 교육하고, 학생의 인지 능력 발달에 적합한 학습 환경을 조성하며, 권위적 통제 방법이 아닌 설득 방법을 통해 학생의 내적 흥미와 학업 자발성을 발달시키는 데 긍정적 영향을 줄 수 있다(김갑성 외, 2011:41).

그러나 2009년에 발표된 OECD의 교원 및 교직 환경 국제 비교 조사(이하 TALIS) 결과, 우리나라 교사의 자기 효능감은 참가국 중 가장 낮고 직무 만족도도 낮은 편으로 나타났다(김갑성 외, 2011). 2013년에 발표된 조사 결과에서도 우리나라 교사의 자기 효능감은 34개국 중 하위 5번째로 낮았고, 교사의 직무 만족도 또한 '교사가 된 것을 후회한다'는 응답이 20.1%로 참여국 중 가장 높았다(허주 외, 2015:128-131). 우리나라 초·중등교육 교사들은 상위 5%에 속하는 학생들이 지원할 정도로 우수한 집단임에도 자율성과 전문성을 발휘할 수 있는 여건이 마련되지 않아 교사들의 자기 효능감과 직업 만족도가 낮게 나타난 것이다. 교사의 자기 효능감은 교사의 자율성 및 전문성과 관련이 깊고, 직무 만족도와도 관련된다는 점에서 학생뿐만 아니라 교사를 위해서도 학생 개개인의 창의적 역량을 함양할 수 있는 유연한 교육이 절실히 요청된다. 따라서 학생의 학습 참여를 촉진할 수 있는 프로젝트 수업, 발표 중심 수업, 형성평가 등이 가능하도록 교사들에게 교육 과정 편성 및 평가의 자율성을 부여하고 전문성을 신장하고 발휘할 수 있는 여건을 마련해주는 것이 매우 중요하다(김갑성 외, 2011).

미래 사회에서 요구되는 핵심 역량 교육 소홀

옥스퍼드대학교 연구에 따르면, 현재 초등학교에 입학하는 학생들이 사회에 진출할 20여 년 후에는 지금 존재하는 직업군들 중 거의 절반이 사라질 가능성이 높다(Schwab, 2016:69). 이미 단순 반복 업무의 일자리는 업무 자동화에 의해 빠른 속도로 사라지고 있다. 이는 과학기술의 발전으로 표준화된 지식을 필요로 하는 직업의 상당 부분이 컴퓨터나 로봇 등으로 대체될 가능성이 높다는 것을 의미한다. 반면에 불확실한 상황 속에서 의사결정을 하거나 창의적 아이디어를 개발하는 등 사회적이고 창의적 능력을 필요로 하는 직업은 상대적으로 대체될 가능성이 낮은 것으로 나타난다. 이에 OECD는 미래에 성공적 삶을 살아가는 데 필요한 지식, 스킬, 태도, 가치, 윤리를 포괄하는 개념으로 역량을 정의했다(OECD, 2005; 최상덕 외, 2013). 따라서 미래 사회에서는 교과서 지식을 획일적으로 배우기보다는 자기 주도적으로 학습하고 배운 지식을 활용해 창의적으로 사고하고 문제를 해결할 수 있는 실행 능력과 역경을 이겨내고 목적을 성취할 수 있는 적극적 가치와 태도 함양이 중요하다.

한마디로 미래 사회에서는 창의적 사고력, 협력적 실행 능력, 공감적 가치와 태도를 갖춘 창의적 인재를 양성하기 위한 교육이 요구된다. 우리 정부에서도 2018년부터 적용될 2015 개정 교육 과정의 총론에서 핵심 역량으로 자기 관리 역량, 정보 처리 역량, 창의적 사고 역량, 심미적 감성 역량, 의사소통 역량, 공동체 역량, 이 여섯 가지로 제시하고 있다. 이렇듯 미래 핵심 역량 교육은 갈수록 중요해지고 있다.

그러나 그동안 우리나라에서는 지식 암기 위주의 교육으로 미래 핵심 역량 교육이 소홀했다. [그림 3]은 2011~2013년 사이에 초·중·고교 학생들이 자신들의 미래 핵심 역량 수준을 5점 척도로 진

[그림 3] 초 · 중 · 고교 학생들의 핵심 역량 수준 비교

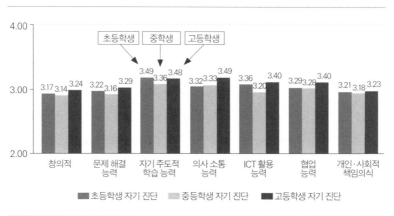

* 출처: 최상덕 외, p.61, 2014

단한 결과다. 그래프 중 왼쪽 청색이 초등학생, 가운데 주황색이 중학생, 오른쪽 녹색이 고등학생을 나타낸다. 그래프에서 보듯이, 미래 핵심 역량 가운데 의사소통 능력과 협업 능력을 제외한 대부분의 능력에서 초·중·고교 학생 중 중학생의 핵심 역량 수준이 가장 낮은 V자 형태로 나타났다. 이는 중학교에 입학하면 입시를 위한 시험 위주 교육을 하면서 미래 사회에서 중요한 창의력, 문제 해결 능력, 자기 주도적 학습 능력 등을 함양할 교육 기회가 감소하기 때문이다. 고등학생의 핵심 역량은 대체로 중학교 때 저하된 만큼 회복하거나 그보다 약간 향상된 수준을 보인다. 따라서 미래 핵심 역량이 초등학교에서 중학교, 고등학교를 거치는 동안 지속적으로 함양될 수 있도록 교육 과정 연계 및 입시 제도 개선이 요청된다.

3. 생태계

교육생태계의 구축 방향

학생 개개인이 교육을 통해 창의적 인재로 성장할 수 있기 위해서는 정부와 시장의 양 극단을 넘어 교육의 공공성을 강화할 수 있는 교육생태계의 형성이 필요하다. 정부 주도로 교육의 표준화와 획일화가 지속된다면 학습자의 관심과 특성을 살린 창의적 인재 양성이라는 사회적 요구에 부응하기가 쉽지 않다. 또한 교육이 경쟁과 시장의 원리에 맡겨질 경우 입시 경쟁이 더 치열해지고 사교육이 확대되어 학교 간 서열화와 교육 격차가 심화된다는 것도 경험했다. 예를 들면, 이명박 정부 시기에는 고교 다양화를 위해 자립형 사립고를 확대하고 학교 간 경쟁을 강조한 결과 학교들 간의 수평적 다양화보다는 특목고, 자사고, 특성화고, 일반고로 이어지는 수직적 서열화가 초래되었다(최상덕 외, 2012). 고교 서열화가 심화될수록 입시 경쟁은 더 치열해졌고 사교육 확대를 촉진했다. 사교육 확대의 심각성은 과도한 사교육비도 문제지만 학생들로 하여금 학교와 학원을 맴돌며 입시 공부에 지치게 만들어 미래 사회에서 요구되는 창의성, 협업 능력, 공감 능력 등을 키울 시간과 의욕을 앗아간다는 데 있다.

창의적 인재 양성이 정부의 실패와 시장의 실패로 귀결되는 것을 피하기 위해서는 교육의 유연성을 높이면서도 교육의 공공성을 높일 수 있는 새로운 접근이 요청된다. 교육은 개인의 자아실현은 물론이고 경제 발전과 사회 통합에 기여한다는 점에서 공공 이익에 기여하는 공공재적 특성이 있으므로, 성숙한 시민의식과 사회성 및 창의성을 갖춘 인재를 양성할 수 있도록 다양한 사회기관들의 참여와 협력이 필요하다.

미래 핵심 역량 함양을 위한 혁신적 학습생태계 모형

호주에서는 핵심 역량 교육을 통해 교육 과정과 학생 현실 및 진로의 단절, 학생과 지역 사회의 단절을 극복하고 연결하여 학생들이 교육에 참여하고 실제 사회와 '다시 연결reconnecting'되는 것을 중시한다. 핵심 역량 교육 과정 개발에도 학교와 지역 사회가 함께하는 공동 개발, 학생의 관심과 경험에 기반을 둔 맞춤형 학습, 학교교육과 실제 사회의 연결, 주제 중심의 통합 교육을 주요 원리로 삼고 있다(최상덕 외, 2014). 이처럼 미래 사회에서 요구되는 핵심 역량을 함양하기 위해서는 학교와 지역 사회의 연결을 촉진할 수 있는 학습생태계의 구축이 요청된다. 여기서 '학습생태계'라 함은 공급자 위주의 관점보다는 학습자 위주의 관점을 강조하기 위한 것이다. 학습자 관점에서는 학교교육과 학교 밖 교육, 교육과 훈련 간의 단절과 구분보다는 연계와 연결이 중요해지기 때문이다. 이와 같이 학습자가 학교와 가정, 사회를 넘나들며 언제 어디서나 주도적으로 학습할 수 있기 위해서는 혁신적 학습생태계의 구축이 필요하다.

[그림 4]는 미래 핵심 역량 교육을 위해 학교 내외의 다양한 정규 및 비정규 교육이 연계된 혁신적 학습생태계 모형이다. 그림에서 보듯이, 혁신적 학습생태계는 학생들의 미래 핵심 역량을 함양하기 위해 학교뿐만 아니라 지역 사회의 다양한 개인과 기관들이 파트너십을 기반으로 폭넓은 학습 네트워크를 형성한다는 점에서 집단지성 시대의 교육에 부합한다. 특히 학교가 학생 개개인의 적성과 강점을 고려한 맞춤형 학습을 제공하기 위해서는 대학, 지역 사회, 산업계를 포함한 다양한 이해 당사자들이 참여하고 협력할 수 있는 학습생태계 구축이 필요하다.

혁신적 학습생태계의 구축 방향과 과제

정규 학습과 비정규 학습, 기존 교육기관과 신규 교육기관이 연계된 혁신적 학습생태계가 구축되기 위해서는 학습자 주도성, 학교의 허브 역할 강화, 디지털 기술의 활용, 학교와 지역 사회의 파트너십, 학부모의 관심과 참여 등이 매우 중요하다. 이들을 중심으로 미래 핵심 역량의 함양을 위한 혁신적 학습생태계의 구축 방안을 제시하

[그림 4] 혁신적 학습생태계 모형: 교육 공간 및 영역의 확장

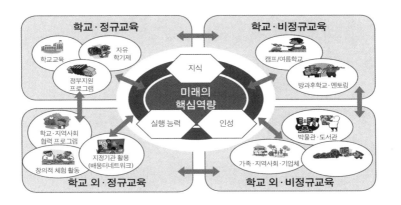

* 자료: 최상덕 외, p.36, 2014

면 다음과 같다.

첫째, 학습자 주도성이 존중되어야 한다. 특히 학생들의 흥미와 관심, 학습 준비도 및 학습 속도 등에 맞춘 학습이 이루어져 학생 누구나 자신의 잠재된 창의성을 이끌어낼 수 있도록 하는 것이 중요하다. 그래서 학습자가 언제든지 필요하면 주도적으로 정규 학습과 비정규 학습, 기존 교육기관과 신규 교육기관 간의 경계를 넘나들며 학습할 수 있어야 한다. 평생학습이 중요해질수록 기업에서 중시하는 핵심 역량이 자기 주도 학습 능력이라고 할 수 있다.

둘째, 학교가 학습생태계 구축을 위한 허브 역할을 수행해야 한다. 교사가 학생들의 능동적 참여를 촉진하기 위해서는 지역 사회의 다양한 시설과 기관들을 활용할 수 있는 교육 기획력이 요구된다. 따라서 학교는 지역 학습생태계를 형성하는 허브 역할을 수행할 수 있

도록 교사 공동체의 관심과 참여를 촉진할 수 있는 여건을 조성해야 한다. 특히 교사들이 학생 맞춤형 수업을 할 수 있기 위해서는 교사의 자기 효능감이 높아야 하기 때문에 획일적 교과 수업과 선다형 지필 고사의 부담에서 벗어나 학생 참여 수업을 운영하고 평가할 수 있도록 자율성과 전문성이 제고되어야 할 것이다.

셋째, 디지털 기술을 적극 활용해야 한다. 구체적으로 거꾸로 학습flipped learning과 같이 온라인과 오프라인 학습을 연계한 하이브리드형 교수·학습 방법을 촉진해야 할 것이다. 거꾸로 학습은 '학생들의 참여를 이끌어내고 아이들의 배움을 더욱 깊고 넓게 전환시켜줄수 있는 교수 학습 전략'으로, 기초 지식은 온라인 학습을 통해 수업을 받기 전에 배우고, 수업 시간에는 고차적 사고력을 키울 수 있다(버그만·샘즈, 2015:18). 나아가 칸 아카데미Khan Academy, MOOC 등과 같은 다양한 교육 플랫폼들을 수업에 적극 활용해야 할 것이다.

넷째, 학교와 지역 사회의 파트너십이 형성되어야 한다. 이를 위해서는 학교가 추구하는 교육 비전을 지역 사회와 공유하고, 목표 달성을 위해 협력하며 성과를 공유할 수 있어야 한다. 미래 핵심 역량 함양을 위한 학습생태계 구축은 장기적으로 지속될 수 있도록 폭넓은 사회적 공감대 형성이 관건이라는 점에서도 지역 사회의 협력과 지원이 매우 중요하다. 따라서 핵심 역량 교육 과정 개발에서 학교와 지역 사회의 파트너십 형성, 학교 교육과 실제 사회의 연결 등을 주요 원리로 해야 할 것이다.

다섯째, 학부모의 관심과 참여를 촉진할 필요가 있다. 특히 우리나라는 학부모들이 자녀 교육에 관심이 많기 때문에 미래 핵심 역량 교육의 중요성에 대한 학부모의 지지 여론 형성이 매우 중요하다. 특히 학부모는 학교교육의 파트너임과 동시에 지역의 주민이므로 학교와 지역 사회를 잇는 가교 역할을 잘할 수 있다. 자유학기제를 운영하는 많은 중학교에서 구성된 학부모 지원단이 진로 체험 활동 지원 등을 통해 학교와 지역 사회를 연계하는 역할을 수행하는 것은 좋은 사례라고 할 수 있다.

혁신적 교육생태계 구축의 골든타임

세계 유례가 드문 저출산 및 고령화 추세로 인해 생산 활동 인구가 빠른 속도로 감소하고 생산 활동 인구의 부양 부담이 크게 증가하면서 지속 가능한 경제 발전과 사회 통합을 위한 교육의 역할에 대한 요구가 커지고 있다. 인구 추계에 따르면, 2010년에는 0~14세의 유소년 인구 비율이 저출산으로 크게 감소해 16.1%인 반면, 65세 이상 고령 인구의 비율은 11.0%에 머물러 15~64세의 생산 활동 인구의 비율이 72.9%로 최고점을 나타냈다. 이 경우 대략 생산 활동 인구는 2.7명이다. 중장기 인구 추계에 의하면, 2010년에 비해 2020년에는 유소년 인구의 비율이 13.2%로 2.9% 감소한 반면, 고령 인구 비율은 15.7%로 4.7%나 증가해 생산 활동 인구 비율이 71.1%로 1.8% 감소하여 부양 인구(유소년+노년)에 대한 부양 부담이 증가한 것으로 나타났다(최상덕 외, 2012). 더 심각한 것은 그 다음부터인데, 2030년에는 유소년 인구가 12.6%로 감소하는 반면에 65세 이상 고령 인구가 전체 인구의 24.3%로 급증하면서 생산 활동 인구 1.6명이 부양 인구 1명을 부담하게 될 전망이다. 이런 인구 추계가 지속되면

2060년에는 생산 활동 인구 1명이 부양 인구 1명을 부양하게 되면서 그 부담이 더욱 가중된다. 이와 같이 저출산에 따른 학령 인구의 급격한 감소는 초·중등학교 통폐합과 대학교육의 구조조정을 압박하는 요인이 되며, 생산 활동 인구 비율 감소와 고령 인구 급증은 성인 재교육 및 고령자 교육에 대한 수요를 증가시켜 교육생태계의 변화를 요구하고 있다.

이런 인구 구조의 변화를 고려할 때 2010년에서 2020년까지는 생산 활동 인구 1인당 부양 비율이 낮은 시기로, 이후 나타날 인구 구조의 급격한 변화에 대비해 교육을 혁신할 절호의 기회다. 그러나 교육 혁신의 청사진에 대한 사회적 합의도 마련하지 못한 채 귀중한 시간이 흘러가고 있다. 따라서 학습-고용-복지가 연계된 혁신적 학습생태계가 구축되어 생산 활동 인구의 생산성을 높이고 고령 인구의 웰빙에 기여할 수 있는 방안이 조속히 마련되어야 할 것이다. 그래서 유·초·중등 및 대학교육의 질을 높이고 교육과 산업계 및 지역 사회의 연계를 강화해 사교육 부담을 줄이며, 학령기뿐만 아니라 성인이 되어서도 누구나 언제든 필요로 하는 교육과 훈련에 참여할 수 있도록 해야 한다. 특히 인공지능의 발전에 따른 일자리 감소, 인간 수명 연장 등이 예측되는 상황에서는 학교와 대학과 직장, 지역 사회를 넘나들며 원할 때 필요한 것을 배울 수 있는 평생학습생태계가 구축되어야 할 것이다.

혁신적 학습생태계 구축을 위한 학교 및 정부의 역할 변화

우리나라 교육은 쇠퇴와 진화의 기로에 서 있다. 과도한 사교육 확대로 교육이 더 이상 계층 이동의 사다리 역할을 하지 못할 뿐만 아니라 교육과 사회의 단절로 인해 미래 사회를 이끌어갈 창의적 인재 양성에도 실패하고 있다. 오랫동안 획일적 지식 교육과 선다형 시험이 지속되면서 사교육 의존도가 높아지고 교사의 자기 효능감이 저하된 것이 이를 단적으로 보여준다. 이는 교육이 과거의 패턴에서 벗어나지 못한 채 4차 산업혁명을 대비해야 하는 시대적 요구에 부응하지 못하고 있음을 의미한다. 이와 같은 정체가 지속될수록 교육의 쇠퇴는 물론이고 사회적으로 부담해야 할 비용도 감당할 수 없을 만큼 커질 전망이다. 따라서 사교육 의존도를 줄이고 미래 사회를 이끌어갈 창의적 인재를 양성할 수 있는 교육생태계로 진화할 수 있는 혁신적 방안을 찾아야 할 것이다. 특히 학생 개개인이 사교육에 의존하지 않고 자신의 강점을 살려 창의적 인재로 성장하기 위해서는 학생 스스로 자기 주도적 학습 능력을 함양할 수 있도록 학교와 가정, 사회가 연계된 혁신적 학습생태계를 구축하는 것이 필요하다.

학생들이 교육을 통해 미래 핵심 역량을 함양하고 창의적 인재로 성장할 수 있기 위해서는 학교 교육 과정, 수업 방법, 평가 방법, 교육 지원 시스템 전반의 혁신이 요구된다. 여기서 중요한 것은 학교가 이런 변화를 주도함으로써 사교육비 부담을 줄일 뿐만 아니라 다양한 교육 당사자들을 연결하는 허브 역할을 할 수 있어야 한다는 점이다. 특히 학교 밖의 학습이나 경험이 필요할 경우에는 학교와 지역 사회의 협력에 기반을 둔 학습생태계를 통해 해결하는 것이 중요하기 때문이다. 따라서 학교가 학생들의 관심과 진로에 따라 다양한 선택의 기회를 제공할 수 있도록 민·관·산·학이 협력해서 혁신적 학습생태계의 구축을 적극 추진해야 할 것이다.

　마지막으로 혁신적 학습생태계의 구축을 위해서는 정부의 역할이 조정될 필요가 있다. 현재 교육 관련 권한과 책임이 교육부에 집중되어 있기 때문에, 교육 정책을 계획하는 것부터 사업을 실행하고 평가하는 데 이르기까지 전 과정을 교육부가 수행하고 있는 상황이다. 그러다 보니 정책 집행이 하향식으로 이루어지기 쉽고 사업 시행에 대한 엄정한 평가와 피드백이 사실상 쉽지 않다. 따라서 교육부가 칸막이식으로 정책을 실행하기보다는 정책들을 종합적인 관점에서 기획, 조정하고 평가, 개선하는 역할을 수행할 필요가 있다. 이를 위해서는 교육부에 집중된 권한과 책임 중 실행에 관련된 업무는 교육 관련 전문기관들과 지역 교육청, 학교 등에 과감히 이양하고 다양한 교육 당사자들의 협력과 참여를 촉진하기 위한 조정과 지원에 주력해야 할 것이다.

11장

국정 운영과
국가정책생태계

정용덕

서울대학교 행정학 명예교수 겸 금강대학교 행정학 석좌교수

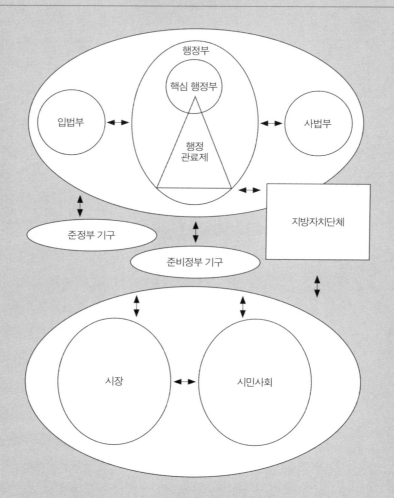

국정 운영과 국가정책생태계

1. 현상

한국은 역사적으로 국가주의 전통이 강하게 배태된 나라다. 대한민국 출범 이후조차도 '유신 체제'와 '5공 체제'라는 극도로 자유주의가 위축되고 국가주의가 성행했던 15년(1972~1987)의 시기를 거쳐야 했다. 다만, 1987년 민주주의 이행 이후 개인주의적 자유주의의 확대와 국가주의의 이완이 동시에 이루어지고 있는 중이다. 이 과정에서 국정 운영상의 많은 혼란과 갈등, 그로 인한 국가정책의 교착과 시행착오가 만연하고 있다(정용덕, 2016).

전환기 한국에 배태된 공익 관념과 국정 운영의 특성을 생태계와 연계해서 다음과 같이 정리해볼 수 있을 것이다. 첫째, 오랜 역사를 통해 전통적으로 일반 이익으로서의 공익관이 지배적으로 자리 잡았으나, 지난 한 세대에 걸친 민주주의 공고화에 따라 개인주의적 자유주의가 대두되고 그로 인해 개인 이익의 합으로서의 공익 관념도 빠르게 배태되고 있다. 이는 가치 체계 면에서 생태계의 다양성이 크게 증대되고 있음을 의미한다.

둘째, 대한민국 정부 수립 이후, 특히 근대화 선진국들을 '따라 잡기' 위해 국가 주도의 산업 구조 고도화를 추진했던 시기에, 목적국가 패러다임의 국정 운영 체계가 제도화되었다. 다만 1980년대 이후, 특히 1997년의 외환위기 극복 과정에서 국가 역할 축소와 행정의 탈관료제화를 지향하는 친시장적 정부 개혁이 시도됐다. 국가 부문의 제도적 다양성이 이루어지고 있는 것이다. 이 친시장주의 개혁 추진 또한 국가 주도로 이루어진 점에서 여전히 한국적 특성을 확인할 수 있기는 하다(Jung, 2014:9장).

한국의 국정 운영생태계는 국가-사회 관계에서의 국가 중심, 중앙-지방 관계에서의 중앙 집권, 삼권 관계에서의 제왕적 대통령과 행정부 주도, 행정부 내부에서의 핵심 행정부 집중, 행정 관료제의 피라미드형 계층제 조직, 다단계 계급제의 인사 체계, '검사 동일체 원칙'에서 보듯이 강력한 상하 관계와 명령 통일의 조직 문화 등의 특성이 배태돼 있다. 이들은 모두 목적국가로서의 국정 운영 체계를 뒷받침하는 제도적 특성들이다(Jung, 2014). 이 특성들은 국가 형성 및 산업화 시대에 강력한 국가 자율성과 국가 능력을 뒷받침했다. 반면, 극도로 취약한 다양성, 창의성, 합법성, 탈脫사인성 문제의 근본 원인이기도 하다. 예로써, 행정 관료제의 강한 응집력과 전문성은 목적국가의 근간으로 국가정책의 효율성과 효과성, 기획합리성 증진에 "선도 집단"으로서 기여해왔다(정덕구, 2006: 31-47). 이런 행정의 전통 및 제도적 특성은 일반 이익의 주창을 위해 앞으로도 해체가 아니라 유지하고 강화해야 할 측면이 있다. 단, 전제 조건이 있다. 행정에서 다양성과 창의성 증대, 탈사인성 정신과 미비한 법치주의 보완이 그것이다.

앞에서 지적한 것처럼, 1987년 민주주의 이행 이후 점차 시민국가로서의 국정 운영 체계의 특성들이 배태되고 있는 것 또한 사실이다(정덕구, 2006:3장). 대통령의 직선제화, 국회 역할 및 행정부 견제 장치 강화 등 대의제 정치의 활성화를 통해 한국의 민주주의 공고화가 크게 증진되고 있다. 사법부의 독립성도 증대되고 있다. 특히, 헌법재판소는 국정 운영에 의미 있는 영향력을 미치고 있다. 1991년의 지방 의회 구성, 1995년의 지방자치단체장 직선, 2007년 교육감 직선 등을 시작으로 지방자치도 활성화되고 있다. 또한 1980년대 말 이후 시민 단체들이 기하급수적으로 증가해왔다. 한국에서 목적국가 특성의 이완과 시민국가 특성의 진전이 이루어지고 있는 것이다.

반면에 '5년 단임제' 대통령의 임기 후반 '레임덕', 정-관 간 유대관계 이완 등의 징후도 나타나고 있다. 외환위기(1998) 이후 '신공공관리NPM' 모형을 적용한 친시장적 행정 개혁 추진도 관료제 내부에서 공동체주의의 이완을 촉진하는 요인으로 작용하고 있다. 취약한 정당 민주주의와 미숙한 국회 의사결정 기제는 국민 개개인의 선호를 조화롭게 결집해내는 합의 형성 기구로서의 역할 수행에 한계를 노정하고 있다. 정책의 비합리성을 여과할 수 있는 선거 정치의 개혁, 다원주의 사회의 기본인 '파당적 상호 조정'이 작동하는 정당 및 국회 내 협치의 의사결정이 이루어지도록 하기 위한 공진화가 필요한 이유다.

이와 같은 맥락에서 향후 한국 국정 운영생태계의 개혁 방향은 ① (역사적으로 배태된) 일반 이익으로서의 공익 관념과 목적국가로서의 제도적 특성, ② (최근에 새로이 배태되고 있는) 개인 이익의 합으로서의 공익 관념 및 시민국가로서의 제도적 특성 간에 조화로운 절충이 이루어질 수 있도록 하는 것이다. 더욱 구체적으로는 국정 운영생태계를 활성화하기 위한 제도화 방안을 다음과 같이 모색해볼 수 있을 것이다.

2. 구조

국가-사회 간 관계

우선 국가와 사회 간의 관계에서, 과도한 국가주의 거버넌스의 특성을 완화시킨다. 과거와 달리 국가 발전 목표 자체가 다원화되고 있는 후기 산업화·민주화, 전 지구화의 시대에 가급적 사회 부문의 자율성이 확대되고 다양한 영역에서 창의성이 신장되도록 국정 운영생태계를 조성해나가야 한다. 국가 역할을 축소하여 시민사회의 자율영역을 더 넓히고, 국가(정부)와 시장(기업)과 시민사회 공동체(시민단체 및 가계) 영역 간에, 각 영역 내부에 균형 발전과 다양화가 이루어지도록 하여, 상호 간 원활한 소통과 교류가 이루어질 수 있어야 한다(Offe, 2000). 정책 지식생태계의 경우를 예로 들면, 국가와 시장과 시민사회 공동체의 다양한 시각이 고르게 반영되는, 그래서 상호 간의 공진화가 이루어질 수 있는 정책 연구기관의 다양화가 필요하다(김선빈, 2007; 오철호·김기형, 2010). 한국에서 국가와 기업에 비해 시민사회의 시각을 반영할 수 있는 순수 민간 연구소는 상대적으로 발전이 더디다. 더 빠른 시간 내에 세 영역 간의 불균형을 해소하고 다양성을 기하기 위해서는 순수 민간 연구기관의 발전을 지원하는 인위적인 노력도 필요할 것이다.

한국의 국가-사회 관계는 그 중간 지대에서 양자를 매개하는 정점 조직들, 즉 특수한 형태의 준비정부 기구QUANGO들이 중요한 역할을 수행해왔다. 협(의)회, 연합회, 연맹, 조합 등의 이름으로 '등록단체'로 만들어지고 활동하는 다양한 직능 영역별 정점 조직들이 그

것이다. 이들의 설립·운영·의사결정 등을 국가가 주도하는 '국가 코포라티즘' 조직들이 이제는 국가-사회 간의 균형이 유지되는 '자유 코포라티즘' 조직으로 진화돼야 한다(정용덕, 2002). 그동안 이 정점 조직들은 영역별로 유일한 등록단체가 됨으로써 국가로부터 정당성을 인정받는 것에 더해, 활동에 필요한 각종 자원을 관련 행정 기구로부터 지원받는다. 여기에 더해 관련 행정 기구로부터 영역별 구성원들에 대한 인허가 등을 독점적으로 대행하는 권한을 위임받아 구성원(회원)들을 통제할 수 있는 능력까지 확보하고 있다.

다만, 1980년대 후반 이후 다음과 같은 변화가 나타나고 있다. 첫째, 업종별로 독점적으로 국가에 등록되어 활동해온 기존 정점 조직에 대항하기 위한 자생적 정점 조직들이 형성되고 있다. 한국노동조합총연맹(한노총) 외에 전국민주노동조합총연맹(민노총), 한국교원단체총연합회(교총) 외에 전국교직원노동조합(전교조), 대한변호사협회(변협) 외에 민주사회를위한변호사모임(민변) 등의 출현이 그 예다. 이 자생적 정점 조직들은 기존의 정점 조직과 상이한 가치를 표방하고 경쟁적으로 활동함으로써 이원적 분화 현상을 보이고 있다. 또 여기서 더 나아가 동일 직능 영역에 좀 더 많은 집단들이 자생적으로 형성되고 상호 경쟁을 통해 권력 상쇄가 이루어질 수 있는 높은 다양성의 생태계로 진화될 필요가 있다.

둘째, 정점 조직들의 내부 운영 및 관련 행정 기구와의 관계에서 변화가 이루어지고 있다. 민주주의 이행 이후 농업협동조합(농협) 중앙회의 이사장 선출을 정부가 하향식으로 지명하던 방식에서 내부에서 상향식으로 선출하는 방식으로 변화한 것이 예다. 이처럼 한국 사회 전반의 민주화에 따라 내부 운영의 자율성 증대가 이루어지고 있는 것에 더해, 관련 행정 기구들이 이직하는 소속 공무원들을 재취업시키는 관행도 정점 조직들의 자율성을 얼마간 증대시키는 요인으로 작용하고 있다. 과거에 정점 조직들이 국가의 정책 목표 달성을 위한 국가 코포라티즘으로서의 특성을 지녔었다면, 최근의 정점 조직들은 관련 행정 기구와의 상호 이익을 주고받는 일종의 담합 성향을 보이고 있는 것이다. 예로써, 2014년 4월에 일어난 '세월호 참사'의 경우, 정부의 선박 및 해운 관련 감독 기능을 위임받아 대행하던 이 부문의 정점 조직들인 대한선주와 대한해운이 각각 부여된 기능을 제대로 수행하지 못했다. 농민들의 협동 조합으로 1961년에 구성된 농협의 경우, 거의 전적으로 국가 기구의 연장선 혹은 산하기관으로서의 역할을 수행해왔다. 1988년 이후 직선제(2009년부터 간선제) 선출직으로 바뀐 중앙회장 4명 가운데 3명이 구속됐다. 2015년 1,300 농·수·산림 조합장 선거에서는 무려 878명이 선거법을 위반한 것으로 조사됐다.

이상의 중범위 코포라티즘 조직에 더해 거시 코포라티즘 조직의 발전도 필요하다. 대표적인 예를 들면, 오스트리아와 스칸디나비아 나라들의 삼자협상tripartite 체제를 꼽을 수 있다. 한국의 경우, 외환위기 극복 과정에서 처음으로 노사정협의회(1998)가 구성됐다. 그러나 이 기구의 실적은 극히 미미한 상태다. 2015년에 '9·15 대타협'을 가까스로 이루어냈으나 이내 파기함으로써 제도화 가능성에 대한 기대에 찬물을 끼얹고 있는 수준이다.

국가 코포라티즘 조직들과는 달리, 정부의 부당한 정책이나 부정부패를 비판하고 견제하려는, 나름대로 자생적인 시민사회 조직들도 있다. 이들은 권위주의 시대에 개인적 희생을 무릅쓰고 정부의 비민주성과 비합법성을 비판하고 시정을 요구했으며, 결과적으로 한국의 민주화에 크게 기여했다. 민주주의 이행 이후에는 비정부 조직('시민단체')로 진화되어 활동을 펼쳐왔다. 그러나 대개는 일반 시민들의 적극적인 참여와 지원을 이끌어내지 못해 '시민 없는 시민단체'의 모순이 나타나고 있는 실정이다.

이처럼 한국에서 코포라티즘 조직들과 시민·사회단체들은 모두 일정한 한계를 지니고 있다. 조직 내 민주주의와 운영의 합리화를 통해 국가 코포라티즘에서 자유 코포라티즘으로 진화해 나아가야 한다. 그래서 해당 사회 부문 구성원들의 선호를 민주적이고 합리적으로 결집하여 상향식으로 반영할 수 있어야 한다. 이와 같은 공진화를 통해 국가와 사회 간 상호 소통과 협력이 이루어지고, 그렇게 함으로써 공익을 구현하고 국정 운영 역량을 증진시킬 수 있는 생태계로 진화돼야 한다.

경제생태계에서 이익집단들의 역할에도 주목할 필요가 있다. 경제생태계의 "순환 과정에서 이익집단의 인위적인 개입이 있는 경우 생태계는 파괴될 수 있다. 생태계가 균형에서 이탈했는데, 복원력이 부족할 경우, 인위적인 개입(즉, 국가정책)은 생태계를 복원시킬 수 있으며, 진화를 촉진시킬 수도 있다. 반면에 정부와 금융기관의 잘못된 개입은 경제생태계를 파괴"할 수도 있다(정덕구·김정식, 2017).

그런데 이익집단과 정부의 속성에 대해서는 다음과 같이 서로 다른 시각이 있을 수 있다. 첫째, 이익집단은 자익만 추구하는 사회 조직이므로, 보편적 이익을 추구하는 이상적 사회 조직인 국가가 이들을 통제해야만 한다고 보는 시각이다. 둘째, 인간 사회에서 자익 추구적인 사람들의 결사체(즉, 이익집단) 현상은 불가피하며, 따라서 이들이 순기능적으로 작동하도록 상호 조정이 필요하다고 보는 시각이다. 심지어 정부조차 이익집단 가운데 하나일 뿐이며, 단지 최소한의 기능만 해야 하며 그조차 다양한 견제 장치들로 통제되어야 한다고 본다. 이들을 전술한 두 가지 공익 관념에 연계시켜보면, 전자는 개인 이익의 합으로서의 공익, 후자는 일반 이익으로서의 공익에 각각 해당한다.

그러면 "이익집단의 인위적인 개입"으로 인해 생태계가 파괴되는 경우에 어떻게 대처할 것인가. 반대로 어떤 경우에 국가가 "생태계를 복원하거나 파괴"를 가져올 수 있는가. 첫째, 공익의 구현체로서의 국가를 전제하는 이상주의의 시각이다. 여기서는 생태계 순환 과정의 특정 시점에서 "이익집단의 간섭으로 생태계가 파괴될 염려"가 있다고 판단되는 경우, 적절한 방법(정책)을 통해 개입할 수 있어야 한다. 만일 이와 같은 판단과 개입 방법을 마련하기에 충분한 정책 지식과 행정 능력을 확보하기 어렵다면, 섣부른 개입이 오히려 더 큰 화를 불러올 위험이 있다.

둘째, 이익집단은 불가피한 현상이며 정부조차도 이해관계를 지닌 하나의 이익집단으로 보는 시각이다. 여기서 경제생태계를 위한 해법은 다양성의 증대에서 찾는다. 한노총과 한교총의 독점 체제에 민노총과 전교조가 가세함으로써 독과점 체제로 진화한 바 있다. 앞으로 이들이 복수 조직으로 더욱 분화되어 이익집단들이 다원화(다양화)가 이루어져야 한다. 이익집단 가운데 하나인 정부 또한 분화를 통해 다양성이 증대돼야 한다. 검찰이 본연의 제 기능을 다하지 못할 때, '고위공직자비리수사처' 신설 등을 통한 국가 기구 다원화가 필요하고, 경찰과 수사권을 재조정하여 상호 견제가 이루어지도록 하는 방안도 필요할 것이다. 금융의 정책-감독 기능 간의 분리, 기획예산-경제 정책 기능 간의 분리도 같은 맥락에서 바람직한 제도화 방향이다. 이와 같은 다원화가 정부의 직접 개입에 의하기보다는 이익집단들 간의 자연스러운 공진화를 통해 이루어질 수 있으면 더욱 좋을 것이다. 사회와 국가 부문 모두에서의 다원화가 이루어지고, 이익집단들 간 권력 상쇄가 이루어질 수 있을 때, 생태계는 더욱 활성화된 공진화와 균형 상태에 이를 것이다.

국가 기구 내부

한국에서 국가 형성과 산업화 시대를 거치면서 국가 기구 내부에 배태된 강력한 목적국가적 특성을 완화시킨다. 후기 산업화·민주화 시대에, '5년 단임' 대통령의 정책 역량은 급속도로 떨어지고 있다. 기존 헌법의 테두리 내에서, 국정 운영 능력을 증진하기 위한 개혁 방향을 다음과 같이 좀 더 구체적으로 구상해볼 수 있을 것이다.

우선, 정당과 대통령 선거 후보자들이 실천 가능한 수준의 정책을 공약하고 취임 후에 효과적으로 달성할 수 있도록 해야 한다. 유권자들이 후보들의 공약이 합리적인지 여부를 판단하여 투표할 수 있는 선거민주주의가 이루어져야 한다. '5년 단임제'에서 대통령은 대통령대로 과거 장기 집권 시대에나 가능했던 '역사에 남는 대통령'

이 되려고 하기보다는 '실패하지 않은 대통령'이 되겠다는, 조금 더 현실에 근거한 소박하고 실용적인 자세가 바람직하다.

지방 분권을 획기적으로 추진하고 중앙 정부는 대對북한 문제를 비롯하여 국제 환경 변화에 신축적으로 대응하기 위한 국가 위기관리와 거시 수준의 경제사회 정책 결정에 집중한다. 국내 정책 문제들, 특히 정책 집행 기능은 지방정부로 과감히 분권화한다. 이러한 방향은 후기 민주주의 시대의 한국에서 만연한, 그래서 국가 경쟁력을 저하시키는 공공 갈등들이 가급적 현장에서, 조기에, 대규모로 커지기 전에 해소되도록 하는 방안이기도 하다. 현 시점에서 지방정부의 거버넌스 역량에 대한 국민적 불신이 있는 것도 사실이다. 그러나 기원전 220년경 고조선에 의해 제도화되기 시작한 군현제의 오랜 전통을 감안하면, 이제 30년이 채 되지 않은 지방자치제의 진화를 위한 인내와 지원은 절실하다.

그리고 입법부와 사법부의 역량을 증대시켜 삼부 간의 견제와 균형이 활성화되도록 한다. 다만, 프랑스 제3~4공화국에서 보듯이, 정치가 제 역할을 다하지 못할 때일수록 행정의 합리적인 역할이 필요한 법이다. 행정부 의사결정 기제에 대한 개혁 방안을 좀 더 자세히 살펴볼 필요가 있다.

첫째, 대통령 비서실이 사실상의 '내부 내각'으로서 과도하게 국정에 개입하는 현상이 지속되고 있다. 예로써, 경제수석 비서관이 모든 경제 관련 부처들과 위원회들을 하향식으로 통솔하고, 그 결과 대통령에게 과도하게 의사결정을 집중시킨다. 따라서 대통령이 국무총리 및 각 부 장관들과 직접 소통하고 협의하는 국정 운영이 이루어질

[그림 1] 한국 행정부 의사결정 체계(2010년 기준)

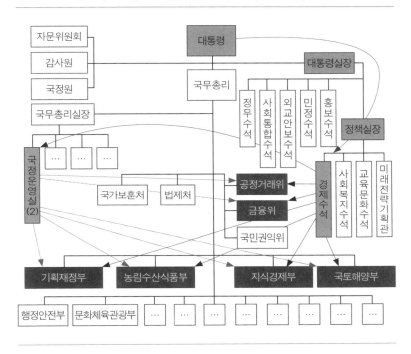

수 있어야 한다. 그러려면 현행 헌법하에서 국무총리가 자신에게 부여된 권한을 최대로 행사할 수 있도록 해야 한다. 국무회의에서 집합적 의사결정이 이루어지도록 함으로써, 핵심 행정부 의사결정의 이상형인 '내각 정부'가 구현되도록 한다.

둘째, 대통령에게 권력의 집중을 초래하는 또 다른 요인으로 중앙 관리 기구들의 과도한 행정 표준화 기능을 들 수 있다. 정책 기획(P) 및 조정(Co), 감독(D), 예산 운영(B), 인사 관리(S), 조직화(O), 감사(R) 등 소위 'POSDCoRB'로 요약되는 이 핵심 참모 기능들은 행정의 표준화를 기하기 위해 필요하다. 문제는 한국의 국정 운영에서 이 표준화 기능이 너무 지나치다는 점이다. 중앙 관리 기구들에 의한 사실상의 내부 규제를 완화시킴으로써, 각급 계선 기구들의 다양성, 창의성, 신축성이 증진될 수 있도록 해야 한다.

셋째, '정치 행정 이원론'이 구현되도록 한다. 정책 결정과 제도 형성은 정치가, 정책 집행은 행정이 각각 나누어 담당하는 국정 운영 규범이 그것이다. 의회와 대통령은 각 부처의 보좌를 받으면서 정책 결정과 제도 형성 기능을 수행한다. 반면에 집행 전담 기구들인 검찰청, 경찰청, 금융감독원, 국세청, 관세청, 헌법 기구인 감사원과 국가정보원에 대한 정치화를 금한다. 이 원리가 보장되도록 하기 위해 기관장 임기를 대통령 임기보다 두 배 이상 확대하고, 그에게 인사 등 내부 관리에 관한 전권을 부여한다. 집행 기구 수장은 그 직책을 생애의 최종 공직으로 삼는 것을 규범화해야 한다. 금감원장→금융위원장→기획재정부 장관, 감사원장→국무총리, 혹은 검찰총장→법무장관, 식의 비공식적 공직 경로 관행을 종식시킨다. 궁극적으로는 행정 기구들 간의 서열 문화를 해체시킨다. 부처청 등 중앙 행정기관과 (산업은행, 국민연금공단 등) 산하 공공기관들 간의 관계도 마찬가지 원리가 적용돼야 한다. 정권 교체와는 상관없이 모든 임기제 공직자의 신분이 보장돼야 한다.

넷째, 위원회 조직들의 경우, 합의제 기구로서 운영이 이루어지도록 한다. 실제로는 독임제 조직처럼 운영되고 있는 금융위원회와 공정거래위원회 등 중앙 행정기관으로서의 위원회가 명실 공히 합의제 조직으로 운영되도록 한다. 마치 장관처럼 행동하는 위원장의 위상을 사회자 역할을 병행하는 한 사람의 위원으로 기능하도록 하여 집합적 의사결정이 실현되도록 해야 한다. 사무총장의 위원 겸직을 금지한다. 준사법 및 준입법 기능을 수행하는 독립 규제 기구들을 위원회 조직으로 제도화한 미국의 예를 참고할 필요가 있다. 감사위원회와 경찰위원회 등 유명무실하게 운영되는 자문기관으로서 지니는 위원회들의 위상과 의사결정 방식도 같은 맥락에서 개혁한다.

다섯째, 지속적으로 개혁의 필요성과 논의가 제기되고 있으나, 실현되지 않고 있는 국가 기구들의 경우, '병렬 조직' 신설을 통해 상호 견제와 균형의 원리가 이루어지도록 한다. 검찰 등 사정기관의 부실을 방지하기 위한 '고위공직자비리수사처'를 신설하고, 검찰과 경찰 간의 수사권 분담 등은 앞에서 논의한 것과 같다. 국정원의 국내 정치 관여를 축소하기 위해, 미국의 'FBI-CIA', 영국의 'MI5-MI6'처럼 국내-국외 첩보 기능 이원화 모형을 벤치마킹할 필요도 있다.

여섯째, 재난과 사회 위험 등 상황 적합적 접근 방법이 필요한 기능들이 있다. 조류독감, 구제역, 지진, 메르스, 세월호 침몰 등 자연적 및 인적 재난이 전형적 예다. 이 경우에 계서제와 연결망의 조직화 원리를 신축적으로 융합하여 적용할 수 있어야 한다. 해당 전문성을 지닌 조직 및 기관장이 (직급과 상관없이) 지휘권을 행사하고, 상하 및 좌우의 모든 조직들 간에 수직 및 수평적 소통과 협력이 원활하게 이루어지는 생태계가 되도록 한다. 메르스의 경우를 예로 들면, 질병관리본부장이 지휘권을 행사하고, 모든 관련 상하좌우 기구들 간의 협력이 이루어지도록 하는 것이다. 이 원리는 '북핵'이나 국제 테러 등 사회 위험, 급변 사태를 포함하여 통일 준비 과정에서도 유용하게 적용될 수 있다(정용덕·안지호, 2012).

일곱째, 국정 운영의 근대화 요건 중에 하나인 탈사인성 원리가 준수되지 않고 있다. 세월호 참사의 주 원인을 한국 사회에 만연한 '아는 사람 봐주기'에서 찾는 이유다. 민주주의 이행 이후 제도화된 '5대 투명성 입법'(금융실명제, 정보공개법, 행정절차법, 공직자재산등록제, 청탁금지법) 등 실정법의 엄격한 적용이라는 하드 파워에 더해, '공무원 헌장' 같은 소프트 파워도 아울러 필요하다.

여덟째, 한국에서 행정 관료제의 강한 응집력과 전문성은 목적국가의 근간으로서, 국가정책의 효율성과 효과성, '기획합리성' 증진에 기여해왔다. 앞에서 말한 것처럼, 이런 행정 전통 및 제도적 특성은 일반 이익의 주창을 위해 앞으로도 해체가 아니라 유지되고 강화될 측면이 있다. 그러나 행정 관료제가 일반 이익의 수호자로서 기능할 수 있는 반면에, 그 또한 하나의 이익집단으로서 자익을 추구할 우려도 간과해서는 안 된다. 1997년 외환위기를 초래한 원인 가운데 하나로 재정경제원과 종합금융기관('종금')들 간의 유착을 드는 분석이 있다. 최근 산업은행과 수출입은행을 공기업으로 전환하는 계획이 연기된 주 원인으로 기획재정부의 재정 담당 부서와 거시경제 정책 담당 부서 간의 이익 갈등을 꼽는 견해도 있다(《동아일보》, 2017. 1. 26). 국제투명성기구TI가 매년 발표하는 부패인식 지수CPI에서 한국은 40위 수준에 머물러 있다. 행정 관료들의 개인 이익 추구 차원에서 관할 준정부 기구 및 준비 부기구들에 소위 낙하산으로 재취업하는 관행은 왜곡된 정책 수행과 비합리적인 감독을 초래한다. 앞에서 지적한 정치에 의한 '행정의 정치화'와는 반대로, 관료 개인 혹은 조직 이익을 추구하기 위한 '관료 정치'가 발생하는 것이다. 행정에 대한 의회와 시민사회 등에 의한 외부 통제, 행정 내부의 자체적 통제 기제가 원활히 이루어질 수 있도록 국정 운영생태계의 다양화가 필요한 이유다.

3. 생태계

국가 정책 과정을 단계로 나누어 분석하고 이해하기 위한 접근 방법에는 여러 가지가 있다. 합리적 의사결정 모형, 현실적 정책 과정 모형, 체계 분석 모형이 대표적이다. 먼저, 합리적 의사결정 모형에서는 정책 결정자가 ① 공공 문제를 발견하여 정책 목표를 설정하고, ② 그 정책 목표를 달성하기 위한 여러 가능한 대안들을 모색하며, ③ 각 대안이 가져올 결과를 예측하여 그 가운데 최적의 대안을 선정하는 단계로 정책 과정을 구분한다. 논리적으로는 가능하고 이상적인 모형이다.

그러나 국가정책을 합리적으로 결정할 수 있는 소위 '철인왕哲人王'이 있을 수 있는가에서부터 과연 민주주의 국가에서 그것이 바람직한가에 이르기까지 무수한 이론적 및 현실적 논란이 제기될 수 있다. 따라서 현실 정치를 바탕으로 국가정책이 전개되는 것임을 전제로 하는 현실적 정책 과정 모형이 더 설명력이 있다. 자유민주주의 국가들의 경우, 국가정책은 크게 ① 정책 결정, ② 정책 집행, ③ 정책 평가의 세 단계로 전개되도록 제도화된다. 그런가 하면, 생태학의 이론적 토대인 '체계적 사고', 그중에서도 고전적 체계 분석 모형에서는 국가정책 단계를 4단계로 구분한다. ① 투입, ② 전환 과정, ③ 산출 및 결과, ④ 환류가 그것이다.

이 글에서는 이상의 세 접근 방법을 적절히 종합·절충하여 적용하기로 한다. 자유민주주의 국가에서 제도화된 현실적 정책 과정 모형을 기본으로 하면서, 체계 분석과 합리적 의사결정 모형을 융합하는 접근 방법이다. 즉, ① 정책 형성(구체적으로는 투입과 의제 설정, 정책 수립, 정당화), ② 정책 집행(즉, 전환 과정, 산출, 결과), ③ 정책 평가(즉, 산출 및 결과에 대한 총괄적 평가와 되돌림)가 그것이다.

정책 형성 단계

정책 의제 설정

역대 정부가 들어설 때마다 탈규제 개혁이니, 진입 장벽 제거니, 반복 민원 해결이니 하면서 무수한 공약을 남발하지만, 해결은 별로 신통치 않은 이유는 무엇인가. 기득권자들에 의해 의제 설정 주도권이 장악돼 있기 때문이다. 무수히 많은 사회 문제들 중에서 특히 공공 문제로 간주되어, 국가정책 의제로 설정되는 단계에서 자유민주주의에서는 사회 부문의 구성 요소들—즉, 개인(가계), 기업, 사회집단(이익·압력집단), 정치집단(정당) 등의 다양한 행위자들—이 요구, 지원, 지지, 반대 등의 형태로 선호를 표명하는 과정을 통해 결집된 정책 의제가 국가 부문으로 투입되는 것이 정상이다. 그러나 미국과 같은 시민국가에서 전형적으로 나타나는 이런 '사회 중심의 시각'은 한국에서는 설명력이 낮다. 사회로부터 투입되는 선호를 반영하기보다는, 국가가 스스로의 선호를 '내부 투입'하는 방식으로 정책 의제를 선도하는 '국가 중심'의 목적국가로 행동하는 성향이 강하기 때문이다. 이런 한국 국가의 특성을 전제로 현재 국가정책생태계에서 나타나는 문제점을 두 가지만 지적하면 다음과 같다.

첫째, 소위 '무無의사결정' 문제다. 공공성이 짙은 문제로서 당연히 국가정책으로 다루어야 할 사안이지만, 정책 과정의 첫 단계에서부터 정책 의제로 설정되기 어려운 경우다. 이 문제는 국가가 내부 투입 방식에 의존하는 의제 설정이 성행하는 경우에 좀 더 해결이 어려워진다. 사회 부문의 기득권자들과 국가 부문의 행위자들(의회나 행정기관들) 간의 담합이 쉽게 이루어질 수 있기 때문이다. 민주주의가 공고화되면서 우리도 이제 약자들의 민원이 정책 결정 과정에 의제화되는 것을 막기 위해 강자들이 (폭력 조직 동원 등의) 물리적 힘에 의존하는 후진국 방식은 찾아보기 힘들게 되었다. 문제 제기를 주도할 주요 인물을 (집권당의 비례 대표 의원 자리 등을 제공하면서) 회유하는 방식도 사뭇 줄어들었다. 그러나 약자들로부터 달갑지 않은 도전이나 요구가 정책 의제로 진입하는 것을 방해하기 위해 기존 규칙이나 절차에 따를 것을 강요하는 방식, 반대로 도전이나 문제 제기를 사전에 봉쇄하기 위해 기존 규칙이나 절차를 교묘하게 변경하는 방식은 여전히 자행되는 행태들이다.

이처럼 의제 설정 과정에서 무의사결정 현상이 발생하는 한 예로 현재 정부가 진퇴양난에 처해 있는 조선 산업 부실화 문제를 예로 들 수 있다. 이 문제의 근원은 "산업 구조의 퇴행화 현상을 막지 못하는" 한국 산업생태계의 특성에서 찾아야 한다(정덕구, 2016). 저임금 구조를 배경으로 빠르게 성장하고 있는 중국 조선 산업에 대한 인식 없이, 단지 "중국 특수에 탐닉"하느라 구조조정의 시기를 놓쳤으면서도 지금도 여전히 구조조정은 여의치 않다. "산업 개편에 따른 혼란과 정치적 비용을 두려워하며 국책 금융기관을 부실 산업의 연명 수단으로 이용하고 중국의 파상적인 도전을 국책 금융기관이라는 방패로 대응"하고 있기 때문이다. 결국 산업은행을 비롯한 국책 금융기관들까지도 "구조적으로 퇴행화되는 위기"에 봉착하기에 이르렀다. "변화가 필요했던 그들은 현실에 안주했고 정책 금융 규모는 지속적으로 증가해 그들이 안고 있는 부실기업, 좀비기업도 큰 규모로 늘어났다." 이렇게 된 이유는 "정치권, 관료권, 국책 금융기관, 거대 주력 기업, 노동조합 등 5자간의 공고한 영합 관계, 공생 관계 때문"이다. 이 문제를 해결하려면 "5자간의 영합 구조 해체" 그리고 "법적·정치적으로 중립적인 지배 구조 확립"이 필요한 이유다(정덕구, 2016).

둘째, 후기 민주주의 시대에 점차 더 치열해지고 있는 선거 경쟁 과정에서 급조되는 섣부른 선거 공약 남발의 문제다. 민주주의 선진국에서 볼 수 있는, 선거 과정에서 후보들 간의 치열한 담론을 통해 공약의 비합리성을 걸러내는 순기능을 기대하기 어렵다. 선거 과정에서 소위 '대중 영합적'인 공약들을 남발하고, 집권 후 그 공약들을 이행하기 위해, 그것도 주로 내부 투입 방식에 의해 정책 의제로 설정하여 추진하는 경우, 정책 실패는 불을 보듯 뻔하다. 이 문제가 해결되려면, 선거 과정에서 공약의 합리성과 실현 가능성 여부를 걸러낼 수 있도록 선거 정치의 과감한 개혁이 이루어져야 한다.

정책 수립

설정된 정책 의제들을 국가 내부에서 기획을 통해 정책안으로 발전시키는 단계다. 이 단계에서 우선적으로 지적돼야 할 한국 국가 정책생태계의 문제점 하나는 '집단사고 증후군'이다. 고도로 응집력이 강한 행정 조직에서 나타나는 동조 과잉 현상이 그것이다(Janis, 1982). 1997년에 발생한 외환위기의 원인을 경제 관료들의 집단사고에서 찾는 연구 결과가 있다(김홍회, 2000). 박근혜 행정부에서 소수 권력자들이 빚어낸 '국정 농단' 사태에서 보듯이, 이 문제는 여전히 '현재 진행형'으로 남아 있다.

이 문제를 해결하려면, 정책 수립 과정에 참여하는 행위자들의 다양성을 확보함으로써 새로운 시각과 전략들이 창발될 수 있도록 해야 한다. 그러기 위해서는 청와대 중심에서 내각 수준으로 과감히 의사결정을 분권화하여 '내각 정부'가 구현되도록 해야 한다. 또한, 각 급 행정 기구 내부에서도 정책 토론이 직급을 넘어 활성화돼야 한다. 부처별로 내부 토론 문화에 차이가 있다. 한 가지 의문은 민주주의 이행 이후에 오히려 부처 내 토론 문화가 더 줄어드는 현상이 나타나고 있는 점이다.

정당화

행정부에 의해 수립된 정책안은 집행에 앞서 정당화 과정을 거쳐야 한다. 민주주의 이행 이후, 특히 1990년대 전반에 행정절차법을 비롯한 '투명성 관련 입법화'에 많은 진전이 있었다. 이에 따라 법령의 입법 예고 등 국민 의사를 수렴하고 반영할 수 있는 여지가 크게 증대되었다. 그러나 국회에서는 민주주의 이행 이후 오히려 입법화 과정이 순탄치 않게 이루어지는 역설이 나타나고 있다. 입법부와 행정부 간의 협치, 즉 협력적 거버넌스가 절실히 필요한 이유다. '개인 이익의 합'으로서의 공익을 결집시키는 기능을 수행하는 대표적인 국가 기구인 국회와 '일반 이익'으로서의 공익을 모색하는 행정부 간의 조화가 필요하다. 엄격한 삼권 분립을 지향하는 미국이지만, 대통령이 의원 개개인을 직접 설득하는 등의 노력을 기울인다. 그러나 과거 민주화 투쟁 과정에서 의회 중심이 아닌 정당 중심의 운영 방식이 자리 잡은 한국에서 이 방식은 효과성이 그리 높지 않다(박찬욱·원시연, 2008). 의원내각제 혹은 이원집정부제로의 개헌이 없다고 한다면, 기존 헌법에 담겨 있는 일부 내각제적 요소나마 운영 면에서 최대로 활용하는 것이 상책이다.

법안 발의 과정에서 의견 수렴을 위해 공청회 등을 거치는 경우가 있지만, 그저 형식적인 행사로 끝나는 것이 대부분이다. 의원 발의 법안의 경우, 전체 국민경제보다는 당리당략 차원에서 혹은 이익집단의 요구에 따라 발의되는 경우가 많다. 행정부 발의 법안도 산하기관이나 이익단체의 요구를 수용해서 이루어지는 경우가 많다. 발의된 법안이 소속 상임위원회, 법사위원회, 전체 회의를 거치는 과정에서 상임위원장이나 법사위원장의 권한이 지나치게 크다는 비판도 있다. 특히 전체 국민경제보다는 당리당략 차원에서 상정 여부가 결정되는 경향이 있다는 비판이 나온다.

상임위와 법사위를 통과한 경우에도, 정당 간에 첨예하게 대립하는 쟁점 법안의 경우, 2012년 국회법 개정으로 도입된 '국회선진화법'에 의해 쟁점 법안의 국회 통과가 더 어려워졌다. 재적 의원 5분의 3 이상이 동의해야 본회의 상정이 가능하도록 한 이 법으로 인해 원내 소수당에게 과반을 초과하는 동의를 부결시킬 수 있는 권한을 부여하게 된 것이다. 이 법이 시행된 이후 과거 다수당 지지 법안을 강행 처리하고, 소수당이 극렬 반대하는 양상과는 다른 모습이 나타나고 있다. 이 법의 도입으로 심의민주주의의 발전 가능성을 기대하는 시각, 반대로 여야 간의 타협과 합의만 강조했지, 타협이 되지 않았을 경우에 대한 대비가 없었다는 시각 등이 공존한다. 다만, 이 법이 유지되는 한 행정부(대통령)가 법안을 수립하여 국회로 '던지면' 여당은 소위 '날치기' 방식을 포함하여 모든 수단과 방법을 동원하여 통과시키던 과거의 국정 운영 방식이 불가능해진 것은 분명하다. 이것은 입법생태계에 다양성과 균형성을 증진시키는 요인으로 작용할 것이다. 아울러 미국처럼 다원화된 사회에서 나타나는 '점증주의 의사결정'이 제도화되는 상황도 초래될 것이다. 김병준 전 청와대 정책실장에 따르면, 1988년부터 2006년까지 행정부 발의 법안 3,500여 건이 국회에서 의결되기까지 법안당 평균 35개월이 걸렸다. 법안 작성에서 집행 시작까지 약 3년이 소요된 셈이다.

사회집단 간의 갈등이 심각한 수준으로 발생하는 한국에서는 유럽형의 삼자협상 체제('노사정위원회')의 활성화도 필요하다. 이와 같은 거시 코포라티즘 기제를 통해 거시 정책 수준에서 사회적 합의(이른바 '대타협')를 도출하고, 이것을 다시 분야별 중범위 코포라티즘 기제들을 통해 구체화함으로써, 사회집단들 간의 서로 다른 선호를 사전에 중재하는 방식이다. 정책 형성 단계에서 관련 행위자들의 선호가 충분히 반영되고 절충될 수 있는 만큼, 정책 집행 단계에서 사회 갈등으로 빚어지는 차질도 줄어들 수 있을 것이다.

정책 집행 단계

행정부가 담당하는 정책집행 과정에서 우선적으로 개혁이 필요한 두 가지 사항이 있다. 하나는 각 부처들의 대통령에 대한 '신년 업무 보고'와 국무총리실의 '정부 업무 평가'를 유기적으로 연계하는 일이다. 신년 업무 보고는 각 부처 기관장들이 대통령 임기 중에 수행할 정책과 그것의 당해 연도 사업 계획에 대해 대통령과 일종의 계약을 체결하는 행사다. 이 행사가 의미 있으려면 최소한 두 가지를 의무화해야 한다. 첫째, 각 부처와 산하기관이 있는 힘을 다해 추진할 수 있는 최선의 정책안을 개발하고, 실천 방안을 마련해 보고하도록 한다. 단, 경제적 효율성 외에 국민적 지지, 이익집단들의 이해관계, 국회 통과 여지 등 정치적 실현 가능성도 감안해서 구체적으로 계획된 정책이어야 한다. 둘째, 각 부처가 내세우는 핵심 정책일수록 성과평가 지표도 첨부하도록 의무화한다. 이 지표를 적용해 정부업무평가위원회는 정책 성과를 평가하고, 그 결과를 이듬해 각 부처의 업무 보고에 포함시키도록 한다. 이와 같은 방식을 통해 각 기관장이 업무 보고에서 현실성이 낮은 '무지갯빛' 청사진을 나열하는 무책임한 관행에 제동이 걸릴 것이다. 정부업무평가위원회는 대통령과 기관장 간에 체결된 약속의 이행 정도를 평가하여 보고함으로써, 행정 수반의 정책 관리를 더욱 내실 있게 지원할 수 있다.

다른 하나는 정치(즉, 정책 결정)와 행정(즉, 정책 집행) 간의 이원화 규범이 제대로 지켜지도록 하는 것이다. 행정부 내에서 정책 결정은 대통령과 장관들이 국무회의를 통해 의결한다. 이처럼 수립된 행정부 정책안은 국민을 대의하는 국회 심의를 통해 정당화가 이루어져야 하는 것은 앞에서 논의한 바와 같다. 이 과정을 거쳐 형성된 정책은 집행을 위해 행정부가 실행령을 마련하여, 부처들과 청급 중앙 행정 기관들, 산하 공공기관들이 수행한다. 정치에 의해 결정된 정책('게임의 룰')은 정책 집행자들이 법령에 따라 소위 '중립적 능력'을 발휘하여 탈脫정치적으로 엄정하게 집행하도록 한다. 일단 교통법규가 정해지면, 그것을 엄정하게 집행하는 교통경찰의 지시에 누구든 따라야 하는 것과 같은 이치다. 대통령–금융위–국회가 결정한 정책(법규)에 따라 금감원이 엄정하게 감독해야하는 것도 매한가지다. 대통령–법무부–국회가 정한 기준에 따라 검찰청이 엄격하게 법을 집행해야하는 것도 마찬가지다. 행정 영역인 집행 과정에 정치 영역인 정책 결정자가 개입하여 영향을 미치는 경우에 문제가 발생한다. 정책을 집행하는 준정부 조직인 산업은행 임직원들로 하여금, 조선 업체들의 부실과 비리를 인지하고도, 정책 금융을 지원하도록 (청와대, 기획재정부, 금융위원회, 금융감독원의) 정무관들이 압력을 행사해서는 안 되는 이유다. 이 원리는 정부 업무를 대행하는 준비정부 조직들에도 동일하게 적용돼야 한다. 선박 안전 검사를 대행하는 한국선급과 여객선사 감독 업무를 대행하는 한국해운조합이 주어진 역할을 엄정하게 집행하지 못할 때 세월호 같은 참사가 발생하는 것이다.

정책 평가 및 환류 단계

총괄 평가와 형성 평가

공공 조직에서는 가능한 예산을 많이 확보하고, 그것을 회계 연도 내에 모두 지출하는 행정 관리자일수록 높은 평가를 받는 특성이 있다. 사기업과 달리 이윤율에 의거한 평가가 어려운 공공 조직에서는 (효율성과는 관계없이) 단순히 일을 많이 한 행정 관리자일수록 인정을 받기 때문이다. 다행히도 이와 같은 비합리성은 예산 지출에 의한 생산량(즉, 산출)과 실제 정책 목표의 달성도(즉, 결과)를 구분하여 평가하게 되면서 점차 감소하고 있다.

정책 평가는 크게 두 가지로 구분할 수 있다. 하나의 정책이 종결된 다음에 이루어지는 총괄 평가와 정책 집행 과정에서 필요에 따라 이루어지는 형성 평가가 그것이다. 앞에서 논의한 국무총리실의 정부 업무 평가는 총괄 평가를 위한 제도이면서, 1년 단위의 형성 평가를 위해서도 활용될 수 있는 제도다.

전통적으로 정책 평가는 총괄 평가 중심으로 이루어졌었다. 그러나 정책생태계에 복잡성이 증대되면서 형성 평가가 더 중요해졌다. 그리고 정책 평가자는 정책 집행자와 더불어 체계 내부에 머물면서 연속, 신축, 발전적으로 평가할 수 있는 것이 바람직하다. 국무총리실의 정부 업무 평가에서 각급 행정기관의 자율 평가를 더욱 활성화할 필요가 있는 이유다. 정책 평가가 각 기관장의 내부 행정 관리 리더십의 지렛대로 원활하게 쓰일 수 있어야 하는 이유이기도 하다.

복잡성을 특징으로 하는 정책생태계에서 강조돼야 할 또 하나의 중요한 사항이 있다. 전통적으로 정책 평가는 해당 정책을 주어진 것으로 간주하고, 그 목표의 달성 여부에만 초점을 두어 사후적으로 평가하는 방식이었다. 반면에, 생태계 시각에서는 주어진 정책의 집행이 효율적이고 효과적으로 추진되었는지 이외에도 정책 형성 자체가 올바르게 되었는지를 평가 대상에 포함시킨다. 정책 실패를 사후적으로 평가하는 것을 지양하고, 가능한 한 사전적으로 예방하기 위한 것이다(정용덕, 1983; 삼성경제연구소, 2006: 9). 복잡한 생태계에서 인간들이 정책 형성 단계에서 미래를 정확하게 예측하고, 그것을 바탕으로 목표 설정 및 대안 선정, 집행을 추진하기에는 근본적으로 한계가 있음을 인정하고 평가에 반영하기 위한 것이기도 하다. 1973년 '8·3 조치' 단행 시에 정부가 표명한 정책 문제의 인식과는 다른 인과관계 설정이 가능했던 것을 예로 들 수 있다. 정책 과정의 모든 단계에 대해, 형성 평가를 중심으로, 지속적이고 신축성 있는 정책 평가를 수행하는 것이 생태계 시각에 부합하는 접근 방법이다.

정책 환류

한국에서 유사한 정책 실패가 되풀이되는 원인은 무엇인가. 전통적 시각에서 '되돌림' 혹은 환류는 단순히 기계적 원리에 의해 이루어지는 것으로 간주됐다. 하나의 정책이 형성되고 집행되어 총괄적 평가가 이루어지면, 그 내용이 차후에 이루어질 정책의 형성 단계에 저절로 반영되는 것으로 여긴 것이다. 이미 시행된 정책에는 별로 관심을 기울이지 않는 한국의 국정 운영 풍토에서, 환류는 쉽게 간과되고는 했다. 국회에서 예산 심의와는 비교가 안 될 만큼 관심이 낮은 결산 심사가 전형적인 예다. 정책 평가가 제아무리 잘 이루어졌다고 한들, 그 내용이 환류되어 차후의 정책 결정에 반영되지 않는다면, 별 의미가 없다. 정책 과정의 전 단계에 걸친 정책 평가 결과를 토대로 정책의 성패와 원인을 규명하고, 그것을 다음 정책에 적절하게 반영하는, 정책 학습의 일상화가 제도화돼야 한다.

생태계 시각에서 보면 환류는 매우 중요한 정책 단계다. 정책 평가에서도 그랬듯이, 환류 역시 단순히 사후적이고 일회적으로 이루어지는 것이 아니라, 정책 과정의 전 단계에서 발생하며, 정책의 전개에 의미 있는 영향을 미치는 현상인 것으로 여기게 된다. 더 나아가 생태계 시각에서는 환류를 다음과 같이 매우 복잡한 특성을 지닌 현상으로 보게 된다.

무엇보다도 환류가 이루어지는 경로, 즉 '고리'가, 본래 의도된 정책의 전개를 '조절하는' 경우와 '강화하는' 경우가 모두 가능할 것으로 여긴다. 이로 인해 '정(+)의 환류'와 '음(-)의 환류'가 모두 발생할 수 있으며, 더 나아가 '일탈적인 환류'와 그것을 '확대 강화하는 환류'도 모두 가능할 것으로 본다. 환류의 복잡성을 이해하기 위한 사례로 정부의 환율 방어 정책 과정에서 나타날 수 있는 복잡한 환류 구조를 들 수 있다. 본래 정부가 의도한 고리(즉, "외환 매입" 고리로서 조절 고리의 속성)에 의도하지 않은 또 다른 조절 고리(즉, "투기 수요" 고리와 "수출에 의한 외환 공급" 고리)들이 결합되어 원상 복귀를 초래하는 구조가 이루어질 수 있다. 또한, 강화 고리의 속성을 지닌 "내수기업 수익 악화" 고리와 "투자 위축" 고리가 추가됨으로써 결과적으로 정책 실패를 초래할 수도 있을 것이다(삼성경제연구소, 2006:3).

생태계 시각에서는 이처럼 복잡한 속성으로 인해 정책 환류의 변화 방향이나 범위 예측이 대단히 어렵다는 점을 인정한다는 차원에서 기존의 정책 분석 패러다임과는 차이가 있다. 정책 실패를 방지하려면 정책 결정자가 이와 같은 환류 구조의 복잡성을 이해하려는 자세가 우선 필요하다는 것을 강조한다. 그래서 가능한 모든 환류 고리들을 파악하려고 노력한다. 그것을 토대로 본래 의도한 정책 목표에 부합하는 방향으로 환류가 이루어지도록 하기 위해 의도된, 즉 강화 고리는 활성화하고, 의도되지 않은, 즉 조절 고리는 억제하기 위해 적시에, 적정 수준에서 개입을 시도할 수 있도록 한다.

한국의 경제생태계, 어떻게 회생시킬 것인가

김동원

고려대학교 경제학과 초빙교수

1. 왜 경제생태계 접근인가

NEAR재단은 '양극화와 고령화'를 한국 경제의 시대 과제로 설정하고 이에 대응하기 위한 '시대 준비 보고서'로 2011년 『양극화·고령화 속의 한국』과 『신삼국지, 중국화 파고 속의 한국』이란 제목의 책을 발간한 바 있다. 그로부터 6년이 지났다.

[표 1]이 집약적으로 보여주는 바와 같이 지난 6년 동안 한국 경제는 양극화·고령화가 더 심각하게 진전되는 것도 부족해서 저성장 단계로 진입하는 양상이 분명해졌다. 과연 한국 경제에 무엇이 잘못되었는가. 왜 우리는 시대 과제에 제대로 대응하지 못하고 역사적인 황금시간을 소모하면서 수렁으로 빠져들고 있는가. 과연 우리는 한국 경제의 문제를 제대로 인식하고 있는 것인가. 이러한 의문에 대응하기 위해 시대 과제를 재검토하고 대응 방안을 다시 모색해야 할 필요성이 있다.

한국 경제가 직면하고 있는 구조적인 문제들에 대하여 정부와 기업이 노력하지 않았던 것은 아니다. 정부와 기업들은 부단한 노력을 기울여왔다. 숱한 정책과 엄청난 예산의 투입에도 불구하고 침체에 빠진 한국 경제의 문제는 개선되지 않았다. 무언가 고장이 난 것은 분명한데도 불구하고 지금까지의 기능적인 분석으로는 고장의 원인을 찾지 못하고 있다. 다음은 한국 경제가 당면한 과제 중에서 종래의 미시적·기능적 접근으로 제대로 설명되지 않는 사례들로 추격형 경제 시대에 누적된 경제생태계의 병리 현상들을 보여준다.

사례 1: 성장률 저하 이유

[표 1]에 나타난 바와 같이 한국 경제의 성장률은 2008년 세계 금융위기를 전후하여 현저한 변화를 보이고 있다. 세계 금융위기 이전 기간 중(2001~2007) 한국 경제 성장률은 세계 경제 성장률보다 높았을 뿐만 아니라 선진국 그룹의 평균 성장률의 2배, 신흥국 그룹의 평균 성장률의 0.7배 수준에 달했다. 그러나 세계 금융위기 이후 기간(2011~2016)에서 한국 경제의 성장률은 세계 경제 성장률보다 낮아졌으며, 선진국 그룹 평균 성장률의 1.8배, 신흥국 그룹의 평균 성장률의 0.6배로 낮아졌다. 한마디로 한국 경제는 세계 금융위기 이후 신흥국은 물론이고 선진국 경제와 비교해서도 상대적으로 성장률이 저하되었다. 한국 경제의 성장 엔진은 무언가 고장이 났음이 분명하다.

세계 금융위기의 충격으로 선진국을 비롯해 신흥국조차 성장 잠재력이 저하되었다. 문제는 한국 경제의 성장률이 상대적으로 더 큰 폭으로 저하되었다는 점에 있다. 그 원인은 무엇인가.

먼저 가장 중요한 원인으로는 세계 무역 성장률의 현저한 저하를 의미하는, 소위 '슬로우 트레이드Slow trade' 현상을 들 수 있다. 세계

[표 1] 평균 성장률 비교(단위: %)

	한국(I)	세계(II)	선진국(III)	신흥국(IV)	I/II(배)	I/III(배)	I/IV(배)
2001~2007	4.9	4.5	2.4	6.7	1.09	2.04	0.73
2008~2010	3.3	2.8	△0.07	5.4	1.18	–	0.61
2011~2016	2.9	3.5	1.6	4.9	0.83	1.81	0.59

* 주: 기간 성장률 평균
* 자료: IMF, WEO Database

경제 성장률에 대비한 무역 성장률의 배수는 1986~2007년간 2.1배에서 2011~2015년간 1.5배로 낮아졌다.[1] 이러한 세계 무역증가율의 현저한 둔화로 인해 수출에 GDP의 절반을 의존하고 있는 한국 경제가 심각한 영향을 받는 것은 당연한 결과라고 할 것이다. 그러나 주목해야 할 문제는 세계 무역 증가율이 단순히 금액상으로만 저하된 것이 아니라 실물 측면에서 외국인 직접 투자 둔화 등 글로벌 공급 사슬 자체에 변화가 일어났다는 점이며, 이러한 세계 무역의 구조적 변화에 대하여 수출 의존 구조를 가진 한국 경제가 탄력적으로 대응하지 못했다는 점이다. 2000년대 들어 중국의 수입 대체 산업의 성장China Inside으로 중국 수출품에 대한 한국산 중간재 수요가 감소할 뿐만 아니라 일부 품목에서는 세계 수출시장에서 경쟁 관계에 놓이게 되었다. 세계 금융 위기 이후 한국 경제가 3%에 미달하는 저성장 기조에 들어가게 된 주된 이유는 수출 증가세의 현저한 둔화에 있다. 특히 2014~2016년간 세계 수출의 평균 증가율은 3.2%인 반면에 한국의 평균 수출 증가율은 1.3%에 불과했다. 그러나 주목해야 할 양상은 한국 경제의 성장 둔화 원인이 수출 수요의 성장세 둔화에만 한정된 것이 아니라는 점이다. 한국은행의 잠재 성장률 추정 결과는[2] 한국 경제의 저성장 기조가 총요소 생산성과 자본 축적의 성장률 둔화에 있음을 분명하게 보여주고 있다. 특히 총요소 생산성 상승률은 2000년대 전반 연 2%에서 2000년대 후반에 연 1.4%로 저하되었으며, 2010년대에는 0.8%를 지속하고 있다([표 2] 참조). 저성장 기조의 장기화는 총수요 측 요인뿐만 아니라 총 공급 측 요인에도 원인이 있으며, 특히 총요소 생산성이 현저하게 저하되는 양상

[표 2] 생산 함수 모형에 의한 성장 잠재력 추정 결과(단위: %)

	2001~2005	2006~2010	2011~2014	2015~2018
노동	0.9	0.6	0.9	0.9
자본	2.2	1.8	1.7	1.4
총요소생산성	2.0	1.4	0.8	0.8
잠재성장률	5.2	3.8	3.4	3.1

* 자료: 한국은행, "우리 경제의 성장 잠재력 추정 결과", 《조사월보》, 2015. 12;
  한국은행, "우리 경제의 잠재 성장률 추정", 《조사월보》, 2017. 8

은 '일본의 잃어버린 20년'에서 나타났던 양상으로[3], 한국 경제에도 동일한 양상이 진행되고 있다는 점이 주목된다. 따라서 우리 경제의 저성장 기조에 대하여 풀어야 할 다음 의문은 총요소 생산성 증가율이 저하된 이유가 무엇인가 하는 것이다.

사례 2: 12년간 124조 원 예산 쓰고 출산율은 저하

정부는 2006년부터 5년 단위로 저출산·고령화 대책을 추진해왔으며, 2006~2016년까지 11년간 저출산 대책으로 총 101.7조 원의 재정을 쏟아 부었다([표 3] 참조).[4] 이 기간 중 총 499만 명이 출생했으므로 대략 신생아 1명당 2천만의 재정이 지출된 것이다. 그럼에도 연간 출생 아동 수는 2006년 448천 명에서 2016년 406천 명으로 감소했으며, 합계 출산율은[5] 2006년 1.12명에서 2016년 1.17명으로 증가하는 데 그쳤다. 그 결과 우리나라는 합계 출산율 1.17명으로, OECD의 평균 합계 출산율 1.68명에 미달할 뿐만 아니라 OECD 기준으로 1.3명에 미달하는 초저출산 국가 상태에 있다. 그렇다면 102조 원의

[표 3] 저출산 예산과 출생아 수 및 합계 출산율 추이

	2006	2007	2008	2009	2010	2011	2012	2013	2014	2015	2016	2017
저출산 예산(조 원)	2.1	3.1	3.8	4.8	5.9	7.4	11.0	13.5	13.9	14.7	21.5	22.5
출생아 수 (천 명)	448	493	466	445	470	471	484	436	435	438	406	–
합계 출산율(%)	1.12	1.25	1.19	1.15	1.23	1.24	1.30	1.19	1.21	1.24	1.17	–

* 자료:《동아일보》, 2017. 8. 25; 통계청, 국가통계포털

예산은 어디로 흘러간 것이며, 왜 성과를 거두지 못했는가. 이 문제에 대한 제대로 된 해답을[6] 구하지 못하는 한 아무리 많은 예산을 쏟아부어도 지난 10년간의 저출산 정책 실패를 벗어날 수 없을 것이다.

사례 3: 일자리 창출, 3년간 43조 원 쓰고도 높아진 실업률

정부는 2014~2016년간 일자리 창출에 43조 원(2014년 13.2조 원, 2015년 14조 원, 2016년 15.8조 원)을 투입했다. 고용률은 2013년 59.5%에서 60.4%로 높아졌다. 그러나 실업자 수는 2013년 80만 7천 명에서 2016년 101만 명으로 오히려 증가했으며 특히 25~29세의 실업률은 7.1%에서 9.2%로 높아졌다. 실업자 외에 비경제 활동 인구 중 사실상 실업자인 '쉬었음'과 '취업 준비', 그리고 17시간 이하의 사실상 임시 취업자를 포함한 '사실상 실업자' 수는 2013년 409만 명에서 2016년 454만 명으로 급증했다. 15세 이상 인구에 대한 비중은 203년 9.7%에서 2016년 10.4%로 높아져 실업 문제는 훨씬 악화되었다([표 4] 참조).

[표 4] '사실상 실업자' 추이 (단위: 천 명)

	2012	2013	2014	2015	2016	2017.8
실업자	820	807	937	976	1,012	1,001
쉬었음 (15~64세)	1,310	1,321	1,217	1,294	1,297	1,347
구직 단념자	196	172	394	464	448	484
취업 준비	560	574	560	610	628	695
1~17시간 이하 취업	1,101	1,172	1,177	1,222	1,273	1,575
계	3,987	4,046	4,285	4,566	4,658	5,102
15세 이상 인구 대비(%)	9.6	9.6	10.1	10.6	10.7	11.7
취업자 증감 (만 명)	43.7	38.6	53.3	33.7	29.9	21.2
일자리 예산 (조 원)	–	–	13.2	14.0	15.8	–

* 주: 구직 단념자-시계열 2014년 개편
* 자료: 통계청, 국가통계포털

사례 4: 창조경제와 '치킨 집 창업'

박근혜 정부는 '창조경제'를 내세운 이래 창업 지원에 막대한 예산을 투입했다. 2016년 중앙 부처 총 85개 사업, 지자체 80개 등 창업 지원 사업은 총 165개에 이르렀다. 창업 지원 사업에 대한 예산 규모는 중앙 부처 2조 1,493억 원, 지자체 958억 원, 펀드 및 각종 보증 기금을 포함하면 24조 1,400억 원에 달했다.

한편 창업진흥원의 「2015 창업기업 실태 조사 연구 보고서」에 따르면 창업 7년 이하 기업 수는 총 189만 개이며, 도매 및 소매업이 26.7%, 숙박 및 음식점업이 25.7%, 제조업 8.2%, 개인 서비스업

8.1%, 운수업 7.4%로 '치킨 집'과 같은 생계형 창업이 대종을 이루었다. 반면 창조경제 개념에 근접하는 창업기업의 비중은 불과 1.4%(벤처기업 1.0%, 이노비즈 0.2%, 경영혁신기업 0.2%)에 불과한 것으로 나타났다. 한편 업력 7년 이하의 189만 개 창업기업 중 창업 지원을 받은 기업의 비중은 13.1%이며, 지원 내용은 89%가 정책 자금 지원으로 나타났다. 즉, 정부의 갖가지 창조경제 조성 정책에도 창업 실태는 '치킨 집'으로 대표되는 생계형 창업이 대부분이었으며, 혁신형 창업의 비중은 1%대에 불과하다.

사례 5: 과제 성공률 98% 출연연구소의 낮은 연구 생산성

정부 출연연구소의 과제 성공률은 98%로, 거의 대부분의 과제가 성공한다.[7] 그럼에도 불구하고 성공한 과제의 기술 이전을 통해 실현되는 연구 생산성은 인건비를 포함할 경우 3%대에 불과하다. 98%의 과제가 성공한다는 것은 성공이 보장된 쉬운 과제만을 선정한다는 의미로, 쉬운 과제를 연구하기 때문에 98%의 성공률에도 정작 상용화를 통해 기술료 수입을 발생시킬 만한 연구 성과는 미미한 것이다. 연구 생산성은 직접비의 4.7%(2015)에 불과하며, 인건비를 포함할 경우 3%대로 낮아진다. 2015년 정부는 출연연구소에 4조 57백억 원의 연구개발 예산(직접 투자비 2조 5천억 원)을을 투입했으나 기술료로 1,334억 원의 수입을 얻는 데 그쳤다.

그렇다면 출연연구소들의 연구 생산성이 낮은 이유는 무엇인가. 바로 달성하기 쉬운 소형 단기 과제를 선정하기 때문이다. 2015년 출연연구소들은 총 3,726건의 과제를 수행하는 데 2.1조원의 예산을 썼다. 과제당 5억 7,400만 원에 불과하며, 대부분 3년 미만의 단기 과제다. 연구 사업의 정당성을 확보하기 위해 정부는 단기 성과를 주로 선정했다. 단기 과제를 수행하면서 필요한 예산 규모를 확보하기 위해서는 비슷한 복수의 과제를 여러 개 동시에 추진하는 것이 불가피하고 프로젝트가 단기에 끝나기 때문에 연구를 기획하고 보고서를 작성하는 간접적 연구 작업에 많은 시간을 보내야 한다. 그 결과 실제 산업 현장에서 기술료를 발생시킬 만한 가치 있고 창의적인 연구 성과가 부진한 구조를 가지고 있다.

사례 6: 재정 지출, 부채 증가의 '마중물 효과'는 없다

국회 예산 정책처 연구에[8] 따르면, 재정 지출 1조 원 증가가 가져오는 GDP 증가 효과는 2014년 0.8조 원, 2015년 0.65조 원, 2016년 0.65조 원, 2017년 0.56조 원으로 감소하는 것으로 나타났다. 그 이유는 재정 지출에서 사회 복지 예산이 빠르게 증가하고 있으나, 사

[표 5] 부채 증가의 소득승수: 부채 증가와 명목 GDP 증가의 관계(단위: 조 원)

(증감)	2012	2013	2014	2015	2016
가계대출	44.5	54.6	64.5	112.9	133.6
기업(은행 원화대출)	32.9	34.8	52.0	48.3	20.8
국가 채무	22.6	46.7	43.3	58.3	47.0
부채증가 계(I)	100.0	136.1	159.9	219.5	201.4
명목GDP증가(II)	44.8	51.9	56.7	72.5	73.3
II/I	0.448	0.381	0.354	0.330	0.364

* 자료: 한국은행, 「가계 부채 및 기업 부채」; 기획재정부, 「국가 채무」

회 복지 예산의 경제 성장 효과는 미약하기 때문으로 설명된다.

한편 가계·기업·정부의 부채 증가와 명목 GDP 증가의 관계를 보면, 2012년 총부채 증가의 소득승수는 0.45였으나 2015년 0.33으로 크게 저하되었다. 즉, 경제 주체들의 총부채 증가를 통한 경제 활동 결과 창출된 명목 GDP의 증가 배수는 1/3에 불과하다. 그만큼 부채 조달을 통한 경제 활동의 생산성이 저하되고 있음을 시사한다.

2. 경제생태계의 상태

이 책은 한국 경제가 당면한 총체적인 문제를 자연생태계의 생성-성장-소멸 또는 진화의 발전 원리를 적용하여 설명하고자 했다. 이러한 생태계 접근 방식으로 살펴본 한국 경제는 후발 산업 국가로서 선진 산업 국가의 기술과 산업 발전을 본받아 추격함으로써 선진국의 문턱까지 왔으나 더 이상 추격할 대상이 없어지면서 성장이 멈춰 있는 상태다. 앞으로 혁신을 통해 스스로 선진국 경제로 진화하지 않는다면 고성장 추격 과정에 수반된 생태적 문제들이 작용하여 장기 저성장 경제 침체가 불가피하다는 것이 이 책의 큰 틀이다.

자연은 생산자(식물)-소비자(동물)-분해자(박테리아)로 연결되는 각기의 역할과 생성-성장-소멸의 유기적인 순환 관계에 의해 건강한 생태계가 유지된다. 그러기 위한 필요조건은 요소들의 건강성-다양성-상호 연계성-역동성-유연성 등이 있다. 이와 마찬가지로 경제도 생산자(기업)-소비자(가계)-분해자(금융, 복지)의 순환 관계를 통해 건강하고 지속 가능한 경제생태계가 발전할 수 있다. 반대로 경제생태계가 악화되어 지속 가능성이 저해될 수도 있다. 그렇다면 자연생태계의 지속 가능 필요조건인 건강성-다양성-상호 연계성-역동성-유연성 등을 한국 경제에 적용하면 어떤 모습이 드러날 것인가. 또 그 모습이 한국 경제의 지속 가능성에 시사하는 바는 무엇인가. 본 연구의 생태계적 접근 방식으로 한국 경제를 진단한 결과, 한국 경제의 상태는 다음과 같이 요약된다.

① 구성 요소들의 건강 상태가 악화되었다

그 증거로 기업들은 경쟁력과 고용 창출 능력이 떨어졌으며, 가계는 소비 여력이 줄어들었다. 시장 기능의 역동성이 약화될수록 시장활동이 불가능해진 기업을 처리하는 금융기관의 분해 기능과 개인의 생존을 보호하는 정부의 사회안전망 역할이 중요해진다. 그럼에도 우리나라 금융기관들은 부실기업 처리 등 분해 기능이 취약해졌으며, 생존력을 잃은 개인에 대한 정부의 사회안전망 또한 취약하다.

② 다양성을 잃어가고 있다

다양한 경제 주체들이 건강한 방식으로 경쟁할수록 시장은 더욱 효율적으로 운영된다. 그러나 소수의 대기업을 중심으로 한 재벌들이 산업을 지배하고 있으며, 이들은 정경유착을 통해 정치를 움직이고 광고를 통해 언론을 움직이는 힘을 가지고 있다. 더 심각한 문제는 이 소수의 지배자들이 글로벌 경쟁력을 강화하기 위해 해외로 진출할수록 국내시장에는 산업의 공동화空洞化가 발생한다는 점이다. 즉, 생태계에 비유하면 숲이 축소되는 위협을 받고 있는 것이다.

③ 상호 연계성이 약화되고 있다

글로벌 가치사슬의 변화로 글로벌 대기업들이 국내 경제에 미치는 낙수 효과가 축소되고, 성장이 둔화됨에 따라 경제 주체들이 기득권에 매달리면서 경제 전반에 걸쳐 상호 연계성이 약화되고 있다. 상호 연계성의 약화는 곧 양극화를 의미하며, 계층 간 또는 경제 주체 간의 갈등이 심화되는 결과를 초래한다.

④ 역동성과 유연성을 잃어가고 있다

후발 산업 국가로서 한국 경제의 강점은 선진국이 지닌 첨단 산업의 생산 역량과 기술을 조기에 추격하는 '속도'에 있었다. 이 '추격 속도'의 경쟁력은 기업 투자의 역동성과 유연성에서 나왔다. 그러나 재벌 소유 경영자들이 창업자 세대를 지난 2대 또는 3대로 내려오면서 기업계 전반적으로 도전적인 기업가정신이 약화되는 모습을 보이고 있으며, 신생 대기업의 출현도 아주 드물다. 정부와 기업 공히 역동성과 유연성을 잃어가고 있다.

⑤ 대외 환경의 급격한 변화에 직면해 있다

생태계 변화 측면에서 외부 요인의 변화는 적응의 시간을 임의로 허용하지 않는다는 점에서 내부 요인의 변화보다 훨씬 위협적이다. 2008년 세계 금융위기 이후 글로벌 가치사슬이 변하고 있을 뿐만 아니라 무역 성장률이 대폭 떨어졌다. 국내 총생산의 50%를 수출에 의존하고 있는 우리나라로서는 세계 무역 성장률의 저하는 심각한 위협 요인이 아닐 수 없다. 한편 기술 측면에서는 인공지능과 사물인터넷 등 4차 산업혁명이 급속한 속도로 추진되고 있어 산업의 모습을 근본적으로 바꾸고 있다. 4차 산업혁명은 가장 우수한 것을 개발한 창조자가 시장을 독식할 뿐, 후발 추격자에게 '추격의 시간'과 시장을 허용하지 않는다는 점에서 '기술 추격'의 강점을 가진 한국 경제가 설 자리를 빠르게 위협받고 있다.

3. 우리나라 경제생태계의 특성과 작용

한 나라의 경제 운영 성과는 경제 주체들의 행태의 집합적 결과라고 할 수 있으며, 경제 주체들의 행태는 경제 주체들의 구조적 속성이 작용한 결과라고 할 수 있을 것이다. 따라서 한국 경제에 문제가 있다면, 그 문제는 바로 경제 주체들의 구조적 속성에서 비롯된 문제라고 할 수 있다. 그러한 구조적 속성은 경제 시스템의 어떠한 생태적 구조하에서 발생하고 축적되어 특징적인 경향으로 드러난 인과관계의 결과라고 할 수 있다. 따라서 한국 경제가 당면한 문제의 본질을 파악하기 위해서는 경제 주체들의 구조적 속성을 초래한 경제생태적 구조를 주목할 필요가 있다. 각 분야의 경제생태계 분석 결과로 포착된 생태계의 공통적인 요소를 정리를 정리하면, 한국 경제의 정체성을 초래하는 데 결정적인 작용을 하고 있는 것으로 보이는 공통적인 양상은 다음 다섯 가지로 집약된다.

① 기득권의 장벽
기득권의 장벽이 전 분야에 걸쳐 경제 환경과 구조 변화에 대한 대응을 어렵게 가로막고 있는 것으로 나타났다. 기득권자가 제도적 개혁이나 변화를 통해 자신이 누리고 있는 이익을 포기하려 하지 않는 것은 당연한 일이기도 하다. 기득권자가 소수이거나 기득권으로 인해 손실되는 국민들의 잠재적인 이익이 명확하게 큰 경우에는 여론이 정치권을 압박하고, 그 결과 법 개정을 통해 기득권 문제가 해결되기 쉽다.

우리는 흔히 기득권은 재벌이나 부자들, 국회의원 등 '특권을 누릴 것'으로 예상되는 계층의 전유물로 생각하기 쉽다. 그러나 본 연구 결과에서 드러난 기득권은 모든 분야에 걸쳐 있다. 국민 거의 대부분이 어떤 형태와 위치로든 관련이 있는 것으로 나타났다. 그 이유는 기득권이 정부의 인·허가 등 규제에 의해 발생하는 것이 큰 비중을 차지하지만, '협회'와 같은 사업자들의 담합으로 발생하기도 하며, 전통적 문화가 배경인 경우도 있기 때문이다. 이와 같이 기득권을 발생시키는 원인은 경제·사회·문화 전반에 광범위하게 작용하고 있다. 예를 들면 저출산 문제의 개선을 어렵게 하는 요소로 여성들의 '가정과 직장' 양립이 중요한데, 여기에는 가정에서 남성들이 가사 노동이나 양육에 대한 공동 책임 의식이 낮다는 문제가 있다. 따라서 저출산 문제에서 남성은 기득권자의 위치에 있다.

노동시장에서 기득권의 구조는 복잡하다. 정규직은 비정규직에 대해 기득권이고, 비정규직은 미취업자에게 기득권의 위치에 있다. 기업 간 생산 계열상에서도 하도급 구조에 따라 단계적으로 기득권 체계를 가지고 있다. 완제품 업체 근로자는 1차 협력업체 근로자에 대하여 기득권을 가지고 있으며, 1차 협력업체 근로자는 2차 협력업체 근로자에 대하여 기득권을 가지고 있다. 노동조합은 조합원들에게 기득권 유지를 보장하는 조직이라고 할 수 있다. 한편 노동조합과 경직적인 고용보호법의 보호하에서 대기업과 공공 및 금융 부문의 정규직은 고용 안정과 고임금의 기득권을 누리는 반면, 중소기업 근로자와 비정규직 근로자는 고용 불안 속에서 저임금에 시달리고 있다.

기업생태계 연구에서는 우리나라에서 왜 창업하기 어려우며 창업을 해도 살아남기 어렵고, 살아남는다고 하더라도 중견기업 나아가 대기업으로 성장하기 어려운지 기업 생태적인 이유를 상술하고 있다. 기업생태계가 열악한 대표적인 양상은 규제와 이른바 기업 간 불공정한 경쟁과 거래가 이루어지는 '기울어진 운동장에 있으며', 그 결과로서 창업해서 살아남았다고 해도 성장 과정에서 직면하는 기득권과 폐쇄성으로 생겨나는 수많은 절벽으로 인하여 영세 기업을 벗어나기 어려운 것으로 지적하고 있다. 한 연구[9]에 의하면, 우리나라에서 300명 미만 중소기업이 1000명 이상 대기업으로 성장한 사업체 비율은 제조업 0.0007%, 서비스업 0.0009%에 불과하며, 300인 미만의 중소기업이 300~500인 규모의 중견기업으로 성장한 비율도 제조업 0.06%, 서비스업 0.02%에 불과한 것으로 나타났다. 그 결과 우리나라에서 중견기업이나 대기업 수는 소수에 불과하고 대부분이 만년 중소기업으로 정체되는 양상을 잘 설명해주고 있다.

기업생태계의 문제점들은 좀 더 관점을 확장한 산업생태계 편에서 대부분 확인된다. 산업생태계 연구에 따르면 우리나라 산업생태계의 특징은 새로운 산업이 출현하기 매우 어렵다는 것으로 집약되었다. 정부와 정치권은 기존 산업과 대기업들에게 '포획'되어 있으며,

중소·중견기업들은 기존 산업의 대기업 우위의 산업 결정 구조에 순응하여 대기업과 협력 관계를 형성하고 유지하는 것이 생존에 유리하기 때문에, 결과적으로 기득의 대기업과 협력 관계 없는 신생 기업의 성장이 어렵고, 나아가 신생 산업의 출현 자체가 더욱 어렵다는 것이다. 이런 산업 생태 구조하에서 과연 '창조경제' 기업이나 산업의 출현을 기대할 수 있을지 의문이 아닐 수 없다. 이러한 산업계의 기득권을 타파하여 더욱 혁신 친화적인 산업생태계를 조성한다는 측면에서 '경제 민주화'의 필요성이 주목된다. 한편 중소기업은 대기업을 상대할 때 협상력의 열위로 인하여 '을乙'의 위치에서 '부당하게 당하는' 것으로 인식되고 있다. 그러나 중소기업은 각종 업종별 협회 등을 통하여 이익집단으로서 잠재적 진입자에 대한 기득권의 위치에 있다.

한편 복지 면에서는 기존에 혜택을 누리고 있는 집단이나 계층이 복지 시스템의 개혁을 반대하는 것은 당연히 예상되는 행태다. 또한 '주력 집단이 갖고 있는 기득권에 대한 방어 심리와 집단 내 구성원들 간의 암묵적인 담합'이 지배하는 과학기술생태계가 과학기술의 발전을 어렵게 한다는 지적은 GDP 대비 R&D 지출 세계 1위의 연구개발비에도 불구하고 창조경제 기반이 조성되지 않는 생태적 문제의 핵심이 무엇인지를 시사하고 있어 주목된다.

다음은 기득권 문제에 대해 이 책에 나오는 지적들이다.

- 6장 산업생태계
"…우리나라 주력 산업들은 일종의 기득권을 누리며 새로운 '신인들의

등장'을 원하지 않는다. …대기업들이 새로운 기업의 성장을 가로막고 있
다는 지적은 자주 제기되고 있다."

"…정부와 정치권이 기존 산업에 포획되어 있어서는 우리나라에서 신산
업이 태어나기 힘들다."

• 7장 과학기술생태계
"우리나라 과학기술 혁신생태계에서 자주 지적되는 문제 중 하나는 혁
신 주체들 간의 연계가 부족하고 글로벌 혁신 활동에 적극적인 참여가
이루어지지 않는다는 것이다. 이로 인해 과학기술 혁신생태계가 갈라파
고스화되는 경향을 보이고 있다는 지적도 나오고 있다."

• 8장 복지생태계
"…복지 혜택을 이미 누리고 있는 기득권 집단이 개혁의 가장 큰 장애
요인이다."
"복지 제도별로 기득권을 가진 집단이 존재하고 있다. 이들 집단은 복지
개혁에서 한 치도 양보할 생각이 없다."

• 9장 인구생태계
남성은 여전히 가정 내 역할 즉, 육아와 가사 관련 역할을 기피하고 있으
며, 그 결과 여성들은 경제 활동과 육아·가사의 이중적인 부담으로 출
산을 축소하고 심지어는 결혼을 기피하는 현상이 나타나고 있는 것이다.

② 단절과 폐쇄성

기득권이 문제가 되는 이유는 기득권을 이용하여 후발자의 진입을 막거나 불공정한 차별적 경쟁을 통해 특정 집단이나 계층의 배제적인 편익 향유를 장기화하는 기득권층의 폐쇄성에 있다. 폐쇄성은 기득권이 특정 '패거리'에 의해 독점되고, 특정 '패거리'가 인사·예산·정보를 독점하는 행태를 말한다. 그 결과 제도적으로는 새로운 활동자의 진입의 보장됨에도 불구하고 인사·예산·정보의 차이로 인하여 새로운 진입자가 생존해서 기득권자와 공정하게 경쟁하기 어렵다. 인적 폐쇄성은 이탈리아의 마피아를 패러디한, 소위 '○피아'로 불린다. 특정 정부기관 출신이 산하기관으로 자리를 옮기고, 산하기관에서 다시 업계로 자리를 옮기면서 공생하는 관계를 유지하거나 지연, 학연 등 사적 네트워크를 형성하여 인사에 영향을 미치거나 정보의 흐름을 독점한다.

이러한 폐쇄성은 한국식 폐쇄적 산업 생산 네트워크를 형성하고 정부와 정치권을 포획함으로써 새로운 산업이 태어나거나 새로운 기업이 출현하는 것을 어렵게 한다. 한편 과학기술 분야에서는 정부 출연연구소와 대학연구소들이 한정된 정부 예산을 두고 갈라 먹기 경쟁을 하기 때문에 혁신 주체들 간 인력 유동성이 높지 않고 상호 협력 활동도 미약하여 시너지 효과를 거두기 어려운 생태적 구조를 가지고 있다.

노동시장에서 보이는 폐쇄성 양상은 더욱 심각하다. "대기업이나 공공 부문의 정규직에서 벗어날 경우 곧장 고용의 낭떠러지로 떨어지기 때문에 기존의 일자리 및 기득권을 유지하기 위해 노력을 다하게 된다. 그 결과 대기업과 공공 부문 정규직으로 대변되는 1차 노동시장과 영세 중소기업 근로자 및 비정규직으로 대변되는 2차 노동시장 사이의 벽은 더욱 두터워지게 된다." 즉 노동시장에서 '철밥통'을 놓치면, 모든 것을 잃기 때문에 '철밥통'을 놓치지 않기 위해 새로운 진입자를 배려할 여유가 없으며, 따라서 진입 대기자에게 폐쇄적일 수밖에 없다는 것이다. 또한 사회도 정규직과 비정규직의 차별 문제를 주목하면서도, 차별 문제에 대한 정책이 노동시장 밖에서 진입을 기다리고 있는 취업 준비생에 어떤 영향을 미치는지에 대해서는 관심을 갖지 않고 있다.

• 7장 과학기술생태계

"국내 혁신 주체들 간의 칸막이로 인해 협업을 통한 지식 창출, 지식 확산, 인력 이동 등 연계 활동이 제대로 이루어지지 않고 있다."

"갈라파고스화의 주된 이유는 대학, 출연연 등의 혁신 주체들이 공고한 이익집단화되는 경향과 정부 예산 및 정책 시스템으로 인한 과학기술계의 파편화 등으로 보인다."

③ 경직성-비탄력성-비혁신성

기득권자들이 폐쇄적으로 문을 닫고 '그들만의 잔치'를 계속한 결과, '경직성' 문제가 발생한다. 경직성 문제는 두 가지 측면에서 발생한다. 일차적으로는 우리 경제의 지속 발전 역동성이 저하된다. 이차적으로 외부 환경 변화에 대한 탄력적 대응력이 저하된다. '그들만의 잔치'를 통해 기득권자들은 잔치를 지속할 수 있는 자원을 조달할 수 있기 때문에 변화를 추진해야 할 필요성이 낮거니와 변화가 수반하는 위험을 감수해야 할 이유는 더욱 없어진다. 경직성 문제는 지속 성장의 역동성을 마비시키고, 외부 환경 변화에 대한 탄력적인 대응력의 생성을 어렵게 한다는 점에서 중요하다. 특히 '슬로우 트레이드'와 같은 세계 무역 구조의 변화와 4차 산업혁명과 같은 근본적이고 충격이 큰 경제 환경의 변화가 진행되고 탄력적인 대응력이 제대로 작용하지 않는다면, '그들만의 잔치'조차 오래 계속될 수 없으며, '그들만의 잔치'가 끝나는 것이 바로 '경제위기'가 될 것이다.

한국 경제가 내포하고 있는 경직성의 문제는 각 분야에서 이미 진행되고 있는 것으로 나타났다. 저출산 문제의 심각성에도 불구하고 열악한 인구생태계 문제로 인하여 출산율 변화의 탄력성이 아주 낮은 것으로 나타났는데, 이는 인구생태계가 획기적으로 혁신되기 전에는 저출산 문제가 개선될 가능성이 낮음을 시사한다.

산업 구조 측면에서 탄력성이 미약함을 보여주는 대표적인 증거는 거의 20년 가까이 우리나라 총 수출에서 12대 제조업이 차지하는 비중이 80% 전후를 보이고 있다는 것이다. 그만큼 새로운 산업의 출현이 미약했음을 의미한다. 한편 복지 측면에서는 보편적 복지 제도의 확산으로 인한 복지 재정의 엄청난 낭비에도 불구하고 낡고 경직된 복지 시스템을 혁신할 수 있는 탄력성이 없다는 것이 가장 심각한 문제로 대두되어 있다. 또한 과학기술계에서는 혁신 주체들의 '그들만의 잔치'로 인한 '갈라파고스'화 경향이 과학기술계의 정체를 고착화하는 주된 요인으로 지적되었다. 노동생태계에서는 노동시장의 이중 구조가 지속됨에 따라 근로자들 사이의 임금 등 근로 조건의 불평등이 고착화되고 재생산되고 있다. 노동시장의 '차별'로 인한 이중 구조 문제를 해결하기 위해서는 가장 따뜻한 철밥통을 누리는 대기업·정규직·노조원의 양보와 희생정신이 필수적이며, 노조와 비정규직 등 협상 주체들의 탄력적인 협상 역량 미성숙이 문제 해결의 중요한 애로로 지적되었다.

금융 산업은 기득권의 부작용이 생태계를 통해 가장 심각하게 산업 발전을 가로막고 있다. 금융 산업이 낙후된 이유로 관치 금융, 독립성이 취약한 감독 기구, 주인 없는 은행들의 지배 구조 문제 등이 지적되었다. 특히 방대한 정책 금융에 대한 관치 금융은 금융기관이 경제 순환 구조의 분해자로서 제 역할을 하지 못하고 정권의 전리품으로 장악되면서 그로 인한 낙하산 인사로 발생하는 도덕적 해이로 정책 금융기관조차도 건전성을 상실하는 결과를 초래했다.

가장 전형적인 사례가 대우조선해양 사례다. 1999년 8월 워크아웃에 들어가서 2001년 2월 워크아웃을 졸업하고도 지난 15년간 산업은행의 자회사로서, 국부 유출 등 여러 가지 이유로 매각을 지연하고 패거리의 지배를 받은 결과 2013~2016년간 7조 원에 가까운 누적 적자를 기록하는 사태가 빚어지며 오늘에 이른 것이라고 할 것이다. 이러한 사태의 중요한 요인은 정권 핵심-금융위원회-산업은행·수출입은행-대우조선해양으로 연결되는 '패거리 지배 구조'에 의한 경영 부실에 있다.[10] 경영진을 감시해야 할 이사회 역시 낙하산이 주류를 이루었다.

산업은행의 기능이 망가지고 부실화된 또 다른 중요한 이유는 금융 감독이 제대로 작용하지 않았기 때문이다. 금융 감독이 무력화되었된 이유는 금융 정책이 금융 감독의 우위에 있었기 때문이다. 금융 정책의 뒤에는 집권 여당이라는 정치권의 기득권이 작용하고 있었기 때문이다.

④ 단기주의

산업 측면에서 추격 모형을 추진해온 한국 경제는 선진 산업 국가의 기술과 생산 역량을 추격하는 데 필수적인 고유의 속도와 집중력을 특징으로 운영되어왔던 만큼, 정부 정책과 기업 투자 등 전반적으로 단기주의적 경제 행태가 만연해 있었다고 할 것이다. 제도적으로는 대통령 임기 5년의 단임제 정부로 인하여 5년 안에 국정 운영의 가시적인 성과를 내야 하는 지배 구조의 특성상, 정부 정책 전반에 걸쳐 단기적 시계視界하에서 정책이 설계되고 추진되는 행태가 정부 정책의 본질적인 속성이 되어왔다고 할 수 있을 것이다.

앞서 제시된 여러 가지 정책 실패 사례들의 근본 원인은 문제의 본질에 대응하기보다는 정책 대부분이 단기 효과 또는 단기에 정책 집행 실적을 올릴 수 있는 대중적인 정책 수단을 선택했다는 점에 있다.

생태계 접근을 통해 드러난 바와 같이 저출산·교육·과학기술·산업·금융 등 대부분의 영역에서 장기적인 시계로 생태계의 본질적인 변화를 추진하는 정책이 요구되고 있다. 즉, 생태계 전체의 변화를 자극하고 촉진할 수 있는 다원적이고 유기적이며 집합적인 정책을 추진하여 생태계를 개선하고 근본적으로 문제가 해결되도록 하는 접근 방법의 혁신이 필요하다. 이러한 단기적·대중적 정책의 틀을 탈피하지 않는 한 아무리 정책을 바꾸고 예산을 투입해도 연관된 생태계에서 변화가 없기 때문에 결과가 달라질 것으로 기대하기 어렵다.

⑤ 현상 유지 증후군

4차 산업혁명의 충격이 없었다고 하더라도 한국 경제가 더 이상 추격 경제 모형으로 지속 성장하기 어려웠을 것이라는 점을 주목할 필요가 있다. 그 이유는 '현상 유지 증후군'status-quo syndrome이 경제 생태계 전반에 만연되어 있기 때문이다. 여기서 현상 유지 증후군이란 문제 해결이나 발전을 위한 위험 부담을 기피하거나 결단을 미루고 현재 상태를 유지하는 것을 목표로 하는 소극적인 태도를 말한다. 우선 인구 구조에서 평균 연령이 1990년 27세에서 2000년 32세, 2010년 38세, 2016년 42세로 빠른 속도로 고령화하고 있다. 이에 사회 전반적으로 적극적인 위험 부담이나 급속한 변화를 주저하거나 기피하고 현상 유지에 안주하려는 보수적인 성향이 확산되고 있다. 여기에 정권의 민주화 진전에 수반된 정치 지도력 약화의 결과로 고위 공무원들의 권한이 축소되고 적극적인 문제 해결 유인이 위축됨으로써 공무원 사회에 현상 유지 증후군이 만연되는 것이 불가피하다. 개발 시대에 정권은 비민주주의적 통치 문제를 안고 있었음에도 경제 정책에 강력한 지도력을 발휘했으며 이러한 정권의 틀 아래서는 관료들에 대한 권한 위임이 확실했다. 따라서 관료들이 막강한 정책 추진력을 행사했던 만큼 관료들이 위험 부담을 지고라도 문제 해결에 적극적인 태도를 취할 유인이 있었다. 그러나 정치적 민주화가 진행되면서 5년 단임제 대통령의 정치적 지도력은 종전에 비해 크게 약화되었으며, 이에 따라 장관들의 평균 재임 기간이 단축되는 한편 인사권이 제약되면서 관료층이 적극적으로 정책 수행 위험을 부담할 유인이 약화되었다. 한마디로 정책생태계가 취약해졌다.

대표적인 사례가 기업 구조조정 부진으로, 2016년 한진해운 사태는 행정력의 극단적인 공백 상태가 초래한 결과다. 가계 부채 문제의 악화도 금융 감독 당국의 현상 유지적 행태가 상당한 작용을 한 것으로 평가된다. 지난 10년간 가계 부채는 소득 증가의 거의 2배에 달했으며, 특히 2016년은 3.8배에 달했다. 이런 가계 부채 증가가 초래하는 문제가 명확함에도 금융 감독 당국은 가계 대출의 질적 개선을 이유로 '관리 가능한 상태'에 있다는 이유를 내세워 사태를 악화시켰다. 산업 구조조정을 통한 경쟁력 강화 문제, 4차 산업혁명 대비 등 국정 전반에 걸쳐 현상 유지 증후군 문제는 심각하다.

저출산·교육·과학기술·산업·금융 등 대부분의 영역에서 장기적이고 다원적이며 유기적인 집합적 정책을 세우고 일관되게 이끌어 경제생태계의 본질적인 변화를 추진하기 위해서는 정책 추진에 대한 신념과 지구력이 요구된다. 현상 유지 증후군에 사로잡힌 관료층들이 과연 이런 장기에 걸쳐 유기적으로 연결된 복잡한 정책을 세심하게 추진할 수 있을지 의문이 든다.

한편 기업계는 세 가지 측면에서 현상 유지 증후군을 앓고 있다. 첫째는 대기업군의 경우 최고경영자들이 창업 3세에 이르면서 개발 시대에 '무無에서 유有를 창조'했던 창업주가 사업 위험에 적극적인 태도를 보였던 데 비해, 사업을 통해 국가와 사회를 위한다는 대승적 역할보다는 기득의 개인적인 부를 지키려는 방어적이고 현상 유지적인 의사결정 성향을 가질 유인이 높다고 할 것이다. 둘째, 사업 환경이 극도로 불확실하고 복잡해졌다. 기업들의 세계화가 불가피한 만큼 직면하는 위험의 범위도 최근의 '사드 사태'가 보여주는 바와 같이 지정학적 위험까지 포함하여 광범위해지고 복잡해졌다. 특히 4차 산업혁명의 진행으로 사업 방향에 대한 불확실성이 어느 때보다도 높아졌다. 셋째, 2016년 10월부터 가속화된 대통령 탄핵 사태는 대기업군들이 한 편의 당사자가 되어 기존의 정부와 기업 간 관계에 돌이킬 수 없는 상처를 가져왔다. 이 상처로 인하여 개발 시대의 관계는 물론이고 추격 경제 시대에 정부와 기업 간 맺어졌던 밀월 관계의 종식이 불가피해졌다. 이제는 정부가 기업들에게 투자를 권유하거나 기업들이 정부에 지원을 요청하는 등 그 어떤 행태도 어려워졌다. 정부와 기업 간 새로운 관계의 틀이 형성되기까지 기업들이 현상 유지적인 태도를 벗어나 사업 위험을 적극적으로 부담하는 경영 행태를 보여줄 가능성은 낮아 보인다.

경제생태계의 작용

이상과 같이 이번 연구에서 도출된 경제생태계의 문제점들은 구체적으로 어떤 작용을 통하여 한국 경제를 장기 침체의 수렁으로 밀어 넣고 있는가. 우리는 앞서 한국 경제가 당면한 구조적 문제들을 해결하기 위한 정부와 업계의 노력이 어떤 결과를 낳고 있는지 몇 가지 사례들을 제시한 바 있다. [표 6]에서 제시된 바와 같이 기득권자들의 '그들만의 게임'은 당연히 시스템의 비효율적인 운영을 가져오며, 비효율적인 운영의 결과는 고비용이다. 여기에 투입된 재정 지출은 기득권자들의 생존을 지원하기 위한 '나눠 먹기'에 사용된 결과, 경제 성장과 역동성을 촉진하는 기여도가 낮을 수밖에 없다.

경제생태계의 폐쇄성은 인력·예산·정보를 '패거리'끼리만 공유하고 외부자에게는 폐쇄하여 경쟁과 평가의 '불공정' 문제를 구조적으로 내포하고 있다. 즉, '패거리'의 내부자에게는 평가 기준 설계 자체가 유리하게 되어 있거나, 또는 외부자에게 공개되지 않은 평가 기준을 내부자가 미리 알고 있거나, 내부자끼리 외부자에 비해 차별적으로 유리하게 평가를 받음으로써 외형상으로는 공정 경쟁으로 보이지만 내용적으로는 불공정 경쟁을 진행하여 공정 경쟁을 통한 최선의 대안을 찾을 수 없게 만든다. 결과적으로 문제 해결을 기대하기 어렵다.

경제생태계에 만연해 있는 경직성 문제의 작용은 혁신을 받아들

[표 6] 경제생태계의 문제와 작용

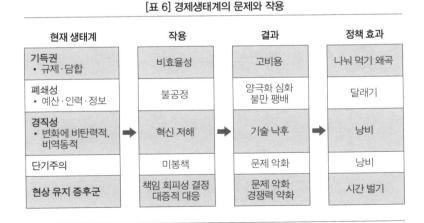

현재 생태계	작용	결과	정책 효과
기득권 • 규제·담합	비효율성	고비용	나눠 먹기 왜곡
폐쇄성 • 예산·인력·정보	불공정	양극화 심화 불만 팽배	달래기
경직성 • 변화에 비탄력적, 비역동적	혁신 저해	기술 낙후	낭비
단기주의	미봉책	문제 악화	낭비
현상 유지 증후군	책임 회피성 결정 대증적 대응	문제 악화 경쟁력 악화	시간 벌기

일 여지 자체를 거부함으로써 현상 유지를 지속하게 된다. 시스템이 경직되고, 행위자들의 사고가 경직된 생태계에서는 현상 유지 외에 다른 선택의 여지가 없다. 더 심각한 문제는 현상 유지가 객관적으로 최선의 대안이 아님에도 최선의 해답으로 왜곡된다는 점이다. 혁신을 거부하고 현상 유지를 선호하는 생태계에서는 역동성의 회복을 기대할 수 없으며 시간이 갈수록 정체가 고착화되는 결과를 가져온다.

이상 살펴본 이번 연구 결과는 경제생태계에 만연해 있는 기득권·폐쇄성·경직성·단기주의·현상 유지 증후군을 혁신하지 않은 현재의 제도적 틀과 행태를 그대로 두고는 아무리 재정을 쏟아붓고 정책을 시도해도 그 결과는 낭비일 뿐, 한국 경제가 당면한 문제를 해결하는 데 기여할 수 없다는 것을 시사한다.

앞서 한국 경제가 성장률 3%에도 미달하는 저성장 궤도에 진입하게 된 원인이 수출 부진 등 총수요 측 요인뿐만 아니라 총공급 측 요인도 작용하고 있으며, 특히 총요소 생산성의 저하가 나타나고 있음을 지적한 바 있다. 총요소 생산성 성장률의 저하는 그동안 드러나지 않았던 경제생태계의 부정적 작용의 결과다. 경제생태계의 부정적인 작용으로 인하여 총요소 생산성 성장률이 저하됨으로써 저성장 궤도가 고착화되고 있다. 즉, 경제생태계의 작용으로 인해 종래의 성장률 궤도로의 회복 역동성을 상실하고 대신 새로운 저성장 궤도가 고착화되는 것으로 설명된다. 경제생태계의 특성으로 일종의 '이력 현상hysteresis'이 작용한다고 볼 수 있는 것이다.

경제생태계 문제는 성장률 궤도와 관련하여 다음 네 가지 점에서 중요성을 가지고 있다. ① 성장률이 낮아질수록 경제생태계의 부작용은 더 심각해진다. ② 저성장 국면이 장기화할수록 고성장 궤도로의 자율적인 회복을 방해하는 경제생태계의 '이력' 작용은 커진다. ③ 경제생태계가 혁신되지 않는 한 외부 충격 요인이 제거되더라도 자발적으로 당초의 고성장 궤도로 돌아갈 수 없다. ④ 4차 산업혁명이라는 새로운 경제 패러다임이 진행되고 있는 시점에서 과거의 '이력'이 내포하고 있는 문제점들을 혁신하지 않는다면, 한국 경제는 추격 경제 패러다임의 소멸과 더불어 4차 산업혁명에서 경쟁력을 완전히 상실하고 심각한 정체를 맞을 위험이 크다.

4. 소득 정책, 한국 경제의 새 패러다임?

> "한국 경제가 직면하고 있는 저성장, 일자리 부족, 사회 경제적 불평등 문제를 해결을 위해서는 대기업과 중소기업, 사용자와 노동자 등 모두가 '더불어 성장하는 전략이' 필요. ……더불어 성장의 핵심 과제는 '좋은 일자리가 마련된 대한민국'으로 일자리 창출로 가계 소득을 늘리고, 늘어난 소득으로 소비를 확대하여 내수 활성화 및 성장으로 이어지는 '경제 선순환 구조' 구축이 가능"
>
> _국정기획자문위원회, 『문재인 정부 국정운영 5개년 계획』, p.42, 2017. 7

문재인 정부는 한국 경제의 새로운 경제 패러다임 구축을 위해 '소득 주도 성장을 위한 일자리 경제'를 국정 전략으로 내세웠다. 한국 경제가 새로운 패러다임을 필요로 하고 있는 것은 분명하다. 그러나 과연 소득 정책이 한국 경제를 구할 새로운 패러다임이 될 것인

가. 아니면 진보 정권의 정책 실험으로 끝나고 한국 경제에 상처를 남길 것인가.

소득 주도 성장론은 2008년 세계 금융위기 이후 국제연합무역개발협의회(이하 UNCTAD)와 국제노동기구(이하 ILO)[11] 등 국제 기구에서 임금 인상을 통한 소득 분배 구조 개선이 지속 성장의 조건이라는, 소위 임금 주도 성장론Wage-led Growth Model을 제기하면서 새로운 주목을 받고 있다.

문재인 정부의 소득 주도 성장론은 다음 두 가지 특징을 가지고 있다. 첫째, 분배 개선 정책의 차원을 넘어서 새로운 경제 패러다임의 중심 정책으로 소득 정책의 위상을 설정함으로써 앞서 소득 정책을 주창해왔던 UNCTAD나 ILO보다도 소득 정책의 역할을 중시하고 있다는 점이 주목된다. 소득 정책을 경제 패러다임 구축 정책으로 내세운 정부는 1950년대 말에서 1960년대 초반의 네덜란드 정부[12]를 제외하고는 세계적으로도 전례를 찾기 어렵다. 둘째로, 일반적으로 소득 정책은 주로 최저 임금의 인상이나 노동조합의 협상력 제고 등 주로 임금 소득의 개선을 통한 소득 증대를 중심으로 하는 반면, 문재인 정부의 소득 정책은 일자리 창출을 가계 소득 증대의 핵심 전략으로 추진하고 있다.

문재인 정부는 소득 정책으로 두 가지 조치를 취했다. 최저임금위원회는 2018년 최저 임금을 16.4% 인상한 7,530원으로 결정했다. 인상률 16.4%는 특별한 의미가 있다. 앞으로 2년 계속 16.4%씩 인상하면 2020년에는 10,202원으로 문재인 정부가 공약한 최저 임금 1만 원 시대가 열리기 때문이다. 한편 2017년 9월 고용노동부는 박근혜 정부의 거의 유일한 노동 개혁 성과인 '쉬운 해고'와 '취업 규칙 변경 조건 완화', 양대 노동 지침을 폐지했다.

양극화와 소득 분배의 개선을 위한 소득 정책은 분배 개선뿐만 아니라 지속 성장을 위해서도 필요하다. 그러나 소득 정책이 양극화와 분배 개선을 위한 보정 정책의 차원을 넘어서 성장 정책의 프레임으로 추진하는 것은 다음과 같은 이유로 성공보다 실패의 위험이 크다고 본다.

첫째, 분배 개선을 위한 소득 정책이 성장 정책과 직접 상충할 가능성이 크다는 점이다. 한국 경제의 지속 성장을 위해서는 경제 체질 강화를 위한 구조 개혁이 필수적이지만 문재인 정부의 소득 주도 경제 정책은 구조 개혁의 필요성 자체를 외면하고 있다. 즉, 소득 정책은 구조 개혁 정책의 기대 효과를 기회비용으로 치르고 있다.

둘째, 소득 정책 프레임을 통해 정부가 가계와 기업에 주는 신호는 가계와 기업의 행동 변화를 통해 소비와 투자에 영향을 미침으로써 최종적으로는 경제 성장에 중요한 결과를 가져올 수 있다. 특히 최저 임금의 대폭 인상과 노동 지침의 폐기는 기업의 노동비용 부담을 높이고 고용의 경직성을 강화하는 결과를 가져온다. 노동 시장의 유연성 제고는 고용 증대의 필요 조건이다. 그럼에도 불구하고 정부는 소득 정책 추진에 따라 해고를 어렵게 하고 최저 임금을 지속적으로 고율로 인상하는 정책을 추진하고 있다. 과연 고용주들이 정부 정책에 순응하여 높아진 임금 부담을 지면서까지 임시직 대신에 정규직 고용을 확대할 것인가. 유감스럽게도 소득 정책은 고용주들에게 고용을 촉진시키는 신호가 아니라 반대로 고용을 기피하게 만드는 신호로 작용할 우려가 크다. 그 결과로 근로자 계층의 소득 증대와 고용 증대 간의 선순환 구조를 기대했던 정부 의도와는 반대로 소득 정책과 일자리 창출이 시장 내부에서 상충하고 있다. 만약 이 정책 간의 상충 문제를 해소하지 못한다면 두 가지 정책 모두 실패할 위험이 높다.

셋째, 우리나라와 같이 수출 의존도가 높은 경제에서 노동 분배율의 제고를 통해 총수요의 구조를 수출 주도에서 내수 주도로 전환하기는 매우 어렵다. 특히 수출이 높은 증가세로 경제 성장을 주도하지 못하는 상황에서 소득 정책에 의한 일방적인 고율의 임금 상승이나 고용의 경직성 제고는 기업이 장기적으로 수용하기 어렵고, 고용 증대는 더욱 기대하기 어렵다. 수출 의존 경제에서 벗어나자는 것이 소득 정책의 목적임에도 불구하고 수출 의존도가 높은 경제의 경우, 수출의 지원 없이는 소득 정책도 성공하기 어려운 것이 현실이다.

따라서 문재인 정부의 소득 정책은 수출이 지속적으로 호조를 보여 경기가 장기간 상승 국면을 유지해주지 않는 한, 소득 정책 자체만으로 온 국민이 더불어 성장하는 새로운 경제 패러다임을 세우는데 성공할 가능성은 낮아 보인다. 문제는 새로운 경제 패러다임 이행에 성공하지 못하는 것보다 소득 정책 중심의 패러다임을 세우느라 구조 개혁의 기회를 잃어버린다는 점이다.

5. 한국 경제의 희망, 어떻게 만들 것인가

한국 경제는 아직 갈 길이 멀다. 우리나라의 복지 재정 규모의 GDP 비율(2016)은 OECD 회원국 평균 수준의 절반에 불과하다. 더구나 고령화 시대 전개에 대비한 복지 수준은 말할 것도 없다. 따라서 고령화 시대에 준비하기 위해서도 한국 경제는 여전히 성장이 필요하다. 그러나 이러한 절박감에도 불구하고 성장의 역동성은 식어가고 있으며, 세계 무역 구조의 재편과 4차 산업혁명의 추진에 제대로 대응하지 못한 채 침몰하고 있다.

그렇다면 한국 경제는 어떻게 회생의 희망을 찾을 수 있을 것인가. 본 연구는 한국 경제가 저성장·고령화·양극화에 침몰하고 있는 본질적 원인을 찾기 위해 종래의 기능적인·분야별 접근 방식을 탈피하여 각 분야의 핵심 주체와 생태 환경 간 관계 분석을 시도했다. 그 결과 원인이 기존의 대증적인 정책과 예산 투입으로 해결할 수 없는 경제생태계 악화에 있음을 제시했으며, 경제생태계에 만연해 있는 증상으로 기득권·폐쇄성·경직성·단기주의·현상 유지 증후군을 지적했다. 따라서 성장의 역동성을 회복하여 한국 경제가 희망을 찾는 길은 경제생태계의 기득권·폐쇄성·경직성·단기주의·현상 유지 증후군을 혁신하는 것이다.

첫째, 각 경제 분야에서 기득권을 내려놓고 새로운 진입자의 경제활동이 촉진되도록 '빅 딜'을 통해 부담과 보상 체계를 개편함으로써 기득권자를 포함하여 경제 전체가 활력을 회복하도록 해야 한다.

본 연구의 산업생태계 편에서는 한국 경제가 성장의 역동성을 회복하기 위해 가장 절실한 것으로 "새로운 산업생태계 속에 더 많은 이해 당사자들과, 더 넓은 범위의 기업들, 산업들이 참여"하는 것임을 지적하고 있다. 이러한 새로운 생태계는 기득권의 양보 없이는 이루어질 수 없다([표 7] 참조). 특히 복지 분야에서는 기득권의 양보 없

[표 7] 경제생태계 혁신 과정

필요한 변화	가치	정책 행태	효과
정치 지도력	포용성 (다양성) (상호 연계성)	연결성 중시 ·출산-주택-교육 ·과학-산업 ·복지-노동	원활한 흐름(예산·인력· 정보) → 선순환 구조 → 시너지 효과
공직 문화 혁신 · 가치 혁신	공정성	합의-수용성 확보 일관성 확보	신뢰 중대 → 시장 참여
기업 문화 혁신	혁신 친화적 (역동성)	지속 추진	시장 규율

이 복지 시스템 개선은 불가능한 것으로 지적되었다.

기득권의 양보는 새로운 진입을 용납하는 데 그치는 것이 아니라 기득권자들의 패거리 해체를 수반해야 한다. 패거리가 해체되어야 폐쇄성이 무너지고 공정한 규율이 작동할 수 있기 때문이다. 기득권 패거리가 해체되어야 새로운 진입자의 활동이 시장과 산업의 생태를 바꾸고 혁신이 수용될 수 있는 생태계, 즉 혁신에 탄력성을 가진 혁신 친화적인 생태계의 출현이 가능해진다.

둘째, 경제생태계를 혁신하기 위해서는 현재의 단편적·대증적인 정책으로는 안 된다. 관련 분야에 걸쳐 다원적으로 연결된 융합적 정책 조합(네트워크 정책)이 일관성을 가지고 지속적으로 추진되어야 한다. 앞서 살펴본 사례와 같이 많은 예산이 낭비되었으나 소기의 정책 효과를 거둘 수 없었던 결정적인 이유는 기존의 정책이 정책생태계를 무시하고 단편적·대증적인 정책을 탈피하지 못했기 때문이다. 거의 모든 분야에 걸쳐 생태계 혁신을 위한 융합 정책의 추진 필요성이 제기되었다. 이런 면에서 융합 정책을 구상하고 정책을 추진하는 방식과 조직이 새로워야 한다. 대표적인 사례로 지난 11년 동안 저출산 대책으로 102조 원을 투입했으나 출산율은 11년 전보다 오히려 하락했다. 우리는 이 사실에 주목해야 한다. 만약 저출산 대책 예산이 낭비되는 원인을 찾아내지 못한다면, 앞으로 아무리 많은 예산을 투입해도 결과는 마찬가지일 것이기 때문이다. 특히 현재 시점에서 복지 예산 전반에 대한 점검을 하지 않은 채 고령화와 저출산 대책으로 복지 예산을 확대한다면, 재정의 낭비 정도는 더욱 심각해질 것이다. 복지 예산의 낭비를 막고 효율성을 높이기 위한 점검과 생태계를 개선하는 지속적인 노력이 필요하다. 주목해야 할 사실은 한국 경제가 당면한 문제들이 '돈'의 문제가 아니라 '구조'의 문제이자 '생태계'의 문제라는 점이다.

셋째, 경제생태계의 혁신을 위해서는 정치 지도력의 주도가 필수적이다. 경제생태계도 변화하지 않는 것은 아니지만, 생태계의 자생적인 변화는 너무 느리게 진행될뿐더러 변화도 미약하여 한국 경제가 당면한 절박한 요구를 충족하기 어렵다. 그렇기 때문에 정치 지도력의 주도에 의한 개혁 프로그램 진행이 현실적으로 실현 가능한 방법이다.

통일 후유증으로 '유럽의 병자The Sick Man of Europe'로 지칭되던 독일은 2003년 4월 독일 슈뢰더 수상[13]이 발표한 '아젠다Agenda 2010'의 추진으로 노동·연금·교육 등 복지 체계 전반에 걸쳐 국민들의 부담과 편익의 틀을 개혁함으로써 유럽의 패권국가로 다시 등장했다. 이러한 폭넓은 경제 개혁을 추진하기 위해서는 국민 다수를 설득할 수 있는 분명한 비전과 일관된 리더십을 가진 정치 지도력이 필요하다.

혁신을 표방하는 정치 리더십이 각종 기득권자들에게 포획되어 꼼짝도 하지 않는 정치·정책 프로세스의 벽을 넘지 못하면 어떤 개혁도 이루어질 수 없다. 개혁의 정치 리더십이 직면하는 최대 난관은 개혁 추진과 성과 간의 시간적 불일치 문제다. 개혁 정책으로 인하여 기득권을 잃는 계층의 반발은 즉각 큰소리로 나타나는 반면, 개혁의 성과로 수혜를 받는 계층은 미래에 있으므로 정치적 소리를 내지 않는다. 이러한 개혁 정책의 정치적 부담과 성과 간 시간적 불일치 문제를 견뎌내지 못하는 경우, 개혁 정책은 정치·정책 프로세스를 돌파하는 데 추동력을 상실하고 좌초하기 쉽다.[14]

통합의 정치가 절실히 요구되는 이유 또한 보수와 진보를 아우르는 통합의 리더십이 아니라면, 기득권 반발로 인하여 개혁 정책 프로그램을 지속적으로 추진하기 어려울 뿐만 아니라, 나아가 정치 지도력조차도 유지하기 어려울 수 있다. 이는 정권을 내걸지 않으면 경제생태계를 혁신하는 개혁을 추진하기 어렵다는 것을 시사한다. 그렇기 때문에 경제생태계 개혁을 대통령 선거 공약으로 내걸고 투표를 통한 국민 다수의 지지를 통해 정책 추진의 추동력을 확보하는 것이 바람직하다.

4차 산업혁명 세대를 위한 준비

서울대학교 공과대학이 우리나라 과학계가 안고 있는 문제를 진단한 책 『축적의 시간』이 담고 있는 핵심은 우리나라 공학계 연구가 안고 있는 문제의 본질을 '개념 설계' 역량이 없다는 것으로 집약하고 있으며, 이 문제에 대한 해답은 "산업이 아니라 우리 사회 전체의 틀을 바꾸어 국가적으로 축적해가는 체제를 갖추어나가야 한다"[15]는 것이다. 공학계와 관련 산업이 직면하고 문제의 핵심이 공학계와 관련 산업 내부가 아니라 '우리 사회 전체의 틀'에 있다는 주장은 충격적이다. 이 주장이 맞다면, 공학계라는 매우 전문적인 영역조차도 '우리 사회'라는 생태계로부터 미치는 부정적인 영향을 혁신하지 않는 한 개선의 여지가 없다는 것이다. 이 주장은 일면 '네 탓'의 책임 회피적인 측면도 있으며, 순환론의 미궁으로 빠지는 문제를 내포하고 있다. 그럼에도 이 책은 대학 교육·기업 경영·정부 정책·사회 인식 등 우리 사회가 현재의 모방 추격형 발전 모델에서 탈피하여 '축적 지향의 사회 패러다임'으로 전환하지 않는 한 한국 산업의 밝은 미래를 담보할 수 없다는 생태론적 대안을 제기하고 있다는 점에서 주목된다.

전문적이고 상대적으로 폐쇄적인 공학과 관련 산업계의 문제조차 우리 사회의 생태계로부터 지배적인 영향을 받는다면, 이보다 훨씬 다양한 요인들이 작용하는 경제 문제들의 결정 요인으로서 생태적인 환경은 더욱 의미 있는 중요성을 가질 것으로 예상해도 지나치지 않을 것이다.

이 책에는 여러 분야에서 경제생태계 문제를 해결하기 위한 정책 대안을 찾는 방식으로 의사결정의 분권화와 융합적 정책이 제시되어 있다. 그 대표적인 사례들은 다음과 같다.

- 1장 가계생태계

"가계 지출을 줄여서 가계 부실을 막기 위한 방법으로는 먼저 생활 물가를 높이는 각종 제도를 개선하는 것이다. 제도는 비용을 줄여서 성장을 가능하게 하는 틀이다. 그러나 기존 제도에서 이익을 보던 이익집단의 반발로 제도 개선이 어렵다. 정부는 이익집단의 반발을 극복하고 제도를 개선해서 생활비용을 줄여야 한다. 먼저 교육 제도를 개선해서 공교육을 정상화시키고 사교육비를 줄이도록 해야 한다."

"부동산 가격 안정을 위해서는 과도한 금리 인하를 하지 않아야 하며 이자만 상환하는 대출 방식을 원리금 상환 방식으로 전환하여 부동산 구입 수요를 줄일 필요도 있다."

- 2장 금융생태계

"주인을 찾아주어 한국판 골드만 삭스가 나오도록 해주고 겹겹이 쌓인 규제를 혁파해 인사 내부 경영 등 경영의 자율성을 보장해주고 금융 감독의 독립성을 강화해 관치 금융을 청산하고 정책 금융도 과감히 혁파해 정부 지원으로 연명하는 좀비기업들을 없애 금융을 생산적인 부문으로 흘러가게 하는 금융생태계가 제 기능을 할 것이다."

- 3장 노동생태계

"향후 4차 산업혁명 등 환경의 변화가 일자리 감소로 이어지지 않도록 하려면 기업의 노동비용을 줄이고, 환경 적응력을 높이는 방향에서 노동시장의 유연화 노력이 필요하다."

"노동시장생태계 복원을 위해서는 단기적, 대증적 정책이 아니라 노동시장의 구조적 모순을 해결할 수 있는 장기적이고 근본적 개혁이 요구된다."

• 4장 기업생태계

"한국 경제는 기업생태계의 고질적인 문제인 '성장 사다리'를 구축하는 과제에 주력해야 하는 중요한 시점에 도달했다. 이제는 어떤 한 개별 기업의 노력보다 기업생태계 자체의 경쟁력이 한 국가 경제의 성과를 결정하는 시대이기 때문이다."

"구체적으로 성장 사다리 구축 과제와 한계기업 퇴출 쪽으로 정책적 노력이 더욱 집중되어야 함을 시사한다."

• 5장 중소기업생태계

"정책 지원 대상을 정비할 필요가 있다. 기본적으로 업력 10년 이상의 중소기업은 스스로 생존하고 성장해나가도록 정책 지원을 대폭 축소하여 생존이 불투명한 한계기업을 퇴출시키고 그 재원을 업력 10년 미만의 성장 가능 혁신기업에 지원할 필요가 있다."

"기업생태계의 첫 출발인 창업을 준비된 창업이 되도록 하기 위해서는 교육, 기업 경영, 정책 이 모든 면에서 패러다임을 취업에서 창업으로 전면 전환하자는 것이다."

"중소기업생태계를 발전시키기 위해서는 금융기관의 혁신도 필요하다. 첫째, 담보 중심 금융에서 정보 중심 금융으로 전환이 필요하다. 둘째, 기술 금융에서 혁신 경영 금융으로의 전환이 필요하다. 셋째, 융자 중심 경영에서 투자 중심 경영으로 전환이 필요하다."

• 6장 산업생태계

"결국 정부도 새로운 산업이 태어나는 새로운 산업생태계 속에 더 많은 이해 당사자들과, 더 넓은 범위의 기업들과 산업들이 참여하도록 유도하는 데 힘을 기울여야 할 것이다."

"우리나라 기업 문화에서 지금까지 잘 자리 잡지 못한 점이 바로 '이질적인 파트너'들과 함께 일하는 협업 정신일 것이다."

"개방형 기업 문화를 만들어가는 일이 급선무….'"

• 7장 과학기술생태계

"개방성을 갖추기 위한 미래 혁신 정책은 기업, 대학, 공공 연구기 관 등 혁신 활동을 수행하는 주체들 간에 지식, 사람, 연구비의 흐름이 원활한 네트워크를 구축하는 것이다."

"생태계 구성 요소들이 폐쇄적인 이익집단화가 되는 것을 방지하기 위해서 유연한 조직 운영과 제도가 필요하다."

• 8장 복지생태계

"현재의 복지와 미래의 생존(복지)을 조화시키고 균형점을 찾아내는 지혜를 발휘하는 것이 우리 사회의 책무가 된다. 현재의 복지를 강화하고 구조조정을 해나가는 과정에서 기존의 기득권에 변화를 요구할 수밖에 없을 것이다."

• 9장 인구생태계

"인구생태계의 불균형적 순환을 치유하기 위해서는 다른 부문의 생태계에서 발생하는 문제들도 함께 치유되어야 할 것이다. 교육생태계에서는 결혼의 용이성 제고와 자녀 양육의 경제적 부담 경감 차원에서 교육-직업 간 연계 강화, 공교육 정상화, 사교육 억제 등의 역할을 강화해야 할 것이다. …다양한 가족에 대한 사회적 수용성을 제고하기 위한 학교 교육을 강화할 필요가 있다. 경제생태계에서는 청년층을 위한 일자리 확충, 비정규직의 정규직화 등 고용 안정, 청년 창업 기반 조성 등의 노력이 중요하다."

• 10장 교육생태계

"창의적 인재 양성이 정부의 실패와 시장의 실패로 귀결되는 것을 피하기 위해서는 교육의 유연성을 높이면서도 교육의 공공성을 높일 수 있는 새로운 접근이 요청된다."

"혁신적 학습생태계의 구축을 위해서는 정부의 역할이 조정될 필요가 있다. …교육부에 집중된 권한과 책임 중 실행에 관련된 업무는 교육 관련 전문기관들과 지역 교육청, 학교 등에 과감히 이양하고 다양한 교육당사자들의 협력과 참여를 촉진하기 위한 조정과 지원에 주력해야 할 것이다.

• 11장 국가정책생태계

"한국에서 유사한 정책 실패가 되풀이되는 원인은 무엇인가. …이미 시행된 정책에는 별로 관심을 기울이지 않는 한국의 국정 운영 풍토에서, 환류는 쉽게 간과되고는 했다. 국회에서 예산 심의와는 비교가 안 될 만큼 관심이 낮은 결산 심사가 전형적인 예다. …정책 과정의 전 단계에 걸친 정책 평가 결과를 토대로 정책의 성패와 원인을 규명하고, 그것을 다음 정책에 적절하게 반영하는, 정책 학습의 일상화가 제도화돼야 한다."

6. 한국 사회의 선택

서두에 언급한 바와 같이 한국 경제의 각 분야를 생태계적인 접근을 통해 기존 연구에서 외면되었던 환경 분석으로 한국 경제가 안고 있는 본질적인 핵심 문제를 찾아내는 것이 본 연구 프로젝트의 목적이다.

과연 한국 사회는 '저성장·양극화·고령화'의 수렁을 극복하고 미래에 대하여 더 희망적인 경제를 다음 세대에게 물려줄 수 있을 것인가. 이 질문에 대한 해답은 앞서 살펴본 대로 경제생태계를 혁신하기 전에는 불가능하다는 것이 본 연구의 결론이다. 한국 경제의 역동성을 살리기 위해 필요한 정책은 기능적·수직적 대책이 아니라 정책이 제대로 작용하고 예산이 효율적으로 작용할 수 있는 환경, 즉 경제생태계를 혁신해야 한다. 경제생태계가 혁신되지 않는 한 어떤 정책을 실행하고 막대한 예산을 투입해도 '저성장·양극화·고령화'를 극복할 수 없다는 것이 결론이다.

한국 경제는 지금 인구만 고령화하는 것이 아니다. 경제생태계의 열악한 상태는 경제 구조 자체의 조로화早老化를 촉진해가고 있다. 그렇기 때문에 저성장의 함정을 극복하기 위한 구조 개혁이 절실하다. 문재인 정부의 소득 정책은 소득 정책의 성장 촉진 효과를 과대하게 기대하는 한편 구조 개혁을 외면하는 결과를 초래하고 있다. 구조 개혁을 외면한 소득 정책은 경제생태계가 안고 있는 문제를 개선하기보다는 오히려 고착화시킬 가능성이 크다. 특히 노동시장이 그렇다. 소득 정책은 국민의 관심을 생산과 성장 대신에 분배와 복지로 옮겨 놓았다. 아무리 좋은 분수도 물이 있어야 분수 역할을 할 수 있다. 분수가 물을 만들지는 못한다.

경제를 환자에 비유한다면, 경제생태계 연구 결과는 환자의 기초 체력이 약화되고 체질이 변질되어 더 이상 약효가 없기 때문에 환자가 치유의 선순환 구조에 들어갈 수 있도록 먼저 체질을 개선할 것을 지적하고 있다. 경제 전반에 걸쳐 기득권·폐쇄성·경직성·단기주의·현상 유지 증후군의 행태를 혁신하지 않는 한 아무리 재정을 쏟아 부어도 성장 잠재력을 높이고 국민들의 복리 후생을 제고하는 효과를 거두기 어렵다. 단적으로 설사가 멈추지 않으면, 아무 좋은 약을 먹어도 그 약이 환자의 몸에 흡수되어 치유 효과를 볼 수 없는 것과 마찬가지로 기득권·폐쇄성·경직성·단기주의·현상 유지 증후군으로 집약되는 한국 경제의 생태적인 병리 현상을 제거하는 것이 한국 경제가 직면하고 있는 시대적 과제인 '저성장·양극화·고령화'를 극복하는 필요조건이라는 것이 본 경제생태계 연구의 결론이다.

그렇다면 이러한 한국 경제의 생태적 병리 현상을 어떻게 고칠 수 있을 것인가. 먼저 다음 정부는 '이대로는 이 시대적 과제를 해결할 수 없다'는 대자각the great awakening이 필요하다. 정부와 기업 공히 추격형 경제 시대의 일하는 방식으로는 '저성장·양극화·고령화'의 시대적 과제에 더 이상 제대로 대응할 수 없을 뿐만 아니라 4차 산업혁명 시대에 경쟁력을 확보할 수 없다는 점에 대해 통렬한 대자각을 할 필요가 있다. 한마디로 정부와 기업 모두 일하는 방식을 바꾸어야 한다.

둘째, 변화의 방향을 추격형 경제 시대에 누적된 생태적 병리 현상인 기득권·폐쇄성·경직성·단기주의·현상 유지 증후군을 버리고 공정성·개방성(다원적 접근)·탄력성·장기 관점·혁신성을 새로운 가치 기준으로 바꾸는 데 두는 것이다. 정부와 기업 공히 모든 정책의 설계·수행·평가에서 가치 기준을 바꾸기 위해 체계적인 노력이 필요하다.

셋째, 한국 경제의 생태적인 병리 현상인 기득권·폐쇄성·경직성·단기주의·현상 유지 증후군을 혁신하는 최대의 난관이 기득권의 발발인 만큼, 새 정부 운영이 이 기득권에 의해 장악되기 전에 시대적 과제를 해결하기 위한 새로운 가치 확립을 국민들에게 설득할 필요가 있다.

한국 경제는 이미 추격형 경제 시대를 지났다. 따라서 추격형 경제 시대의 정책 프레임과 행태로는 '저성장·양극화·고령화'의 시대 과제를 해결할 수 없을 뿐만 아니라 거세게 몰아쳐오는 4차 산업혁명 시대에 대응할 수 없다. 추격형 경제 시대는 한국 경제가 지나온 '이력'이며, 이 시대에 누적된 생태적 병리 현상으로 한국 경제는 병들어 있다. 이 구시대의 생태적 병리 현상을 걷어내고 새로운 선순환 구조로 변환하지 않는 한 어떤 분야의 어떤 정책도 재정의 낭비를 가져올 뿐이다.

현재 한국 경제는 역사적 갈림길에 서 있다. 한국 경제가 4차 산업혁명 시대에 '저성장·양극화·고령화'의 시대 과제를 해결하고 다시 비상할 것인가, 아니면 이미 지나간 추격형 경제 시대의 생태적 병리 현상에 갇혀 '저성장·양극화·고령화'로 무너질 것인가. 선택은 이 시대를 사는 한국 사회의 몫이다. 좀 더 구체적으로는 문재인 정부의 몫이다.

에필로그

미완성 교향곡의 연주를 부끄럽게 마치며

이 책이 나오기까지 많은 우여곡절과 에피소드가 있었다. 지난 3년간 길이 없는 생태 숲을 헤매며 새 길을 찾아왔고 이제 천신만고 끝에 여기까지 왔다. 그러나 이 책은 긴 탐험의 시작의 끝The end of the beginning에 불과하다.

지금 세상에 모습을 내놓은 이 책은 제1악장과 제2악장까지만 그려진 미완성 교향곡에 불과하며 새로운 정책 시각의 스케치에 지나지 않는다. 앞으로 제3악장에서는 생태계의 침하 현상이 구체적으로 어느 부분에 심하게 천착되어 있고 생태계의 순환 체계가 어느 부문에서 단절되고 있는지 더욱 미시적이고 구체적인 분석을 해낼 것이다. 이 또한 매우 지난한 작업이다. 아마도 제1악장, 제2악장보다 더 난해하고 험난한 작업 과정이 필요하고 지금보다 훨씬 많은 연구 인력이 투입되어야 할 것이다. 마지막 제4악장은 정치, 사회, 경제생태 구조 간 교호 관계와 침윤 현상이 전체 생태계를 어떻게 침하시켜왔는지와 생태계 상호 간의 영합 구조를 찾아내는 작업이다. 또한 생태계를 건강하고 지속 가능하게 복원시키는 데 어떤 정책 수단이 동원되어야 하는지를 체계 있게 검토하는 작업이다.

우리는 앞으로 제3악장, 제4악장을 연구하는 데 있어서도 지치지 않고 몰두할 것이다. 그리고 더 많은 지지자들과 함께 국가 공동체에 대한 부채의식과 주인의식을 가지고 고뇌하며 집착할 것이다.

나는 이 책이 출판될 때까지 우리가 진행해온 토론 과정을 귀중하게 생각한다. 수많은 토론과 내부 세미나를 거치며 연구 방향의 기본 골격을 착실히 만들어냈다. 원고 마감 이후에 한국경제학회와 공동 세미나를 개최하며 경제생태계 연구 결과에 대한 전반적인 점검 토론에 들어갔다. 모처럼 한국 경제학계 주요 인사들이 모여 가슴을 열고 우리 경제의 현주소를 해부하는 기회였다. 많은 동의와 반론, 보완 의견이 제기되었고 최종 원고까지 여러 번 재수정이 이루어졌다. 이러한 인식의 공유 과정은 이번 연구와 완성도를 높이는 계기가 되었다.

돌이켜보면 이번 연구진들은 정통 경제학의 한계를 뛰어넘어야 했고 때론 학자, 연구자의 위치를 벗어나 탐험가이자 포수가 되어야 했다. 나는 우리 연구팀이 2년이 넘는 기간 동안 긴 호흡 속에 하나의 주제에 집중하면서 씨름했다는 사실 자체를 존경한다. 그리고 그들이 한국 경제의 속 깊은 내막과 얽혀 있는 복합 생태계를 탐구하는 동안 그들을 짓눌러왔던 강박관념에 대하여 위로의 말씀을 드린다.

우리는 세상의 이치나 상식에 맞지 않는 일이 보편적으로 받아들여지는 현상을 자주 본다. 나는 그것이 생태계 액터들이 생태계 침하 현상 속에서 생존하면서 그들 스스로의 행동 양식, 생존 방정식을 생태 환경에 맞게 변형시키는 과정에서 발생한다는 것을 깨달았다. 그리고 그것이 오래 숙성되면 정상과 비정상의 경계가 무너지고 법과 규율은 지켜지지 않는다는 것을 알게 되었다. 이렇게 생태계의 침하는 무서운 변이 현상을 가져온다고 생각하니 지금부터라도 건강한 생태계 복원을 위하여 사과나무 한 그루라도 심어야겠다는 생각이 들었다.

과연 누가 이 어려운 생태계 복원 작업에 먼저 나서야 할까. 나는 정치가 먼저 기득권을 내려놓고 정치생태계부터 바뀌어야 이를 바탕으로 경제·사회생태계가 건강하고 지속 가능하게 복원될 수 있다고 생각한다. 이런 의미에서 이번 개헌은 정치생태계 복원에 중점을 두어야 한다는 의견을 분명히 밝힌다.

요즘 문재인 정부가 들어서며 적폐 청산 운동이 활발하다. 나는 한국 정치, 사회, 경제생태계의 융·복합 침하 현상을 방치해온 것이 가장 큰 적폐라고 생각한다. 이제부터 정부가 자본과 노동이 함께 움직이는 두 바퀴의 자전거를 타고 한국 생태 숲을 돌아보며 정밀 진단을 하여 더 깊은 적폐를 찾아내기 바란다. 그리고 문 대통령이 독일의 슈뢰더 전 총리처럼 긴 호흡으로 생태계 복원 프로젝트를 구상하고 몸 바쳐 추진한다면 역사에 길이 남는 업적이 될 것이라고 믿는다. 이에 더하여 정치, 사회, 경제생태계 순환 체계의 단절을 가져오는 담합 구조의 내부자들이 기득권을 내려놓고 담합 구조를 해체해야 한다는 시대적 부채의식과 소명의식을 다소나마 느끼게 할 수 있다면 더할 나위 없는 기쁨이 될 것이다.

또한 나는 이번 연구가 후학들의 탐구심을 자극함으로써 단편적 연구를 뛰어넘어 입체적으로 움직이는 실체를 파악하는 동태적 연구로 연구 지평을 넓히는 계기가 되기를 바라고 있다.

아무쪼록 독자 여러분들의 궁금증과 문제의식이 어느 정도 풀리고 나아가 새로운 궁금증이 유발되는 데 이 책이 가늠자의 역할을 해주었으면 하는 희망 섞인 기대를 해본다.

2017년 11월
여의도 NEAR 재단에서
정덕구

1부

1장 한국 경제의 제 문제와 생태계 접근의 필요성

1 현대경제연구원, 「국내 잠재 성장률 추이 및 전망」, 『경제주평』, 2016. 1. 22.

2장 생태계 관점에서 본 한국 경제 진단

1 1935년 영국 식물학자 아서 탠슬리 경(Sir Arthur George Tansley, 1871~1955) 이《생태학Ecology》이라는 학술지 논문에서 처음으로 생태계란 개념을 제안 했다고 알려져 있다.

2 국가 단위일 경우, 국민경제라고 할 수 있으며 이 글에서는 국민경제 차원의 경제생태계를 통칭한다.

3 기업과 정부도 생산물을 소비하지만 논의의 단순화를 위하여 주 소비자인 가계에 초점을 맞춘다.

4 금융기관은 금융서비스를 생산하여 제공하는 생산자로서의 기업 특징과 자금의 분배 기능을 통해 기업과 가계에 대해 분해 작용을 하는 분해자로서의 특징을 갖고 있으며 이 글에서는 분해자로서 금융기관이 지니는 특징에 초점을 두고 서술한다.

5 경제생태계 관점에서는 정부가 제공하는 전통적 의미의 사회안전망 외에도, 워크아웃과 같은 금융기관의 기업·개인 회생절차 역시 사회안전망과 유사한 기능을 수행한다고 볼 수 있다.

6 이 글에서 정부는 분해자로서의 사회안전망 기능과 자연생태계의 인간과 유사한 구성 요소로 구분하여 설명하고 있다.

7 케인즈는 "장기로 가면 우리 모두는 죽는다. (고전파) 경제학자들은 지금 폭풍우 치는 계절에 폭풍이 지나간 뒤 한참 시간이 흐르면 바다가 다시 잠잠해질 것이라는 정도를 말할 수 있고 너무도 쉽고, 쓸모없는 일에 매달리고 있다"고

했다.(『일반이론』, p.65, 1923.)

8 에릭 바인하커, 『부는 어디에서 오는가』, p.123, 알에이치코리아, 2015.

9 총자본 투자 효율은 기업에 투자된 총자본이 1년 동안 어느 정도의 부가가치를 창출했는가를 나타내는 자본 생산성 측정 지표다. 비율이 높을수록 총자본이 효율적으로 사용되었음을 의미한다.

10 금융 부채가 금융 자산보다 많고, 원리금 상환액이 처분 가능 소득의 40%를 초과하는 가구를 한계 가구라고 한다. 한계 가구 중에서 부동산·금융 자산을 합쳐도 빚이 더 많은 가구를 부실 위험 가구라고 한다.

11 평균 소비 성향은 가계 소득에서 비소비 지출을 제외한 가처분 소득 중 소비지출이 차지하는 비중을 의미한다.

12 3년 연속 이자보상비율 100% 미만인 기업을 한계기업이라고 한다.

13 영업 활동을 통해 벌어들인 이익(영업 이익)으로 이자도 제대로 갚지 못하는 기업.

14 일반적으로 낙수 효과는 물이 위에서 아래로 흐르듯이 수출·대기업 및 고소득층의 이익이 늘어나면 투자·고용 및 소비 지출 확대를 통해 내수·중소기업 및 저소득층 등 가계의 혜택도 증가하는 현상을 의미한다.

15 IMF, 「Causes and Consequences of Income Inequality: A Global Perspective」, 2015.

16 합계 출산율은 가임 여성 1명이 평생 동안 낳을 수 있는 평균 자녀수를 말한다. 한 나라가 현재 인구 수준을 유지하기 위해서는 2.1명이 되어야 한다. 2014년 기준 OECD 평균은 1.68명이며 OECD 34개국 중 우리나라보다 출산율이 낮은 나라는 포르투갈(1.23명)이 유일하다. OECD는 초저출산국 분류 기준을 1.30명으로 정하고 있다.

17 국제연합(UN)은 전체 인구 중 65세 이상 노인 인구 비중이 7% 이상이면 고령화사회, 14% 이상이면 고령사회, 20%이상이면 초고령사회로 분류하고 있다.

18 잠재 성장률이란 한 국가가 사용할 수 있는 모든 노동력, 자본 등 생산 요소를 투입했을 때 인플레이션 등 부작용 없이 달성할 수 있는 최고 성장률을 말한다. 우리나라는 고도 성장기인 1990년대 7%대였으나, 1997년 외환위기 후 2000년대 4%대로 하락했다. 2008년 글로벌 금융위기 이후에는 3%대로 다시 하락했다.

19 글로벌 금융 위기 이전에는 규제 완화와 IT 기술 발달 등을 통해 금융과 실물 경제의 성장세가 지속되었고, 세계 경제는 미국을 중심으로 한 선진국들뿐만 아니라 중국 등 신흥국들도 성장을 이끌어갔다.

20 『3차 산업혁명The Third Industrial revolution』의 저자인 제레미 리프킨(Jeremy Rifkin)은 "디지털 혁명(3차 산업혁명)의 잠재력이 발휘되지도 않았는데 종료를 선언하는 것은 시기상조"라고 하는 등, 상당수 학자들은 아직 4차 산업혁명이라는 용어에 부정적이다.

21 실제 일어난 일보다 개인적인 신념이나 감정이 여론 형성 등에 더 큰 영향을 미치는 현상으로, 옥스퍼드사전은 브렉시트 국민 투표 가결, 트럼프 미국 대통령 당선 등에 영향을 주었다며 2016년 올해의 단어로 선정했다.

2부

1장 가계 부실 생태계와 정책 방안

1 생태학이라는 용어는 1866년 독일의 헥켈(E.Haeckel)이 처음 사용했는데, 그 뒤 1965년 코몬디(Kormondy)에 의해 집이나 거주 지역을 의미하는 'oikos'와 학문을 의미하는 'logos'와 결합한 합성어로 생태학(ecology)이라는 말이 탄생했다. 생태학은 다양한 분야에서 사용되지만, 생태학·환경생물학에 속하는 생태학의 정의는 "생물과 그들 환경 사이의 작용, 반작용, 상호 작용을 연구하는 학문"이라 볼 수 있다. 생태계는 일정한 지역에 사는 생물과 그 생물을 둘러싸고 있으면서 생물과 작용, 반작용, 상호 작용을 하는 물리적 환경의 총체이다.

2장 금융산업생태계 현황과 육성 방향

1 오정근 저, '금융 산업 낙후의 원인과 대안', 『시대정신』(2014년 12월호)와 '금융 산업의 현황과 발전 방향', 『아시아금융포럼』(2016년 8월호), '세계 20위권 금융 산업 육성' 『어게인 살기 좋은 대한민국』(아름다운 앞, 2017), '과감한 금융 개혁으로 선진 금융 산업 육성' 『오래된 새로운 전략』(기파랑)을 금융생태계의 관점에서 일부 수정, 보완한 것이다.

3장 생태 구조의 측면에서 본 노동시장

1 고용률은 해당 인구 중 취업자의 비중(%)으로 정의되며, 고용 상황을 나타내

는 대표적 지표다. 고용률은 인구의 범위를 어떻게 정하는가에 따라 그 값이 변화하는데, [표 1]과 같이 2016년 15세 이상 인구를 대상으로 고용률을 계산하면 60.4%이지만 15~64세로 인구의 범위를 좁히면 66.1%로 상승하게 된다.

2 2008년은 MB정부가 출범한 해이자 노인장기요양보험 제도가 시행된 첫해다.

3 만약 보건 및 복지 분야에서 만들어진 1,009천 개의 일자리 증가가 없었다면 2016년의 고용률은 60.4%가 아니라 58.1%에 불과했을 것이다.

4 1980 프랑스의 고용률은 64.1%로 한국의 59.2%보다 높았다. 하지만 이후 경기 불황에 빠지면서 고용률이 58.4%(1994)까지 떨어졌었다. 2000년대 들어와서 고용률이 점진적으로 회복되었지만 여전히 한국보다 낮은 수준에 머무르고 있다.

5 실업률은 취업자와 실업자를 합한 경제 활동 인구 중 실업자의 비율로 정의된다.

6 2016년 15~64세 한국 여성의 고용률은 56.2%를 기록했다.

7 월평균 임금은 2016년 3월의 「경제 활동 인구 조사 근로 형태별 부가 조사」의 결과다.

8 여성 차별이 대부분 해소되었고, 도리어 남성이 역차별을 받고 있다는 주장들이 있다. 하지만 일부 대기업과 공공기업을 제외하고는 채용 및 승진에서 많은 여성들이 남성에 비해 불이익을 받고 있다. 특히 간접적 차별의 문제가 아직도 심각하다. 간접적 차별의 대표적 사례는 근무 평가에 야근 등 초과 근무를 중요시하여 평가에 포함시키는 것이다.

9 65세 이상 고령자에 대한 대표적 생계 지원인 기초노령연금의 경우 2016년 최대 204,010원에 불과하다.

10 2016년 3월 통계청의 「경제 활동 인구 조사 근로 형태별 부가 조사」에 의하면, 60세 이상 임금근로자의 월평균 임금은 137만 원으로 30~59세 임금 근로자의 49.9%에 불과하다.

11 특수직역연금에는 공무원연금, 군인연금, 사학연금 등이 있다.

12 고용보험 가입자가 실업했을 때 지급하는 것이 실업급여라고 하면 실업 부조는 실업급여를 받지 못하는 실업자(또는 미취업자)에게 지급하는 생계 및 구직 활동 지원비다. 실업급여 재원이 고용보험기금이라면 실업 부조 재원은 정부 일반 예산이다. 현행 기초노령연금도 큰 틀에서 실업 부조의 일종이다.

13 OECD(2017)에 따르면, 2013년 취업자 중 자영업 비중은 일본 11.5%, 독일

11.2%, 영국 14.5%, 미국 6.6% 등이다.

14 소득 불평등 수준을 나타내는 지니계수는 2014년 0.278로 OECD의 평균 수준이지만 상대 빈곤율은 2014년 11.0%로 높은 편에 속한다.

15 2016년 임금 근로자의 현 직장 평균 근속 기간은 5.81년에 불과하며, 특히 여성은 4.5년에 그치고 있다. 남성 임금 근로자의 평균 근속 기간은 6.88년이다. 고용 불안이 심각한 이유는 영세한 중소기업이 대부분이고 이들 기업에서 미래를 찾기 어렵기 때문이다. 또한 영세 중소기업은 폐업이나 도산의 위험성이 높은 것도 잦은 이직의 원인이다.

16 노동시장의 이중 구조(분절화)와 양극화는 같은 의미가 아니다. 소득 양극화가 있더라도 소득 격차가 개인의 능력 차이를 정확하게 반영하고 있다면 이중 구조가 있다고 할 수 없다. 그러나 한국은 차별, 노동시장 경직성 등으로 인해 개인의 생산성 격차 이상으로 임금, 고용 안전성 등 근로 조건의 차이가 존재하는 것이 문제다.

17 일본, 미국 등 선진국은 일반적으로 제조업과 서비스업 사이의 생산성 격차가 크지 않다.

18 구체적으로 15~64세 인구의 고용률은 1978년 53.8%까지 하락했다.

19 2015년의 대타협이 파행으로 끝난 이유로 일각에서는 정부의 성급한 노동시장 개혁 추진과 더불어 정치력의 미흡을 들고 있다. 즉, 여소야대의 상황에서 노사정 대타협의 결과가 입법화되게끔 야당을 설득하지 못한 정치력 부족이 파행의 주요 원인이라는 지적이다.

20 노동시장 경직적 법과 제도의 부정적 사례로 2007년의 비정규직관련법을 들 수 있다. 2007년의 비정규직관련법으로 인해 기간제 근로자를 사용할 수 있는 기간이 2년으로 제한되었다. 그 결과 정규직과 비정규직 사이의 임금 격차가 확대되고 비정규직의 정규직 전환 확률이 낮아진 것으로 나타났다.(금재호, 2015a)

21 프리랜서, 보험 모집원, 학습지 교사, 캐디 등의 특수 형태 근로 종사자가 이러한 회색지대 근로자의 대표적 예다.

22 한국에서 비정규직은 한시적으로 일하는 근로자, 시간제 근로자 및 비전형 근로자를 포함한다. 근무 기간을 정해 놓고 일하는 기간제도 한시적 근로에 포함된다. 기간제가 아닌 한시적 근로자는 프로젝트가 완성될 때까지만 일하는 프로젝트 베이스 취업자가 대표적인 예다. 그리고 비전형 근로자도 용

역 근로자, 파견 근로자, 특수 형태 근로자, 일일 근로자, 가정 내 근로자 등으로 구분된다.

23 여기에서 기간제 근로자는 근무기간을 사전적으로 정하고 근무하는 근로자이며, 파견 근로자는 A사에 고용되어 있으면서 B사로 파견되어 B사의 업무 지시를 받으면서 일하는 근로자다.

24 현재에는 운전, 비서직 등 32개 직종에 대해서만 파견이 허용되어 있다.

25 뿌리산업에는 금형, 주조, 용접, 소성가공, 표면처리, 열처리 등의 산업이 포함된다.

26 두루누리사업은 영세 사업장 근로자의 사회보험료 일부를 지원하는 사업이고 실업크레딧은 실직근로자의 국민연금 보험료 일부를 지원함으로써 국민연금에 계속 가입하도록 지원하는 사업이다.

27 실업 부조의 가장 큰 부작용은 취업하려는 동기가 낮아져 자발적 실업이 증가하는 것이다.

28 비공식 자영업은 여러 가지로 정의될 수 있지만 여기에서는 사업자등록증이 없는 자영업자를 의미한다.

29 이자보상비율이 100% 미만인 기업을 의미한다.

30 최근 정부는 정규직에 대한 고용 보호 완화를 위한 일반 해고 지침과 취업규칙의 변경 완화를 폐기했다.

4장 건강한 기업생태계의 조건

1 '제도'라는 개념은 그 중요성에도 불구하고 대중적 활용이 약한 편이다. 그런 결정적인 이유는, 우리가 통상적으로 제도라고 해석하는 'institution'를 정확하게 번역한 단어를 찾지 못해서다. 대응되는 우리말이 없다 보니 설명이 길어질 수밖에 없다. 그리고 'institution'을 일단 '제도'라는 표현으로 번역해서 쓰고 있지만, 그 의미가 쉽게 전달되지 않는다. 간혹 '제도'라고 할 때 'practice'의 의미를 담기도 해서 혼란스럽기도 하다. 예를 들어, "우리 기업의 인사 제도는 어떻게 바꿔야 할까"라는 표현에서, '제도'란 'practice'이지 'institution'이 아니다. 그런데 "한국의 특허 제도를 재정비해야 한다"라는 문장을 보면 '제도'는 'institution'을 지칭한다. 'practice'와 'institution'은 분명히 다르지만 우리말에서는 구분되지 않는다. 한마디로 한국어에서 'institution'을 정확하게 전달하는 단어는 없기 때문에, 이런 언어적 결핍으로 '제도'라는 개념이 일

상적인 단어로 쓰이지 못하고 있다고 하겠다.

5장 중소기업생태계 문제점 분석 및 혁신 방안

1 한계기업은 한국은행의 정의에 따르면 영업이익을 이자비용으로 나눈 값인 이 자보상비율이 3년 연속 100% 미만인 기업이다.

2 현대경제연구원(2016), 「청년 고용보조지표의 현황과 개선방안」, 『VIP리포 트』 16-20(통권 658호).

3 세상을 변화시키는 가장 기초적이면서도 강력한 방법은 내가 한 일을 남들이 알게 하는 것이다.

4 현대경제연구원(2016)에 따르면, 청년 공식 실업자 수는 34.5만 명이지만 체감 실업자는 179.2만 명이다. 또 통계청의 「2014년 10월 고용 동향」에 따르면 공식 실업자 수는 85.8만 명이지만 실업자와 일하고 싶은 욕구가 완전히 충족되지 못한 노동력을 합한 '사실상 실업자'(고용보조지표 3)는 287만 5천 명이다.

6장 산업생태계의 정체 현상과 개선을 위한 제언

1 때로는 한국 기업의 신용도를 믿지 않는 선진 기업들을 설득하기 위해 정부가 선진 기업들의 투자분에 대하여 보증을 서주기도 했다고 한다(오원철, 『한국의 경제 건설』).

2 김도훈, 「한국 산업의 경쟁력 위기와 제고 전략」, 2016. 6. 20(구미상공회의소 강연 자료).

3 한국무역협회 포털사이트(www.kita.net) 등 참조.

4 서울대학교 공과대학, 『축적의 시간』, 지식노마드, 2015.

5 이 부분은 필자가 《한국경제매거진》(2016. 6. 8)에 기고한 글을 부분 인용하여 재정리한 것이다.

6 이 부분은 필자가 《한국경제매거진》(2016. 4. 27)에 기고한 글을 부분 인용하 여 재정리한 것이다.

7 이와 관련하여 서울대학교 산업공학과 박진우 교수는 『축적의 시간』에서 "자 동차 부품 업체인 보쉬에게 자동차 제조사인 BMW가 이래라저래라 못합니다. 또 보쉬도 자신들의 협력사인 중소기업에게 이래라저래라 못합니다. 그 협력 회사들에 우수한 인재들이 근무하고 있고 그들의 전문적 판단과 노하우를 대 기업들이 무시하지 못하기 때문입니다"라고 언급하고 있다.

8 서울대학교 전기전자공학부 박희재 교수는 『축적의 시간』에서 이를 강조하고 있다.

9 구소련이 운영해온 콤비나트에서는 각 콤비나트에서 주로 생산되는 물품들(대개는 석유, 석탄, 철강 등의 천연자원)을 만들기 위해서 필요한 모든 것들을 콤비나트 내에서 생산하고 조달하는 방식으로 운영되면서 일종의 독립적인 경제 공동체를 형성해왔다. 그런 의미에서 주력 제품을 생산하기 위해 모든 협력업체들을 동원하여 다른 대기업들과 독립적인 관계를 유지하고 있는 우리나라 대기업 중심의 생산 네트워크는 구소련의 콤비나트에 비유할 수 있을 것이다.

10 서울대학교 재료공학부 권동일 교수는 『축적의 시간』에서 "대기업 하청을 받아 똑같은 것을 남보다 잘 만들어주면 되니까, 요구하는 '품질'만 맞추면 되는 것입니다. 그렇게 대기업에 예속된 상태가 이어지니 변화가 없습니다"라고 언급하고 있다.

11 최근 국내 대기업들이 자신들의 협력업체들을 해외 대기업들에게 소개해주는 사례가 늘고 있는 점은 이러한 관점에서 매우 긍정적인 현상이라고 할 수 있다.

12 서울대학교 전기전자공학부 현택환 교수는 미국에서는 벤처캐피탈리스트가 기술을 가진 사람에게 '우리에게 사업은 맡겨라, 그리고 기술만 책임져라(CTO를 하라)'와 같이 (기업을 운영하는 사람들까지 벤처캐피탈리스트가 조달) 분업 체계가 확실하게 자리 잡고 있는 데 비해, 한국은 모든 것을 기술을 가진 기술자(교수)가 책임을 져야 하는 상황이라고 지적하고 있다.

13 앞에서 언급한 박희재 교수는 『축적의 시간』에서 국가 R&D의 비효율성을 지적하면서, 기업의 수요, 시장의 수요와는 동떨어진 연구를 하는 셈이라고 주장했다. 따라서 기업들도 뒤집어 생각해보면 더 시장과 수요에 가까운 연구는 기업 스스로 하고자 하지 정부 출연기관이나 산학 협력으로 추진하지들지는 않으려 할 것이라고 지적했다.

8장 복지 체제와 연금 체제의 생태적 구조

1 OECD 국가들은 인구 고령화가 진행되면서도 1인당 GDP는 꾸준히 증가했다. 고령화와 더불어 생산 인구의 생산성이 지속적으로 향상되었기 때문이다. 즉, 고령화와 더불어 기술 진보가 진행된 것이다. 그러나 미래에도 고령화 속도

를 뛰어넘을 만큼 기술 혁신이 이루어질지는 장담할 수 없다. 근래에 4차 산업
혁명이 현재의 침체된 산업생태계를 활성화시키고 역피라미드형 인구 구조의
한계를 극복하여 새로운 인류의 번영을 가져올 것이라는 낙관론이 태동하고
있기도 하다.

2 예를 들어, 뉴 노멀 시대의 도래를 앞두고 새로운 복지생태계의 생성이 중요하
다. 첫 번째는 초고령사회가 도래하게 되면 역피라미드형 인구 구조하에서 복
지 제도를 운영할 수 있는 패러다임을 개발해야 한다. 두 번째는 초고령사회의
위험을 극복하기 위한 기술 혁신은 필연적이다. 세 번째는 복지생태계도 글로
벌한 차원에서 형성될 것이다. 지구촌은 글로벌한 생산과 소비의 네트워크시
장이 됨으로써 복지와 연금, 의료 서비스 등이 국내시장을 넘어서서 글로벌한
복지생태계 속에서 운영될지도 모른다.

3 우리나라의 복지 체제의 역사적인 전개와 발전 과정에 대해서는 최병호(2014)
를 참조하기 바란다. 본고에서는 현재의 관점에서 복지 체제의 구조적인 문제
점을 파악하는 데 집중했다.

4 가계 저축률은 2011년 3.86%, 2012년 3.90%에서 2013년 5.60%로 껑충 뛴 뒤
로, 2014년 7.18%, 2015년 8.82%(추정)이다(《연합뉴스》, 2016. 8. 21).

5 2014년 가계 금융·복지 조사 결과(통계청, 금융감독원, 한국은행)에 따르면, 전
체 가구의 가처분소득 대비 원리금 상환 비율은 21.5%로 전년보다 2.4%p 상
승했다. 가계에서 쓸 수 있는 돈 중에 빚을 갚는 데 써야 하는 비중이 늘어나고
있는 것이다. 특히 저소득층인 소득 1분위(하위 20%) 가구의 가처분소득 대비
원리금 상환액 비율은 27.2%로 다른 소득 분위 계층보다도 높았다. 빚 상환
부담이 다른 소득 계층보다 더 크다(《뉴시스》, 2015. 8. 21).

6 중앙정부 총지출 대비 복지 재정 비중은 2012년 28.5%, 2013년 28.5%,
2014년 29.9%, 2015년 30.8%, 2016년 31.9%로 꾸준히 증가하고 있다.

7 통계청의 「2015 인구 주택 총조사」에 따르면, 2015년에 총가구 중 월세 가구
비율이 22.9%로써 전세 가구 비율 15.5%를 추월했다. 2010년에는 월세 가구
비율이 20.1%, 전세 가구 비율이 21.7%였다. 자가 거주 가구 비율은 2010년
54.2%에서 56.8%로 늘어났다. 이는 그동안의 전셋값 상승으로 월세 전환이
늘어나고, 높은 전세보다는 자가를 보유하려는 유인이 작동한 결과로 보인다.
자가 보유는 주로 30-40대에서 나타난 것으로 조사됐다.

8 근로 형태별 사회보험 가입 현황(2016. 8 기준)은 다음과 같다.

	국민연금	건강보험	고용보험
임금 근로자	68.6	73.5	70.6
정규직	83.2	86.3	84.2
비정규직	37.5	46.3	44.5

* 자료: 통계청, 「경제 활동 인구 조사 근로 형태별 부가 조사 결과」, 2016.

9 2015년 기준 노령연금 수급자는 315만 명이고, 이 중 조기 노령연금 수급자는 48만 명으로, 월 평균 50만 원의 연금을 받는다.

10 공무원연금 재정 적자를 개선하기 위하여 2015년 5월 2일, 공무원연금개혁안이 합의되었다. 이런 개혁에도 불구하고 적자 보전금은 매년 2조 원 이상이 소요된다. 2016년 2조1689억에서 2020년에 2조 4,025억, 2025년에는 6조 1,144억으로 뛰고 2030년에는 8조 2,011억까지, 총 72조 원의 적자를 보전해야 하는 것으로 추산되었다(인사혁신처, 2015. 5. 3).

11 2016년부터 시행되는 공무원연금 개혁으로 공무원연금의 보험요율은 14%(본인 부담 7%)에서 2020년 18%(9%)까지 5년에 걸쳐 단기간에 인상하고, 지급률(가입 1년당 연금 급여율)은 1.9%에서 2035년 1.7%까지 장기간에 걸쳐 소폭 인하한다. 즉, 보험료 부담이 커도 은퇴 후의 연금급여 수준은 유지하고 싶어 하는 공무원 집단의 의사가 반영된 것이다. 특히 현재 재직자집단의 연금은 큰 변화가 없어 재직자의 기득권을 지켜냈다는 평가를 받았다. 여야가 참여한 국회의 '공무원연금 개혁 특위'는 미온적인 공무원연금 개혁을 의식해서 국민연금의 명목 소득대체율을 현행 40%에서 50%까지 인상하기로 합의했으나, 정부의 강력한 반발로 국민연금 개혁은 수면 아래로 들어갔다.

12 2010년 미국의 오마바 의료 개혁 역시 이익집단의 강력한 로비에 부딪쳐 당초의 개혁안에서 상당히 후퇴된 형태로 법안이 통과되었다. 당초에는 메디케어(노인 대상 공보험)를 전 국민에게 적용하려는 공보험을 구상했으나 기존의 민간 보험업계, 제약 산업 및 의료기기 산업의 저항과 로비가 작용했고 사회주의식 공보험 도입과 연방 재정 확대에 반대하는 공화당과 민주당 내 보수파(소위 'Blue Dog')의 반대에 부딪쳐 오바마케어는 사회적 갈등과 정략(politics)이 점철된 타협의 산물이었다(최병호, 2011).

13 0~2세 보육은 중앙정부와 지방자치단체 간에 재원 분담의 갈등이 있고,

3~5세 보육은 중앙정부와 지방 교육청 간 재원 분담의 갈등이 있다. 대선 공약 사항은 국가가 책임져야 한다는 것이 지방의 논리이다. 특히 지방단체장이나 지방 교육감이 야당 출신일 때는 갈등이 더욱 심화되었다.

14 2015년 기준 종사자 1인 이상 사업체의 월 임금은 274만 원이었다. 정규직 임금은 319만 4,000원이었지만 비정규직은 137만 2,000원으로 정규직의 43%에 불과했다. 그러나 시간당 임금으로 보면 정규직은 1만 7,480원, 비정규직은 1만 1,452원으로 정규직의 65.5%였다(고용노동부, 「2015 고용 형태별 근로실태 조사」, 2016. 4). 동일한 자료를 이용하여 여러 요인들을 통제한 후 정규직과 비정규직의 임금 격차를 분석한 연구에 의하면 비정규직은 정규직의 87% 수준으로 추정했다(우광호, 2016).

15 스칸디나비아의 경제 기적은 1870년 이후 자본주의 시장경제 도입으로 발전하기 시작했으며 대륙 국가에 비해 1, 2차 세계대전의 참화에서 비껴나 경제 호황을 맞이했다. 당시 이케아(IKEA), 볼보(Volvo), 테트라팩(Tetra Pak), 에릭슨(Ericsson) 같은 기업이 탄생했다. 경제 부흥 덕분에 덴마크는 1920년대, 스웨덴은 1930년대에 조세 기반의 사회복지 프로그램을 도입했다. 1950년대에 GDP의 25~30%에 달하는 공공 재원을 조달하던 것이 1960~70년대에 40%대에까지 상승했다. 이런 스칸디나비아식 사회민주주의는 1970년대 초에서 1990년대 초 약 20년간만 지속된 예외적인 현상이며, 근래에 와서는 미국보다 더 시장 친화적인 정책을 도입하고 있다는 것이다(Larabell, 2016). 2004년 기준 100대 기업 중 38개 기업이 민간 기업인데, 38개 기업 중 21개는 1913년 이전에 창업했고, 15개는 1914~1970년 사이에 창업했으며, 1970년 이후 창업한 기업은 단지 2개에 불과했다(Sanandaji, 2015).

9장 한국의 인구생태계

1 합계 출산율(total fertility rate)은 여성 1명이 혼인 상태에 관계없이 가임기(15~49세) 동안 낳은 평균 자녀수를 의미한다. 합계 출산율이 인구 대체 수준(population replacement level)인 2.1명(2.06명)에서 장기적으로 지속되면 인구의 규모와 구조가 변화 없이 일정하게 유지된다.

2 이동의 선택성(selectivity)으로 젊은 외국인들이 대거 유입 시 단기적으로 노동력 수급의 균형에 기여할 수는 있으나, 이들 이민자들 역시 고령화된다는 점에서 장기적으로 인구 구조 개선에는 도움이 되지 않는다(이삼식 외, 2011b).

3 미래에 출산율이 오르지 않아 노동력 부족 등 문제가 심화된다면 이민자를 대거 수용할 수 있으나, 현재 이민자 송출 국가들 역시 저출산·고령화가 심화되면서 노동력 유출을 막을 것이며, 이민을 원하는 개인도 한국을 이민 목적지(destination)로 선택할 가능성이 줄어들 것이다.

4 저출산고령사회기본법에 따르면, 대통령 직속 저출산고령사회위원회에서 심의·수립하고 범부처가 참여하는 저출산고령사회기본계획을 5년마다 수립하여 추진하도록 되어 있다. 이에 따라, 2006년 제1차 저출산고령사회기본계획(2006~2010), 2010년 제2차 저출산고령사회기본계획(2011~2015), 2015년에 제3차 저출산고령사회기본계획(2016~2020)이 수립된 바 있다.

5 한국 사회는 전통적으로 서자(庶子)나 사생아를 비하하는 등 혼외 출산을 금기시하는 문화가 오랫동안 형성되어왔으며, 그 영향으로 최근에도 전체 출생아 수 중 법률혼 외에서 태어난 출생아 수의 비중(혼외 출산 비율)은 전체 출생아 수 중 2%가 채 되지 않는다. 이와 달리, 서구 사회에서는 동거 등 사실혼 관계를 법률혼 관계와 거의 동등하게 인정함으로써 혼외 출산 비율이 40~50% 수준으로 매우 높게 나타난다.

6 과거 한국 사회에서는 결혼을 필수적인 것으로 간주하는 '보편혼(universe marriage)'의 가치관이 지배적이었다.

7 경제 개발 시대에 기업은 근로자의 결혼 및 출산(육아)을 노동의 양과 질을 떨어뜨리는 장애 요인으로 인식하는 경향이 강했다.

8 또 다른 자녀-부모 관계로서 노부모에 대한 자녀의 부양 부담이 지나치게 커지면 노부모의 삶의 질이 악화될 수 있으며, 공적 부양 체계의 부담이 증가하게 된다.

9 이삼식·최효진 편(2014)에 따르면, 병역 자원 수급 판단 결과 2025년 이후에는 병력 자원이 부족해질 것으로 추정했다.

요약 정리 한국의 경제생태계, 어떻게 회생시킬 것인가

1 OECD, 「Interim Economic Outlook」, September 2016.

2 한국은행, 「우리경제의 성장잠재력 추정 결과」, 『조사월보』, 2015. 12; 「우리 경제의 잠재성장률 추정」, 『조사월보』, 2017. 8.

3 일본의 총요소 생산성 증가율은 1975~90년간 연 1.6%에서 1990~2007년간에는 0.5%로 대폭 낮아졌다(深尾京司, 『失われた20年と日本經濟』, p.69, 日本經

濟新聞社, 2012).

4 동아일보, "124조원 쏟아 붓고도… 약효 없는 저출산 대책", 2017. 8. 25.

5 여성 1명이 평생 낳을 것으로 예상되는 신생아 수.

6 보건사회연구원, "저출산책의 효과성 분석", 2016. 12; 국회 예산정책처, "저출산대책 평가보고서", 2017. 6.

7 전자신문, "출연연 대개혁: 출연연 10억 미만 소형 과제 88%… 보고서 쓰다 허송세월", 2016. 7. 21.

8 국회예산정책처, 「재정 지출의 분야별 경제적 효과 분석 모형 연구」, 2016. 11.

9 이병기, 「우리나라 기업의 역동성 저하 점검」, 『KERI Brief』 15-02, 2015.

10 대우조선해양의 CEO들은 정권의 실세에 연줄을 달고 CEO 자리에 앉았다는 의혹이 제기되었으며, 자금 담당 CFO는 산업은행 부행장 출신이 가서 CEO와 분식회계를 공모했다는 혐의를 받고 있다. 한편 2000년 이후 대우조선해양의 사외이사로 선임된 인사 30명 중 18명은 관료와 정치인으로, 이른바 낙하산에 해당한다.

11 UNCTAD, "Incomes policies as tools to promote strong, sustainable and balanced growth", September 2011.

12 Pen, J., "Income Policy in the Netherlands 1959-1963", Scottish Journal of Political Economy, November 1964.

13 게르하르트 슈뢰더, 『게르하르트 슈뢰더 자서전GERHARD SCHRöDER』, p.7-8, 메디치미디어, 2017: "내가 하르츠 개혁, 즉 '아젠다 2010'에 집중하게 된 것은 일반적인 대책으로는 통일로 인한 경제 사회적 후유증이 치유되기 어렵다는 판단 때문이었다. …우리는 이 자리에서 서독 정부 수립 후 50년간 손보지 않은 사회보장 시스템 등 현 제도로는 독일의 재도약을 기대할 수 없다고 결론지었다. 시대를 앞서 가지 못하면 시대에 잡아 먹힌다는 위기감이 분명 있었다. '독일이 과연 개혁 능력이 있는가?' 박빙의 선거 끝에 막 재집권한 정부로서는 스스로 시작한 도박이었다."

14 독일 슈뢰더 총리는 2004년 10월 총선에서 패배했으며, 기민당의 메르겔이 대연정으로 집권하여 슈뢰더 전 총리의 '아젠다 2010'을 승계, 추진한 결과 독일을 '유럽의 병자(病者)'에서 '유럽의 패자(霸者)'로 바꿀 수 있었다.

15 서울대학교 공과대학, 『축적의 시간』, p.49, 지식노마드, 2015.

2부

1장 가계 부실 생태계와 정책 방안

김정식, 「가계 부채의 원인과 대책」, 한국행정연구원, 2012. 9.

김정식, 『주요국의 가계 부채 대응 과정 및 대응 정책 분석』, 국회 예산정책처, 2013.

김정식, 「미국 금리 인상과 한중일의 정책 대응 비교 분석-금리 및 환율 정책을 중심으로」, 『아시아금융포럼』, 아시아금융학회, 2015년 겨울, pp.43-59, 2015.

금융위원회, 『가계 부채의 통계: 종합편』, 2012.

신동진, 「가계 부채의 문제점과 정책 개선 방안: 출구 전략 시행을 중심으로」, 『정책현안분석』 제55호, 국회 예산정책처, 2010.

한국은행, 『금융 안정 보고서』, 2015.

한국은행, 『가계신용통계』, 2015.

한국은행, 데이터베이스.

통계청, 데이터베이스.

IMF, "Ch. 3 Dealing with Household Debt", World Economic Outlook, April, 2012.

OECD, database.

Tudela, M. and Young, G., "The Determinants of Household Debt and Balance Sheets in the United Kingdom", Working Paper no.266, Bank of England.

Zhuang, Hong, "Exploring Determinants of U.S. Household Debt", Journal of Applied Business Research, Nov. 2011.

2장 금융산업생태계 현황과 육성 방향

국제통화기금(IMF), 「의향서Letter of Intent」, 1997. 12. 3.

국제통화기금(IMF), 「한국경제 프로그램에 대한 메모랜덤」, 1997. 12. 3.

오정근, 「금융산업 낙후의 원인과 대안」, 『시대정신』 12월호, 2014.

오정근, 「금융산업의 현황과 발전 방향」, 『아시아금융포럼』 8월호, 2016.

오정근, 「세계 20위권 금융산업 육성」, 『어게인 살기 좋은 대한민국』, 아름다운
    앎, 2017.

오정근, 「과감한 금융개혁으로 선진금융산업 육성」, 『오래된 새로운 전략』, 기파
    랑, 2017.

3장 생태 구조의 측면에서 본 노동시장

고용노동부, 『임금 구조 기본 통계 조사』, 해당 연도.

고용노동부, 『고용 형태별 근로 실태 조사』, 해당 연도.

고용노동부, 『사업체 노동력 조사』, 해당 연도.

국민연금연구원, 『베이비붐 세대의 부양 부담이 노후 준비에 미치는 영향』, 2017.

금재호, 『일자리 문제의 원인과 대책-중장기 고용 전략을 위한 기초 연구』, 한국
    노동연구원, 2012.

금재호, 「비정규직법과 근로자 임금 및 정규직 전환」, 『1~17차년도 한국노동패널
    학술대회 논문집』, 한국노동연구원, 2015a.

금재호, 「자영업 노동시장의 변화와 과제: 매출 및 소득을 중심으로」, 『제17차
    (2014년도) 한국 가구와 개인의 경제 활동: 한국 노동 패널 기초 분석 보고
    서』, 한국노동연구원, 2015b.

일자리위원회, 「일자리 정책 5년 로드맵」, 2017. 10.

정진호·허재준·금재호·남성일·이승욱·최강식, 『일의 미래와 노동시장 전략 연
    구』, 한국노동연구원, 2016.

통계청, 『경제 활동 인구 조사』, 해당 연도.

통계청, 『경제 활동 인구 조사 근로 형태별 부가 조사』, 해당 연도

통계청, 「장래 인구 추계: 2015~2065」, 2016. 12.

통계청, 『외국인 고용 조사』, 2016.

한국노동연구원, 『한국 노동 패널 조사』, 해당 연도.

한국은행, 「2016년 4/4분기 및 연간 국내 총생산」(보도자료), 2017. 1.

한국은행, 『국민 계정』, 해당 연도.

EU, "A Strategy of Smart, Sustainable and Inclusive Growth",

Communication from the Commission: Europe 2020, 2010.

OECD, OECD database – self employment rate, 2017.

OECD, 2016 Employment outlook, 2016.

OECD, 2014 Employment Outlook, 2014(《연합뉴스》 재인용, 2015. 7. 23)

Rebitzer, J. B. and Taylor, L. J., "A Model of Dual Labor Markets When Product Demand is Uncertain", The Quarterly Journal of Economics, 106, pp.1373-1383, 1991.

4장 건강한 기업생태계의 조건

미래창조과학부, 「연구개발활동 조사보고서」, 2016.

산업통상자원부, 보도자료, 2017. 2.

손동원, 『기업 생로병사의 비밀』, 삼성경제연구소, 2007.

중견기업연합회, 홈페이지 자료, 2017.

중소기업중앙회, 「중소기업위상지표」, 2016.

한국은행, 「기업경영분석」, 2000-2016.

Moore, J.F., Predators and Prey: A New Ecology of Competition. Harvard Business Review. Cambridge: HBS Press, 1993.

Moore, J.F., The Death of Competition, 1995.

North, D., Institutions, Institutional Change and Economic Performance. NY: Cambridge University Press, 1990.

Raup, D. M., Extinction, 1991.

Ridley, M., The Red Queen, 1993.

Williamson, O. E., Economic Institutions of Capitalism. NY: Free Press. 1985.

5장 중소기업생태계 문제점 분석 및 혁신 방안

관계부처합동, 『제1차(2015~2019) 중견기업 성장촉진 기본 계획』, 2015.

국가과학기술심의회, 『출연(연)의 중소 중견기업 R&D 기지화 방안』, 2014.

국제무역연구원, 「창조경제, 중소기업 R&D 산학 협력에서 해답을 찾다!」, 『Trade Focus』 Vol.13 No.5, 한국무역협회, 2014.

김기식 외, 『경제 민주화 멘토 14인에게 묻다』, 퍼플카우, 2013.

김기완·이주호 편,『국가 연구 개발 체제 혁신 방안 연구: 창조경제 구현을 위한 제언』, 한국개발연구원, 2014.

김세직,「한국 경제: 성장 위기와 구조 개혁」,『경제논집』제55권 제1호, 2016.

김종인,「지금 왜 경제 민주화인가」, 동화출판사, 2012.

김종인,「더불어민주당 대표 교섭 단체 대표 연설문」, 2016.

김주훈,「경제 발전의 전개 형태와 중소기업」,『경제논집』제52권 제2호, 2014.

김준기 외,「중소기업 정책 자금 지원 사업의 효과성 평가: 정책 자금 지원 방식의 차이를 중심으로」,『행정논총』제46권 1호, 2006.

남태현,「산학협력을 통한 기술개발 및 이전 활성화」, LINC 제2차 국회포럼, 한국연구재단, 2016.

노민선,「중소기업 R&D 투자 현황 및 과제」,『중소기업 포커스』제16-04호, 2016.

대한상공회의소,『중소기업 제품의 판로 확대 방안 연구』, 2014.

백필규,『창조경제 전반기 중소기업 정책의 평가와 개선 과제』, 중소기업연구원, 2015.

위평량·하준,『대규모 기업집단 지정 제도에 대한 법제도적 분석과 그 개선 방안 연구』, 2016.

이민화,『동반성장사회로 가는 길: '갑의 횡포' '을의 눈물' 끝낼 수 있는가?』, 동반성장연구소, 2013.

이병기,「우리나라 기업의 역동성 저하 점검」,『KERI Brief』15-02, 2015.

장우현·양용현·우석진,『중소기업 지원 정책의 개선 방안에 관한 연구(Ⅰ)』, 한국개발연구원, 2013.

장우현·양용현·우석진,『중소기업 지원 정책의 개선 방안에 관한 연구(Ⅲ)』, 한국개발연구원, 2015.

장우현,「중소기업 정책 금융은 소기의 성과를 거두고 있는가」,『KDI FOCUS』통권 제63호, 한국개발연구원, 2016.

조덕희,『창업기업의 고용창출 성과 및 정책과제』, 산업연구원, 2014.

중소기업중앙회,『불공정 행위 규제에 대한 중소기업 CEO 의견 조사』, 2016.

중소기업청·중소기업중앙회,『2015년 중소기업 실태 조사』, 2015.

최정표,『경제 민주화 정치인에게 맡길 수 있을까』, 미래를소유한사람들, 2015.

최현경,「우리나라 기업 구조조정 제도의 현황과 발전 방안」,『KIET 산업경제』,

산업연구원, 2016.

한국노사관계학회, 『임금격차 등 임금체계 유연화 저해 요인 및 극복 방안』, 2010.

현대경제연구원, 「창업 관련 국민의식 변화와 시사점」, 『현안과 과제』 15-36, 2015.

현대경제연구원, 「청년 고용보조지표의 현황과 개선 방안」, 『VIP 리포트』 16-20, 2016.

홍운선·홍성철, 『낙수 효과에 관한 통계적 분석이 주는 시사점』, 중소기업연구원, 2017.

IBK경제연구소, 「中企의 피터팬증후군, 왜 생기는 거죠?」, 『IBK경제소식지』 168호, 2013.

Moore, J. F., Predators and Prey : A New Ecology of Competition, Harvard Business Review, 71(3), 1993.

OECD, Entrepreneurship at a Glance, 2016.

Poundstone, William. Prisoner's Dilemma. Doubleday, 1992.

6장 산업생태계의 정체 현상과 개선을 위한 제언

김도훈, "벤치마킹도 기본부터", 《한국경제매거진》, 2016. 4. 27.

김도훈, "관 주도의 미래산업 협력", 《한국일보》, 2016. 5. 24.

김도훈, "전문화의 길, 협업의 길", 《한국경제매거진》, 2016. 6. 8.

김도훈, 「한국산업의 경쟁력 위기와 제고 전략」, 구미회의소 강연 자료, 2016. 6. 20.

산업기술발전사 편찬위원회, 「회의록」, 2016. 8. 22.

서울대학교 공과대학, 『축적의 시간』, 지식노마드, 2015.

오원철, 『한국의 경제건설 1』, 기아경제연구소, 1996.

이근, 박태영 외, 『산업의 추격, 추월, 추락』, 21세기북스, 2014.

존 호킨스, 『창조경제』, FKI미디어, 2013.

중소기업특별위원회, 『중소기업백서』, 2000.

한국무역협회, 『한국무역사』, 2006.

Schwab, Klaus, Four leadership principles for the Fourth Industrial Revolution, Hompage of WEF, 2016.

Won Chul, O, Korea Story, Wisdomtree, 2002.
한국무역협회 홈페이지(www.kita.net)

7장 과학기술 혁신의 생태계 진단
강환구 외, 「우리경제의 성장 잠재력 추정 결과」, 『조사통계월보』, 69(12), pp.16-36, 한국은행, 2016.
교육과학기술부, 「EU 연구 인력의 유동성 증진 방안」, 2010. 10. 20.
기획재정부·과학기술정책연구원, 『R&D사업군 심층평가: 총괄평가』, 2015.
김기국·강희종, 『2015 글로벌 혁신 스코어보드』, 과학기술정책연구원, 2015.
김진용, 「이공계 박사의 노동시장 특성과 유동성 분석」, 『KISTEP Issue Paper』, 2007.
송치웅·장성일, 『창의성 지수(Creativity Index) 측정을 통한 창의 역량 국제 비교』, 과학기술정책연구원, 2010.
신태영 외, 『한국 혁신 체제의 동태 분석과 발전 전략』, 과학기술정책연구원, 2012.
이정원, 「미래의 과학기술 혁신 정책」, 미래서울자문단, 『미래전문가가 말하는 서울의 미래』, 서울특별시, 2016.
이정원, 「한국 STI 평가와 당면 과제」, 한국 경제 미래 전략 세미나 발표 자료, 2014. 12. 23.
한국경제, 2016. 3. 25.
홍성주·이정원 외, 『혁신 정책의 변화와 한국형 혁신 시스템의 탐색』, 과학기술정책연구원, 2014.
홍성주·이정원 외, 『전환기의 한국형 과학 기술 혁신 시스템』, 과학기술정책연구원, 2015.
Lee, Jungwon, "Korean Innovation System: Review and Issues", Proceedings from 2014 STEPI International Symposium, 2014. 5. 15.
OECD, OECD Science, Technology and Industry Scoreboard 2013, 2013.
OECD, OECD Reviews of Innovation Policy: Industry and Technology Policies in Korea, 2014.
OECD, Economic Outlook, 2016. 11.
UNESCO, Science Report 2010, 2010.

8장 복지 체제와 연금 체제의 생태적 구조

고용노동부, 「2015년 고용 형태별 근로 실태 조사」, 2016. 4.

우광호, 「임금 방정식 추정을 통한 임금 격차 분석」, 한국경제연구원, 2016. 10.

통계청, 『2015 인구 주택 총조사』, 2016.

통계청, 「경제 활동 인구 조사 근로 형태별 부가 조사」, 2016.

최병호, 「우리나라 복지 정책의 변천과 과제」, 『예산정책연구』 제3권 제1호, 국회 예산정책처, 2014.

최병호, 「미국 의료 개혁의 정치 경제학」, 『보건 경제와 정책 연구』 제17권 제1호, 보건경제정책학회, 71-101, 2011.

Larabell, John, Scandinavian: successful socialism, New America, August 10th, 2016.

Sanandaji, Nina, Scandinavian unexceptionalism: Culture, Markets, and Failure of Third-way Socialism, June 2015.

9장 한국의 인구생태계

김용하 편, 『인구 전략과 국가 미래』, 한국보건사회연구원, 2011.

보건복지부, 「분만 취약지 6개 지역에 산부인과 개설 운영 지원」(보도자료), 2015. 4. 8.

이삼식·변용찬·김동회·김형석, 『인구 고령화의 전개와 인구 대책』, 한국보건사회연구원, 2004.

이삼식·오상훈·이상돈·구성열·최효진, 『미래 인구 변동에 대응한 정책 방안』, 보건복지부·한국보건사회연구원, 2011a.

이삼식·전영준·신화연·최효진, 『저출산 고령 사회에서 외국인 유입의 파급 효과 분석』, 한국보건사회연구원, 2011b.

이삼식·최효진 편, 『초저출산·초고령 사회 위험과 대응 전략』, 한국보건사회연구원, 2014.

이삼식 외, 『고령화 및 생산 가능 인구 감소에 따른 대응 전략 마련 연구』, 보건복지부·한국보건사회연구원, 2015.

최병호·이삼식·하완탁·기재량, 『남북한 통일 시 적정 인구 연구』, 한국보건사회연구원, 2013.

통계청, 「장래 인구 추계」, 2011.

한국개발연구원, 『인구 구조 고령화의 경제·사회적 파급 효과와 대응 과제』, 2004.

Davis, K., "The theory of change and response in modern demographic history", Population Index, 29(4), pp.345-366, 1963.

Becker, G. S. & Tomes, N., "Child endowments and the quantity and quality of children", Journal of Political Economy, 84(4, Part 2), S143-S162, 1976.

Easterlin, R. A., Birth and fortune(2nd ed.), New York: Basic Books, 1987.

Becker, G. S., A treatise on the family, Cambridge, Massachusetts: Harvard University Press, 1981.

OECD, OECD Family Database(www.oecd.org/social/family/database. htm), OECD, Paris, 2015.

10장 교육생태계의 현황과 과제

교육부, 『2015년도 학부교육 선도대학 육성사업(ACE) 시행계획(안)』, 교육부 대학재정과, 2015.

교육부, 「OECD, 학업성취도 국제 비교 연구(PISA 2015) 결과 발표」(보도자료), 2016. 12. 6.

기획재정부·국책연구기관 합동연구진, 『국가 중장기 발전전략 수립을 위한 종합연구(II)-성장분야 종합보고서』, 2012.

김갑성 외, 『교원 및 교직환경 국제비교 연구-1주기 TALIS 결과를 중심으로』, 한국교육개발원, 2011.

버그만·샘즈, 『거꾸로 교실: 진짜 배움으로 가는 길』, 에듀니티, 2015.

최상덕, 「한국의 경제발전과 인적자본 형성 정책의 국제적 시사점」, 『KEDI 포지션페이퍼』 제7권 제8호(통권 91호), 한국교육개발원, 2010.

최상덕, 「자유학기제가 추구하는 새로운 학력관 모색」, 『교육발전연구』 제30권 제2호, 2014.

최상덕 외, 『21세기 창의적 인재 양성을 위한 교육의 미래 전략 연구』, 한국교육개발원, 2011.

최상덕 외(2012). 미래 한국 교육의 발전 방향과 전략: 2013~2017년 핵심교육정책 과제를 중심으로. 한국교육개발원.

최상덕 외,『미래 인재 양성을 위한 핵심 역량 교육 및 혁신적 학습생태계 구축
(Ⅰ)』, 한국교육개발원, 2013.

최상덕 외,『미래 인재 양성을 위한 핵심 역량 교육 및 혁신적 학습생태계 구축
(Ⅱ): 초·중등교육을 중심으로』, 한국교육개발원, 2014.

최상덕 외,『미래 인재 양성을 위한 핵심 역량 교육 및 혁신적 학습생태계 구축
(Ⅲ): 고등교육을 중심으로』, 한국교육개발원, 2015.

통계청,『2015년 초·중·고 사교육비 조사 결과』, 2015.

통계청,『2016년 사회조사 결과』, 2016.

클라우스 슈밥,『제4차 산업혁명』, 새로운현재, 2016.

허주 외,『교원 및 교직환경 국제비교 연구: TALIS 2주기 결과를 중심으로』, 한국
교육개발원, 2015.

Bronfenbrenner, U., The ecology of human development: Experiments by
nature and design. Cambridge, MA: Harvard University Press, 1979.

Choi, S., Changing Skill Formation and Lifelong Learning in South Korea,
University of London, 2004.

Conley, T. D., College knowledge: what it really takes for students to
succeed and what we can do to get them ready, San Francisco: Jossy-
Bass, 2005.

Innovation Unit for GELP, Redesigning Education Shaping Learning
Systems Around the Globe, Washington: Booktrope, 2013.

OECD, The Definition and Selection of Key Competencies, 2005.

OECD, PISA 2012 Results in Focus, 2014.

OECD, Progress report on the draft OECD Education 2030 conceptual
framework (2016), 2016; 제3차 비공식 실무·전문가 회의 자료: EDU/
EDPC(2016)6.

Peareson, The Learning Curve: 2012 Report, 2012.

11장 국정 운영과 국가정책생태계

강성남,『행정이론: 맥락과 해석』, 에피스테메, 2017.

김정관,「한국 경제생태계의 현실과 해법」, NEAR재단 워크숍("한국 생태계 분
석") 발제 논문, 2017. 2. 4.

김흥회, 「IMF 외환위기에 이르는 과정에서의 정부 고위 정책 관료의 의사결정 과 정 연구」, 『한국행정학보』 34(4), pp.41-58, 2001.

박진, 「정부 조직 개편의 역사와 평가: 경제 분야」, 서울대학교 행정대학원 국가 정책 포럼 발제 논문, 2017. 4. 25.

박찬욱·원시연, 「입법부와 행정부 관계」, 한국행정연구원(편), 『한국행정 60년: 1948~2008』, pp.376-423, 법문사, 2008

삼성경제연구소, 『정책 부작용의 원인과 유형 연구 보고서』, 2006.

오철호·김기형, 「정책 연구에서 생태학적 관점의 적용 가능성」, 『한국정책학회 보』 19(4), pp.41-70, 2010.

이창원·최창현·최천근, 『새 조직론』, 대영문화사, 2013.

임성빈 외, 『대한민국 정책 지식생태계』, pp.47-8, 삼성경제연구소, 2007.

정덕구, 『한국 경제의 미래설계: 키움과 나눔을 넘어서』, 21세기북스, 2006.

정덕구, "이제는 퇴행화된 국책 금융기관을 재건축하자." 《중앙일보》, 2016. 8. 31.

정덕구·김정식, 「경제생태계 접근 방법」, NEAR재단 워크숍("한국 생태계 분 석") 발제 논문, 2017. 4. 7.

정용덕, 「우리나라 규제 정책의 평가: '8.3 긴급경제조치'의 경우를 중심으로」, 『한국행정학보』 17, pp.89-117, 1983.

정용덕, 『현대국가의 행정학』, 법문사, 2001/2014.

정용덕, 『한일 국가기구 비교 연구』, 대영문화사, 2002.

정용덕, 「서론」, 한국사회과학협의회(편), 『융합연구』, pp.1-20, 법문사, 2013.

정용덕, 「국가 개조」, 서울대학교 행정대학원 국가정책 세미나("국가와 정부: 신 화와 논리") 기조 발표 논문, 2014. 6. 12.

정용덕, 「바람직한 문명 발전을 위한 국가행정 제도화 시론」, 『행정논총』 53(4), pp.105-132, 2015.

정용덕, 「국가 거버넌스 전략」, 카이스트 국가미래전략 토론회 발제 논문, 2016. 2. 19.

정용덕·안지호, 「통일 준비 추진 체계」, 김병섭·임도빈(편), 『통일한국정부론: 급 변 사태를 대비하여』, pp.37-67, 나남, 2012.

정용덕 외, 『공공갈등과 정책조정 리더십』, 법문사, 2011.

최재천, "다양성의 참뜻", 《조선일보》, 2017. 3. 7.

한국사회과학협의회·중앙선데이(편), 『한국사회 대논쟁』, 메디치미디어, 2012.

Janis, I., Victims of Groupthink. Boston: Houghton, Mifflin, 1972.

Jung, Y., The Korean State, Public Administration, and Development: Past, Present, and Future Challenges. SNU Press, 2014.

Jung, Y. et al., "Symposium on Public Administration and Governance in a Time of Global Economic Turbulence: Searching for New Paradigms," Korean Journal of Policy Studies. 24(3): 1-2, 2014.

Jung, Y., D. Mazmanian & S. Tang, eds., Collaborative Governance in the United States and Korea. Seoul: SNU Press, 2009.

Offe, C., "Civil Society and Social Order." European Journal of Sociology. 41(1): 71-94, 2000.

Pierre, J. & B. Peters., Governing Complex Societies. Palgrave Macmillan, 2005.